인물로 보는 조선사

김정우 지음

책머리에

"역사란 무엇인가." 이 질문에 간단하게 대답하는 사람은 드물다. 단순히 과거의 사실에 대한 호기심 때문에 역사를 알려고 하는 것이라면, 굳이 머리를 쥐어짜며 진지하게 고찰할 필요가 없다. 그럼에도 우리는 역사에 대해 공부하고, 역사책을 뒤적인다. 역사를 통해서 얻을 수 있는 것은 사실 그 자체만이 아니라, 그 이상이기 때문이다.

역사는 시대와 인물이 한데 어우러져 연출하는 한 편의 연극이다. 다만 이 연극에서는 대본이 미리 주어지지 않는다. 시대는 인물에게 선택을 요구하고, 인물은 결과를 알지 못하는 상태에서 선택을 한다. 역사는 그 선택에 대한 기록인 것이다. 오늘을 살아가는 우리들 역시 삶의 매순간 선택의 기로에 놓인다. 그래서 우리는 끊임없이 역사책을 뒤적이며, 거기에 담겨 있는 선택의 의미에 대해 고민하는 것이다.

인물의 자취를 좇아서

역사 속의 수많은 선택은 언제나 그 시대를 살고 있는 인물들의 몫이었다. 따라서 인물에 대한 고찰은 역사 연구에 있어서 가장 주요한 부분을 차지한다. 인물의 자취는 어쩌면 역사 그 자체일지도 모르기 때문이다. 역사 속에 나타난 인물들의 이면을 좇는 과정을 통해, 그들의 선택과 시대적 요구 사이의 관계를 관찰함으로써 오늘을 살아가는 하나의 지침으로 삼을 수 있을 것이다.

　이 책에서는 인물의 평면적인 모습을 그리는 데 그치지 않고, 인물의 개인적 성향과 처해 있던 환경을 깊이 들여다보았다. 그래서 그 인물이 선택의 과정에서 토해 냈을 고뇌에 가득 찬 숨소리까지 추적해 보고자 했다. 그리고 그 과정을 통해 역사적 사건들이 일어나게 된 필연적인 원인을 발견하고자 했다.

　또 하나 이 책에서 관심을 가졌던 것은, 그때 만약 그 인물이 그러한 선택을 하지 않았다면 역사는 어떻게 달라지고, 오늘날 우리들의 삶에 어떤 영향을 미쳤을까 하는 문제들이다. 흔히들 역사에 '만약'이란 없다고 한다. 그러나 앞서간 사람들의 선택 과정에서, 가 보지 못한 또 다른 길에 대해 생각해 보는 것이 전혀 무의미하지는 않을 것이다.

　이러한 작업은 자칫 그릇된 해석이라는 오류를 범할 수도 있다. 하지만 수많은 선택의 기로에 놓인 채 살아가야 하는 인간의 삶에 있어서 작은 길잡이나마 되고자 하는 기대에서 출발했다면 지나친 과욕일까?

왜 조선을 주목해야 하는가?

　우리에게 있어서 가장 가까운 과거인 조선은 현대를 사는 우리의 의식 밑바탕에 아직까지도 많은 영향을 미치고 있다. 조선의 인물들을 탐구하다 보면, 지금의 우리와는 확연히 다른 가치관을 지닌 인간상을 만나게 된다.

특히 사람을 중히 여기는 민본정치(民本政治)와 인간의 도리나 자연의 섭리를 중시하는 사상들은, 자본주의와 물질 문명의 폐단을 겪고 있는 현대 사회에 많은 것을 시사하고 있다. 구체적으로 확인할 수 있는 몇 가지를 살펴보면 다음과 같다.

첫째, 멸사봉공(滅私奉公)의 자세이다.

조선시대 사람들은 철저히 자신을 뒤로 미루고 대의(大義)를 위해 사는 것을 중요시했다. 자기를 앞세우는 것은 도리에 어긋나는 일이며, 공의(公義)에 합당하게 행동하는 것이 올바른 것이라고 믿었다. 지도층은 항상 솔선수범하는 것을 덕목으로 알았으며, 일반인들보다 사회적 책임이 더 크다는 것을 당연하게 생각했다. 이른바 노블리스 오블리주(noblesse oblige, 높은 사회적 신분에 따르는 도덕적 의무) 사조가 조선시대에 이미 사회적 공감대를 형성하고 있었던 것이다.

또 자신의 힘으로 일을 처리하지 못하고, 불공정한 방법으로 다른 사람의 지원을 받는 것을 수치로 여겼다. 요즘처럼 여기저기 줄을 대서 자신을 비호하는 세력으로 삼는 행위는, 당시만 해도 소인배의 협잡으로 치부되었다. 유력 인사와 가깝게 지내는 인물을 두고 '정치를 잘한 다' 고 하는 지금의 사고 방식과는 정반대라고 할 수 있다. 오히려 그러한 행위는 사회 기강과 질서를 해치는 악행으로 철저히 경계하였다.

봉공(奉公)의 근본 목적도 군주나 국가에 대한 맹목적인 충성에 있는 것이 아니라, 백성의 생활 안정에 있었다. 따라서 아무리 군왕이라 할지라도 백성을 불안하게 한다면 타도의 대상이지 봉공의 대상이 될 수는 없었다.

하지만 안타깝게도 그와 같은 건강한 가치는 조선 후기로 접어들면서 점점 와해되었으며, 결국 조선은 붕괴하고 만다. 이러한 조선의 흥망성쇠를 지켜본다면 현대 사회의 문제가 무엇이며 어떻게 해야 해결될 수 있는지 잘 알 수 있을 것이다.

조선의 흥망성쇠라는 역사적 흐름이 우리에게 전해 주는 교훈은 분명하다. 즉, 왜곡된 가치관을 바르게 정립시키는 작업이 모든 것에 선행되어야 한다는 것이다.

둘째, 사회 봉사의 정신이다.

조선시대 사람들에게 있어 배운 자의 도리는 나라와 사회에 대한 헌신이었다. 관직에 나가는 것 자체를 자신의 입신양명(立身揚名)을 위해서라기보다는 남을 위하는 일로 생각하고, 자신의 자리에 연연하는 것을 선비의 수치로 여겼다. 자신에 대한 부정적인 여론이 생겼을 때는, 설사 잘못이 없다 하더라도 그런 여론이 생겼다는 것 자체를 처신의 부족으로 알고 흔쾌히 자리에서 물러나곤 했다.

자리에서 물러난 후에도 자신의 평안을 추구하는 것이 아니라, 사회에 기여하기 위해 끊임없이 노력했다. 이것은 '의리'(義理)라는 개념이다. 흔히 의리라고 하면 인간적인 측면에서 생각하는데, 여기서는 개인끼리의 관계를 말하는 것이 아니라 국가와 사회에 대한 참된 도리를 말한다. 다시 말해, 공의를 위해서는 개인적 정분을 끊는 것이 참된 의리라고 보았던 것이다.

또 조선 사람들은 사회적 약자를 보호하려는 의식이 투철했다. 그들은 자기를 희생하면서도 남을 구제하는 것을 군자의 모습으로 간주했으며, 병자를 보면 이해 관계와 친분을 떠나서 치료하고 돌보아 주는 것을 미덕으로 여겼다.

그뿐 아니라, 부를 쌓아두고도 구휼하지 않는 것은 있을 수 없는 일이라고 생각했던 당시 사람들의 생각은 확실히 요즘의 각박한 세태와는 다르다고 할 수 있다.

셋째, 자기 자신의 수양을 우선시한 마음가짐이다.

조선시대 사람들은 제대로 준비되지 않은 상태에서 세상에 나가는 것을 경계했으며, 어린 나이에 과거에 합격했더라도 스스로 공부가 부족하다고 여겨 즉시 관직에 나가지 않고 학문에 좀더 정진했다. 그뿐만이 아니었다. 그들은 비록 왕이라 할지라도 스스로를 다스리지 못한다면 언제라도 바꿀 수 있다고 생각했고, 실제로 그러한 경우가 현실화되기도 했다. 정치의 근본을 지도층이 바로 서는 것에서 찾았으며, 군왕과 대신들의 솔선수범을 나라를 다스리는 기본으로 삼았던 것이다.

또 정학일체(政學一體)의 정신에 따라 관직이나 정치 일선에 있을 때도 손에서 책을 놓는 법이 없었다. 공무에 바쁘다는 평계로 학문 연구를 등한시한다는 것은 인정될 수 없었기 때문이다. 그래서 당시의 정치가들은 학자이자 문인이며 관료였던 것이 일반적인 형태였으며, 왕을 포함한 모든 공직자들이 업무 이외에도 함께 모여서 진리와 치도(治道)의 탐구에 매진했다. 일종의 학문에 대한 공동 연구가 공식적으로 진행되었던 것이다.

이렇게 조선은 사회 전체가 위에서 아래에 이르기까지 항상 공부하는 분위기에 젖어 있었다. 다만, 그 대상이 성리학적 가치관에만 집중되어 다양하지 못한 결점이 있었다.

다스림의 근본을 민생 안정에 두었다는 점도 주목해야 한다. 즉, 어떻게 하면 백성들을 배부르게 먹일 수 있는가 하는 문제에 대해 항상 고심했던 것이다. 이는 요즈음의 정치가들이 눈여겨보아야 할 대목이다.

또 하나 중요시해야 할 점은 자신이 배운 학문을 실제 생활에서 그대로 이행하는 것을 신념으로 삼았다는 점이다. 지식 따로 말 따로 행동 따로인 요즘의 지식인들처럼 자신의 생각과 배운 것을 실생활에 실천하지 않는 것을 절대로 인정하지 않은 사회가 바로 조선이었던 것이다.

넷째, 근검절약하고 청빈한 자세를 강조한 삶의 자세이다.
안빈낙도(安貧樂道), 다시 말해 자기 한 몸 누일 수 있고 찬바람 막을 수 있는 곳에서 끼니만 해결되면 더 이상 욕심 내지 않는 것을 덕으로 알았다. 사치와 낭비는 경박한 처신이며, 부정한 방법으로 재물을 모으는 것은 용납할 수 없는 부덕일 뿐이었다.

부지런히 일하고 절약하는 것이 미덕이며, 자기를 내세우기보다 겸손하게 사양하는 것을 군자의 도리로 생각했다. 또 항상 나아갈 때와 물러설 때를 신중히 생각하여 남의 비난을 사지 않도록 조심하였다.

조선시대의 사람들이 특히 중요하게 생각했던 것이 대의명분(大義名分)이었는데, 이것은 모두가 인정할 수 있는 명분을 말한다.

따라서 대의에 기초하지 않은 명분은 인정받지 못했으며, 일단 자기가 믿는 명분은 끝까지 지켜내려고 했다. 즉, 개인의 이해에 있어서는 겸양으로 자신을 감추는 것을 미덕으로 삼았지만, 대의를 도모하는 일에 있어서는 자신이 믿는 명분이 옳다고 믿는다면 절대 물러서지 않았다. 매사에 자신의 이익만을 추구하고 사회적인 일에 대해서는 적당히 타협으로 얼버무리는 요즈음의 세태와는 분명히 큰 차이가 있다고 하겠다.
 물론 타협하는 것이 그르다는 것은 아니다. 오히려 지나치게 자기 입장만 고수하는 것보다 더 바람직한 모습일 수도 있다. 그러나 아무런 원칙 없이 순전히 문제를 덮어 버리기 위한 얼버무리기 식의 타협은, 합리적인 해결 방식이 아니라 야합이라고 보아야 한다. 오늘날에는 미봉(彌縫)의 야합만 있을 뿐 진정한 타협은 없는 게 아닌가 걱정이 될 뿐이다. 조선 사람들은 이 부분에 있어서 원칙을 너무 철저하게 지키려고 한 것이 탈이라면 탈이었다.

 지금까지 이 책에 등장하는 조선시대 사람들의 삶에 대한 자세를 적어 보았다. 이에 대하여 조선시대에는 모두 '완전한 인격체'들만 살았다는 얘기인가 하고 의문을 갖는 사람들도 있을 것이다. 물론 모든 사람들이 그렇게 반듯한 삶을 살았던 것은 아니다. 다만, 그 시대의 일반적 가치가 그러한 삶을 존중했으며, 최고의 덕목으로 여겼다는 점을 얘기하고 싶다.

지은이

차례

책머리에 5

1장 새로운 왕조가 서다
조선을 세운 뛰어난 무장이자 최고의 정치가 **이성계** 19
새 시대를 꿈꾸며 조선을 설계한 무소불능의 천재 **정도전** 34
시대의 진운을 예견한 놀라운 법력의 고승 **무학대사** 46

2장 찬란한 문화를 꽃피우다
왕도정치를 구현한 위대한 임금 **세종** 55
진정한 공직자의 본보기 **황희** 61
과학혁명을 이끈 천민 출신 천재 과학자 **장영실** 73
북방 개척의 명장, 백두산 호랑이 **김종서** 82
충절과 의리의 대명사 **성삼문** 94
불의에 맞서 세상을 버린 불운한 천재 **김시습** 109

3장 국난 극복의 시대
전장에서 산화한, 위대한 장군 **이순신** 125
붉은 옷의 전설, 홍의장군 **곽재우** 145
의술로 치도의 근본을 실천한 의성 **허준** 153

4장 난세에 핀 문화의 꽃

조선 최고의 사상가, 성리학의 대부 퇴계 이황 165
위대한 스승이자 뛰어난 실천 철학자 율곡 이이 178
인습의 굴레 속에서 자아를 구현한 시인 허난설헌 199
적서차별 타파를 부르짖은 비운의 혁명가 허균 210

5장 중흥의 시대

참 지식인, 반듯한 정치가 김육 221
실사구시 정신의 선구자 이익 233
시대를 앞서간 북학파의 거장 박지원 247
실학 최고의 사상가이자 민중철학의 선구자 정약용 263
해방을 꿈꾼 혁명가 홍경래 276
실사구시를 지향한 금석학과 서예의 대가 김정희 294

6장 저물어 가는 조선

천재 방랑시인 김삿갓 김병연 305
최초의 조선인 신부 김대건 323
개화 사상의 선구자 김옥균 334
농민 운동의 지도자 녹두장군 전봉준 358
쇄국만이 살 길이다 대원군 이하응 378

1장 새로운 왕조가 서다

이성계
정도전
무학대사

조선을 세운 뛰어난 무장이자 최고의 정치가
이성계

　조선의 역사를 기술하는 데 있어 태조 이성계에 대한 이야기를 빼놓을 수는 없다. 새로운 왕조를 창업한다는 것은 보통 사람으로서는 이룰 수 없는 큰일로 그 시대를 사는 사람들의 삶에 막대한 영향을 끼치기 때문이다.
　어떤 사람은 권력층 내부의 정권 이동은 실제 일반 민중들의 삶과는 별 상관이 없다고 말하기도 한다. 그것이 한 나라의 멸망과 생성에 관한 것이라 하더라도 말이다. 그러나 아무리 왕조 사회라 하더라도 새 나라의 창업은 그 시대 전반에 걸친 새로운 가치 체계 및 이념을 정립하게 되기 때문에, 민중들의 생활에도 일대 변화를 가져오게 마련이다.
　새로운 왕조에 대한 평가는 창업 이후 사회상의 발전과 당대 사람들의 삶에 어떤 역할을 하였는가를 가지고 판단하는 것이 바람직하다. 조선은 중기 이후에 지배층이 부패하고 지나치게 유교적 윤리관을 고집하는 등 많은 폐단이 있었지만, 일단 '성공한 창업'이라고 할 수 있다.
　이런 조선을 건국한 이성계는 우리 나라 마지막 왕조의 시조로서 중요한 역사적 의미를 가지는 인물이라 할 수 있다. 특히 고려 말의 혼란기에 정권을 장악하고 새 시대를 개척한 인물로서 그가 가지는 의미는 더욱 크다.

전란 속에 뜬 별

이성계는 고려 27대 충숙왕 4년(1335, 복위 후 4년), 화령부(함경남도 영흥)에서 태어났다. 그의 선조는 원래 전주 사람으로 고조부 이안사 대에 간도 지방인 남경으로 들어가 원의 지방관으로서 기반을 닦기 시작했는데, 그때부터 이성계의 아버지 이자춘에 이르기까지 **천호(千戶)** 정도의 벼슬을 하였다.

이 시기는 원의 쇠퇴기로서 고려 조정에서는 친명배원(親明排元) 정책의 목소리가 높았는데, 급기야 공민왕 5년(1356)에 고려가 **쌍성총관부(雙城摠管府)** 를 공략하기에 이르렀다. 당시 쌍성의 천호로 있던 이자춘은 성을 함락시키는 것을 도와 함흥 지방 이북을 고려가 탈환하는 데 절대적인 공을 세웠다. 이것이 이성계의 집안이 고려 중앙 정계에 발을 들여 놓게 되는 계기가 되었다. 공민왕 10년(1361)에는 이자춘이 삭방도(철령 이북 지역) 만호 겸 병마사로 임명되어 그 지역 일대의 군사권을 장악하게 되었다. 이때 형성된 기반이 후에 이성계가 고려 조정에서 성장할 수 있는 정치적 토양이 된다.

그러나 이성계가 아버지의 후광만으로 중앙 정계에 진출한 것은 결코 아니다. 그것은 고려 말 혼란기의 수많은 전란에서 그가 세운 혁혁한 전공(戰功)이 있었기 때문에 가능했던 것이다. 이성계는 난세를 헤치고 자신의 길을 열어 나간 인물이었다.

아버지를 도와 쌍성총관부를 공략한 것을 시작으로 박의의 난(1361), 홍건적의 침입(1362), 원나라 장수 나하추의 침입(1362), 최유와 원의 침입(1364), 삼선·삼개의 난(1364), 왜구 출몰(1380), 여진족 호발도의 침입(1382) 등 수많은 전투에서 승리했고, 그때마다 이성계는 상승일로를 달렸다.

이러한 발군의 전공은 이성계가 고려 정계에서 확고부동한 지위를 가질 수 있도록 해 주었다. 아무리 뛰어난 장수라 하더라도 싸우는 족족 모두 승리하기는 어렵다. 이성계가 전쟁에서 한 번도 패한 적이 없다는 사실을 감안하면 무장으로서 그의 능력이 얼마나 뛰어났는지를 알 수 있다.

이성계에게 패해 겨우 목숨만 건진 원나라 장수 나하추가 후에 탄복하며 말하기를, "이자춘이 자기 아들 자랑을 천하에 늘어놓아 우습기 그지없었는데 직접 상대해 보니 과연 허풍이 아님을 알게 되었다."고 했다는 일화가 있을 정도다.

이외에도 이성계의 무예에 대한 수많은 예화가 전해지고 있다. 활을 잘 쏘아서 명궁 소리를 들었으며, 완력도 엄청나서 배[梨]만한 크기의 화살촉을 사용했다고 한다. 그 화살촉은 장사로 이름났던 그의 아버지조차 사용할 수 없어서 버린 것을 이성계가 주워서 사용한 것이라고 하니, 그의 힘과 재주가 얼마나 뛰어났는지 알 수 있다.

타고난 체력을 가진 이성계는 어린 시절부터 사냥을 통해 육체를 단련하였고, 수많은 전투를 거치면서 전세(戰勢)를 읽는 순발력과 정확한 판단력, 지략과 전략적 사고를 기르게 되었다.

유연한 정치감각

이성계처럼 크게 두각을 나타내는 사람은 주위로부터 질시와 경계의 대상이 되게 마련이다. 게다가 이성계에게는 지방 출신이라는 약점이 있었다. 그럼에도 크게 탄핵받는 일 없이 중앙 정계에서 자신의 입지를 굳힐 수 있었던 것을 보면 그가 가진 정치적 수완이 얼마나 뛰어났는가를 알 수 있다. 물론, 크고 작은 전란들이 빈번하게 일어났던 당시

천호(千戶)
고려 후기, 원에 의해 설치된 관직으로 1천 명의 군사를 통솔할 수 있는 지휘권을 가졌다. 어느 정도 규모의 군사를 통솔할 수 있는가에 따라 만호나 백호로 불리기도 했다.

쌍성총관부(雙城摠管府)
고려 후기, 원이 철령 이북의 땅을 직속령으로 편입하면서 그 지역을 통치하기 위해 화주에 설치한 기구이다. 같은 시기에 설치된 동녕부와 탐라총관부는 고려 충렬왕 때 다시 찾았으나, 쌍성총관부는 공민왕 때에 무력으로 회복할 때까지 약 100년간 존속했다.

상황에서 그와 같은 뛰어난 무인을 그대로 썩혀 버릴 수는 없었을 것이다. 하지만 그러한 점을 감안하더라도 이성계가 가진 인간관계와 처세술 역시 무예 못지 않게 탁월했던 것으로 보인다.

이성계는 주변 사람들을 적으로 만들기보다 자신에게로 융화시키는 인물이었다. 따라서 조준, 권근, 정도전 등 신진 사대부들과의 교류를 통해 지지 세력을 넓혀 갈 수 있었고, 결정적 순간에 그들의 도움을 받아 조선을 창업할 수 있었던 것이다. 여기서 알아두어야 할 점은, 신진 사대부들과의 교류는 그가 고려 정계의 중심 세력이 되기 이전부터 시작되었다는 것이다. 따라서 어느 정도 정치적 목적에 따른 결합이라고 볼 수도 있겠지만, 오랜 시간 동안의 교류를 통한 동지적 의기투합으로 보는 것이 타당하다.

또한 이성계는 일생 동안 불교를 정신적 지주로 삼았는데, 그럼에도 조선 개국 당시 불교에 대해 배타적인 유학자들과 손을 잡은 것을 보면 그가 개인적인 믿음을 초월하여 시대적 요청과 필요를 이해한 탁월한 감각의 소유자였음을 알 수 있다. 당시 고려 말은 지나치게 커진 불교계의 부정부패로 인해 그 폐단을 뿌리부터 없애지 않고는 사회 개혁을 이룰 수 없는 상황이었다. 따라서 개인적인 믿음과는 다르게 배불주의자들의 당위성을 인정한 것인데, 사실 그렇게 행동하기란 그리 쉬운 일이 아니다.

이처럼 시대의 흐름을 꿰뚫어보아 그때까지는 주변 세력에 불과했던 개혁 성향의 인사들을 포용한 이성계의 뛰어난 처세술은 결정적인 시기에 '조선 건국'이라는 대업을 이루는 계기를 만들어 낸다.

고려의 외교 실패

고려 말 원이 점점 쇠퇴하고 있을 때, 주원장이 한족(漢族)의 국가인 명을 창건했다. 그동안 원의 지나친 내정 간섭에 불만을 갖고 있던 고려 조정은 새롭게 등장하는 명나라와 친선 관계를 도모했다.

그러나 고려와 명의 관계에 악영향을 끼치는 사건들이 계속해서 일어나는데, 그 중 하나가 친명배원주의자였던 공민왕이 환관들에게 시해된 사건(1374)이다. 이 사건은 공민왕 말년에 그의 정신적 파행으로 인한 궁중 내 살인 사건이었다. 하지만 중국 대륙의 패권을 놓고 원과 막바지 대치를 하고 있던 명나라는 이 사건으로 고려 조정을 의심하게 되었다. 거기에 공민왕이 시해된 지 두 달 뒤, 자기 나라로 돌아가던 명나라 사신을 고려 호송관이 살해하고 북원으로 도주하는 사건이 일어나자 양국 사이에는 극도의 긴장감이 조성되었다.

고려는 명과의 외교에 노력을 기울이면서도 명의 압력을 견제하기 위해 북원과의 관계를 계속 유지했다. 여기에 불만을 가진 명은 더욱 고려를 압박하기 시작했고, 이에 따라 고려 조정도 친원 세력과 친명 세력으로 갈라져 대립하게 되었다. 그러나 명이 지나친 조공을 요구하며 고려를 거세게 압박하자 점차 명나라에 대한 불만의 목소리가 높아지기 시작했다.

이와 같이 명에 대한 비판 분위기가 고조되고 있을 때, 명은 한술 더 떠서 철령 이북을 요동에 귀속시키겠다며 한층 더 고압적인 자세로 나왔다. 철령 이북은 원래 고려의 땅으로 원이 강제로 차지하고 있던 것을 공민왕 때 겨우 회수한 것이었다. 따라서 고려의 입장에서는 결코 받아들일 수 없는 요구였다.

고려 조정은 명과 교섭하기 위해 사절을 보냈으나, 명의 자세가 확고한 것을 확인하고 **철령위(鐵嶺衛)**를 설치하기 위한 명의 전진 기지인 요동을 공격할 계획을 세운다. 양국 관계는 점점 험악해졌고, 자칫하면 무력 충돌이 일어날지도 모를 상황이 되었다.

철령위(鐵嶺衛)
명이 철령 이북을 자신의 영토로 귀속시키기 위해 요동에서 철령까지 설치하려고 했던 병참 기지.

이 과정에서 고려는 정권의 무능함을 드러내게 되는데, 첫 번째가 부족한 외교 능력이다. 외교 사절의 살해는 오늘날에도 전면전이 일어날 수 있을 만큼 민감한 사안이다. 따라서 피해국인 명의 보복 조치는 충분히 예상할 수 있는 일이었다. 더구나 상대가 강대국일 경우 더욱더 강경하고 무리한 요구를 할 것이라는 것은 너무도 당연한 이치다. 따라서 고려 조정은 좀더 적극적인 외교를 통해 사실을 해명하고 설득함으로써 문제를 해결했어야 했다.

명나라 사신 살해 사건 이후 화가 난 명은 철령 이북 지역이 원래 원에 속했던 땅이라 하여 자신들이 통치하겠다고 알려 왔다. 그러나 고려는 이에 맞설 만한 명분이 부족했고, 현실적으로도 매우 불리한 입장에 처해 있었다.

그렇다면 과연 명은 철령 이북 지역을 실제로 복속하려고 했을까? 공식적으로 통고했으므로 실행 의지가 있었다고 볼 수도 있으나, 훗날 명이 그 지역을 조선의 영토로 순순히 인정한 사실로 보아 당시의 태도는 고려 조정을 길들이기 위한 수단이었을지도 모른다. 사실, 중국은 전통적으로 요동 이동 지역을 오랑캐의 땅으로 여기며 중국 본토로 편입하는 것을 내심 꺼렸다. 또한, 당시는 북원과 막바지 대치 상황에 있었기 때문에 고려가 아무리 작은 나라였다 할지라도 무력 충돌을 원하지는 않았을 것이다. 따라서 실리적 측면에서 외교 능력을 십분 발휘했다면 해결의 실마리를 찾을 수 있었을 것이다.

두 번째로 고려 조정은 당시 국제 관계에서 힘이 이동하고 있는 방향을 정확히 읽어 내지 못했다. 당시 원은 북쪽의 척박한 지역으로 밀려나 겨우 명맥만 유지하고 있는 상태였는데도 고려는 원의 패망을 예상치 못하고 관계를 계속 유지하다가 명의 의심을 더욱 사게 되었다. 물론 이것은 원을 통해 명을 견제하려는 중립 외교의 방편으로 볼 수도 있다. 하지만 대세는 이미 명으로 기울었고 원은 지는 해였다. 따라서 명과의 관계 정립을 위한 외교에 총력을 기울였어야 했다.

당시는 고려 왕조 말기부터 누적된 폐단들이 민생을 괴롭히고 있는 가운데 국토의 남쪽은 왜구가 창궐하고 있었고, 북쪽은 전쟁에 대비해 성을 쌓느라 백성들이 시달리고 있었다. 더구나 고려 우왕은 전쟁 준비의 독려를 이유로 서해도 지방에 자주 드나들었는데, 실상은 개인적인 향락 추구의 의미가 더 컸다. 왕의 시중을 들기에 벅차하던 백성들은, 요동을 정벌하겠다며 농번기에 전국적으로 군사를 소집하자 자연히 원성이 높아질 수밖에 없었다. 이러한 까닭으로 요동 정벌에 대한 반대가 높아지자 우왕은 자신의 친위 세력과 강경파 무인들을 중심으로 비밀리에 정벌 계획을 수립하고, 준비도 안 된 상태에서 무리한 출병을 감행한다.

위화도 회군

우왕 14년(1388), 요동 정벌을 위한 진군이 드디어 시작되었다. 고구려와 발해 이후 중원 공략을 포기했던 우리 민족의 마지막 거병이 암울한 분위기 속에서 이루어지게 된 것이다. 이것은 민족의 정기를 드높인 일대 쾌거로 볼 수도 있지만, 당시의 상황을 감안한다면 무모한 발상이라고 할 수 있다. 더구나 이렇게 무리하게 실행된 요동 정벌은 이성계의 권력 획득을 앞당기는 결과를 불러왔고, 조선 창업을 위한 역사적 무대 장치가 되고 만다.

그동안 명의 무리한 공물 요구와 갖가지 트집에 시달리던 고려는 원에게 빼앗겼다가 100년 만에 회복한 옛 땅을 또다시 명이 지배하겠

고려 말 공민왕의 영토 회복과 위화도 회군

다고 하자 더 이상 참지 못하고 출병을 강행했다. 출병하기 전에 우왕은 사냥을 한다며 해주 백사정으로 떠나는데, 이것은 정벌 계획을 감추기 위한 위장 전술로 볼 수도 있지만, 요동 정벌을 당당히 공표할 수 없을 정도로 정치권 내부의 의견이 분분했다는 사실을 반증하는 것일 수도 있다.

정벌 계획을 공표하지 않은 상황에서 우왕은 전면전에 대비해 문화찬성사 우현보에게 개경을 지키게 하고, 왕실의 가족들은 한양 산성으로 옮겨 머무르게 하였다. 3월 중순, 평양으로 출발한 우왕은 다음 달 1일, 봉주에 이르러 그동안 최영 등 강경파들과 암암리에 계획했던 정벌의 뜻을 이성계 등에게도 통보하였다. 이성계는 현실론을 내세워 반대하였지만, 왕이 이미 출병의 뜻을 세우고 그곳까지 왔는지라 요동 정벌은 돌이킬 수 없는 상황이 되고 말았다.

이에 따라 우왕은 곧바로 평양으로 이동하여 전국의 군사를 집결케 하고 압록강에 **부교**(浮橋)를 설치하도록 하는 등 진군을 재촉하기 시작했다. 우왕은 최영을 팔도도통사로 임명하여 평양에서 정벌군을 통할 감독하게 하고, 실제 병력 지휘는 좌군도통사 조민수와 우군도통사 이성계에게 맡겼다. 최영은 현지에 나가 직접 지휘하려고 했지만 우왕이 자기 주변에 남아 있기를 권하여 출진하지 않았는데, 이것이 '결정적인 실수'가 된다. 이때 총병력은 군사가 좌우군 합쳐 3만 8,830명, 겸속이 1만 1,634명으로 5만 명이 조금 넘었고 말은 2만 1,681필이 있었는데, 일반적으로 10만 군이라고 부른다.

4월 18일에 평양을 떠난 정벌군은 5월 7일, 드디어 압록강 가운데 있는 위화도에 진을 치게 되었다. 『조선왕조실록』에 따르면 위화도까지 오는 동안 병사들이 탈영하는 사건이 끊임없이 일어났고, 정벌군의 사기도 크게 떨어졌다고 한다. 물론 이와 같은 서술은 조선 창업을 미화하기 위한 의도로 볼 수도 있지만, 당시의 출병이 무리한 군사작전이었다는 것은 분명하다. 더구나 압록강 부근에 비가 많이 내려 부교가 떠

내려가고 물에 빠져 죽는 병사까지 생겨나자, 이에 이성계는 그 유명한 **사불가론(四不可論)**을 내세워 정벌의 무리함을 호소하는 상소를 올렸다. 사불가론의 첫 번째 이유는 명에 대한 사대주의적 입장을 담고 있지만, 당시 고려의 국력으로는 명과 군사적으로 대적하기 어렵다는 현실적 판단으로 이해될 수 있다. 나머지 이유들도 민생과 군사적 측면에서 충분히 납득이 되는 지적이다. 그러나 우왕과 최영은 이 의견을 묵살하고 내관인 김완을 파견하여 진군을 재촉할 뿐이었다.

압록강에 가로막혀 잠시 진군이 지체되고 있는 가운데 정벌군의 사기는 점점 떨어졌고, 엎친 데 덮친 격으로 불안한 소문이 떠돌기 시작했다. 이성계가 이미 군대를 동북면으로 철수하기 시작했다는 것이다. 이 소문은 병사들의 사기를 떨어뜨렸고 마음을 더욱 불안하게 만들었다. 이렇듯 사태가 걷잡을 수 없이 악화되자, 결국 회군 여부의 최대 변수였던 좌군도통사 조민수마저 회군에 동조하게 된다.

모든 장수들을 회유한 이성계는 5월 22일, 마침내 군사를 되돌려 역사적인 회군을 하게 된다. 회군 시작 이틀 뒤, 성주 온천에 가 있던 왕에게도 이 소식이 전해졌고 왕 일행은 황망히 자주, 평양, 중화를 거쳐 29일 이른 새벽, 개경으로 환궁했다. 이때 왕을 따른 병력은 겨우 50여 명에 불과했다. 출발할 때에는 한 달 가까이 걸린 길을 5일 만에 급히 돌아왔으니 왕의 낭패감은 눈에 보일 듯 훤하다.

6월 1일, 개경에 도착한 이성계는 숭인문 밖 산대암에 진을 치고, 우군은 숭인문 쪽으로, 좌군은 선의문 쪽으로 진격하게 하였다. 그러나

부교(浮橋)
전투 지역으로 병력이나 장비를 운송하기 위해 가설된 임시 교량.

사불가론(四不可論)
첫째, 작은 나라가 큰 나라를 거스르는 것은 옳지 않고, 둘째, 농사철이자 더운 여름에 군사를 움직이는 것은 시기적으로 부적절하며, 셋째, 군사력을 총동원한 틈을 노려 왜구가 기승을 부릴 것이고, 넷째, 장마철을 맞아 활의 아교가 풀리고 군사들이 질병에 걸릴 것이 염려된다는 주장이다.

최영의 수성군에게 밀려 안으로 들어가지 못하고 있자, 이성계가 직접 전군을 지휘하여 마침내 왕궁의 담을 헐고 들어갈 수 있었다. 성 안으로 들어간 이성계는 끝까지 왕을 보위하고 있던 최영을 붙잡아 사태를 마무리지었다.

애초에 수성군은 회군 병력에 비해 수적으로 불리했기 때문에 회군이 시작되었을 때 대세는 이미 결정된 것이나 다름없었다. 요동 정벌을 위해 군사력을 총동원하면서 자체 수비 병력은 등한시했기 때문에 정벌군이 반란군이 되자 고려 조정에서는 속수무책일 수밖에 없었던 것이다.

회군 세력이 정권을 완전히 장악한 후 최영은 고봉현으로 귀양 보내졌고, 다시 합포, 충주 등으로 이배되었다가 참수되었다. 우왕 또한 강화도로 쫓겨나 이후 잠시 왕위를 계승했던 그의 아들 창왕과 함께 사사됨으로써 사실상 고려 왕조는 막을 내리게 되었다.

요동 정벌의 허와 실

우왕과 최영은 왜 무리한 정벌을 강행하여 왕조가 멸하게 되는 화를 자초했을까? 당시 최고 통치자로 군림하고 있었던 그들의 정치적 입장에서 그 답을 찾을 수 있다.

최영은 우왕의 가장 가까운 측근으로서 그를 보필하는 정권 책임자였다. 따라서 국가 보위 차원에서 예민한 문제일 수밖에 없는 명과의 영토 분쟁에 대해 어떤 방식으로든 책임을 져야 하는 입장이었다. 아무리 명의 압력이 거세다고 해도 100년 만에 겨우 회복한 옛 영토를 힘 한 번 쓰지 못하고 순순히 내어놓을 수는 없는 일이었다. 최영으로서는 명의 의사가 철회되지 않는 한 정면 대응을 해서라도 국토를 수호해야 하는 입장이었던 것이다. 만약 명의 압력에 굴복하여 철령 이북 지역을 명에게 넘겨 준다면 영토를 지키지 못했다는 이유로 반대 세력에 의해 공격받게 될 것이 뻔했다.

이러한 정치적 현실 때문에 요동 정벌은 어쩔 수 없는 선택이었던 셈이다. 반면에 이성계는 권력의 중심에서 비껴 있었기 때문에 현실적 입장에서 반대할 수 있는 여지가 많았다. 최영과 이성계의 성향과 태도의 차이도 간과할 수 없는데, 최영은 강골 무인의 성향을 가지고 있었고 이성계는 유연한 성격의 소유자였다.

위화도 회군은 이성계라는 보잘 것 없는 변방 출신의 일개 장수를 역사의 전면에 등장시키는 계기가 되었을 뿐 아니라, 구 왕조를 멸하고 새 왕조를 탄생시키는 역사적 대반전의 전주곡이었다.

그렇다면 위화도 회군은 준비된 쿠데타인가? 아니면 어쩔 수 없는 상황에서 돌발적으로 발생한 사건인가? 당시 상황을 면밀히 살펴보면 일단 애초부터 권력을 탈취할 목적으로 계획된 사건은 아닌 것으로 보인다. 먼저 이성계는 쿠데타를 추진할 정도로 높은 위치에 있지 않았다. 게다가 회군으로 권력을 장악할 계획이 있었다면 처음부터 출정을 무조건 반대하기보다 출정에 동조하는 체 하였다가 병력을 장악할 기회를 노렸을 것이다. 그보다는 원하지 않던 출정에 나서기 앞서 여러 가지 난관에 부딪히게 되자 그대로 압록강을 건너는 것보다 철군을 하는 것이 낫다고 판단하였지만, 이 같은 자신의 주장이 받아들여지지 않자 어쩔 수 없이 회군을 결정한 것으로 보인다.

여하튼 회군을 결심한 이성계는 다른 장병들의 의향을 떠보기 위해 요동 정벌을 포기하고 본거지인 동북면으로 돌아가려 한다는 소문을 내는데, 그때 제일 먼저 조민수가 허둥지둥 달려와 그의 뜻에 동조하였고 결국 모든 군사가 그의 뜻을 따르게 된 것이다. 이런 사실을 보면 이성계는 용맹스러운 장수이기도 했지만 임기응변이 뛰어났을 뿐 아니라 정세의 변화를 자기에게 유리한 쪽으로 활용하는 데에도 능했음을 알 수 있다. 또한 반역을 도모한다는 오해를 사지 않기 위해 개경으로 돌아오는 도중에 왕의 일행과 마주치는 일이 없도록 속도를 조절하여 움직이는 등 명분상으로 자신에게 불리하지 않도록 신중을 기하는 모습

태조 이성계 영정

도 찾아볼 수 있다. 이와 같이 이성계는 뛰어난 무인이었을 뿐 아니라 정치적 역량도 탁월했고 매우 침착한 성격의 소유자였다.

말년의 한

이성계가 새 왕조를 창업하고 수창궁에서 왕으로 즉위한 날이 1392년 7월 17일이었는데, 이때 그의 나이 이미 58세로 즉위하자마자 서둘러 세자를 책봉해야만 했다. 이성계는 두 명의 부인과 여덟 명의 아들을 두었는데, 첫 번째 부인인 신의왕후 한씨 소생으로는 방우, 방과, 방의, 방간, 방원, 방연 여섯 형제가 있었고, 두 번째 부인인 신덕왕후 강씨 소생으로는 방번과 방석 두 형제가 있었다. 당시에는 지방 관리들이 고향이나 근무지에는 향처(鄕妻)를 두고, 중앙에서 기거할 때는 경처(京妻)를 두는 풍습이 있었다. 따라서 이성계가 젊어서 혼인한 한씨는 향처, 두 번째 부인 강씨는 경처인 셈이었다. 그런데 한씨는 이성계가 즉위하기 1년 전에 죽었기 때문에 결국 강씨가 왕후로서의 영광과 역할을 고스란히 안게 되었다.

원래 강씨는 황해도 곡산 사람으로 그의 아버지 강윤성은 지방에서 알아주는 대부호였다. 이성계가 사냥하러 나선 길에 곡산 땅에 들렀다가 강씨의 집에서 하룻밤 유숙한 것이 인연이 되어 혼인하게 되었는데, 본래 강씨는 미모가 뛰어났을 뿐 아니라, 장인인 강윤성이 이성계의 정치적·경제적 후원자 역할을 해 주었기 때문에 자연히 이성계의 강씨에 대한 사랑 또한 각별할 수밖에 없었다.

이렇게 말년까지 살갑게 지낸 강씨에 대한 사랑 때문인지, 아니면 노년에 본 자식이 더 사랑스러웠기 때문인지 이성계는 장성한 전처 소생들보다 후처 소생들에 대한 애정이 더 깊었다. 이런 상황에서 세자 책봉 문제가 대두되자 강씨는 자기 자식 중에서 왕위를 잇게 할 욕심으로 이성계를 졸랐고, 이성계도 내심 그렇게 하고 싶은 생각이 간절했다. 하지만 그렇게 하는 것이 적장자 승계의 전통에 벗어날 뿐더러 건국하는 데 있어 신의왕후 소생 왕자들의 공이 컸던 터라 자신이 직접 결정을 내리지 못하고 대신 공론에 부치려 했다. 하지만 중신들은 이미 이성계의 뜻을 눈치채고 있었다.

이때 신덕왕후와 정치적 이해를 교감한 인물이 정도전이었다. 강씨는 자신의 소생으로 왕위를 잇게 하기 위해 이성계의 측근이자 실권자인 정도전의 도움이 필요했다. 정도전은 정도전대로 자신의 이념인 재상 중심의 왕도정치(王道政治)를 실현하기 위해서는 자기 고집이 있고 강한 성품을 지닌 신의왕후 소생의 왕자들보다는 나이도 어리고 부드러운 성격을 가진 막내 왕자 방석이 세자가 되는 게 더 유리하다고 판단했던 것이다.

이렇게 왕과 왕후, 그리고 당시 실권자의 마음이 일치하여 결국 태조가 즉위한 다음 달 8월 20일에 열한 살의 방석이 세자로 책봉된다. 그러나 이와 같은 세자 책봉은 당연히 한씨 소생 왕자들의 불평을 불러 왔다. 그 중에서도 조선을 건국하는 데 가장 공이 컸던 방원의 불만은 이루 말할 수 없을 정도였다.

그러나 태조 5년(1396) 8월 13일, 강씨는 자기 아들이 왕위에 오르는 것을 보지 못한 채 위장병이 악화되어 세상을 뜨고 만다. 애지중지하던 강씨가 죽자 이성계는 애모의 정이 간절하여 나라를 돌보는 데에도 관심을 잃고 지내게 되는데, 그 모양이 마치 고려 공민왕이 그의 왕비 노국공주가 죽었을 때의 모습과 흡사했다. 이성계는 강씨에게 '신덕왕후' 라는 시호를 내리고 지금의 정동 근처에 장사를 지내고는 그곳을 '정릉' (貞陵)이라고 불렀다. 또 능 옆에 '흥천사' (興天寺)라는 절을 짓고 중들을 거처하게 하여 향불이 꺼지지 않도록 하였다. 이때부터 조선은 왕실의 능 옆에 절을 짓고 중들이 거처하며 왕의 능을 지키게 하는 것이 관습처럼 되었는데, 이것을 '조포사' (造泡寺)라고 한다.

그 후 태조 7년(1398) 8월 13일, 강씨의 3년상을 마치고 난 이성계는 상심의 골이 깊었던지 덜컥 자리에 눕고 만다. 자리에 누운 지 십여 일이 지났는데도 병세는 더욱 악화되기만 했다. 세자는 왕의 침소에서 직접 병수발을 하였고, 모든 왕자와 근친들은 만일을 대비하여 근정전 밖에서 대기하였다. 이때 정도전 일당이 왕의 전처 소생을 모두 제거하여 어린 세자의 후일을 도모하려 한다는 소문이 돌자, 이에 노심초사하던 방원이 먼저 그들을 기습 공격하여 정도전, 남은, 심효생 등을 죽이고 이복동생인 방번, 방석과 누이의 남편인 이제까지 죽이는 사건이 일어난다. 이것이 바로 '1차 왕자의 난' 이다.

이 사실을 보고받은 이성계는 경악과 분노에 휩싸였으나 결국 어쩔 수 없이 둘째 아들 방과를 세자로 세우게 된다. 장남 방우는 고려를 멸망시킨 아버지가 못마땅하여 해주 수양산에 들어가 세상을 완전히 등지고 있었기 때문이다. 이듬해 9월, 이성계는 왕위를 방과에게 물려준 후 정치 일선에서 아예 물러나 버렸다. 2년 후, 넷째 아들 방간이 지중추부사 박포의 선동으로 난을 일으키는데, 이것을 '2차 왕자의 난' 또는 '박포의 난' 이라고 한다. 또다시 골육 간에 권력 쟁탈전이 일어나는 것을 보고 세상사에 환멸을 느낀 이성계는 고향인 동북면으로 들어가서 돌아오지 않았다.

그 후 형 방과(정종)에게서 왕위를 넘겨받아 왕으로 등극한 방원(태종)은, 부자간의 갈등에 대한 백성들의 시선도 부담스럽고 이성계의 노환도 걱정이 되어 이성계가 평소 신임하던 창녕 부원군 성석린을 보냈다. 성석린이 설득하자 이성계는 마지못해 대궐로 돌아왔으나, 울분이 채 가시지 않았는지 태종 2년(1402) 11월 밤 홀연히 대궐을 떠나 소요산에서 잠시 머물다가 함주(함흥)로 가서 다시 칩거하고 말았다. 야사에 의하면 이때 이성계는 태종이 사신을 보내면 모두 죽이거나 잡아 가두고 보내지 않았다고 한다. 아무 소식이 없는 사람을 '함흥차사'(咸興差使)라고 부르는 연유가 여기에서 비롯된 것이다.

이즈음 안변 부사 조사의가 신덕왕후 강씨의 원수를 갚겠다는 명분 아래 난을 일으켜 이성계가 외지에 거처하는 것 자체가 말썽의 소지가 되자, 방원은 이성계가 존경하던 인물인 무학대사를 보내서야 겨우 그를 대궐로 돌아오게 할 수 있었다.

새 왕조를 창업한 천하의 이성계였지만 그의 말년은 이토록 고독하고 고통스러운 나날들이었다. 젊어서의 총명한 판단력도 나이가 들자 흐려졌는지, 아니면 늘그막에 얻은 아들을 사랑하는 마음이 너무 컸던 것인지, 장성한 전처 소생들을 모두 제치고 계비 소생의 막내아들을 세자로 책봉하는 우를 범하여 스스로 비극의 씨앗을 뿌리고 말았던 것이다.

노년에 밀어닥친 비극은 이성계에게 엄청난 고뇌와 허탈감을 안겨 주었다. 그는 젊어서부터 믿어 왔던 불교에 더욱 몰입하여 궁전 안에 덕안전(德安殿)을 새로 짓고 그곳에서 염불을 외는 일로 하루하루를 살다가 태종 8년(1408) 5월 24일에 74세를 일기로 말년의 한을 삭이지 못한 채 눈을 감았다.

새 시대를 꿈꾸며 조선을 설계한 무소불능의 천재
정도전

    정도전은 뛰어난 정치가이자 전략가이면서도 조선사에 있어서 부정적인 존재로 치부된 비극적인 인물이다. 그는 건국 과정에서 수많은 개혁을 주도하고 새 왕조의 기반을 다지는 데 앞장섰지만, 품고 있던 포부를 채 펼치지 못하고 이방원 일파에 의해 제거되었다. 그 후 조선시대 내내 반역의 원흉으로 매장되고 만다.

    정도전이 고려 말의 혼란기로부터 새로운 시대를 이끌어 낼 수 있었던 것은 무소불능(無所不能)이라고 할 만큼 모든 방면에 소양이 깊었기 때문이기도 하지만, 무엇보다 탁월한 현실 감각을 가지고 있었기 때문이다. 그는 국가의 이해에 따라 얼마든지 정책을 바꿀 수 있다고 생각한 현실주의자였다. 고려 말 우왕의 요동 정벌 당시에는 친명을 주장하며 반대했다가, 건국 후에 상황이 달라지자 요동 정벌을 추진했던 점이 그 대표적인 사례다.

    또한 정도전은 천민 지역에서의 귀양 생활과 긴 유랑 생활을 통해 백성들의 고통을 직접 목격하고 백성을 잘살게 하는 것이 올바른 정치의 방향임을 깨닫게 되었다. 그래서 그는 윤리적 기준을 바탕으로 한 '재상 중심'의 왕도정치를 이상으로 삼았다. 이와 같은 정도전의 정치적 이상은 왕권을 강화하려는 의지가 강했던 이방원에게 걸림돌이 될 수밖에 없었고, 결국 이방원에 의해 제거되고 만다.

오랜 인고의 세월

정도전은 고려 28대 충혜왕 3년(1342), 경북 영주에서 밀직제학 형부상서를 지낸 정운경의 장남으로 태어났다. 장성한 그는 부친의 친구이자 대유학자인 목은 이색의 밑에서 수학(修學)했는데, 정몽주, 윤소종, 박의중, 이숭인 등이 당시 그와 함께 공부했던 동문들이다. 정도전은 어려서부터 명석하여 주위의 주목을 받았고, 특히 유교 경전과 성리학에 능통했다.

정도전은 자신의 생각을 숨기지 못하는데다 날카롭고 불같은 일면이 있어 항상 주위로부터 공격을 받기 쉬웠는데, 그는 스스로 이 점을 인정하면서도 평생을 투지와 용기로 일관하며 살았다. 또한 무슨 일이든지 끝까지 관철하는 강인한 태도를 가지고 있었다. 스승이었지만 훗날 정치적으로 그와 날카롭게 대립한 이색도 이 점을 높이 평가하여, "정도전은 항상 할 일을 다하지 못함이 없고, 어떤 일도 두려워하거나 피하지 않는다." 하고 칭찬했다.

정도전은 스무 살이 되던 해인 공민왕 11년(1362), 진사시에 급제하여 관직 생활을 시작했다. 우왕 2년(1375)에 명을 협공하자는 제안을 하러 북원에서 사절이 오자, "공민왕이 사남(명)정책을 세웠으니 사북(원)은 불가하다." 하고 끝까지 반대하다가, 당시 실권을 잡고 있던 친원파의 미움을 사 회진현(전라남도 나주 관하의 천민 거주 지역)으로 유배되고 말았다. 이와 같은 그의 태도는 공민왕의 유지를 이어받자는 뜻도 있지만, 원명 교체기의 국제 정세를 꿰뚫어 본 일면이 강하다.

정도전은 이때부터 10여 년 이상 불우한 시절을 보내야 했는데, 유배에서 풀려난 후에도 삼각산(서울 북한산의 다른 이름) 아래에 초막을 짓고 제자를 가르치며 독서로 세월을 보냈다. 이 시절에 겪었던 고생이 얼마나 심했던지 자신의 호를 삼각산의 모양을 본떠 '삼봉'(三峰)으로 바꾸기까지 했다. 절치부심하던 정도전은 정치를 통해 자신의 뜻을 이루기 위해서는 자신을 강력히 지원해 줄 힘이 필요하다고 판단했다. 그리하여 떠오르는 실세로 여겨지는 이성계의 밑으로 들어가서 재기를 모색하게 된다.

암중모색의 세월 속에서 때를 기다리던 정도전에게 드디어 기회가 왔다. 우왕 10년(1384)에 정몽주가 명나라에 사절로 가게 되면서 자신과 함께 갈 사람으로 정도전을 추천한 것이다.

외교 임무를 성공적으로 수행하고 돌아온 정도전은 얼마 동안 성균관 좨주(성균관 관직 중 하나)로 있었다. 그러다가 스스로 외직을 청하여 남양 부사로 있으면서 백성들의 생활을 직접 경험하고 선정을 베풀기도 한다. 우왕 14년(1388), 드디어 이성계의 추천에 의해 성균관 대사성으로 중앙 관계에 복귀한 정도전은 그의 생애 중 가장 화려한 시기를 펼치게 된다. 일생일대의 최고 후원자인 이성계를 도와 조선을 건국하는 과정에서 가장 큰 역할을 맡게 된 것이다.

고려 말 정치 투쟁의 선봉에 서다

위화도 회군 후에 이성계와 그를 따르는 신진 세력들은 '가짜를 폐하고 진짜를 세운다'는 폐가입진(廢假立眞)의 논리로 창왕을 폐하고 공양왕을 왕으로 옹립했다. 우왕이 공민왕의 아들이 아니라 신돈의 아들이므로 우왕의 아들 창왕 역시 왕씨가 아니라는 것이었다. 그러나 고려 조정에 있어서 구세력들이 완전히 없어진 것은 아니었기 때문에 조정을 장악하기 위한 신진 세력과 구세력의 싸움은 마지막 정점을 향해 치닫고 있었다. 당시 고려 조정의 상황을 살펴보면 병권은 이성계가 완전히 장악하여 실권을 행사하고 있었으나, 구신과 세족들은 고려 조정에 대부분 남아 수적으로 우위를 차지하고 있었다. 따라서 두 세력이 서로를 견제하는 묘한 대치 상황이 계속 되었다.

특히 양 세력 간의 이해가 첨예하게 대립하고 있던 토지와 군사 제도의 개혁은 실권의 향방이 결정되는 사안인 만큼 충돌이 심했지만 결국은 병권을 쥐고 있던 이성계측의 의도대로 관철되었다. 이 과정에서 양

세력간의 반목이 극에 달하였음은 물론, 군제 개편은 이성계파 내부에서도 시기와 반목을 싹트게 하였는데 특히 이방원이 정도전을 질시하고 의심하게 되는 원인이 되기도 했다.

이렇듯 양 세력이 치열하게 대립하고 있을 때, 구세력과의 관계를 단절하지 못한 공양왕은 이성계가 휘하 세력들의 무리한 요구를 제압하지 않고 오히려 방관하고 조장한다는 불만을 갖게 되었다. 또한 이성계는 이성계대로 공양왕이 자신의 도움으로 왕위에 올랐으면서도 자신을 의심하기만 하고 개혁 추진에 적극적으로 나서지 않는 데에 불만을 품고 있었다. 따라서 양자 사이의 틈은 점점 벌어지게 되었고, 결국 이성계는 이런 상황에 대한 불만의 표시로 사직하고 평주 온천으로 가서 은둔해 버린다. 하지만 이성계의 이러한 태도는 실제로 은퇴를 원했다기보다 자신의 정치 노선에 걸림돌이 되고 있는 왕과 구세력들에 대한 일종의 경고였다.

신진 세력에게 있어 힘의 중심이었던 이성계가 사직하자, 구파는 이성계 세력을 집중 탄핵하여 일시적으로 조정에서 몰아낼 수 있었는데, 이때 정도전도 봉화현으로 유배되고 말았다. 당시 구세력은 정도전 등 신진 세력들의 대부분이 사대부가 아닌 천한 신분 출신인 것을 집중 공격하여, 개혁 추진의 의도가 자기들의 천한 뿌리를 숨기기 위해 본래의 뿌리를 제거하려는 불순한 음모에서 출발했다고 몰아붙였다. 결국 정도전은 '가풍이 부정하고, 주관이 확실하지 못하여 관리로 등용하기에 부적합한 인물'이라는 이유로 탄핵되어 **직첩(職牒)**과 **공신녹권(功臣錄券)**이 회수되고 일가족이 서인으로 강등되는 화를 당하게 된다.

그러나 이러한 상태는 오래가지 못했다. 힘의 중심은 이미 이성계에

직첩(職牒)
조정에서 벼슬아치에게 내리는 임명장.

공신녹권(功臣錄券)
공신에 책봉된 관리의 포상 내용을 기록하여 만든 문서.

게 쏠려 있었고, 이성계가 실제로 은둔을 원했던 것도 아니기 때문이었다.

하지만 구세력은 은둔하고 있던 이성계가 때마침 말에서 떨어져 당분간 돌아올 수 없게 되자, 이 기회에 눈엣가시 같은 이성계 휘하의 신진 세력들을 모두 제거하기 위해 유배된 사람들을 극형에 처하라고 주장하기 시작했다. 이에 계속해서 방관만 하다가는 자기 세력의 몰락을 자초하게 된다고 판단한 이성계 일파는, 이방원이 선두에 나서서 구세력에게 있어서 최후의 보루인 정몽주를 선죽교에서 살해하는 등 구세력을 무력으로 제압하여 정국에 일대 반전을 불러온다. 이로 인해 고려 조정은 이성계 세력이 완전히 장악하게 되었고, 정도전도 유배에서 풀려나 정계의 중심으로 돌아올 수 있었다. 그러나 이때 사지(死地)에서 정도전을 구해 냈던 이방원이 나중에 정도전을 죽이게 되는 것은 '역사의 아이러니'라고 하지 않을 수 없다.

결국 이성계 일파가 토지 제도 개혁을 통해 구파의 경제적 기반을 무너뜨리고 군권을 장악한 후에 정권까지 틀어쥐게 되자 왕은 유명무실한 존재가 되었다. 결국 대비의 명을 빌려 왕을 폐하고 이성계가 왕위에 오르니, 이로써 고려 왕조는 막을 내리고 새 왕조가 탄생하게 되었다.

새 왕조의 기틀을 닦다

1392년 7월, 마침내 34대 475년간 이어졌던 고려 왕조가 망하고 조선이 건국되었다. 급격한 변동으로 민심이 떠나는 것을 염려하여 얼마 동안은 고려의 국호와 제도를 그대로 유지했으나, 새로운 왕조의 정당성을 확보하고 그 기반을 확고히 하기 위해 각 분야에서 개혁이 잇달았다. 그 중심에는 언제나 다재다능한 식견과 특유의 돌파력을 가진 정도전이 있었는데, 이때가 정도전으로서는 최고의 절정기이자 자신의 경륜을 현실 정치에 펼칠 수 있었던 황금기였다 해도 과언이 아니다.

사실 정도전은 가난하고 권세 없는 집안에서 태어나 어려서는 경제적 어려움에 시달렸으며, 12년 동안 관직에 있었으나 주요 직책은 거의 맡지 못했다. 그나마 배원을 주장하다 당시 실권을 잡고 있던 친원 세력에 의해 탄핵을 받고 유배되어 10여 년을 유랑을 하면서 보냈다. 42세인 1383년에 겨우 이성계의 휘하에 들어감으로써 재기의 발판을 마련했으나, 위화도 회군 후에 구세력과의 권력 투쟁에서 항상 선봉에 나서자 견제와 질시를 집중적으로 받아 또다시 유배되는 등 청·장년기에는 결코 평탄치 않은 삶을 살았다고 볼 수 있다.

그런 그가 50대가 되어서야 비로소 자신의 역량을 펼칠 수 있는 위치에 서게 되었지만, 결국 자신의 뜻을 펼치기도 전에 죽임을 당하는 불행한 인물이 되고 만다. 그러나 그는 조선을 창건한 후 죽을 때까지의 짧은 기간 동안 도저히 한 사람의 능력으로 이루어 냈다고는 믿어지지 않는 엄청난 업적을 남겼는데, 실로 놀랍다는 말 외에 달리 표현할 길이 없다.

정도전은 우선 새 왕조의 기틀을 마련하는 작업에 착수했다. 제일 먼저 군사력을 확충하고자 중국 역대의 병법을 참고로 하여 『오행 진출기도』, 『강무도』 등의 병서를 지어 군사를 훈련시키도록 하였다. 외교에 있어서도 건국에 따른 **사은사(謝恩使)**로 직접 명에 다녀왔을 뿐만 아니라, 여진족과의 관계를 의심하는 명에게 해명하는 표문(表文)을 작성하는 등 많은 노력을 기울였다.

또한 「문덕곡」, 「수보록」, 「몽금척」 등 나라의 기틀을 세우는 일의 어려움을 일깨우는 악곡을 지어 후세 사람들로 하여금 교훈으로 삼게 했다. 그리고 국가의 제도와 운영의 근본이 되는 『조선경국전』을 지었는데 이것은 이후 조선의 기본 법전인 『경국대전』의 바탕이 되었다. 그뿐

> **사은사(謝恩使)**
> 조선시대에 중국에 보냈던 사신. 정기적으로 보내던 사신이 아니라, 큰일이 생겼을 때 중국에 대한 답례로 파견한 임시 사절이다.

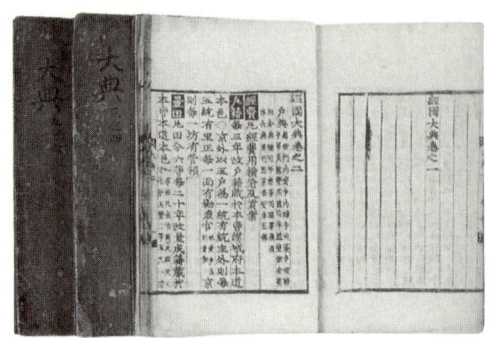

『경국대전』

아니라 역사의 중요성을 사람들이 깨닫게 하기 위해『고려국사』37권을 편찬하였고, 지방 행정 방법을 기술한『감사요약』을 만들어 지방 행정의 근간을 마련하기도 했다. 그리고 중앙 관료들의 임무와 경비 및 감사 제도에 이르기까지의 행정 지침을 정한『경제문감』을 썼고, 무학대사와 함께 새 도읍지를 한양으로 정하고 실제로 궁궐을 설계한 후, 그 아름다움을 찬양한「신도 팔경시」까지 지어 바쳤다 하니, 정도전의 무소불능한 능력은 찬탄의 대상이 되지 않을 수 없다. 그 외에도 당시 명망가들의 필적과 시문을 채집하여 만든『국초군영진적』, 배불 정책의 정당성을 역설한『불씨잡변』도 그의 작품이었으므로 그의 학문적 소양은 가히 짐작되고도 남는다.

국방 정책에 있어서도 독보적인 능력을 발휘하여 동북면 도선무순찰사 시절에 군·현의 지계를 정하고 성곽을 수리하게 하는 것은 물론, 참호까지 파게 하여 국경 지대의 안보를 강화했다. 그리고 진법(陣法)까지 창안한 것으로 보아 군사 전략가로서의 자질 또한 뛰어났음을 알 수 있다.

도무지 그 한계를 짐작할 수 없을 정도로 모든 분야에 걸쳐 건국의 기초 작업을 이끈 셈인데, 정도전이 없었다면 조선 왕조가 과연 순조롭게 출발할 수 있었을까 하는 의심이 들 정도다.

정도전의 이러한 공적은 천성적으로 타고난 명민함이 주효했지만 그보다는 불우했던 시절 자학에 빠지지 않고 독서와 사색으로 능력을 다져 나간 덕분이다. 이런 정도전의 삶을 통해 우리는 한 인간이 좌절의 질곡에서 그것을 오히려 자기 연마의 시간으로 활용하여 인생의 성취를 이루어 낸 과정을 엿볼 수 있다. 이러한 것은 당시 지식인들의 일반적인 삶의 태도였을 뿐더러, 더 나아가 뿌리 깊은 우리 민족의 성향이라 할 수 있다.

그러나 세상사 모든 일은 양면을 가지고 있게 마련이다. 정도전이 자신의 뛰어난 능력으로 각 방면에서 대단한 업적을 만들어 낸 것은 사실이지만, 독단적인 업무 수행으로 다른 사람들의 기회를 빼앗게 되어 이에 대해 질시하고 견제하는 분위기가 조성되었던 것 또한 사실이다. 역사는 천재 한 사람의 독주를 용납하지 않는 특성이 있는 것이다.

정도전은 타고난 성품이 날카롭고 도전적이었으며 타협적이지 못했다. 이와 같은 천성은 스승인 이색과 반목하고 대립하게 되는 결정적 요인이 되기도 한다. 정도전이 처음 유배되게 된 이유도 원명 교체기의 외교적 현실을 잘 알고 있었기 때문이기도 했지만, 조정에서 그에게 원의 사신을 영접하는 책임을 맡기려고 하자, "그렇다면 나는 원나라 사신의 목을 베어 버리든지 아니면 붙잡아서 명나라로 보내 버리겠다." 하고 말할 정도로 극단적이었던 그의 성품과 무관하지 않다. 또한 그는 구세력과의 권력 투쟁에서 항상 선두에 나섰으니 당연히 주위에 적이 많을 수밖에 없었다.

허무한 최후

건국 후 조선은 명과 비교적 좋은 관계를 유지해 왔으나 태조 5년(1396)에 **표전문(表箋文)** 사건으로 관계가 악화되었다. 명 태조 주원장은 조선에서 보내 온 표문 중에 예의에 벗어나는 문장이 있다면서 작성

> **표전문(表箋文)**
> 당시 중국으로 보내던 외교 문서로, 황제에게 보내는 표문과 황태자에게 보내는 전문을 말한다.

자로 정도전을 지목하여 그를 명나라로 끌고 오라고 요구했는데, 명은 주원장이 사망할 때까지 이 문제를 가지고 조선을 괴롭혔다.

조선은 이 문제를 해결하기 위해 수십 명의 사신들을 명에 보냈지만, 명은 사신을 구속하거나 유배시키는 등 계속해서 횡포를 부렸다. 당시 사신으로 갔다가 돌아오지 못한 사람이 10명이 넘을 정도였다고 한다.

명과의 갈등이 해결의 기미가 보이지 않고 점점 악화되자, 마침내 정도전은 과거에 자신이 그렇게도 반대했던 요동 정벌을 건의하게 되었다. 정도전은 군관뿐 아니라 문관에 이르기까지 자신이 만든 병서인 『오진도』를 기본으로 중앙 관료들에게 군사 훈련을 시켰고, 지방에도 군사 훈련을 관리·감독할 훈도관을 파견했다. 또 이를 감찰하기 위하여 순군 천호를 파견하였는데, 이때 진법에 무능한 사람은 아무리 직위가 높은 무관이라 할지라도 처벌하는 등 출병을 준비하기 시작했다.

상황이 이렇게까지 진행되자 그동안 정도전의 독주로 권력에서 소외되었던 사람들의 불만이 겉으로 나타나기 시작했다. 특히 그들은 정도전이 자신들의 힘의 배경인 사병(私兵)을 관군으로 편입시켜 지휘 체계를 통일하려고 하자 극도의 반감을 표출했다. 그 중에서도 이방원의 위기 의식이 가장 컸다. 사실 이방원의 입장에서는 개국의 최대 공로자인 자신을 제쳐 두고 방석을 세자로 책봉한 데 대해 불만이 많을 수밖에 없었는데, 그 배경에는 재상정치를 꿈꾸는 정도전이 있었기 때문에 정도전에 대한 경계심과 감정의 골이 깊은 상태였다. 이것은 결국 제1차 왕자의 난을 불러온다.

『조선왕조실록』은 '1차 왕자의 난' 또는 무인년에 일어났다고 해서 '무인정사'(戊寅靖社)라고 불리는 조선 초의 피비린내 나는 살육극에 대해, 정도전 일파가 왕의 사후에 어린 세자에게 걸림돌이 될 수 있는 이복 왕자들을 제거하려고 했기 때문에 이것을 눈치 챈 이방원이 먼저 기습 공격한 것이라고 기록하고 있다. 긴박했던 순간을 실록이 전하는 대로 살펴보자.

태조가 병으로 자리에 눕자 정도전, 남은, 심효생 등은 왕의 병이 위급함을 기회로 삼아 왕자들을 궐 안으로 불러들여 그들을 죽이기로 도모했다. 드디어 운명의 8월 26일, 왕의 안위가 걱정이 된 왕자와 근친들은 근정전 밖의 한 별채에 모였다. 그러나 정도전 일파의 계략을 미리 알아차린 이방원은 부인 민씨가 배가 아프다는 핑계를 대고 잠시 사저로 나갔다가, 만일의 사태에 대비한 후 다시 궐 안으로 돌아왔다. 왕의 병세가 급박하니 왕자들은 시종을 두지 말고 혼자 몸으로 대궐에 들어와 태조를 알현하라는 전갈을 받은 직후였다. 이미 밤이 깊었는데 궁문에 불이 없는 곳이 여러 군데 있어 지척을 분간하기조차 어렵자 이방원의 의심은 더욱 확고해졌다.

이방원은 형들을 불러내어 자신이 파악한 사태를 설명하고 급히 궁을 빠져 나와 미리 연락이 되었던 이숙번과 조영무, 처남인 민무질, 민무구 형제 등과 합류했다. 전체 병력 수는 기병 10명, 보병 9명에 불과했는데, 이때에는 이미 개인이 가지고 있던 군권을 회수한 뒤라서 동원할 수 있는 병력이 그리 많지 않았다. 게다가 사전에 충분히 준비된 거사가 아니었기 때문에 병장기도 부인인 민씨가 숨겨놓았던 것들로 겨우 충당할 수밖에 없었다.

궁지에 몰리자 자신들을 보호하기 위해 칼을 빼 든 이방원 일행은 처음에는 무엇을 해야 할지 몰라 우왕좌왕했다. 그들은 일단 이숙번의 제의로 정도전 일행이 모여 있는 남은의 소실 집으로 몰려갔다. 그곳에서 이웃집 세 채에 불을 지르고 매복해 있다가 정도전 일행이 놀라서 뛰쳐나오자 바로 척살해 버렸다. 심효생, 장지화 등은 현장에서 맞아 죽었고 정도전은 이웃집에 숨어 있다가 목이 잘려 죽었다. 남은은 간신히 도망쳤으나 나중에 잡혀서 주살되었다. 그 날 방원은 자신의 적이 될 만한 인물들을 모두 제거하였고, 자신의 이복동생인 방번과 방석 형제까지 참살하였다.

실제로 정도전이 이방원을 비롯한 신의왕후 소생의 왕자들을 제거하려 했는지는 알 수 없다. 하지만 당시 권문세가의 무장을 해제시키는 과정을 통해 실제적인 병권을 장악하고 있던 정도전이 그렇게 허망하게 이방원에게 당한 것은 의문으로 남는다. 더구나 요동 정벌을 위해 군사 훈련에 박차를 가하고 있던 시점임을 감안한다면 더욱 납득이 되지 않는다. 지나친 자신감으로 방심한 탓이 아니었을까 하고 짐작할 뿐이다.

평소에 정도전은 **한 고조**가 **장량**을 이용한 것이 아니고, 장량이 한 고조를 통하여 천하를 얻은 것이라고 얘기하며 자신을 장량에 비유했다고 하는데, 이와 같은 자기 과신이 결국 화를 불러온 것으로 보인다. 게다가 당시에는 개인의 군사력이 혁파된 상황이었기 때문에 자신이 공격당하리라고는 미처 생각하지 못했던 것도 그의 죽음에 있어 중요한 원인 중 하나라고 하겠다.

정도전은 자신과 이성계의 관계에 있어서도 군신 관계라기보다는 내심 혁명 동지로 생각한 것으로 여겨진다. 이 점에 대해서는 평소 정도전을 전폭적으로 신임한 이성계의 태도로 보아 이성계도 마찬가지로 생각했던 것 같다. 하지만 이런 전폭적인 신임으로 인해 이성계에게 지나치게 의존했던 것이 결국 역설적으로 정도전에게는 비극의 씨앗이 되었던 것이다.

좌절된 이상

정도전은 시대적 상황 때문에 어쩔 수 없이 제왕 제도를 받아들여 새로운 왕조를 열었으나, 그가 생각한 정치의 본질은 윤리적 규범을 전제로 하고 근본적으로 백성들의 안정을 도모하는 재상 중심의 왕도정치였다. 즉, 왕이 전권을 행사하지 않고, 재상이 중심이 되어 국가의 각 조직이 자기 역할을 해 나가는 것이다. 어떻게 보면 근대적 의미의 민주주의 정치 제도와 상당히 유사하다. 이러한 정치적 이상을 실현하기 위해 정도전은 **대간(臺諫)**의 견제 기능을 강화하고, 국가의 근본을 바로 세우기 위한 문물과 제도를 정비하는 등 국가의 기본 체제를 잡기 위한 노력을 밤낮으로 기울였다.

정도전의 의도대로 되었다면 더 발전되고 진보한 조선을 만날 수 있었을지도 모른다. 따라서 그의 허망한 죽음은 자신은 물론 조선의 불운이며 우리 나라 전체의 불행이라고 한다면 지나친 과장일까? 갑작스런 정도전의 죽음은 역사가 언제나 예상한 대로 흘러가는 것은 아니라는 사실을 일깨워 준다. 때로는 긴박하게 돌아가는 상황이 의외의 결과를 불러오기도 하는 것이다.

만일 이방원이 치밀하게 계획하고 충분한 준비를 갖춘 후에 정도전을 공격하려 했다면, 오히려 상황은 역으로 정도전이 이방원을 제거하는 쪽으로 바뀌어 버렸을지도 모른다. 목숨이 위태로운 상황에 처해 정도전 등보다 서둘러 움직였던 것이 오히려 목적을 달성하게 된 계기가 된 것이다.

한 고조와 장량
중국의 한(漢)을 세운 유방과 그의 책사 장량을 말한다.

대간(臺諫)
관료를 감찰하고 탄핵하는 임무를 가진 대관과 왕의 의견을 비판하는 임무를 가진 간관을 합쳐 부르는 말.

시대의 진운을 예견한 놀라운 법력의 고승
무학대사

역사가들은 무학을 요승, 또는 괴승이라고 평하기도 하고, 때로는 대사(大師), 왕사(王師) 등으로 칭송하기도 한다. 또 이성계와 밀접한 관계에 있던 정치적 인물로 보기도 하며, 풍수지리에 밝아 한양에 도읍을 정한 인물로 알고 있기도 하다.

무학에 대해서는 여러 가지 이야기가 전해지고 있는데, 지나친 오해와 편견으로 잘못 알려진 부분이 많다. 민간설화에서는 그를 탐욕적이고 정치적인, 부정적 인물로 묘사하는 경우가 많은데, 실제 그는 평생 수도(修道)에만 전념하며 현실에서의 명예와 이익을 멀리한 인물이었다. 흔히 신라 말의 도선에 비교하기도 하는데, 도선은 풍수지리설로 왕건의 고려 왕조 창업에 크게 기여하고 난 후 온갖 부귀영화를 누리며 산 인물이지만, 무학은 변방의 일개 장수에 지나지 않던 이성계를 군왕으로 이끌어서 조선을 세우는 데 큰 공로를 세웠으면서도, 그 후 은둔하여 평생 불도를 닦는 데 정진했다. 그러므로 도선과 무학을 같은 인물로 평가하는 것은 옳지 못하다. 그러면 도대체 무학은 어떤 인물일까?

이성계와의 운명적인 만남

사람들에게 널리 알려진 '무학'(無學)이라는 이름은 그의 호이고, 본명은 자초이다. 삼기(경남 합천)에서 태어났으며, 부모에 대한 자세한 이야기는 기록에 남아 있지 않아 알 수 없다. 열여덟 살에 출가해서 소지선사로부터 **구족계(具足戒)**를 받고 중이 되었으며, 그 뒤 혜명국사로부터 불법을 배웠다. 혜명국사는 무학에게, "바른 길을 걸을 자, 너 아니면 누구리오." 하고 말하면서 부도암에서 지내도록 허락해 주었다.

무학과 관련된 일화는 여러 가지가 전해지고 있는데 그 중 하나를 말하자면, 무학이 참선하고 있는데 근처에 불이 났다. 하지만 불길이 치솟는 와중에도 꼼짝하지 않고 참선에 몰두하는 그를 보고 그곳에 모였던 사람들이 모두 놀랐다고 한다. 그 후 무학은 진주의 길상사, 묘향산 금강굴에 머무르면서 불도를 닦았다.

1353년, 홀연히 원으로 건너간 무학은 그곳에서 불법을 펴고 있던 인도의 고승 지공을 찾아가 불법을 배웠다. 또 고려의 중으로 마침 원에 와 있던 나옹을 만나 많은 가르침을 받았을 뿐 아니라, 나옹과 함께 원의 풍물을 돌아보기도 했다.

1356년, 무학과 나옹은 고려로 돌아왔고, 이 후 무학은 공민왕의 왕사가 된 나옹으로부터 **의발(衣鉢)**을 전수받아 법통을 잇게 된다. 후에 나옹은 무학에게 양주 회암사의 **수좌(首座)**가 되기를 권유하지만 무학은 이를 사양하고 응하지 않았으며, 나옹이 죽은 뒤에도 여러 곳을 돌아다니며 수행에 전념했다. 당시 고려 왕실에서는 그를 불러 왕사로 삼기를 원했으나 무학은 모두 거절했다.

이성계와 무학이 만난 시기에 대해서는 확실히 밝혀지지 않았는데, 다만 빼어난 문장가인 변계량이 그의 탑비에 "임신년의 만남이 있었으

구족계(具足戒)
불교에서 지켜야 할 계율. 이것을 받음으로써 비로소 정식으로 승려가 된다.

의발(衣鉢)
스승인 중이 제자에게 주는 법의와 바리때.

수좌(首座)
절에 기거하는 승려 중에서 으뜸이 되는 사람.

니 스님의 거취가 어찌 우연이겠는가?"라고 쓴 것으로 보아 조선이 건국되던 해인 1392년(임신년)에 이성계를 만났던 것으로 미루어 짐작할 수 있다. 그러나 민간설화에는 조선이 창업되기 훨씬 전에 만난 것으로 되어 있다.

조선을 세운 태조 이성계가 아직 장군일 때의 이야기다. 어느 날 함경도 안변 땅에 머물던 이성계가 이상한 꿈을 꾸었는데, 아무리 생각해도 무슨 의미인지 알 수가 없었다. 때마침 그 마을에 해몽을 잘 하는 노파가 있다고 하기에 찾아가서 물었다. 그러자 노파가 말하기를, "장부의 일은 이 노파가 알 수 있는 것이 아니오. 서쪽으로 가면 설봉산 안에 법력이 뛰어난 스님이 한 분 계시니 그분에게 물어 보시오." 라고 했다. 그 길로 이성계는 노파가 말한 스님을 찾아가 물었다.

"어느 시골 마을을 지나는데 그 마을의 닭들이 한꺼번에 울고 집집마다 방아찧는 소리가 들렸습니다. 그러더니 하늘에서 꽃이 마치 비 오듯 떨어져 내렸습니다. 꿈은 다시 계속되어 저는 어느 집 헛간에 들어가서 서까래 세 개를 등에 짊어지고 나오다가 거울이 떨어져 깨지는 소리를 듣고 꿈에서 깨어났습니다. 무슨 불길한 징조는 아닌지요?"

그러자 스님은 이렇게 대답했다.

"마을의 닭들이 한꺼번에 운 것은 '고귀위'(高貴位, 닭의 울음소리를 한자로 표현한 것)라고 한 것이니 크게 된다는 뜻이며, 방아찧는 소리는 그것을 축하하는 것입니다. 또 헌 곳간에서 서까래 세 개를 짊어지고 나왔으니 그 모양은 임금 '왕'(王) 자가 아니겠습니까. 꽃이 떨어지면 열매를 맺고 거울이 깨지면 소리가 나는 것이 당연하니 이것은 왕이 될 징조입니다. 그러나 입 밖에 내지는 마시오."

이성계가 조선을 창업하고 왕위에 오르는 과정에 대해서는 여러 가지 설화가 전해지고 있는데, 그 중 가장 유명한 대목이다. 이 이야기에 나오는 스님이 바로 무학이다. 이성계가 한창 거사를 계획하고 있을 무렵 무학은 안변에 있는 토굴에 머물고 있었는데, 이성계가 찾아간 곳이 바로 그 토굴이었던 것이다.

고려를 세운 왕건에 대한 설화에도 이와 비슷한 내용이 있다. 두 설화에 모두 공통적으로 전설적인 승려인 도선과 무학이 등장하는 것을 보면, 이것은 우연이라기보다 새 왕조의 정당성을 선전하기 위해 지어낸 것으로 보인다. 이성계는 뒷날 이 일을 기리기 위해 무학이 머물던 곳에 절을 지었는데, 임금 왕(王) 자를 해석했다 하여 '석왕사'(釋王寺)라 불렀다

그 밖에도 무학은 이성계가 새로운 왕조를 창업하려는 야망은 가지고 있으면서도 그 결심을 제대로 실행에 옮기지 못하고 있을 때, 새로운 시대가 열릴 것을 예언하고 그 방법을 일러 주어 계획을 실행하도록 한 것으로 알려져 있다. 무학과 이성계의 만남에 대한 이야기에는 이런 것도 있다.

> 이성계가 조선을 창업하고 왕위에 오른 후 경기, 황해, 평안 감사를 시켜 은둔하고 있던 무학을 찾게 했다. 곡산 고달산의 한 초막에 고매한 선승이 살고 있다는 말을 들은 세 감사는 그를 찾아가 "왜 이런 곳에 사시오?" 하고 물었다. 그가 대답하기를, "저 삼인봉 때문이오."라고 했다. 세 감사는 신분을 숨기기 위해 자기들이 인(印)을 산비탈에 있는 나뭇가지에 걸어두고 온 것을 가리키는 말임을 깨닫고, 그 중이 무학임을 알아차려 이성계에게 데리고 갔다.

한양으로 도읍지를 정하다

조선이 개국한 뒤, 무학은 왕사가 되었고 '대조계종사선교도총섭'(大曹溪宗師禪敎都摠攝)이라는 불교 최고의 책임자가 되어 '묘엄존자'

(妙嚴尊者)라는 호를 받기도 했다. 또 이성계의 생일 잔치에 전국의 불교 지도자들을 초청하여 무학으로 하여금 불교의 이치를 가르치도록 했는데, 여기서 무학은 "불교의 자비와 유교의 인(仁)은 하나다." 하는 내용을 가르쳤다고 한다. 또 이성계에게 모든 사람을 하나로 보고 똑같이 사랑해야 한다는 '일시동인'(一視同仁)의 정신을 강조하며, 죄수들을 풀어 줄 것을 건의해 실제로 많은 죄수들이 풀려났다고 한다.

조선을 창업한 후 이성계는 도읍을 옮길 계획을 세우고, 도읍지로 정할 땅을 찾아 달라고 무학에게 부탁했다. 이에 전국을 돌아다닌 끝에 마침내 한양으로 도읍을 정하게 되었는데, 여기에는 무학의 절대적인 공헌이 있었던 것으로 보인다. 이에 얽힌 유명한 일화 한 가지를 말하자면, 무학이 이성계와 함께 한양 땅에 들어와 지금의 왕십리 부근에 이르렀을 때, 이성계가 "이곳이 좋겠다." 하고 말하자 "십리를 더 가서 터를 잡아야 한다." 하고 무학이 대답했다. 그리하여 왕십리(往十里)라는 지명이 생겼다고 전해진다.

당시 무학이 인왕산을 궁궐의 뒷산인 진산(鎭山)으로 삼아야 한다고 주장하자, 정도전이 서쪽에 있는 산을 진산으로 삼는 법은 없다며 북악산을 진산으로 삼게 했다고 하는데, 이때 정도전과 무학 사이에 보이지 않는 힘 겨루기가 있었던 것으로 보인다. 조선이 불교를 억압하고 유교를 숭상한 것이나 서울의 진산을 북악산으로 정하고 경복궁 등의 궁궐 이름도 정도전의 뜻대로 지은 것을 보면, 결국 무학은 정도전의 위세에 밀렸던 것 같다.

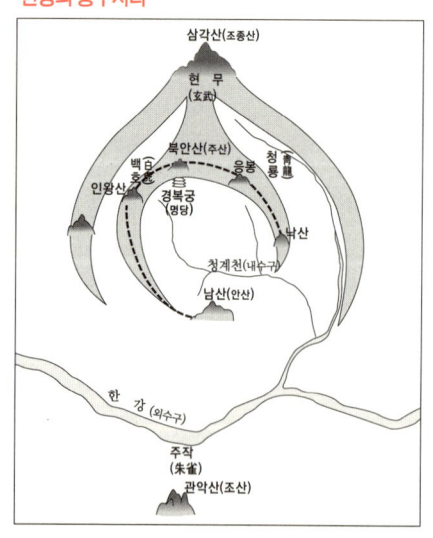

한양의 풍수지리

한양에 도읍이 정해진 뒤 이성계는 회암사에 무학의 스승인 지공과 나옹의 탑을 세우게 했고, 무학을 왕사로 극진히 대접했다. 이렇게 5년을 보낸 뒤 무학은 늙었음을 핑계로 모든 직책을 사양하고 용문산으로 들어갔는데, 그 해에 정도전은 이방원에게 죽임을 당했고 정종이 왕위를 이어받았다.

명리를 초탈한 만년의 고매한 삶

1402년 5월, 조선의 세 번째 왕 태종이 무학을 회암사로 불러 사람들에게 불법을 가르치도록 했으나, 무학은 반 년 만에 다시 사직하고 금강산으로 들어갔다. 그때부터 무학은 사람들과 가까이 하기를 싫어하며 조용히 참선에 드는 것을 즐겨 했다. 금강산에 들어간 무학은 3년 동안 수도에만 열중했으며, 병이 들어서 약을 내와도 이를 거절하다가 금강산 금장암으로 들어가 세상을 하직했다고 전해진다.

무학은 글을 남기는 것을 싫어해서 저서가 별로 없다. 『인공음』과 『무학대사어록』은 이름만 전해질 뿐 실제로 발견되지 않고 있다. 또 『무학비결』이라는 필사본이 있으나 실제로 그가 지었는지는 확실치 않다. 현재 그의 저서가 분명하다고 전해지는 것으로 『불조종파지도』가 있다.

이러한 이유로 무학에 대해 많은 민간설화가 떠돌게 되었고, 따라서 그가 가진 불교 정신이 과연 무엇이었는지 제대로 알 수 없게 되었다. 때문에 유학자들 중에는 그를 요승이라고 평가절하하는 사람이 많았다. 그러나 이색은 무학을 두고 이렇게 평가했다.

> 스님의 성품은 본질을 숭상하고 꾸미는 것을 싫어했다. 음식을 매우 적게 먹었고 남은 것은 모두 다른 사람들에게 나누어 주었다. 늘 말하기를, "8만 가지 행실 중에 아이들 하는 짓이 제일이다."라고 했는데, 무릇 스님이 베푸는 일에 아이와 같지 않은 것이 없었다. 또 사

람을 공경하는 마음과 사물을 아끼는 정성은 모두 스님의 지극한 마음에서 나왔는데, 무슨 일이든 억지로 하려 하지 않는 것은 스님의 천성에서 비롯된 것이다.

이색의 말처럼 무학은 물욕이나 권력욕이 없었으며, 특히 정도전과 대립 관계에 있으면서도 멀리서 바라보기만 하고 맞서지 않았다. 다만, 이성계가 불교 세력인 무학과 신진 유교 세력인 정도전을 최대한 정치적으로 이용했던 것으로 보인다. 무학은 이성계가 조선을 건국하는 데 큰 역할을 하였지만, 창업 후에는 모든 명예와 이익을 거절하고 불법에만 정진하며 조용한 만년을 보냈다.

무학은 당시 유학자들로부터 많은 공격을 받았지만 실제로 그가 권세를 누렸다든지, 부정축재를 했다든지, 또 음란한 생활을 일삼았다는 비난은 어디에서도 찾을 수 없다. 무학은 새로운 시대를 열어 가는 유교 세력에 맞서지 않고 다만 조용히 불도에 정진하며 산 속에서 은둔했던 것이다.

이와 같은 무학의 행보에 평소 사람에 대한 의심이 많았던 태종도 그의 행동과 인품을 높이 평가하여 회암사에 무학의 탑비를 세우게 하였고, 당대의 뛰어난 문장가였던 변계량을 시켜 무학을 찬양하는 비명(碑銘)을 짓게 하였다. 훗날 남산 위에 국사당이 세워져 무당들이 그곳을 떠받들고 민중들이 찾아와서 복을 빌었는데, 이곳에 무학대사의 영정을 모셨다고 한다.

2장 찬란한 문화를 꽃피우다

세종
황희
장영실
김종서
성삼문
김시습

왕도정치를 구현한 위대한 임금
세종

　세종은 조선의 제4대 왕으로 이름은 도, 자는 원정이다. 태종의 셋째 아들로 태어나 충녕대군으로 봉해졌다. 비는 소헌왕후 심씨다. 1418년 6월, 태종이 세자 양녕대군을 폐함에 따라 세자로 책봉되었으며, 두 달 후 즉위했다.
　세종의 업적은 일일이 열거할 수 없을 정도로 많으며, 이 중 상당수는 세종 자신이 직접 관여한 것이다. 법전과 예제를 정비하여 『경제육전』과 『오례의』를 편찬했고, 기존의 악보들을 정리했다. 1443년, 훈민정음을 창제하고 유학의 기본 서적과 윤리, 농업, 지리, 천문, 음양, 측량, 수학, 약재, 가요 등 다양한 분야의 서적을 편찬하고 간행했다. 관료, 조세, 재정, 형법, 군수, 교통 등에 대한 제도들을 새로 정비하고 고쳤는데, 이때 정해진 규정들은 나중에 조선에서 시행된 모든 제도의 기본이 되었다. 또한 4군과 6진을 개척하여 그곳으로 남도의 주민들을 이주시켰다. 이외에 도량형, 활자, 화폐, 측우기, 천문도, 혼천의 제작, 역법 연구 등, 과학 기술과 천문학 분야에서도 큰 업적을 남겼다.
　만년에는 건강이 악화되어 세종 27년(1445)부터 일반 서무는 세자가 대신하여 보게 하였으며, 1450년 2월17일, 54세의 나이로 사망했다.

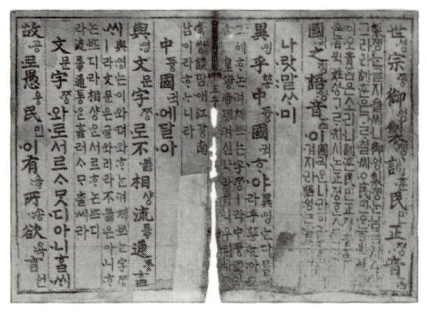
훈민정음

성군 세종과 인간 세종

언제부터인가 세종 앞에는 '성군'(聖君)이라는 말이 붙었고, 그의 사상과 업적은 시대를 초월하여 오늘날까지도 높게 평가되고 있다. 그를 높이 떠받드는 역사가들 중에는 신분 차별적인 법제가 세종 대에 분명히 존재했음에도, 세종처럼 훌륭한 임금이 신분제나 노비제를 인정했을 리가 없다고 주장하기도 한다.

세종이 훌륭하고 뛰어난 왕이었음을 부정할 사람은 아무도 없을 것이다. 그는 여러 가지 면으로 볼 때 우리 역사를 빛낸 위대한 왕임에 틀림없다. 그러나 그렇다고 해서 세종의 인간적인 모습까지 과장해서 포장할 필요는 없다. 세종은 자신에게 주어진 시대적 사명에 철저했던 국왕으로서, 그의 모든 활동은 시대적 상황과 한계 안에서 살펴보아야 진정한 의미가 있을 것이다. 역사적 인물에 대한 평가는 시대의 흐름에 따라 달라질 수 있다. 따라서 우리는 한 인물에 대한 평가에 대해 좀더 대범해질 필요가 있는 것이다.

사마천의 『사기』나 플루타크의 『영웅전』에는 예상 밖으로 흔히 생각하는 '영웅'이 등장하지 않는다. 오히려 그들은 영웅의 개인적인 면모나 능력보다는 인물을 둘러싼 시대적 환경에 더 많은 비중을 둔다. 이러한 그들의 모습은 자칫 위인은 완벽한 사람이어야 하고, 심지어 성인(聖人)이어야 한다는 고정관념에 사로잡힐 수 있는 우리에게 경종을 울리고 있음을 알아야 한다. 누구보다 세종은 이런 찬양 일변도의 '영웅 만들기'를 좋아하지 않을 것이다.

세종이 이룬 수많은 업적 중에는 이런 것도 있다. 정도전이 『고려사』를 편찬하면서 고려시대에 사용한 호칭과 용어들 중 자신이 보기에 예법에 어긋나다고 생각되는 것들을 모두 고쳐서 기술하도록 했다. 예를 들어 고려시대에는 왕의 아들을 태자(太子)라고 했는데 태자는 천자(天子)의 아들을 뜻하는 것이니 중국에 대한 예에 어긋난다고 하면서 세자(世子), 즉 왕의 아들로 고쳐서 적도록 한 것이다. 하지만 이것은 명백히 잘못된 것이라며 그것을 다시 고치도록 한 사람이 바로 세종이었다. 그는 역사가 당시의 상황이나 정책 같은 것에 희생되어서는 안 된다는 사실과, 역사의 진실이 갖는 힘과 의미를 아는 인물이었던 것이다.

역사를 보면 위대한 과업에 도전한 사람일수록 완전한 성공은 이루지 못한다. 왜냐하면 그 이면에 있는 아픔과 슬픔의 그림자 역시 깊기 때문이다. 그와 같은 맥락에서 지금부터 인간 세종의 모습과 그의 고뇌, 그리고 그가 실시한 개혁의 본질과 한계를 추적해 보고자 한다.

학문에 대한 열정과 재능

세종은 원래 무장 가문의 자손이라 그런지 체격이 좋고 기골이 장대했다. 태조 이성계야 원래 뛰어난 무장이었으므로 당연히 그랬겠지만, 그의 후손들 역시 그를 닮아서인지 대부분 용모가 크고 당당했던 것으로 전해진다.

세종은 당당한 체구만큼 뚝심이 있어서 공부도 무섭게(!) 했다. 그는 유학의 경전뿐 아니라 역사, 법학, 천문, 음악, 의학 등 다방면에 걸쳐 깊이 있게 공부했으며, 그로 인해 모든 분야에 대해 전문가 이상의 실력을 가질 수 있었다. 세종 자신이 말하기를, 경서는 모두 100번씩 읽었고 역사서와 그 외의 책들은 30번씩 읽었다고 전한다. 한번은 지나치게 독서에 열중하는 세종이 걱정스러워 태종이 책을 모두 치워버리고, "과거도 아니 볼 사람이 무슨 독서를 그리도 고단하게 하는가?" 하면서 세종의 건강을 걱정했다는 일화도 있다.

어린 시절부터 세종은 선현과 선학의 교훈과 이론을 존중했고, 그것에 많은 가치를 두었으며, 간혹 현재와는 맞지 않는 이야기가 있더라도 섣불리 무시하지 않고 그 의미를 끝까지 찾아보는 적극적인 성격이었다. 그래서 그는 예절과 행동, 언어와 표정, 심지어 자식을 교육하는 데 있어서도 정통 유학의 원리에 따라 행하려고 노력했다. 따라서 그의 몸가짐은 중후하고 단정했고 점잖을 수밖에 없었다.

세종은 대단한 집중력과 주의력, 그리고 사고력을 갖춘 인물이었다. 많은 사람들이 세종의 박식함에 대해 칭찬하지만, 세종의 진짜 장점은 그것이 아니다. 그는 그저 문구를 달달 외우고서 안다고 잘난 체하는 학자들을 싫어했으며, 경전마다 다양한 학설과 주석을 참조하여 각각의 이치와 논리 체계를 이해하고, 이것을 토대로 더욱 깊이 생각해 보기를 원했다.

세종의 학문에 대한 열의와 재능은 하루아침에 얻어질 수 있는 것이 아니며, 그가 걸어간 수행의 길 역시 분명한 목적 의식과 의지 없이는 갈 수 없는 길이다. 태종의 말처럼 과거를 볼 필요도 없는 세종은 무슨 목표를 가지고 그러한 길을 선택했던 것일까? 소년 시절부터 그의 마음속에는 국가와 국정에 대한 남다른 생각이 들어 있었음에 틀림없다.

시대를 초월하여 군주의 모범이 되다

1418년 8월 11일, 세종의 즉위식에 참석한 신하들은 그곳에 감도는 새로운 기대와 흥분을 느낄 수 있었다. 조선이 건국된 후, 개혁에 대한 갈등과 방황은 태종 대에 와서 대략 정리가 되었다. 어수선하던 집권층도 어느 정도 안정되었으며, 국가 제도는 골격을 갖추기 시작했다. 인구는 늘었고 다양한 직업이 생겨났다. 이제 남은 일은 그것을 다듬고 마무리해서 그 열매를 충분히 섭취하는 일뿐이었다. 겉으로 보기에 조선은 체제와 지배층이 안정되면서 기존의 제도와 관행에 적당히 잔손질만 하여도 계속해서 번영하고 평탄할 것 같아 보였다.

그러나 젊은 왕의 생각은 달랐다. 그는 즉위하기 전부터 자신이 일생을 바쳐 이루어야 할 과제가 무엇인지 너무나 잘 알고 있었던 것이다.

세종은 태종이 넘겨 준 조선 체제의 문제를 잘 알고 있었다. 소수 집권층들의 문제 의식이 약화되면서 자신들이 가진 특권을 누리려고 하는 세대가 생겨나기 시작했으며, 그들은 사회의 위계 질서를 생활 속에서 실현하기 위해서라는 명목으로 평민들과는 다르게 말이나 가마를 타고 다녔다. 더욱 큰 문제는 이러한 폐단이 정치, 경제, 사회, 군사 등 국가의 모든 부분에서 나타나기 시작했다는 점이었다.

세종은 이 문제를 해결함에 있어 독특한 해결법을 제시했다. 그는 정계를 개편하거나 체제 자체를 개혁하는 대신, 역사서와 경전을 뒤져 이상적인 제도를 연구한 후, 현재 문제가 있는 제도를 세부 사항까지 세밀하게 분석하여 관련 규정을 대폭 보완함으로써 문제를 해결하려고 한 것이다. 이것은 엄청난 학식과 정력이 필요한 일이었다.

정책과 제도의 내용을 떠나서 세종의 인품과 제도의 운영 방식은 조선시대 국왕의 모범으로 칭송받는다. 세종은 이상적인 군주, 어질고 현명하며 백성들에게 모범이 되는 국왕이 되기 위해 노력했다. 세종이 백성을 얼마나 아꼈는지를 보여 주는 몇 가지 예를 들자면, 법의 기강이 서지 않고 백성들이 자꾸 요행수를 바라게 된다는 관료들의 반대에도 무릅쓰고 자주 죄인들을 사면해 주었으며, 징발된 군사들은 늘 기한 전에 집으로 돌려보냈다. 그리고 행차 중에 말이 밭의 곡식을 짓밟아서 백성들에게 손해를 끼치면 반드시 그 이상으로 보상해 주었다. 어지간한 잘못에는 관대한 태도를 보인 세종이지만 감사와 수령이 종자를 늦게 보급해서 농사를 망치거나, **진제(賑濟)**를 잘못해서 백성이 굶어 죽는 일이 발생하면 엄하게 처벌했다.

진제(賑濟)
백성들에게 곡식을 무상으로 나누어 주어 구휼하는 제도. 비슷한 제도로 환곡(還穀)이 있는데, 환곡은 가을에 상환하는 것을 전제로 어느 정도 경제력을 갖춘 백성들을 대상으로 하였지만, 진제는 토지가 없거나 떠도는 유민들을 대상으로 했다.

일에 대한 욕심으로 악화된 건강

그러나 세종의 만년은 병마로 인한 음울한 그림자로 덮여 있다. 자신의 일생을 마무리하고 정리해야 할 시기에도 계속해서 새로운 개혁을 추진하는 것은 결코 쉬운 일이 아니었던 것이다. 특히 세종의 건강은 매우 악화되어 있었는데, 30대이던 세종 9년부터 한쪽 다리에 풍을 앓았고 종기로 고통받았다. 또 세종 13년부터 생긴 눈병으로 인해 10년 후에는 어두운 곳에서 걷기조차 힘든 지경에 이르게 된다. 이 때문에 온천과 초정약수 등을 찾아다니며 요양을 했으나 효과는 언제나 일시적일 뿐이었다. 신하들은 장기적인 치료를 해야 한다고 건의했으나, 세종은 민폐가 심하다는 이유로 두 달 이상은 같은 장소에서 머무르려 하지 않았다.

세종은 요양 중에도 책을 손에서 놓는 일이 없었으며, 여러 가지 합병증에 시달리면서도 새로 편찬한 책들을 매일 수십 권씩 직접 검토했다. 그러나 인간의 능력에는 한계가 있게 마련인 법. 지칠 줄 모르는 열정과 정력으로 국가와 백성들의 안위를 돌보았던 세종은 마침내 제위 33년 만인 세종 32년(1450) 2월, 영응대군(세종의 여덟 번째 아들)의 집 동쪽 별궁에서 사망하였다.

진정한 공직자의 본보기
황희

황희는 고려 말에 태어나 고려시대에 관직에 오른 인물이면서 조선시대에 이르러서도 주요 관직에 올라 태조부터 세종에 이르기까지 네 명의 왕 밑에서 일하다가 90세의 나이로 사망한, 특이한 경력을 가진 인물이다. 황희의 강직한 성품은 역대 왕들에게서 모두 인정을 받았지만, 실제로 그가 자신의 능력을 꽃피운 시기는 세종 대에 와서였다. 황희는 사람을 보는 안목을 갖춘 군왕과의 만남으로 인해 개인적 역량을 국가 발전의 촉매제로 발화시킨 대표적 사례로 인정되고 있다.

세종 대에는 각 분야에서 수많은 인재가 발굴되어 나라를 이끌었다. 이것은 뛰어난 지도자의 존재가 국가 발전과 인물 양성에 얼마나 지대한 영향을 끼치는가를 잘 보여 주고 있다. 다른 한편으로는 황희 같은 정승이 위로는 왕명을 잘 받들고 아래로는 적재적소에 인물을 기용하고 정사를 바로 이끌었기 때문에, 세종 대에 이르러 국가가 발전하고 문화가 융성할 수 있었다고도 할 수 있다. 그는 뛰어난 명재상이면서 삶에 대한 태도 자체가 귀감이 되는 인물이었다.

성공한 관리로서의 일생

황희는 공민왕 12년(1363)에 개성에서 판강릉부사 황군서의 아들로 태어났다. 열네 살 때인 우왕 2년(1376)에 **음직(蔭職)**으로 복안궁 녹사가 되었고, 스물한 살에 **사마시(司馬試)**에 합격했으며, 2년 후에는 **진사시(進士試)**에도 급제했다. 그러나 관직에는 뜻을 두지 않고 오로지 학문에만 정진하다가, 스물일곱 살 때인 창왕 원년(1389), 문과에 합격하여 이듬해에 성균관 학관으로 관직 생활을 시작했다.

서른 살이 되던 해에 고려가 멸망하자, 선비는 두 임금을 섬길 수 없다며 70여 명의 고려 유신들과 함께 두문동(杜門洞)으로 들어가 버렸다. 두문동의 고려 유신들은 외부와 일체 연락을 끊고 풀 뿌리와 나무 껍질로 연명하며 고려 왕조에 대한 지조를 지키려고 했다. 이성계가 갖은 방법으로 이들을 설득했으나 끝까지 아무도 나오지 않았는데, 흔히 말하는 '두문불출'(杜門不出)이라는 말이 여기서 유래한 것이다.

결국 이성계는 두문동을 포위하고 협박하기에 이르고, 몰살당할 위기에 처한 고려 유신들은 충절을 지키는 것도 중요하지만 세상을 등지고 백성을 외면하는 것 역시 배운 사람의 도리가 아니라는 결론을 내린다. 그래서 그 중 가장 나이가 어린 황희가 조선 조정에 홀로 출사(出仕)하게 되었던 것이다.

황희는 성균관 학관으로 복직하여 왕세자의 교육을 담당하는 관리인 세자우정자를 겸임한 후에, 직예문춘추관을 거쳐 사헌감찰, 우습유를 지냈다. 초기에는 관직 생활에 잘 적응하지 못해서 면직과 복직을 반복하며 외직으로 겉돌기만 하다가 그의 나이 39세 때 태종이 즉위한 후에야 조금씩 인정을 받기 시작하면서 공직자로서 경력을 쌓아 갔다.

이 시기에 그는 **중추원(中樞院)**을 없애 병권을 완전히 국왕에게 귀속시키는 등 병제를 일원화하는 작업을 무리 없이 추진하여 태종으로부터 두터운 신임을 받게 된다. 그즈음 지신사로 있던 박석명이 건강이 좋지 않다는 이유로 사임하면서 자신의 후임으로 황희를 적극 추천하였다. 이로써 황희는 그의 나이 43세에 왕과 가장 가까운 곳에서 보좌하는 업무를 맡게 된다.

태종은 황희를 전폭적으로 신임하여 모든 정사를 그와 깊이 논의하였는데, 외척이 정사에 관여하여 나쁜 영향을 끼치는 것을 걱정한 태종이 처남인 민무구, 민무질 형제를 제거하려 하자 황희가 앞장서서 이를 처리하기도 했다. 또 태종은 원로대신들을 견제하기 위하여 황희에게 인사 행정에 관여할 수 있는 권한을 주기도 했는데, 이 모두가 황희의 뛰어난 능력과 사람됨을 높이 샀기 때문이다. 태종은 황희가 특별한 지위를 이용하여 개인의 이익을 추구할 인물이 결코 아님을 잘 알고 있었던 것이다. 이때부터 황희는 주요 관직을 두루 거치면서 관리로서 뿐만 아니라 학자로서 많은 업적을 남겼다.

그러나 승승장구하던 황희에게도 위기가 찾아온다. 이조판서로 있던 태종 18년(1418)에 충녕대군(세종)이 세자로 책봉되자 이에 반대하다가 결국 폐서인되어 교하(지금의 파주) 지방으로 유배된 것이다. 황희가 유배되던 해에 태종은 세자에게 왕위를 물려주고 상왕으로 물러나는데, 이때 황희는 교하가 너무 가까워 징벌의 효과가 약하다는 이유로 귀향지가 남원으로 옮겨져, 그곳에서 5년이나 더 머물러야 했다.

황희는 세종 4년(1422) 2월에야 비로소 유배에서 풀려나 경시서 관리로 복직되고 10월에는 의정부 참찬에 중용되는데, 그때 그의 나이 60세였다. 그것은 황희에 대한 태종의 오해가 풀렸기 때문이기도 했지만, 무엇보다 세종의 사람을 알아보는 능력 덕분이었다. 세종은 비록 황희가 자신이 세자에 책봉되는 것을 반대했고 외숙부들을 죽음으로 내몰

음직(蔭職)
아버지나 할아버지가 관직생활을 했거나 큰 공을 세웠을 때, 그 자손이 과거를 거치지 않고 관직을 이어받는 제도.

사마시, 진사시(司馬試, 進士試)
고려시대 국자감에서 실시한 국자감시를 말한다. 합격자는 진사로 뽑혔기 때문에 진사시라고 불렸으며, 중국의 대사마에서 이름을 따와 사마시라고도 불렸다. 이 밖에 감시·남성시 등으로도 불렸다. 조선시대의 생원진사시는 고려시대의 국자감시를 계승한 것이다.

중추원(中樞院)
군사기무(軍事機務), 왕명출납(王命出納), 숙위(宿衛) 등의 일을 맡아 보던 관청.

기까지 했지만, 그의 사람됨이 바르다는 것을 일찍부터 잘 알고 있었던 것이다. 또 태종은 예전부터 왕권을 탐하지 않고 세종을 잘 보필하여 나라의 기반을 다질 수 있는 강직한 인물을 물색해 왔는데, 이런 태종의 마음에 가장 적합한 인물이 바로 황희였던 것이다.

그 후 황희는 세종 5년(1423)에 흉년으로 민심이 어지러워진 강원도에 관찰사로 가서 흉흉한 민심을 다스리고 행정을 안정시켰으며, 세종 8년(1426)에는 이조판서와 우의정에 임명되었고, 65세 되던 해인 세종 9년(1427)에는 좌의정에 올랐다. 그러나 그 해에 사위인 서달이 권력을 남용했다는 죄로 처벌을 받는 과정에서 사건의 심리를 일부러 지연시켰다는 이유로 비난을 사게 된다. 또 태석균의 죄를 가볍게 다스려 달라고 사헌부에 청탁한 것이 빌미가 되어 탄핵을 받고 사임하지만, 1개월 후에 왕명으로 복직하였다.

그 해 9월, 모친상으로 다시 관직에서 물러난 황희는 이후 파주 임진강 주변에 있는 반구정에서 칩거하며 지내다가 69세 되던 해에 영의정의 자리에 오르게 된다. 적지 않은 나이에 관직의 정상에 오른 황희는 그때부터 18년 동안 명재상으로서 백성들의 존경을 받았을 뿐 아니라, 세종을 잘 보필하여 당대를 태평성대로 이끌었다.

성품에 대한 많은 일화

황희의 사람됨을 알 수 있는 일화가 있다. 어느 여름날, 시골길을 지나던 황희는 잠시 그늘에 앉아 쉬고 있었다. 때마침 한 농부가 누런 소와 검은 소 두 마리를 데리고 일을 하고 있었다. 이것을 물끄러미 바라보던 황희는 뙤약볕에서 고생하는 농부가 안쓰러운 생각이 들어 잠시 쉬었다 하라며 말을 건넸다. 농부와 이런 저런 대화를 나누던 중 황희는 별 뜻 없이 이렇게 물었다.

"두 마리의 소 중에서 어떤 놈이 더 일을 잘 하오?"

그러자 농부는 잠시 뜸을 들이더니 황희의 옷소매를 끌고 밭에서 조금 떨어진 곳으로 데리고 가는 것이었다. 황희는 뜬금없는 농부의 태도에 어리둥절했지만, 무슨 곡절이 있겠거니 하고 농부를 따라갔다. 밭에서 다소 떨어진 곳에 이르자, 농부는 황희의 귀에다 대고 작은 목소리로 이렇게 말했다.

"누런 놈은 일도 곧잘 하고 시키는 대로 말도 고분고분 잘 듣는데, 검은 놈은 꾀가 많아 다루기가 힘들답니다."

무슨 중요한 얘기를 하려는 줄 알고 따라온 황희는 어이가 없어 다시 물었다.

"아니 노인장, 그게 무슨 비밀이라도 된다고 일부러 여기까지 와서 말씀하시오?"

그러자 농부는 이렇게 대답했다.

"아무리 미물이라 할지라도 저를 좋아하고 미워하는 것을 안답니다. 내가 만일 아까 그 놈들 근처에서 이 얘기를 했다면 그 놈들이 다 들었을 것 아닙니까? 어떻게 사람의 말을 짐승이 알아들으랴 싶지만, 나는 내 집일을 애써 해 주는 그 놈들의 기분을 상하게 하고 싶지 않소."

농부의 사려 깊은 행동에 감동을 받은 황희는 그의 일생 동안 다른 사람의 마음을 상하게 하는 일이 없도록 말 한 마디, 행동 하나도 조심했다고 한다. 그냥 가볍게 흘려 버릴 수도 있는 이야기를 인생의 근본으로 삼은 것이다.

또한 황희는 공적인 일에는 엄격했으나 개인적으로는 온후하고 자상했던 인물로 알려져 있다. 그와 관련된 일화로, 하루는 어린 종 둘이 다투다가 일을 마치고 돌아오던 황희와 마주쳤다. 민망해진 그 중 하나가 상대방이 잘못해서 싸움이 벌어졌다고 일렀다. 어린 종에게서 자초지종을 다 들은 황희는, "그래 그래, 네 말이 옳다." 하고 다독거려 주었다. 그러자 다른 종은 주인이 상대의 편을 드는 줄 알고 자신의 변명을 늘어놓았다. 황희는 그 말을 다 듣고 나서, "그렇다면 네 말도 맞구나." 하고 둘을 타일러 돌려 보냈다. 이때 방 안에서 지켜보고 있던 그의 부인이 타박하기를, "아니, 대감께서는 이 놈도 옳다, 저 놈도 옳다 하시니 어찌 그러십니까? 옳고 그름을 확실히 밝혀 주셔야 되지 않겠습니까? 한 나라의 정승께서 그리도 사리가 분명치 않으시면 어떻게 합니까?" 하고 말했다. 그러자 황희는 "맞소, 맞소, 부인 말씀도 참으로 맞소." 하고 대답하여, 그만 부인도 어이가 없어 웃고 말았다고 한다. 집에서 부리는 어린 종이라 할지라도 마음을 상하게 하지 않으려는 황희의 세심한 배려를 엿볼 수 있는 일화라 할 수 있다. 또한 이것은 젊은 시절 깨달은 삶의 자세를 일생 동안 잃지 않고 지켜온 한 인간의 모습이기도 하다. 이외에도 황희의 타인에 대한 배려나 인간적인 면모에 대하여 알 수 있는 일화는 일일이 거론하기 힘들 정도로 많다.

어느 날 황희는 집에 온 손님을 맞아 조촐하게 술상을 차려 놓고 담소를 나누고 있었다. 그런데 갑자기 어린 아이 몇 명이 방문을 열고 들어와서, "할아버지, 할아버지." 하며 황희의 상투와 수염을 잡아당기고, 상 위에 놓인 음식까지 마구 집어 먹는 게 아닌가! 그러나 황희는 아이들을 나무라지 않고, "아이구, 이놈들 보게. 오냐, 오냐." 하면서, "손님이 계시니 너희들은 나가 놀아라." 하고 아이들을 달래서 내보내고는 별일 없었다는 듯이 태연하게 대화를 계속했다. 손님은 내심, '정승 집에서 아이들을 버릇없이 키우고 있구나.' 하고 생각하며, "대감께서는 손자들을 굉장히 귀여워하시나 봅니다." 하고 짐짓 비꼬는 투로 말했다. 그러자 황희는, "아까 그 놈들은 우리 집 노비의 자식들인데 나를 아주 잘 따른다네. 결례가 되었다면 미안허이." 하고 대답했다. 황희의 말을 들은 손님은 종의 자식에게까지 친부모처럼 자상한 그의 모습에 진심으로 감복했다고 한다.

또 하루는 당대 명필 중의 한 사람인 이석형이 황희의 집에 들러 담소를 나누고 있었는데, 황희가 책 한 권을 꺼내 놓고 새로 표지를 만들었으니 제목을 써 달라고 부탁했다. 이석형은 몇 번 거절을 하다가 황희가 하도 정중하게 부탁하는지라 더 이상 거절하지 못하고 제목을 써

주었다. 그런데 조금 후에 한 아이가 방 안으로 들어와 저 혼자 놀다가 방금 이석형이 제목을 써 준 책 위에 오줌을 싸고 말았다. 이것을 본 황희는 노여운 기색도 없이 아랫사람을 부르지도 않고, 직접 방바닥과 책에 묻은 오줌을 닦았다. 그러고는 아이의 옷을 벗겨 둘둘 말아 아이의 손에 쥐어 주면서, "괜찮아, 괜찮아. 이제 엄마한테 가서 옷을 갈아 입혀 달라고 하거라." 하며 우는 아이를 달래서 내보냈다. 이 광경을 지켜보던 이석형이 오히려 안절부절못하면서 어찌할 줄을 모르자, 황희는 미안한 기색으로 이석형에게 사과를 하였다.

그런데 조금 있으니 방문 밖에서 여종이 황망한 목소리로 죄를 청하는 것이 아닌가! 황희의 방에서 오줌을 싼 아이는 제 어미가 일하는 틈에 그 방으로 들어온 종의 아이였던 것이다. 황희는 사죄하는 여종에게 오히려, "철없는 아이가 한 일이니 신경 쓰지 말아라." 하고 따뜻한 말투로 위로해 주었다. 그 모습을 지켜본 이석형은 황희에 대한 존경심이 더욱 깊어져 그의 앞에서는 항상 머리를 숙이고 예를 다했다고 한다.

사실 황희는 천인들의 처지를 안타깝게 여겨 천역(賤役)을 가볍게 해 주려는 방안에 골몰하였고, 면천할 수 있는 길을 마련해 주고자 노력하기도 했다. 이렇듯 귀천을 따지지 않고 타인을 대하는 그의 태도는 그 시대의 일반적인 양반들의 모습과는 분명히 다르다고 할 수 있다. 황희는 당시 노비 출신 중에서도 능력이 뛰어난 사람이 있으면 관직에 발탁하기도 했는데, 조선이 엄격한 신분제 사회였음을 감안하면 그야말로 파격적인 인사였던 것이다.

실제로 황희는 자기 집에서 부리던 어린 노비가 학문에 자질을 보이자, 그 아이를 면천시키고 경제적 도움까지 주면서 이르기를, "너는 열심히 공부하면 나라의 기둥이 될 수 있으니, 너를 알아보지 못하는 곳으로 가서 학문을 연마하여라. 그리고 지금부터 너와 나는 서로 알지 못하는 사이니, 나중에 혹 만나게 되더라도 절대 아는 체를 하면 아니 된다." 하고 다짐을 하여 내보냈다.

십 수년 후, 그 노비는 과거를 보러 나왔다가 마침 그곳에 시험관으로 나와 있던 황희와 만났다. 반갑고 고마운 마음에서 황희에게 자신을 밝히고 인사를 하려고 하자, 이미 그를 알아본 황희는 시험관에게 잘 보이려고 인사를 하는 것은 받아 줄 수 없다면서 그를 꾸짖고 뿌리쳐 버렸다. 이것은 앞길이 창창한 젊은이의 10년 공부가 헛되지 않게 하기 위한 황희의 깊은 뜻이었던 것이다. 다행히 노비 출신의 젊은 선비는 시험에 급제하였으며, 황희는 그를 따로 불러내어, "다시는 나를 아는 체하지 말 것이며, 나도 너를 잊었노라. 그러니 앞으로도 더욱 열심히 정진하여 오로지 나라를 위한 일에 노력을 다하라." 하고 거듭 당부한 후 돌려보냈다고 한다.

　사적으로는 항상 타인을 배려하는 자세로 일관했던 황희였지만, 공적인 일에는 엄격하기가 서릿발 같았다. 그에 대한 유명한 일화가 있다. 백두산 호랑이라 불리던 김종서가 북방에 6진을 개척하고 병조판서에 오르자, 어느 날 황희는 김종서를 축하하러 병조에 들렀다. 그런데 김종서는 황희를 보고도 그냥 자리에 비스듬히 기대어 앉아 있는 게 아닌가! 김종서가 미처 자신을 못 본 것인지 보고도 못 본 체하는 것인지 알 수 없었으나, 큰 공을 세우고 돌아온 그의 태도에는 자만하는 빛이 역력했다.

　이에 황희는 김종서를 수행하던 병조의 관리들에게, "너희 판서께서 앉아 계신 의자의 다리가 잘못된 것 같다. 한쪽이 기울어졌으니 속히 고쳐 드리도록 해라." 하고 큰 소리로 꾸짖었다. 이 말을 들은 김종서는 깜짝 놀라 자리에서 황급히 일어나서는 황희의 발 앞에 엎드려, "소인이 미처 대감께서 오시는 것을 보지 못하고 큰 실수를 하였습니다. 부디 용서를 바라옵니다." 하고 사죄하였다. 사실 김종서보다 먼저 북방을 살피고 돌아온 사람은 칠순에 가까운 황희였으며, 세종에게 6진 개척의 적임자로 김종서를 추천한 것도 바로 황희였다. 황희는 김종서가 나라를 위해 큰일을 할 그릇임을 알고 그를 중용하도록 건의하였으나,

김종서의 성격이 다소 거칠고 자신감이 지나친 것을 경계하기 위해 한바탕 혼을 내 준 것이다. 김종서는 훗날 이때의 일에 대하여, "내가 한창 북방을 경영할 때는 오랑캐의 화살이 코앞에 날아와도 두렵지 않았는데, 황 정승이 큰소리로 꾸짖었을 때에는 오금이 저리고 등에서 진땀이 다 흘렀다." 하고 회고하였다 한다.

원칙에 충실한 업무 자세

큰일이 닥쳤을 때 개인의 사욕을 버리고 당당하게 맞서는 공직자로서 황희의 참모습을 보여 준 두 가지 일화가 있다. 먼저 민무구, 민무질 형제를 제거한 사건이다.

태종의 왕후 민씨는 태종이 왕위에 오르도록 내조한 동지이자 이를 뒷받침한 1등 공로자였다. 무인정사 때 병장기를 숨겨 놓았다가 내 준 것도 민씨였고, 우물쭈물하는 남편을 말에 태워 거사에 내몬 것도 그였다고 한다. 그러나 민씨는 이방원 못지 않은 강한 성격의 소유자였기 때문에 태종이 왕위에 오른 후에는 부부 간의 갈등이 매우 심했다. 특히 민무구, 민무질이 누이인 민씨의 후광을 등에 업고 조정에 갈등을 일으키자 이것이 큰 문젯거리가 되었다. 당시 형조판서로 있던 황희는 태종 8년(1408)에 이들을 벌해야 한다는 상소를 왕에게 올렸는데, 이것은 민씨가 눈을 시퍼렇게 뜨고 살아 있고 세자 또한 어려서부터 외갓집에서 자란 탓인지 외숙부들을 따르는 상황이라, 죽음을 각오하지 않고는 감히 앞장설 수 없는 문제였다. 하지만 외척의 폐단을 걱정하던 태종의 심중과 조정의 인심이 이미 민씨 형제를 견제하고 있었기 때문에, 결국 이들은 삭탈관직된 후 유배지에서 사사되고 만다.

또 하나의 사건은 황희의 정치적 생명이 끝날 뻔했던 폐세자 사건이다. 세자 제(양녕대군)는 파행을 일삼아 아버지 태종의 미움을 사서 결국에는 폐세자되고 마는데, 이때 황희는 세자를 폐하는 것은 큰 화를 불러올 수 있다고 생각하여 극구 반대하였다. 황희가 내세운 반대의 논지는 세 가지로 요약될 수 있다. 첫째는, 건국 초에 태조가 세자를 잘못 세워 골육상쟁의 비극을 초래한 것처럼 세자를 바꾸는 것은 공연한 화를 자초할 수 있으며, 태종 자신도 그것으로 피해를 보지 않았느냐는 지적이고, 둘째는, 지금부터라도 적장자 승계의 전통을 엄정히 세워 나가야 향후 왕위 계승과 관련하여 발생할 수 있는 말썽을 차단하는 본보기가 되어 국가 백년대계의 기틀을 튼튼히 할 수 있다는 것이며, 셋째는, 세자가 아직 나이가 어리나 근본이 영리하고 총명하니 제대로 훈육한다면 충분히 군왕의 자질을 갖출 수 있다는 것이었다. 그러나 태종의 결심이 워낙 확고하여 결국 세자는 태종의 셋째 아들인 충녕대군으로 바뀌었고, 황희는 좌천되었다가 유배되고 만다.

이러한 황희의 곧고 바른 자세는 그에게 다소 거리감을 느끼던 사대부들조차 그를 완전히 인정하도록 하였다. 훗날 세종이 궐 안에 불당을 세우려고 했을 때, 모든 신하들과 유학자들이 동맹 파업까지 하면서 반대하자, 황희가 나서서 그들 모두를 설득해 낼 수 있었던 것도 이 때문이다.

조선은 원래 척불숭유 정책을 통치이념으로 하고 출발한 유교 국가였다. 하지만 왕실에서는 태조 이래로 불교를 믿어 왔고 세종의 둘째 형인 효령대군도 불가에 귀의한 몸이었다. 세종 또한 불교에 대한 신앙이 매우 깊어 대궐 안에 왕실 가족들을 위한 불당을 지으려고 한 것인데, 모든 신하와 유학자들이 벌떼같이 일어나 반대를 한 것이다. 성군으로 이름난 세종도 신하들이 모두 반대하고 나서자 몹시 낙심했다.

이때 황희 역시 유학자였지만, 그러한 세종의 마음을 이해하고 반대하는 신하들을 설득하는 일에 나섰던 것이다. 세종이 국가 정책 자체를 바꾸려는 것이 아니라, 자기 가족의 신앙을 위해 불당을 지으려는 것이므로 굳이 왕의 마음을 상하게 하지 말고 이해해 주자는 것으로, 큰일에는 엄정하지만 사사로운 일에는 너그러운 황희의 성품이 여실히 드러나는 대목이다.

청빈의 대명사

황희는 50년 이상 주요 관직을 두루 역임하면서도 청빈한 삶을 산 것으로 유명한 인물이다. 그의 청빈함을 알 수 있는 몇 가지 일화를 살펴보자.

황희가 영의정으로 있던 시절, 세종이 미복(微服) 차림으로 사전에 연락도 없이 황희의 집을 찾아왔다. 그때 마침 황희는 늦은 저녁을 먹고 있었는데, 갑작스런 왕의 방문에 허겁지겁 상을 한쪽으로 물리고 왕을 맞았다. 세종은 황희의 집에 들어서면서 정승의 집이라고는 도저히 믿어지지 않는 초라한 모습에 이미 놀랐다. 그런데 방에 들어서니 바닥에는 장판 대신 멍석이 펼쳐져 있는 것이 아닌가! 또 먹다가 치워 놓은 밥상에는 누런 보리밥에 된장과 풋고추 너덧 개만이 놓여 있었다. 세종은 민망해하는 황희를 보고, "경은 등이 가려우면 시원하게 긁기는 좋겠소. 자리에 누어 비비기만 해도 될 테니까." 하고 농을 하고는 돌아갔다.

이때 사실 세종은 황희가 가진 것이 너무 없어 막내딸의 혼수를 장만하지 못하고 있다는 소문을 듣고 이를 확인하기 위해 황희의 집을 찾은 것이었다. 다음 날 세종은 손수 공주의 수준에 준한 혼수를 황희의 집으로 보냈고, 이것은 이후 가난하여 결혼 준비를 하기가 어려운 관리들에게 왕이 혼수를 내리는 계기가 되었다.

황희의 청빈한 삶의 자세를 알 수 있는 일 중에 이런 것도 있다. 언젠가 그의 아들 황치신이 집을 새로 짓고 집들이를 하게 되었다. 황희도 잠시 그곳에 들렀으나 온다 간다 말도 없이 돌아가 버렸다. 나중에 그 사실을 안 황치신은 아버지가 자기를 나무라는 뜻으로 알고 백배 용서를 구한 후 자신의 분수에 맞게 집을 새로 고쳐 지었다고 한다. 사실 황치신은 그의 아버지와는 달리 재물을 탐하였지만, 황희가 살아 있는 동안에는 아버지의 엄중함 때문에 근신하며 살 수밖에 없었다.

그런데 황희가 그처럼 가난하게 살았다는 것이 과연 사실일까? 조선은 과전법(科田法)을 실시하여 관리들에게 토지를 나누어 주었고, 직책에 따른 녹봉도 추가로 지급되었다. 따라서 고위 관리였던 그가 경제적으로 곤궁했다는 것은 이해하기 힘들다. 더구나 황희는 태종 이후로 주요 관직을 두루 역임해 왔고, 18년 동안 영의정으로 있는 등 정승의 반열에서만 20년 넘게 있었다.

조선 초기에는 농업 이외에 별다른 산업이 발달하지 않았기 때문에 토지에 대한 권한이 경제적 능력을 좌우하였다. 그리고 이 권한 자체는 관직에 따라 부여받는 것이었기 때문에, 관직에 있는 사람이 경제적으로도 우월할 수밖에 없는 시대였다. 그런데 대표적인 고위 관리였던 황희가 평생을 가난하게 살았다는 것은 도무지 이해되지 않는 부분이다.

따라서 황희가 청빈한 것을 넘어 곤궁하게 살았다는 것은 사실이라고 보기 어렵다. 그가 청렴하게 산 것은 사실이지만, 여러 일화에서 보듯이 많은 종을 거느리고 있었고, 직위에 따른 과전도 지급받았기 때문에 결코 가난으로 고통스러울 정도는 아니었을 것이다. 따라서 우리가 알고 있는 그에 대한 많은 일화들은 황희가 원체 물욕이 없었던 인물이었고, 고위 관직에 오랫동안 머물렀음에도 청빈한 자세로 일관했기 때문에 후대에 교훈으로 삼기 위하여 다소 미화된 측면이 있다고 볼 수 있다.

다만 황희가 수입의 대부분을 민생을 구휼하기 위해 사용했다면 경제적으로 넉넉하지 못했을 수도 있다. 실제로 황희는 경작지를 소유하지 못하고 떠돌아 다니는 사람들을 정착시키고 안정시키는 정책에 신경을 썼으며, 식량을 절약하기 위해 개를 키우지 않았다는 이야기도 있다.

과학혁명을 이끈 천민 출신 천재 과학자
장영실

　세종 대에 이룬 찬란한 문화적 업적 가운데 가장 큰 부분을 차지하는 것이 과학 분야의 발전으로서, 장영실은 그와 같은 발전에 누구보다도 높은 기여를 한 뛰어난 과학자다.
　장영실은 천민 출신이었지만, 당대의 엄격한 신분 사회의 벽을 뛰어넘어 자신의 뜻을 이룬 입지전적인 인물이다. 하지만 그가 일구어 낸 뛰어난 업적보다는 고난을 이겨내고 세상 앞에 우뚝 선 인간 장영실의 꿋꿋한 모습이야말로 더 큰 교훈과 감동을 준다. 그는 다행히도 어진 임금이었던 세종 대에 살았기 때문에 신분의 벽을 뛰어 넘어 자신의 능력을 발휘할 수 있었지만, 다른 측면에서 본다면 그와 같은 뛰어난 인재가 있었기 때문에 세종 시절이 찬란한 문화의 융성기로 꽃피울 수 있었던 것도 사실이다.
　세종은 나라가 바르게 서려면 백성들의 생활이 안정되어야 한다고 믿고, 농업의 발달과 생산성을 향상하기 위한 방법을 찾기 위해 고심하였다. 그러기 위해서는 자연의 변화를 미리 알아내서 대처할 수 있는 방법을 확보하는 것이 무엇보다 중요할 수밖에 없었다. 절기와 시간을 정확하게 파악하여 파종에서 수확에 이르는 모든 과정이 알맞은 시기에 이루어질 수 있도록 하고, 가뭄과 폭우 등 자연 재해에도 적절히 대비할 수 있는 과학적 지식이 필요했던 것이다. 이것을 가능하게 한 사람 중 한 명이 장영실이다. 그는 조선의 과학 기술을 발전시킴으로써 국가 경영의 근본이라 할 수 있는 경제 발전과 민생 안정에 절대적인 공헌을 한 1등 공신이었지만, 단 한 번의 엄청난 실수 때문에 역사의 무대 뒤로 쓸쓸히 퇴장하고 만다.

파격적인 관직 진출

『세종실록』에 의하면 장영실의 아버지는 원나라 소항주 출신의 중국인이고, 어머니는 동래현의 기생이었다고 한다. 그의 아버지는 귀화하거나 파견 나온 중국인 기술자로서 조선의 기생을 현지처로 삼아서 살았던 것으로 보인다. 또 장영실의 문중으로 알려진 아산 장씨 가문에 따르면, 장영실의 아버지는 기술직 관리를 지낸 사람이라고 한다. 이와 같은 사실로 보면 장영실의 과학적 자질은 아버지에게서 물려받은 셈이다.

장영실이 역사의 기록에 처음 등장한 것은 태종 12년(1412)으로 그즈음에 이미 궁중에서 일하고 있었던 것으로 보인다. 태종 대부터 전문 기술자로 활약하던 장영실은 세종 3년(1421)에 천문기구의 제작을 연구하기 위해 중국으로 유학을 떠난다. 그때 벌써 조선 최고의 과학 전문 기술자로 인정받고 있었던 것이다. 국가적 대사업의 공식 연구단에 천민 출신인 그를 포함시켰다는 것은 그가 당시 어느 정도 수준의 실력자였는지를 알 수 있게 하는 대목이다.

중국에서 머무르는 동안 장영실은 천문기구에 대한 정보를 얻을 수 있었지만, 개괄적이고 원론적인 이론 정도일 뿐 실물이나 설계도와 같은 실제 제작에 필요한 것은 구하지 못한 채 돌아왔다. 당시에는 천문이 가장 중요한 과학 분야였으므로 다른 나라에 그 기술이 유출되지 않도록 철저하게 통제했기 때문이다.

장영실이 중국에서 돌아오자 세종은 그의 공로를 인정하여 효율적으로 기구를 제작할 수 있도록, 왕실에 필요한 물품을 공급하는 상의원

별좌에 그를 임명하려 했으나 중신들의 반대로 뜻을 이루지 못했다. 그 후 세종 6년(1424)에 수동 물시계인 경점기(更點器)를 고쳐서 보완해 내자 그 공로를 인정받아 결국 상의원 별좌에 임명되었다.

엄격한 신분 제도가 국가 운영의 기초였던 당시에 천민이 임금을 가까이에서 보좌하는 공식 관직에 오를 수 있었다는 것은, 장영실의 능력이 워낙 빼어났다는 사실을 증명하는 것이다. 또한 당시만 해도 조선 후기처럼 신분 의식이 극도로 경직되어 있지 않았다는 반증이 되기도 한다. 실록에 따르면 세종은 장영실의 재주를 높이 평가했을 뿐 아니라 인간적으로도 신뢰하고 있어서 환관들이 하는 일을 그에게 시킬 정도였다고 한다.

천문기구 제작에 참여하다

장영실의 연구가 어느 정도 단계에 이르자 세종 14년(1432)부터는 천문 관측 기구 제작을 위한 대규모 사업이 시작되었다. 천문 관측 기구와 현실에 맞는 **수시력(授時曆)**의 제작은 농업 국가인 조선에게 있어서 시급한 사안이었다. 세종은 집권 초부터 이에 대한 관심을 잊지 않고 있다가 장영실의 연구 성과를 바탕으로 국책 사업으로 추진했던 것이다.

세종은 그 해 가을부터 예문관 제학 정인지에게 총지휘를 명하여 천문대와 그곳에 필요한 각종 천문기구를 제작하는 의표창제(儀表創製) 사업에 착수하게 하였다. 우선 천문 관측 관청인 서운관을 확장하고 대규모 천문 관측대인 대간의대(大簡儀臺)를 경복궁 안에 건축하기 시작했다. 그리고 소규모 천문 관측대인 소간의대(小簡儀臺)도 북부 광화방(지금의 계동 현대사옥 근처) 부근에 함께 짓도록 하였다. 또 각종 기구

> **수시력(授時曆)**
> 해와 달의 움직임과 절기를 측정하는 기준이 되는 법칙.

제작 사업에는 공조참판을 역임한 무장이자 뛰어난 과학자였던 이천이 실무 책임을 맡아 진행하였으며, 여기에 장영실이 중추적 역할을 하였음은 물론이다.

이들은 먼저 나무로 오늘날의 각도기와 비슷한 간의(簡儀)를 만들어 한성의 위도를 새로 측정하고 그것을 기준으로 해서 구리로 여러 가지 기구를 제작하였다. 작업에 착수한 지 1년 만에 천체의 운행과 그 위치를 측정하는 일종의 천문 시계인 혼천의(渾天儀)를 만들었고, 장영실은 독자적으로 자동으로 시간을 알려 주는 물시계인 자격루(自擊漏)를 만들었다. 세종은 장영실의 자격루가 정확하게 작동하는 것을 보고 크게 치하하며 그를 정4품 무관 벼슬인 호군으로 임명했다. 장영실은 이미 연구 도중에 정5품 무관 벼슬인 행사직으로 임명되었었는데, 자격루의 완성으로 또 한 번 승진한 것이다.

세종은 경복궁 경회루 남쪽에 보루각을 짓고 그 안에 자격루를 설치하여 이듬해(1434) 7월 1일부터 조선의 표준 시계로 사용하게 했다. 이 자격루는 보루각에 설치되었다고 하여 '보루각루'(報漏閣漏)라고 부르기도 했고, 임금이 거처하는 궁궐 안에 있다고 해서 '금루'(禁漏)라고 부르기도 했다. 보루각의 자격루에서 시간을 알려 주면 궁궐 밖 종루에서 오정(낮 12시)이나 인정(밤 10시경) 등의 시각을 북이나 종을 쳐서 일반인들에게 알렸다. 보신각 옆으로 나 있는 서울의 종로 거리가 지금의 이름으로 불리게 된 것은 여기에서 유래했다.

장영실이 만든 자격루는 임진왜란 때 소실되고, 현재 남아 있는 것은 중종 31년(1536)에 숭례문과 흥인문에서도 시간을 알려 주기 위해 추가로 만든 것이다. 중종 때 새로 만들어진 자격루는 창경궁 안에 새 보루각을 짓고 그 안에 설치하였는데, 고종 때 시간을 알리는 방법이 바뀌자 일제가 보루각을 헐고 자격루만 **장서각**(藏書閣) 앞에 방치해 두었던 것을 현재 덕수궁으로 옮겨 놓은 것이다.

장영실은 자격루를 만든 지 5년 후인 세종 20년(1438)에 더 정교한 자동 물시계인 옥루(玉漏)를 만들어 냈다. 옥루는 시간을 알려 주는 자격루와 천체의 운행을 관측하는 혼천의의 기능을 합친 것으로, 시간은 물론 계절의 변화와 절기에 따라 해야 할 농사일까지 알려 주는 다목적 시계였다.

옥루가 완성되자 세종은 기쁨을 감추지 못했다. 세종은 자신의 집무실인 경복궁 천추전 서편에 흠경각을 지어 그곳에 옥루를 설치하게 하고 수시로 드나들며 관심을 기울였다. 또 우승지 김돈에게 『흠경각기』를 짓게 하여 그 공을 치하하기도 했다. 그러나 이 옥루도 명종 8년(1553)에 화재로 소실되고 만다. 이듬해에 다시 제작하였지만 역시 임진왜란 때 불타 버려 현재는 남아 있지 않다.

앙부일구

흠경각의 설치로 7년여에 걸친 의표창제 사업을 마무리지을 수 있었는데, 그 외에 이때 만들어진 것들로는 혼천의를 간소화한 간의, 휴대용 해시계인 현주일구(懸珠日晷), 천평일구(天平日晷), 시간과 함께 남북의 방위도 알려 주는 해시계인 정남일구(定南日晷), 종로 한복판에 설치해 지나가는 사람들이 언제든지 시간을 알 수 있도록 만든 최초의 대중용 해시계인 앙부일구(仰釜日晷), 밤낮으로 시간을 잴 수 있도록 만든 천문 관측 기구인 일성정시의(日星定時儀), 해의 그림자에 따라 절기를 알 수 있게 만든 규표(圭表) 등이 있다.

이렇게 제작된 관측 기구들은 세종 16년(1434)에 완공된 경복궁 대간의대 안팎으로 설치되었고, 이때부터 본격적으로 천문 관측 작업이 시작되었다. 이 대간의대는 높이만 해도 9.5미터에 이르는 왕립 천문대로서 당시에는 세계에서 가장 큰 규모였다. 대간의대도 임진왜란 때 파괴

장서각(藏書閣)
1911년에 창경궁 안에 설립된 왕실 도서관.

되어 남아 있지 않은데, 신무문(경복궁의 북문) 서쪽 부근에 있었던 것으로 추정할 뿐이다.

기타 분야의 발명과 기여

장영실은 천문 기구 이외에도 각종 실용 기구들을 만들어 세종 대의 과학 기술 발전에 앞장섰다. 우선 꼽을 수 있는 것이 세종 16년(1434)에 금속 활자인 갑인자(甲寅字)의 주조 작업에 참여한 것이다.

금속 활자는 고려 고종 21년(1234), 세계 최초의 금속 활자본인 『상정고금예문』 이후 큰 발전이 없다가, 조선 태종 3년(1403)에 계미자(癸未字)를 만들어내게 된다. 그러나 이 활자는 크기도 고르지 못하고, 활자를 고정시키기 위해 밀랍을 사용하는 불편 때문에 많은 양을 인쇄할 수 없었다. 이에 세종 2년(1420)에 다시 계미자보다 작고 정교한 경자자(庚子字)를 만들어 좀더 능률적으로 인쇄할 수 있게 되었다.

이 경자자를 새로 개량한 것이 갑인자로, 이천의 총감독 아래 김돈, 김빈, 장영실 등이 보좌하여 주조하였는데, 대·소 활자 두 종류로 20여 만 자나 되었다. 갑인자는 글자의 모양이 아름답고 선명할 뿐 아니라, 종전보다 두 배나 빨리 인쇄할 수 있었다. 이 갑인자로 수많은 서적을 출판해 낼 수 있게 되어 세종 대의 문화 진흥에 크게 기여하기에 이른다. 이때 만든 갑인자는 현재 남아 있는 것이 없지만 그것으로 인쇄한 『대학연의』, 『분류보주 이태백시』 등이 전해져 오고 있다.

다음으로 장영실의 가장 중요한 발명품인 측우기(測雨器)가 있다. 조선은 농업이 생산의 대부분을 차지하는 농업 국가였다. 따라서 생산량에 직접적인 영향을 끼치는 자연 현상에 대한 연구가 중요할 수밖에 없었다. 특히 강우량의 측정은 농사에 있어서 매우 중요한 문제였기 때문에 이것을 조사하여 자료화할 필요가 있었다. 처음에는 눈이 쌓인 높이로 강설량을 측정하는 것처럼, 비가 내린 후에 비가 땅 속에 스며든 깊이를 재서 강우량을 측정했다. 그러나 그런 원시적인 방법으로는 정확한 강우량을 측정할 수 없었다. 게다가 세종 18년 (1436)을 전후로 가뭄과 폭우가 잇따라 발생하여 농업 생산에 심각한 타격을 받자, 강우량을 좀더 정확하게 측정할 수 있는 새로운 방법이 필요하게 되었다.

이에 세자를 중심으로 장영실 등이 참가해서 세종 22년(1440)에 처음으로 높이 41.2센티미터, 직경 16.5 센티미터 크기의 원통형 쇠그릇을 만들었다. 이것이 바로 세계 기상학 사상 최초의 측우기이다. 이 측우기는 그 다음 해에 높이 30.9센티미터, 직경 14.4센티미터로 규격이 통일되었다. 그러나 그때 만들었던 측우기는 현재 남아 있지 않고, 현종 3년(1837)에 만들어진 금영(錦營) 측우기가 보물 제561호로 지정되어 기상청에 보관되어 있을 뿐이다.

측우기

장영실이 고안해 낸 강우량을 측정하는 또 다른 방법으로는 수표(水標)가 있다. 이 수표는 청계천의 마전교 서쪽과 한강변에 설치되었는데, 현재 세계 각국에서 사용하고 있는 **양수표(量水標)**와 똑같은 방식이다.

역사에서의 퇴장

장영실은 과학 발전에 기여한 공로로 정3품인 상호군으로까지 승진하였다. 그러나 세종 24년(1442)에 그가 감독하여 제작한 가마를 세종이 사용하다가 부서지는 사고가 일어나, 하루아침에 불경죄로 파직되고 만다. 장영실을 아끼고 칭찬했던 세종은 곤장 100대의 형벌을 80대로 감해 주었을 뿐 더 이상 구해 주지 않았으며, 이 사건 이후 장영실은 역사의 뒤안길로 완전히 사라지고 말았다.

30년 동안의 찬란한 공적을 뒤로한 채 갑자기 사라져 버린 이 천재

양수표(量水標)
하천의 수위를 재기 위해 만든 눈금이 있는 기둥.

과학자는 출생을 정확히 알 수 없는 것처럼 개인적인 사생활이나 말년도 전혀 확인할 길이 없다. 승승장구하던 삶이 한순간에 가루처럼 흩어져서 그 흔적조차 찾을 수 없는 것은 장영실이 원체 혈통이 없는 천민 출신인 때문이기도 하겠으나, 파직 이후 곧바로 사망하거나 스스로 완전히 종적을 감춰 버린 것이 아니라면 역사가들에 의해 의도적으로 말년의 삶이 무시되어 버린 탓이라고 짐작할 따름이다.

장영실의 갑작스런 퇴장에는 몇 가지 의문이 남는다. 먼저 정교한 과학 기구를 수도 없이 많이 만들어 온 그가 가마 하나 제대로 만들지 못하여 사용 중에 부서지게 했을까 하는 점이다. 기록된 것이 사실 그대로라면, 일단 장영실의 내적이나 외적인 변화에서 그 요인을 찾아볼 수 있다.

우선 급격한 신분 상승으로 인해 차츰 정신이 나태해져서 가마가 만들어지는 과정을 제대로 감독하지 못했을 가능성이 있다. 그러나 장영실이 바로 전해까지 정교한 과학 기구를 직접 발명했던 인물로서 1년 사이에 갑자기 변했다는 것은 아무래도 이해하기 어렵다.

또 장영실이 실제로 가마를 만든 것이 아니라 그 작업의 감독관이었을 뿐이라는 점도 그렇다. 물론 책임자였기 때문에 사고에 대한 처벌을 받은 것이지만, 장영실이 감독을 맡았던 가마만 부실하여 사고가 났다는 것은 석연치 않은 부분이다. 더욱이 그동안 그 일을 전문적으로 해왔던 기술자들이 임금이 탈 가마를 허술하게 만들 리도 없다. 따라서 그 사고는 이미 제작된 가마를 누군가가 고의로 허술하게 만들었다고 생각할 수밖에 없다.

사실 그때까지는 신분 제도가 조선 후기처럼 경직되어 있지 않았다고 하더라도 노비에서 정3품 관직으로의 파격적인 신분 상승은 양반 사대부들에게는 거슬리는 일일 수밖에 없었을 것이다. 따라서 장영실의 출세가 신분제를 뿌리부터 흔들 수도 있다고 생각한 세력들에 의해 그가 제거되었을 가능성이 그래도 가장 수긍이 가는 결론이다.

두 번째로 그토록 장영실을 아끼고 칭찬했던 세종이 왜 끝까지 그를 구해 주지 않았을까 하는 점도 의문이다. 우선 그즈음 세종의 건강이 많이 나빠졌다는 사실을 생각해 볼 필요가 있다. 세종은 원래부터 병치레가 잦았는데, 사고가 난 그해에는 과중한 업무를 견디지 못하고 세자에게 결재권을 넘겨 줄 정도로 건강이 악화되어 있었다. 이런 처지에서 가마가 부서지는 사고까지 당했으니 건강이 더욱 나빠졌을 것이다.

따라서 가마를 다룬 자들이나 제작에 참여한 사람들에 대한 처벌은 피할 수 없는 일이었다. 그 시절에는 아무리 실수라고 해도 임금에게 위해를 끼쳤을 경우에는 대역죄로 처벌되는 것이 당연하게 여겨지던 시절이었다. 그나마 곤장을 맞고 파직되는 데 그친 것은 세종이 변호해 주었기에 가능했다고 보아야 한다.

비록 인생의 최정상에서 갑자기 허무하게 추락하고 말았지만, 장영실이 우리에게 던지는 의미는 참으로 크다. 그는 천한 노비 출신이었지만, 자신이 할 수 있는 일을 찾아 끊임없이 노력했다. 그리하여 누구도 넘보기 어려운 정점까지 오를 수 있었다.

장영실이 동래현 소년 관노로 있던 시절의 일화는 그의 진면목을 잘 보여 준다. 그는 일을 마치고 나면 누가 시키지 않아도 틈틈이 병기 창고에 들어가, 녹슬고 망가진 병장기와 공구들을 말끔히 정비하여 현감의 신임을 얻었다. 누구라도 고달픈 노비 생활을 하다보면 틈이 날 때마다 편히 쉬고 싶게 마련이다. 그러나 장영실은 스스로 일을 찾아 그것마저도 완벽하게 해냈던 것이다.

이러한 장영실의 행동은 장래를 위해 계산된 것이라고는 볼 수 없다. 신분의 벽이 단단하게 앞을 가로막고 있는 현실에서는 더욱 그러하다. 오히려 일 자체가 좋아 스스로 일을 찾아다닌 것이라고 보아야 한다. 이렇게 순간 순간마다 최선을 다하며 자신의 능력이 세상에 조금이라도 보탬이 되고자 노력하는 과정이 있었기 때문에 그의 성공도 찾아온 것이다.

2장 찬란한 문화를 꽃피우다

북방 개척의 명장, 백두산 호랑이
김종서

　김종서는 흔히 무인으로 알려져 있지만, 사실은 열여섯 살에 문과에 급제한 문관 출신이다. 그의 6진 개척을 통한 북방 경영이 워낙 커다란 업적이기도 하고, 그의 생애 중 가장 눈에 띄는 부분이기 때문에 일종의 선입견이 작용한 셈이다.
　조선 초까지는 북쪽의 국경이 명확하지 않은 상태였지만, 최윤덕의 4군과 김종서의 6진 개척으로 인하여 국경선이 압록강과 두만강을 경계로 한 현재의 위치로 결정된 것은 익히 알려진 사실이다. 당시에 조선의 국력이 조금만 더 컸거나 국토 확장에 대한 의지가 조금만 더 강했더라면, 고구려나 발해의 옛 땅을 얼마라도 더 회복할 수 있었을 것이라는 생각 때문에 더욱 아쉬운 부분이기도 하다.
　김종서가 문신이면서도 군사적 과업을 맡아서 훌륭하게 수행해 낼 수 있었던 것은 그때까지 조선의 분위기가 문무반의 구별이 심하지 않았던 '열린' 시대였기 때문이기도 하지만, 지휘관이었던 아버지에게서 무인으로서의 자질을 물려받은 김종서 자신이 뛰어난 지략가이면서 한 번 결정한 일은 끝까지 이루고 마는 인물이기 때문이다.
　이러한 김종서에 대하여 세종은, "김종서가 없었다면 6진을 성공적으로 개척할 수 없었을 것이다." 하고 말하며 그를 전폭적으로 신임했다. 그러나 훗날 원칙을 지키려는 김종서의 강직성이 권력을 장악하려는 의지가 강한 수양대군과 대립하게 만들었고, 결국 반대파에 의해 비명에 죽게 되는 원인이 된다.

강직하고 성실한 공직 생활

김종서는 고려의 마지막 왕인 공양왕 2년(1390)에 전남 순천에서 도총제로 있던 김추의 아들로 태어났다. 그의 유년이나 청년 시절에 대해서는 별로 알려진 것이 없지만, 어려서부터 성격이 강직하고 주관과 소신이 뚜렷하여 경외의 대상이 되었다고 한다. 큰 호랑이라는 뜻인 '대호'(大虎)라는 별명도 북방 경영과 연관되어 붙여진 것이기는 하지만, 그의 성격을 잘 나타내 주는 사례이기도 하다.

또한 김종서는 잘못된 행동이나 성실하지 못한 태도는 결코 용납하지 않았지만, 자기의 잘못은 감추지 않고 반성하여 고치는 소박한 일면도 가지고 있었다. 김종서가 6진을 개척하고 돌아와 형조판서로 중앙 정계에 복귀했을 때, 그의 당당한 태도가 오히려 오만하게 보일 수도 있다는 황희의 질책을 그 자리에서 겸손히 받아들였다는 일화는 김종서의 됨됨이를 잘 알 수 있는 대목이다.

그리고 다른 사람의 좋은 면을 적극적으로 인정하는 그의 호방함 때문에 따르는 사람이 많았다고 한다. 북방 경영 시절 같이 근무한 것을 계기로 알게 된 신숙주에 대해서도 그의 재주와 학문적 능력을 높이 사서 항상 칭찬을 아끼지 않았다. 훗날 수양대군에게 동조하여 김종서의 반대편에 서게 되었던 신숙주도 이때까지는 김종서와 좋은 관계를 유지하고 있었던 것으로 보인다.

김종서의 관직 생활은 열여섯 살인 태종 5년(1405)에 문과에 급제하면서부터 시작되었는데, 이때부터 세종 15년(1433)에 함길도(함경도) 관찰사로 임명되어 북방 경영의 길을 떠날 때까지 큰 문제 없이 여러 관직을 역임하였다. 김종서로서는 청·장년 시절 30년 가까이 무난한 관직 생활을 하며 기반을 닦은 셈이다.

김종서가 관료로서 성장하고 있던 태종 대에는 공신 세력이 득세하고 있는데다가, 아직 나이가 젊어 큰 직책을 맡을 수 없었다. 세종 대 전반에 와서야 김종서는 조금씩 주요 관직에 등용될 수 있었는데, 세종 원년(1419)에 사간원 우정언으로 임명된 후 지평, 집의, 우부대언 등을 지냈다. 세종 대에는 관료들의 세대 교체가 자연스럽게 이루어지고 있었고, 많은 국가적 사업들이 추진되고 있어서 새로운 인재들이 많이 필요했는데, 이러한 시대적 상황에 힘입어 김종서도 서서히 두각을 나타내게 되었다.

그러나 함길도 관찰사로 파견되기까지 묵묵히 무명 공직자로서 20여 년을 보낸 것을 보면, 그가 자신의 명예나 이익을 탐하지 않는 꾸준하고 착실한 관료였음을 잘 알 수 있다. 또한 함길도 관찰사라는 직책도 북방 경영의 대업을 지시받고 나간 것이기는 하지만, 어쨌든 지방관에 불과했다. 성공 여부 또한 불투명한데다 반드시 출세의 발판이 된다는 보장도 없었다. 그러나 그는 보란 듯이 임무를 완수하고 중앙 정계에 복귀했다. 함길도 관찰사로 임명받았을 때 김종서의 나이 45세였는데, 30여 년 가까이 공직 생활을 해 왔다지만 그 나이에 도백(관찰사의 다른 말로 지금의 도지사)이면 그때나 지금이나 늦은 출세라고 할 수는 없다.

국경지역 사령관으로 부임하다

고려 말, 길주에 **만호부(萬戶府)**가 설치되어 국경선이 대개 그 부근으로 이루어져 있었는데, 만주족의 침입과 행패가 심해 변방은 한시도 편할 날이 없었다. 이때 두만강과 압록강에 출몰하던 이민족을 '야인'(野人)이라고 불렀는데, 흔히 여진족으로 알려져 있다. 이들은 만주 지방에 뿌리를 둔 부족으로서 고려 때는 세력이 강성하여 '금'(金)이라는 나라를 세운 적도 있고, 후에 명을 멸망시키고 청을 건국하였다. 당시 만주의 남부 지역에 자리잡고 있던 여진족은 끊임없이 조선의 북쪽 국경 지역을 침범하였다. 여진족의 입장에서는 그들이 거주하고 있던 지역이 척박한 땅이었으므로 중국의 동남부와 조선의 북부 지역을 약탈할 수밖에 없었기 때문이다.

고려 때부터 교역을 통해 회유하기도 하고 무력으로 정벌하기도 하였지만 여진족과의 분쟁은 끝이 없었다. 이즈음에는 아예 영변 이북으로 조선의 공권력이 미치지 못하고 있는 상태였는데, 세종 대에 이르러 국내 정치가 안정되고 나서야 국토가 침탈될 상태에 이른 북방에 주목하게 되었다. 사실 조선의 입장에서는 이 지역이 이성계가 '조선 건국'이라는 크나큰 업적의 발자국을 떼기 시작한 땅이었으므로 국가의 위신을 생각해서라도 마냥 방치할 수는 없었다.

당시 조선의 최북단 방어진지는 태조 때 정도전이 공주에 설치한 경원부였는데, 세종 9년(1409)에 경성으로 옮겨져 있었다. 그런데 이곳 역시 계속되는 여진족의 침입으로 방어하기가 힘들어지자, 다시 용성으로 후퇴시키자는 의견이 나오고 있었다. 그러나 세종은 오히려 영토 개척 의지를 더욱 강화하는 조치를 취하였다. 즉, 세종 14년(1432) 6월에 경원부는 그 자리에 그대로 두고 영북진을 여진족이 출몰하는 지역인 석막에 추가로 설치하여 방어 지역을 좀더 확장한 것이다. 이 영북진 설치야말로 북쪽을 향한 세종의 영토 확장 의지를 잘 나타내 주는 정책으로서, 그 후 기회만 생기면 한 걸음이라도 북쪽으로 더 나아가서 옛 영토를 회복하려고 하였다.

그러던 세종 15년(1433)에 여진족 사이에서 부족 간의 내분이 발생했다는 정보가 조정으로 날아들었다. 경원부 지역을 괴롭히던 우디거 부족과 회령 지역에 거주하던 오도리 부족 사이에 충돌이 발생하여 세력이 많이 약해졌다는 것이다. 조선으로서는 그토록 기다리던 기회가

만호부(萬戶府)
고려 후기에 원의 영향을 받아 설치한 군사조직.

마침내 찾아온 것이다. 세종은 이때를 결정적인 기회로 보고 드디어 그 적임자로 김종서를 임명하여 국토 회복 작업을 지시하였다.

함길도 관찰사로 부임한 김종서는 우선 흩어진 민심을 추스르는 일부터 시작했다. 그리고 군사들을 배불리 먹이고 대우도 최고 수준으로 개선했으며, 군졸들의 사기를 북돋우고 노고를 치하하는 목적으로 큰 잔치를 자주 열었다. 그런데 그 씀씀이가 너무 커서 관찰사가 인심을 얻기 위해 국가 재정을 심하게 탕진한다는 비난을 받기도 했다. 그러나 김종서는 이러한 오해에 조금도 개의치 않고, "이곳 군사들은 국경을 지키기 위해 집을 떠나 있은 지 오래된 사람들이다. 그런데 이렇게 고생하고 있는 이들을 후하게 대접하고 위로하지 않는다면 누가 목숨을 걸고 오랑캐를 막아내려 할 것인가? 지금은 이들에게 소를 잡아 대접하지만 국경이 정비된 후에는 닭으로도 충분할 것이다." 하고 당당하게 말했다. 그만큼 김종서는 지역 민심과 군사들의 어려움을 냉철하게 직시하고 있었고, 무슨 일이든지 뚜렷한 목적 아래 행했던 것이다.

또 영토 확장의 실질적인 효과를 얻기 위해 함길도 남부 지방의 농가 2,200호를 경원부와 영북진으로 이주시켰다. 김종서는 이들의 세금을 감면해 주고, 이주민 정착에 기여한 향리(鄕吏)들에게는 중앙 정계로 진출할 수 있는 길을 터 주기도 하는 등 적극적인 이주민 안정책을 추진하였다. 이후로 이 지역에는 삼남(영남과 호남, 충청 지방을 통틀어 이르는 말) 지역에서까지 이주 지원자를 받는 등 수 차례에 걸쳐 이주 정책이 진행되었는데, 김종서가 했던 방식을 따라 천인을 양인으로 승격시키고, 양인에게는 **토관직(土官職)**을 수여하고, 향리들에게는 그들의 역(役)을 면제해 주었다.

또한 김종서는 군사 훈련을 강화하고, 질서가 흐트러지지 않도록 항상 위엄 있고 엄격한 자세로 군사들을 통솔하였다. 천성적으로 강직한 데다 무인의 피를 이어받아 원체 대담한 성격의 소유자이기도 했지만, 그보다는 지휘관으로서 자신을 믿고 따르는 군사들에게 의식적으로 강한 모습을 보여 줄 필요가 있었기 때문이다. 이러한 그의 자세를 잘 알 수 있는 일화가 있다.

어느 날 김종서는 군사들을 위해 밤이 늦도록 성대한 잔치를 베풀고 있었다. 그때 느닷없이 화살 하나가 날아와 김종서의 앞에 놓인 술통을 깨뜨려 버렸다. 급작스런 사건으로 모두 혼란에 빠졌지만, 김종서만은 그 자리에 꼼짝 않고 앉아 계속 술을 마시고 있었다. 화살을 쏜 범인은 붙잡지 못했지만 더 이상 별다른 일은 생기지 않아 소동은 곧 잠잠해졌는데, 너무도 태연자약한 김종서의 태도에 사람들은 무척 놀라워했다. 그러자 김종서는 껄껄 웃으며 이렇게 말했다.

"어떤 놈인지 모르지만 나를 시험해 보려는 자의 농간이거나 야만족들의 소행이 분명한데, 이렇게 든든한 우리 군사들이 모여 있는 마당에 더 이상 두려워 할 것이 뭐가 있겠는가? 더구나 장수인 내가 우왕좌왕 한다면 그런 나를 군사들이 어떻게 믿고 따르겠는가?"

본격적인 6진 개척 활동

민심이 안정되고 군사들을 통솔하기 위한 기반도 확실히 닦여지자, 김종서는 허술했던 국경 지역의 방비를 튼튼히 하는 작업에 착수했다. 제일 먼저 석막에 있던 영북진을 경원부 북쪽의 백안수소로 옮기고 종성군으로 정하여 북방 경영의 의지를 더욱 확고히 했다. 이것은 영북진이 실질적인 최북단 방어기지로 전진되고 북방 개척의 전초기지로 결정되었으며, 동북부 지역의 여진족이 완전 소탕되거나 추방 또는 회유되어 지역적으로 안정되었음을 의미한다.

다음으로 김종서가 주목한 곳은 알목하(회령 지역) 근처의 농토였다.

토관직(土官職)
평안도와 함경도의 부·목·도호부에 따로 둔 벼슬로서, 관찰사나 절도사가 그 지방의 토착민만 임명했다.

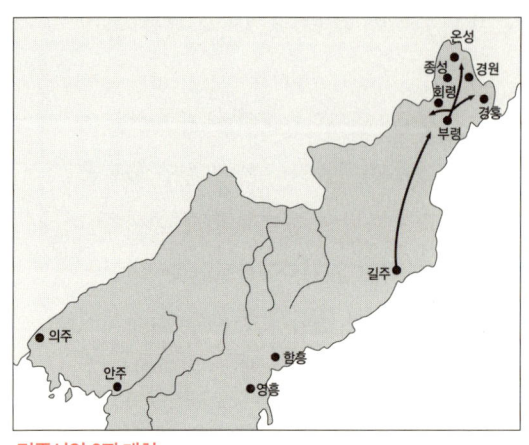

김종서의 6진 개척

알목하 지방은 강을 끼고 있어 비교적 비옥했기 때문에 여진족의 침입이 잦았다. 또 그 근처에 주로 거주하고 있던 오도리 부족은 우디거 부족의 공격으로 추장 부자(父子)가 살해되어 세력이 크게 약해져 있었다. 김종서는 이곳의 전략적·경제적 가치를 간파하고 집중 공략하여 결국 이곳에 회령진을 설치했다. 그 해 겨울에는 이곳을 도호부로 승격시켜 방어진지로서 그 중요성을 더욱 강화했다. 그리고 농민을 이주시킬 수 있는 토대를 마련하여 조선의 영토로 편입시키는 작업을 마무리지었다.

그리고 영북진의 북상으로 후방이 되어 버린 경원부도 더 북쪽인 회질가(지금의 경원)로 이동시키고 경원부가 있던 지역에는 절제사 휘하에 200명의 방위군을 배치한 후 300호 정도의 농민을 이주시켜 공성현을 설치했다. 공성현은 세종 19년(1437)에 경흥읍이 되었다가 세종 25년에는 다시 성을 확장하고 도호부로 승격되었다. 결국 서쪽의 회령에서부터 종성, 경원을 거쳐 경흥에 이르기까지 동북면의 국경을 확정하고 그 지역을 완전히 평정한 것이다. 그리고 세종 22년(1440)에는 종성군을 백안수소에서 수주(지금의 종성)로 옮겨 회령부와의 간격을 좁히고, 종성군과 경원부 사이에 있는 다온평(지금의 온성)에 진을 설치하여 온성군이라고 불렀다.

이렇게 거의 7년 만에 북방을 안정시키는 데 성공한 김종서는 세종 22년(1440)에 형조판서로 임명되어 중앙 정계로 복귀하게 된다. 그 후 세종 25년(1443)에 종성과 온성 두 곳을 모두 도호부로 격상시킨 후, 그 다음 해에 훈융(경원의 북쪽)에서 연대(회령의 서쪽)까지 강을 따라 길게 성을 축조하여 북방 경계를 정비하고 국경 수비를 강화하였다. 그리고 세종 31년(1449)에 처음 영북진이 있던 석막에 부령부를 설치하여 6진을 완성하였다. 즉, 경흥·경원·온성·종성·회령·부령이 그것인데 오늘날까지도 그 지명이 유지되고 있다. 이것으로 신라 통일 이후 힘이 제대로 미치지 못했던 북방을 완전히 평정하고 현재의 국경선을 확정 짓는 대업을 마친 것이다.

세종 대의 이러한 북방 개척은 영토를 확장하는 의미뿐 아니라 민본(民本) 정책의 일환이기도 했다. 즉, 농토를 잃거나 소유하지 못한 농민들을 북방 지역으로 이주시켜 새로운 생활 터전을 만들어 준 것이다. 국가적으로는 인구를 분산시키고 국토를 균형 있게 개발하여 국력을 증대하려는 복합적인 목적이 있었다.

『고려사』 편찬을 주도하다

형조판서로 중앙 정계에 복귀한 김종서는 예조판서, 우참찬을 역임하다가 세종 32년(1450)에는 좌찬성으로 평안도 도체찰사를 겸직하기도 했다. 그 다음 해인 문종 원년(1451)에는 우의정이 되어 그의 나이 61세에 드디어 정승의 반열에 올랐다.

이 시기에 김종서는 『고려사』의 잘못된 부분을 고쳐서 바로잡는데, 이것은 매우 큰 역사적 의미를 갖는다. 원래 『고려사』는 조선 개국 후 3개월 만에 정도전과 조준 등이 편찬 작업에 착수하여 태조 4년(1395) 4월에 총 37권으로 처음 완간되었다.

그런데 이 『고려사』는 조선 건국을 미화하기 위하여 많은 사실을 왜곡시켰고, 편찬자의 개인 감정과 이해 관계까지 게재되어 실록으로서의 가치를 인정하기 어려운 부분이 많았다. 즉, 고려는 자주성이 강하여 자체적으로 임금의 이름에 조(祖)·종(宗) 등을 사용하였는데도, 몽고 침입 이후의 상태에만 맞춰서 의도적으로 격하시켰으며, 고려의 충신들인 정몽주, 김진양 등은 깎아내리고 별다른 공이 없는 정도전의 아버지 정운경은 청백리로 칭송하기까지 했다. 이에 세종은 정도전의 『고려사』를 "차라리 없는 것만 못하다."고까지 하며 그 잘못을 지적하고, 세종 6년(1424)에 유관, 윤회 등에게 명하여 사실과 다른 부분을 바르게 고쳐 쓰도록 하였다. 하지만 다시 쓴 『고려사』는 왜곡된 사실은 대부분 고쳐졌으나, 연대별로 너무 간단하게 요약되어서 내용이 충실하지 못한 단점이 있었다. 그리하여 세종 14년(1432)에 신개, 권제, 안지 등을 시켜 다시 보완하도록 하였다.

두 차례의 수정과 보완을 거친 『고려사』는 예전 것에 비해 훨씬 상세하게 기록되기는 했으나 사실과 다른 내용이 여전히 발견되었다. 예를 들면 권제가 자기 조상인 권근이나 권수중의 좋지 못한 점을 빼거나 고쳐 썼던 것이다. 이에 따라 세종 31년(1449)에 3차 개수 작업에 착수하였다. 이때 실록 편찬을 관장하는 지춘추관사 자리가 비어 있었는데, 전임자였던 안지가 2차 『고려사』 개수 작업을 바르게 처리하지 못했다 하여 파면되었기 때문이었다. 결국 제대로 된 실록을 편찬하려면 총책임자가 강직하고 사심이 없어야 한다는 판단 아래, 당시 우참찬으로 있던 김종서를 지춘추관사에 임명하였다.

이때 함께 한 인물들은 이조판서 정인지, 호조참판 이선제, 집현전 부제학 정창손 등과 박팽년, 하위지, 유성원, 양성지, 최항, 허후, 신석조, 어효담, 김희손 등의 사관들이었다. 3차 개수된 『고려사』는 이전 것들과는 달리 **기전체(紀傳體)**로 작성되었으며, 문종 원년(1451) 8월 25일에 총 139권으로 완간되었다. 작업에 착수한 지 2년 7개월 만에 완성된 이 『고려사』가 바로 오늘날 우리가 알고 있는 정인지의 『고려사』다.

그렇다면 분명 김종서가 지춘추관사로 있으면서 총책임을 지고 편찬하였는데 왜 정인지의 『고려사』로 세상에 알려지게 되었을까? 그것은 계유정난으로 왕위에 오른 수양대군이 자신에게 대항했던 인물들을 명단에서 모두 빼버렸기 때문이다. 역사의 승자들이 실제 사실을 왜곡시켜 버린 또 하나의 사례를 『고려사』 편찬 과정을 통해서 볼 수 있는 것이다.

천추의 한을 남기고

조선 5대 임금인 문종은 병약하여 왕위에 오른 지 2년 3개월 만에 39세의 나이로 세상을 떠났다. 그의 뒤를 이어 외아들 홍위가 열두 살의 어린 나이로 보위에 오르니 이 사람이 바로 '비운의 왕' 단종이다. 이때 김종서는 좌의정에 올라 있었다.

단종 초기에는 문종의 **유명(遺命)**을 받은 고명대신인 황보인과 김종서 등 노재상들에게 권력이 집중되었다. 그러나 어린 임금에게는 장성한 숙부들이 10명이 넘게 있었고, 그 중에서도 야망이 크고 정치적 수완도 뛰어났던 수양대군은 암암리에 권력을 탈취하기 위한 방법을 모색하고 있었다. 결국 김종서를 제거하면 권력을 장악할 수 있다는 판단 아래, 수양대군은 단종 원년(1453) 10월 10일에 거사를 일으킨다. 이것이 바로 '계유정난'이다.

일단 김종서를 유인하여 죽이기로 계획한 수양대군은 의심을 사지 않기 위해 하인 한 명만을 데리고 김종서의 집으로 향했다. 평소 수양대군을 의심하고 있던 김종서는 수양대군의 급작스러운 방문에 경계하기는 했지만, 설마 자기 집 앞에서 무슨 일이 있으랴 싶어 방심하게 되는데, 그 틈을 타서 수양대군은 김종서를 철퇴로 내리쳐 살해하고, 왕명을 빌려 대신들을 소집한 후에 반대파들을 모조리 죽여 버리니 이것

기전체(紀傳體)
역사 책을 편찬하는 형식의 한 가지. 개인의 전기를 모아서 한 시대의 역사를 구성하는데, 제왕의 전기인 본기(本紀), 신하의 전기인 열전(列傳)을 중심으로 한다. 중국의 사마천이 쓴 『사기』가 그 대표적인 예다. 또 다른 형식인 편년체(編年體)는 역사를 연대순으로 기술하는 것이다.

유명(遺命)
임금이나 부모가 임종할 때 내리는 분부.

이 바로 계유정난의 전 과정이다.

불의의 습격을 받은 김종서는 다행히 죽지 않고 있다가 대궐로 들어가 사실을 알리고 도움을 구하고자 하였지만, 이미 모든 성문은 수양대군의 부하들에게 장악되어 있어서 그 뜻을 이루지 못하였다. 김종서는 부상당한 몸으로 잠시 아들의 집에 숨어 있다가, 다음 날 새벽 수양대군이 보낸 자객에게 결국 목숨을 잃고 만다.

김종서는 대역모반죄라는 누명을 뒤집어쓰고 효수되었으며, 그의 가족들도 모두 죽임을 당하고 말았다. 김종서의 묘가 공주 근처 무성산 부근에 있었다고 하지만 확실하지 않으며, 지금은 그것조차 찾을 수 없다. 김종서가 죽은 후 정권은 완전히 수양대군에 의해 장악되었고, 얼마 지나지 않아 어린 조카를 위협하여 양위(讓位) 형식으로 왕위를 넘겨받으니, 이 사람이 조선 7대 임금인 세조다.

김종서는 단종이 즉위한 후 독단적으로 정사를 처리한다는 오해도 받았으나, 평소 그의 강직한 태도에 비추어 볼 때, 권력을 마음대로 휘두르려고 했다기보다 어린 왕을 보좌하여 흔들림 없이 국사를 운영하고자 한 것으로 보인다. 뛰어난 장수요, 훌륭한 재상이었던 강직한 인물 김종서. 그는 말년에 문종의 유명을 받들어 어린 단종을 잘 보위하려다가 반대파들에게 죽임을 당한 불행한 인물이었던 것이다.

북방 개척 시절에 얻은 경험을 살려 저술한 『제승방략』이라는 병서를 남기기도 한 김종서는 영조 22년(1746)에야 **복관(復官)**되어 충절의 이름을 후세에 전하고 있으나, 그로서는 수양대군을 먼저 제압하지 못한 것을 천추의 한으로 남기고 세상을 떠난 셈이다. 김종서가 남긴 시조를 통해 그의 강인한 인물됨을 되짚어 보며 그의 통한에 가슴 아파할 뿐이다.

    삭풍은 나무 끝에 불고 명월은 눈 속에 찬데
    만리변성에 일장검 짚고 서서

긴파람 큰 한소리에 거칠 것이 없어라

장백산에 기를 꽂고 두만강에 말 씻기니
썩은 저 선비야 우리 아니 대장부냐
어떠타 나라에 큰공을 누가 먼저 세우리요

복관(復官)
누명을 쓰고 죽은 관리들의 관직을 다시 복귀시켜 주는 것.

충절과 의리의 대명사
성삼문

　성삼문은 당대의 뛰어난 학자요 촉망받던 관료였지만, 자신의 영화를 뒤로하고 의리와 충절을 지키려다 목숨을 잃은 만고의 충신이었다. 한 임금에 대한 그의 충성심과 흔들림 없는 정신은 세조 이후 사람들 사이에서 암묵적으로 추모되었으며, 결국 충신의 표본으로 인정되었다.
　성삼문은 부당한 권력을 거부하고 수양대군에 의한 권력찬탈의 원상회복을 주도하여 자신이 배운 학문과 신념을 실천하려 하였다. 자신을 던져서라도 바른 길을 찾아가려 했던 그의 꺾이지 않는 기개와 지조는 개인의 이익과 편리만을 추구하는 세태를 살아가는 우리들의 가슴 속에 영원히 살아있는 참된 지식인의 표상이 되었다.
　어떤 사람은 죽음으로 인해 아까운 재능을 사장시키는 것은 역사에 기여하지 못하는 행위라고 비판하기도 한다. 하지만 짧은 생애로 인하여 당대에 실질적인 기여는 하지 못했다 해도 영원히 변치 않는 정신을 역사에 남겨 놓았기 때문에 그러한 지적은 타당치 않다. 오히려 성삼문의 죽음은 우리에게 인간이 가야 할 길을 깨닫게 해 주고, 바른 길을 가지 못했을 때 부끄러움을 느낄 수 있게 해 준다.
　훈민정음 창제의 과정에서 적지 않은 역할을 담당하는 등 찾아보면 그의 업적은 상당히 많다. 하지만 무엇보다도 신념과 행동이 일치된 삶과 곧은 지조 때문에 우리는 아직까지 성삼문을 기억하는 것이다.

집현전 학사가 되다

성삼문은 조선 3대 왕인 태종 18년(1418)에 홍주(지금의 홍성)에 있던 외가에서 무관인 성승의 맏아들로 태어났다. 1418년은 세종이 태종에게 양위를 받아 등극한 해이기도 하여 성삼문은 태어날 때부터 세종과 특별한 인연을 갖게 된 셈이다. 태어날 때 그의 어머니가 하늘에서부터 "낳았느냐?" 하고 묻는 환청을 세 번이나 들었다고 해서 이름을 '삼문'(三問)이라고 지었다. 성격은 쾌활하고 명랑했다. 익살스러운 면이 있어 실없는 말도 곧잘 하면서 맺힌 데가 없이 담백한 성품이었다. 그러나 속마음은 견실하고 범할 수 없는 기상이 가득하여, 우스갯소리를 잘하는 그였지만 주위에서 함부로 대하지 못했다고 한다.

열여덟 살 때인 세종 17년(1435)에 생원시에 합격한 후, 3년 뒤인 스물한 살에 훗날 거사 동지로서 생사를 같이한 하위지와 함께 **식년시(式年試)** 문과에 합격하였다. 이후 **집현전(集賢殿)** 학사로 선발되어 스물다섯 살에 신숙주, 박팽년, 하위지, 이석형 등과 함께 삼각산에 있던 진관사에 들어가서 **사가독서(賜暇讀書)**하였다. 집현전 학사로 선발된 것으로도 이미 출세가 보장된 것이었지만, 그 중에서도 최고의 수재로 인정받았으니 그의 앞날은 탄탄하게 열린 것이나 마찬가지였다.

식년시(式年試)
'대비과'라고도 한다. 자(子)·묘(卯)·오(午)·유(酉)가 드는 해를 식년으로 하여 3년에 한 번씩 정기적으로 치른 과거시험이다. 소과(小科)·문과(文科)·무과(武科)로 나뉜다.

집현전(集賢殿)
집현전은 학문 연구기관으로 설립되었지만 왕의 자문을 담당하면서 자연히 정치적 기구로 변모하게 되었다. 정학일치의 시대 사조는 높은 경지의 학문을 쌓은 집현전 학사들을 현실 정치에 참여시키는 환경이 되었던 것이다. 이렇게 최대의 학문 연구기관으로 활발한 활동을 하던 집현전이었지만, 세조 대에 이르러 폐지되고 말았다. 단종 복위 운동의 주모자와 세조에 대한 반대파들이 대부분 집현전 출신이었기 때문이다.

사가독서(賜暇讀書)
조선시대에 인재를 양성하기 위하여 젊은 문신들에게 휴가를 주어 집이나 절에서 학문에 전념하게 한 제도.

집현전은 고려 때부터 궁중에 설치한 학문 연구기관으로서 세종에 의해 실질적 연구기관으로 확대 개편되었다. 또한 세종 대에 이루어진 수많은 업적 중에 상당수가 집현전에서 만들어졌다고 해도 과언이 아닐 정도로 그 의미가 자못 중요했다. 집현전은 영전사와 대제학이 최고 관리자들이었지만 실제 직무는 **녹관(祿官)**이 담당하였다. 이 녹관을 일명 '학사'(學士)라고 불렀는데, 학사 20명 중 10명이 **경연(經筵)**을, 10명이 **서연(書筵)**을 담당했다.

그 밖에도 집현전은 관리들의 임명장을 작성하거나 중국의 옛 제도에 대한 연구, 역사서를 비롯한 기타 서적 편찬 임무를 맡았다. 근무 체제는 매우 엄격하여 다른 관청보다 일찍 출근하고 늦게 퇴근하였으며, 차례를 정해 돌아가며 숙직을 하였기 때문에 수시로 왕과 세자가 찾아와 자문을 구하였다.

집현전 최대의 연구 성과는 역시 훈민정음 창제이다. 세종은 훈민정음 창제를 위해 정음청(正音廳)을 설치하고 성삼문, 정인지, 신숙주, 최항 등에게 우리 글을 연구하도록 지시했다. 이에 따라 다방면으로 연구를 거듭하던 그들은 때마침 명의 학자인 황찬이 요동으로 귀양와 있다는 소식을 듣고 그를 만나기 위해 성삼문과 신숙주가 무려 13차례나 왕래한 끝에 그를 통해 음운에 대한 많은 지식을 얻을 수 있었다. 마침내 세종 28년(1446) 9월에 훈민정음이 창제되었으며 백성들에게 널리 알려지기 시작했다.

그 후 성삼문은 세종 29년(1447)에 **중시(重試)** 문과에 장원으로 급제한 후, 음운과 교육 제도를 연구하기 위해 명에 파견되었다가 귀국하여 음운에 관한 책인 『동국정운』을 편찬하는 데 동참하기도 했다. 세종 31년(1449)에는 명에서 예겸이라는 사신이 왔었는데, 그는 시에 조예가 깊은 인물이었다. 예겸을 접대할 마땅한 사람이 없자 성삼문, 신숙주 등이 한자의 음운도 물을 겸 만나게 되었는데, 이렇게 하여 만나게 된 세 사람은 서로의 재능과 학문에 심취하여 형제의 의를 맺을 정도로 가까위졌다. 예겸은 이때 조선 유학자들과 교류하며 받은 시를 모아서 『요해편』이라는 책자를 만들었는데 성삼문이 발문을 짓고 신숙주가 후기를 쓰기도 하였다.

자기 나라로 돌아간 예겸은 주변 사람들에게 성삼문에 대해 온갖 말로 칭찬하였고, 4년 뒤에는 그의 제자인 장영이 사신으로 조선에 왔다가 스승이 그토록 높이 평가했던 성삼문을 만나보고자 하였으나, 그때는 이미 성삼문이 죽고 없어 몹시 애석해했다고 한다.

운명의 계유정난

세종과 문종은 성삼문을 특히 총애했다. 세종은 지병을 치료하러 온양 온천에 갈 때도 반드시 그와 함께 갈 정도였고, 문종도 어릴 때부터 각별히 그를 가까이했다. 문종은 학문을 즐겼으며 왕이 된 후에도 부왕 못지 않게 선정을 베풀었으나 어릴 때부터 몸이 약한 것이 탈이었다. 결국 문종은 자신의 높은 학문과 덕을 제대로 펴 보지도 못하고, 재위한 지 2년 3개월 만에 39세의 젊은 나이로 세상을 떠나고 만다.

문종은 죽기 얼마 전 성삼문을 비롯한 집현전 학사들을 불러 술자리를 마련한 적이 있었다. 이때 문종은 어린 세자 홍위를 무릎에 앉히고는 그 자리에 모인 사람들에게 훗날을 간곡히 당부했다. 당시에 이미

녹관(祿官)
조선시대에 봉급인 녹봉을 받던 관리를 말한다. 관리는 마땅히 녹봉을 받아야 하나 그렇지 못한 경우도 있었는데, 품계만 있는 관리, 직함은 있지만 실제 맡은 일은 없는 관리, 일을 맡은 동안만 녹봉을 받고 쉬는 동안은 받지 못하는 관리 등과 구분하기 위해 보통 실직이 있는 품관을 녹관이라 하였다.

경연, 서연(經筵, 書筵)
경연은 왕에게 유교의 경서와 역사를 가르치는 것, 서연은 왕세자들을 교육하는 것을 말한다.

중시(重試)
과거에 급제한 사람들을 계속 격려하기 위해 실시하던 특별 시험으로, 여기에 합격하면 성적에 따라 관직의 품계를 올려 주었다.

문종은 자신의 생명이 얼마 남지 않았음을 알고 어린 아들의 앞날을 걱정했던 것이다. 자리에 참석한 모든 사람들은 목숨을 걸고서라도 어린 세자를 안전하게 보필하기로 다짐했는데, 그 중에서 신숙주만이 다른 길을 가게 된다.

세종 또한 맏손자인 홍위를 무척 사랑하여, 홍위를 세손에 책봉하고는 성삼문 등을 불러 어린 손자의 앞날을 부탁한 적이 있었다. 이렇듯 세종과 문종이 집현전 학사들에게 장래를 부탁한 홍위가 바로 '비운의 왕' 단종이다. 문종은 운명하기 전에도 황보인, 정분, 김종서를 따로 불러 세자를 잘 보호해 달라고 신신당부하고 눈을 감을 정도로 어린 아들의 앞날을 염려했다.

문종이 죽자 세자 홍위가 열두 살의 어린 나이로 보위를 이었는데, 그의 앞에는 태산 같은 숙부들이 10명도 넘게 버티고 있었다. 어린 왕이 장성할 때까지 수렴청정을 해 줄 왕실 직계 어른이 없었던 것도 그의 불행이었다.

세종은 왕비 심씨에게서 낳은 8명의 아들이 있었고 후궁에게서도 10명의 왕자를 두었다. 그 중 정비 소생 왕자들은 맏아들 문종을 제외하고는 모두 강성하였으며, 특히 둘째인 수양대군과 셋째인 안평대군이 가장 걸출했다. 왕이 아직 나이 어린 소년이다 보니 세상은 이들 유력한 대군들을 주목하기 시작했다. 학문에 조예가 깊은 안평대군 주위에는 문인과 관료들이 몰려들었고, 수양대군에게는 주로 무사들과 소외 계층이 모여들었다.

당시 모든 정사는 문종 대부터 왕을 모셔 온 황보인, 김종서 등이 처리하고 어린 왕은 형식적인 사후 승인을 하는 데 그쳤는데, 자연히 의정부 수장인 황보인과 김종서 등에게 권력이 집중되었고 왕실 측근 세력들과 중간 관료층은 이것에 불만을 갖게 되었다.

이렇게 어지러운 정세 속에서 수양대군은 단종 즉위에 따른 사은사로 자기가 직접 명에 가겠다고 청하고 나섰다. 이에 대해서는 여러 가지 추측이 있지만, 무엇보다 국내외적으로 자신의 명성을 높이기 위한 일환으로 볼 수 있다. 이때 수양은 평소에 눈여겨보아 두었던 신숙주를 **서장관(書狀官)**으로 선발하여 동행하는데, 그 인연으로 신숙주는 집현전 동료들과 정반대의 길을 가게 되는 것이다.

  사은사 임무를 마치고 돌아오던 수양대군은 안평대군이 사람들을 모으고 몰래 무기를 한성으로 반입하고 있다는 소식을 듣는다. 사태가 급박하게 돌아가고 있음을 눈치챈 수양은 거사를 서둘렀다. 결국 수양대군은 정권의 축이며 실권자인 김종서를 제거한 다음, 왕명을 빙자하여 중신들을 입궐하게 했다. 그리고 반대파와 방해가 될 만한 인물들을 모조리 죽이고는 안평대군을 강화로 유배시킨 후에 사사하는 것으로 권력 장악 계획을 마무리지었다. 수양대군은 이 정변에 대하여 안평대군과 김종서 등이 반역을 도모하고 있다는 사실을 사전에 알게 됐으나, 사태가 급박하여 왕명을 얻지 못하고 자신이 나서서 이들을 토벌할 수밖에 없었다며 정변의 당위성을 주장했다.

  이후 수양대군은 영의정부사, 이조·형조 판서, 내외병마도통사를 겸직하여 인사행정에서 병권에 이르기까지 나라의 전권을 장악하였다. 그리고 거사를 정당화하기 위해 자신의 공을 찬양하는 글을 집현전에서 작성하여 발표하게 하고, 정변에 참가한 동조자들은 '정난공신(靖難功臣)'에 봉하여 친위 세력을 공고히 하였다.

  이때 공신록에 오른 인물들은 수양대군을 포함해서 36명이었는데, 성삼문도 정변 당일 집현전에서 숙직하며 근무한 공이 있다 하여 3등 공신에 올랐다. 당시 공신녹권을 받은 사람들은 돌아가면서 축하연을 열었지만, 성삼문만은 끝까지 자리를 마련하지 않았다고 한다. 오히려 세운 공도 없이 공신 대열에 끼였다고 하며 공신록에서 빼 줄 것을 자청

서장관(書狀官)
조선시대, 중국에 보내는 사신을 수행하여 기록을 맡던 임시 벼슬.

하기도 하였다. 이것은 성삼문이 수양대군이 일으킨 정변에 대해 탐탁치 않게 생각했다는 증거다.

단종 복위 거사의 실패

성삼문은 단종 2년(1454)에 집현전 부제학이 되었다가 곧이어 예조 참의로 승진했다. 그 다음 해에는 명의 사신을 영접하기 위해 의주에 파견되었다가 공교롭게도 단종이 수양대군에게 왕위를 빼앗기는 윤 6월에 예방승지로 임명되었다.

가시방석 같은 보위에 앉아 있던 단종은 생명의 위협까지 느끼게 되자 수양대군에게 왕위를 양위해야 했다. 이때 예방승지의 직무상 성삼문이 수양대군에게 옥새를 갖다 바쳐야 했다. 옥새를 품에 안고 수양대군에게 전달하던 성삼문은 그만 치밀어 오르는 울분을 억제하지 못하고 목놓아 통곡하고 말았다. 하지만 양위는 신속하게 이루어졌고, 근정전에서 수양대군의 등극식이 치러졌다.

조카인 단종의 왕위를 찬탈한 수양대군이 바로 조선 7대 왕인 세조다. 세조는 영의정에 정인지, 좌의정에 한확을 임명한 후, 내정 개혁을 통해 왕권을 강화하기 시작했다. 우선 모든 행정 업무는 의정부를 거치지 않고 육조에서 직접 왕에게 보고케 하였으며, 사헌부와 사간원의 기능도 약화시켜 버렸다. 또한 자신을 추종하는 무리들을 '좌익공신'(佐翼功臣)에 봉하여 충성을 유도하고, 지방 관리들도 자신의 심복들로 교체하는 한편 그것도 못 미더워 어사까지 파견해서 감시하였다.

비록 세조가 양위 형식을 거쳐 왕위에 오르기는 하였지만, 그 행위는 유교 윤리관에 비추어 볼 때 명백히 대의명분에 어긋나는 것이었다. 문종의 유지(遺志)를 마음속 깊이 간직하고 있던 성삼문을 비롯한 문신들은 이를 결코 묵과할 수 없었다. 그리하여 집현전 학사들을 중심으로 조심스럽게 단종 복위의 때를 노리던 차에 마침내 기회가 왔다. 세조 2년(1456)에 새 왕이 등극한 것을 축하하기 위하여 명으로부터 사절이 왔는데, 이들에 대한 환송연이 6월 2일에 창덕궁에서 열리게 된 것이다. 이때 마침 성삼문의 아버지인 성승과 유응부가 **별운검(別雲劍)**으로 내정되어 그날 거사를 실행하기로 결정하였다. 연회석상에서 왕의 호위 무사로서 유일하게 무기를 소지하게 된 두 사람이 세조와 세자를 처단하는 것을 신호로, 일시에 각자 정한 소임에 따라 한자리에 모인 공신 세력들을 제거하기로 한 것이다.

그런데 이 계획은 처음부터 무산되고 말았다. 세조가 한명회의 건의에 따라 별운검을 폐지하고, 몸이 약한 세자도 연회석상에 참석하지 않도록 조처한 것이다. 이 사실을 알지 못한 성승과 유응부가 무장을 갖추고 행사장에 입장하려고 하자, 정문에서 기다리고 있던 한명회가 별운검이 폐지되었다는 사실을 알리고 이들의 입장을 제지했다. 이에 화가 난 성승과 유응부는 그 자리에서 한명회를 죽이려고 하였으나 옆에 있던 성삼문과 박팽년이 황급히 그들을 말렸다. 세자가 빠지고 별운검도 폐지된 마당에 한명회만 죽이는 것은 무의미하다고 생각했던 것이다.

그러나 무인이었던 유응부는 완강했다. 세자가 없다 하더라도 세조와 그의 추종 세력이 한자리에 모였으니 이들을 모두 처단한 후에, 세자는 상왕의 명으로 군사를 동원하여 체포하면 된다는 것이었다. 그러나 그 자리에 있던 사람들이 이구동성으로 만류하여 유응부도 어쩔 수 없이 거사를 연기하는 데 동의하였는데, 여기에서 거사 모의가 누설되는 결정적인 틈이 생기고 만다. 거사가 계획대로 진행되지 못하자 불안해진 김질이 자신의 장인인 집현전 대제학 정창손에게 밀고하여 모든 것이 허사가 되고 만 것이다.

정창손은 사위인 김질로부터 단종 복위 계획의 전모를 전해 듣고, 곧

별운검(別雲劍)
중요한 의전행사를 치를 때 고위급 무관이 칼을 차고 임금의 곁에서 호위하는 임시 직책을 말한다. 이때 이들이 차던 칼의 이름이기도 하다.

바로 대궐로 들어가 이 사실을 세조에게 알렸다. 그날로 성삼문을 비롯한 모의자들이 모두 체포되었고, 명나라 사신이 돌아간 다음 날 세조가 직접 국문(鞫問)에 나섰다.

신하에게 임금은 둘일 수 없다

먼저 성삼문에 대한 심문이 시작되었다. 세조가 역모를 추궁하자 성삼문은 증거를 요구하였다. 이에 김질을 불러 대질시키자 그제야 그의 밀고로 계획이 발각된 사실을 알게 된 성삼문은, 김질의 배신을 통렬하게 꾸짖은 뒤 태연히 역모 사실을 인정하였다. 화가 난 세조가 역모를 꾸미게 된 연유를 추궁하자 성삼문은 이렇게 답변했다.

"어찌하여 우리가 하려고 한 일이 역모입니까? 신하가 제 임금을 모시려는 것은 당연한 일이거늘, 세상이 다 아는 이치를 왜 나으리만 반역이라고 하십니까? 나으리께서는 평소 주나라의 **주공(周公)**에 자신을 견주어 말씀하셨는데, 대체 주공이 언제 어린 조카를 몰아내고 그 자리를 탐하였단 말입니까? 하늘에 있는 태양이 둘이 아니듯이 신하에게도 임금이 둘이 있을 수는 없소이다."

세조에게 왕 대신 대군을 가리키는 '나으리'라는 호칭을 사용하며 정색을 하고 대답하자, 세조는 더욱 노기충천하여 추궁했다.

"그렇다면 어째서 내가 양위받을 당시에는 막지 않았다가 지금에 와서 배반하는 거냐?"

성삼문이 대답했다.

"대세를 어찌할 수 없었을 뿐이오. 반역을 막지 못했으니 물러가 죽는 길밖에 다른 도리가 없었으나, 죽는 것만이 능사가 아니므로 뒷날을 도모하기 위해 참아 왔던 것이오."

세조가 다시 물었다.

"네가 그동안 나에게 신하로 칭해 놓고 이제 와서 나를 나으리라고 부르니 참으로 가증스럽기 짝이 없구나. 그동안 내가 주는 녹을 먹어 놓고 이제 와서 모반이 아니라고 잡아떼느냐? 명색은 상왕을 복위시킨 다고 하면서 실상은 자기 잇속만 차리려는 것이 아니냐?"

성삼문이 대답했다.

"상왕이 엄연히 계시거늘 나으리가 어떻게 나를 신하로 삼는단 말이오? 나는 나으리의 녹을 한 톨도 먹은 적이 없소. 나으리가 준 것은 집에 그대로 쌓아 놓았으니 내 집을 뒤져 보면 알 것 아니오."

세조는 분노로 몸이 떨려서 더 이상 국문하지 못하고 형리를 시켜 불에 달군 쇠로 성삼문의 맨살을 지질 것을 명했다. 달군 쇠가 성삼문의 살을 태우고 뼈를 뚫었지만 그는 태연하게 말했다.

"나으리의 형벌은 독하기도 하구려."

이어서 성삼문은 세조 옆에 서 있던 신숙주를 바라보며 큰 소리로 꾸짖었다.

"네 이놈, 예전에 영릉(세종)께서 원손(단종)을 안고 산책하시면서 곁에 있던 우리에게 상왕의 후일을 당부하시던 말씀이 아직도 귓가에 쟁쟁한데, 네 놈만이 그 일을 잊어 버렸단 말이냐? 네 놈이 이렇게 극악할 줄은 차마 몰랐구나."

이 말을 들은 신숙주가 새파랗게 질려 버리자 세조는 신숙주를 국문장에서 나가게 한 후 박팽년을 취조하기 시작했다. 박팽년은 성삼문보다 한술 더 떠서 세조를 아예 '진사'라고 불렀다.

"진사 어른, 상왕 전하를 모시려는 것을 어찌 반역이라고 하시오. 그 자리는 진사 어른의 자리가 아닌 것을 정녕 모른단 말이오?"

세조는 분노를 이기지 못하고 소리쳤다.

"네 놈은 이제까지 나에게 신하라고 칭하며 내가 주는 녹까지 받아먹

주공(周公)
주왕조를 세운 문왕의 아들이며 무왕의 동생으로서, 무왕과 무왕의 아들 성왕을 도와 주왕조의 기초를 확립하였다. 특히 무왕이 죽은 후 어린 나이에 왕이 된 성왕을 도와 섭정을 한 공로가 있다.

고서는 이제 와서 나를 진사라고 부를 수 있느냐?"

박팽년이 지지 않고 대답했다.

"나는 진사 어른께 신하라고 칭한 적이 없소이다. 나는 충청감사로 있을 때 **장계(狀啓)**에도 '신'(臣) 자 대신 '거'(巨) 자를 써 온 사람이외다. 의심나면 한번 확인해 보시구려."

이에 세조는 더 이상 묻지 않고 성삼문과 같은 형벌에 처하도록 명령했다. 국문장은 뼈와 살이 타는 냄새로 진동했다. 그러나 세조는 아랑곳하지 않고 유응부를 국문했다. 유응부는 무인답게 더욱 거친 언사로 세조의 심사를 찔렀다.

"그때 **족하(足下)**를 죽이고 상왕 전하를 복위시키지 못한 것이 천추의 한이 될 뿐이오. 쳐죽일 놈의 배신으로 일이 틀어져 버렸으니 어서 빨리 죽이기나 하시오."

이어서 유응부는 극형으로 반죽음이 된 성삼문과 박팽년을 바라보고 이렇게 한 마디를 던지고는, 죽을 때까지 다시 입을 열지 않았다.

"아무것도 모르는 책상물림들과 큰일을 함께 하지 말았어야 하는 것을 내가 미련하였다. 너희들이 말리지만 않았던들 수괴를 처단할 수 있었던 것을 거꾸로 이 모양이 되었구나."

하위지도 끌려나와 취조를 당했지만 거칠게 항거할 뿐이었다.

"나를 반역자라고 잡아들였으니 죽이면 될 것이지 구태여 무엇을 묻겠다는 것인가?"

이제 세조는 더 이상 취조를 계속할 의사를 버리고 모두 능지처참할 것을 명하였다. 박팽년은 형장에 가기도 전에 옥중에서 죽었고 성삼문, 이개, 하위지, 유응부는 처형되었다. 후세의 역사가들은 체포되기 전에 가족과 함께 자결한 유성원을 포함하여 이들을 '사육신'(死六臣)이라고 부르며 충절의 표본으로 삼았다.

성삼문과 그의 동지들이 처형된 후 관련자들도 모두 검거되어 죽임을 당했다. 특히 성삼문의 가문은 삼족을 몰살시키는 멸문지화를 당하고 말았다. 아버지 성승도 주모자 중 한 사람이었기 때문에 세 동생과 아들 오 형제에 이르기까지 남자는 젖먹이라도 살려 두지 않았다. 가산은 몰수되고 여자들은 모두 관비로 끌려갔다. 가산을 몰수할 때 창고를 뒤져 보니 과연 세조에게서 받은 녹봉이 월별로 표시되어 고스란히 쌓여 있었다고 한다.

이러한 대대적인 숙청에도 안심하지 못한 세조는, 상왕인 단종도 복위 운동에 책임이 있다 하여 노산군으로 낮춘 후 영월로 귀양 보내는 비도덕적인 파행도 서슴지 않았다. 그 후 또다시 단종의 숙부인 금성대군이 복위 계획을 도모했다고 하여, 이 비운의 어린 왕은 폐서인되었다가 세조 3년(1457) 10월에 겨우 열일곱 살의 나이로 사사되고 만다. 세조는 그때도 관련자 모두를 처형하고, 세종의 후궁인 혜빈 양씨도 관련이 있다 하여 그의 소생인 자신의 이복 동생들과 함께 죽였다. 그리고 단종의 생모인 현덕왕후 권씨의 무덤을 파헤치는 패륜까지 자행하였다.

사육신으로 역사에 남다

어린 임금 단종의 비참한 죽음과 세조의 권력 유지를 위한 잔혹한 조치들은 당시 유신들과 민심에 큰 충격을 주었다. '생육신'(生六臣, 김시습·남효온·이맹전·조려·원호·성담수)처럼 폐인을 자처하고 세상을 버리는 사람들이 많이 나왔고, 두 차례에 걸쳐 반란도 일어났다. 신숙주의 동생 신말주도 세상을 비관하여 은퇴하기까지 하였으니, 당시의 인심이 어느 정도였는지 가히 짐작이 되고도 남는다.

한편 처형된 사람들의 시신은 사지가 절단되어 형장에 그대로 버려

장계(狀啓)
감사나 왕명으로 지방에 파견된 관리가 글로 써서 올리던 보고.

족하(足下)
비슷한 연배 사이에서 상대편을 높이어 일컫는 말. 주로 편지 글에서 상대편의 이름 밑에 쓴다.

노량진에 있는 성삼문의 묘

졌고, 잘려진 목은 전국에 돌려져 효수되었다. 다행히 그들의 의기와 순절에 감복한 이름 모를 사람에 의해 신체의 일부가 거두어져 노량진 강변 야산에 묻혀질 수 있었고, 전국에 효수되던 목도 뜻 있는 사람들에 의해 곳곳에 묻혔다. 은진에 있는 성삼문의 무덤과 홍성에 있는 성승의 무덤은 바로 이러한 이유 때문이다. 노량진 야산의 무덤들은 그 내용을 드러내지 않기 위해 여자의 무덤처럼 성만 표시하여 두었다.

사육신이라는 말은 남효온이 지은 『추강집』의 「육신전」에서 비롯되었다. 사육신은 당시에는 역적으로 취급되었지만, 사림이 정치의 전면에 등장하면서 '절개'와 '의리'가 중요시되자 재평가되기 시작했다. 급기야 성종 대에는 김종직이 용감하게도 성삼문은 충신이라고 말하고, 또다시 변란이 생긴다면 자신은 성삼문처럼 하겠노라고 말하기도 했다. 성종의 입장에서는 어떻게 보면 자신의 할아버지를 비난한 것인데도 이를 묵인한 것으로 보아, 성군으로서 성종의 인물됨을 알 수 있는 대목이기도 하다. 이것은 선조 대에 한 관리가 성삼문의 충절을 논하자 선조가 격노했던 것과 좋은 대조를 이룬다.

이렇게 역대 왕조에서 사육신에 대하여 논란을 거듭하다가, 공식적으로 그들의 충절을 인정한 것은 200여 년이 지난 숙종 대에 이르러서다. 이때 사육신의 관작이 회복되고 '민절'(愍節)이라는 **사액(賜額)**이 내려져 노량진 묘소 아래 민절서원을 세워 신위를 모시고 제사를 지내게 했다.

원래 노량진에는 성삼문, 박팽년, 이개, 유응부만 묻혀 있었으나,

1970년대 사육신 묘역 정화 사업 때 하위지, 유성원, 김문기의 가묘를 추가하여 무덤은 7기로 늘었다. 사육신에 김문기가 추가된 것은 1977년 국사편찬위원회의 결정에 따른 것이었는데, 김문기는 거사 당시 궁궐 밖에서 군사를 동원하는 역할을 맡아 모의 과정에 처음부터 주도적으로 참여한 인물이었기 때문에 이를 인정한 것이었다.

만고의 충신으로 추모되는 사육신은 비참한 죽음을 당하면서 그들의 마지막 한을 한 수의 시조로 남기기도 했다. 『청구영언』과 『가곡원류』를 통해 하위지를 제외한 5명의 시조가 전해진다.

이 몸이 죽어가서 무엇이 될고 하니
봉래산 제일봉에 낙락장송 되었다가
백설이 만건곤할 제 독야청청 하리라
— 성삼문

가마귀 눈비 맞아 희는 듯 검노매라
야광명월이야 밤인들 어두우랴
임 향한 일편단심이야 변할 줄이 있으랴
— 박팽년

창안에 혔는 촛불 눌과 이별하였관대
겉으로 눈물 지고 속타는 줄 모르는고

사액(賜額)
임금이 사당이나 서원 등에 이름을 지어 그것을 새긴 액자를 내리는 것.

청구영언
영조 4년(1728)에 김천택이 엮은 시조집.

가곡원류
조선 고종 13년(1876)에 박효관과 안민영이 편찬한 시가집.

저 촛불 날과 같아야 속 타는 줄 모르는구나
　　　　　　　　　　　　　　—이개

간밤에 부던 바람 눈서리 치단 말가
낙락장송이 다 기울어 가노매라
하물며 못다 핀 꽃이야 일러 무삼하리오
　　　　　　　　　　　　　　—유응부

초당에 일이 없어 거문고를 베고 누워
태평성대를 꿈에나 보려 했더니
문전의 수성어적이 잠든 나를 깨와라
　　　　　　　　　　　　　　—유성원

불의에 맞서 세상을 버린 불운한 천재
김시습

　김시습은 유(儒)·불(佛)·선(仙)이라는 동양의 3대 정신을 아우르는 사상가이자, 타고난 천재성과 뛰어난 문장으로 일세를 풍미한 기인이었다. 현실에서는 이룰 길이 없는 포부와 역량을 한탄하며 '시대의 고아'로 불우한 일생을 마쳤지만, 그가 꿈꾼 이상세계를 작품을 통해 승화시킨 고귀한 예술혼의 소유자이기도 하다. 부조리한 세상에 대한 비판과 야유를 넘어 일종의 허무 의식을 드러내기도 했지만, 이미 이루어진 현실을 또 다른 폭력으로 무너뜨리려고도 하지 않았다. 불의를 인정하거나 그것에 동참하지는 않았지만, 타도하려고도 하지 않은 중용(中庸)의 자세를 견지한 셈이다. 생전에 김시습은 자신의 초상화를 그리고는 다음과 같이 썼다.

　　모습은 지극히 못생겼고 말 또한 분별이 없으니,
　　마땅히 구렁 속으로 너를 버릴지어다.

　자신의 삶을 예언한 말 같기도 하지만, 그것보다는 자신의 신념을 실천하고자 하는 강한 의지의 표현으로 볼 수 있다. 그러한 차원에서 볼 때, 김시습은 표리부동(表裏不同)한 인간사에서 신의를 지키며 일생을 일관되게 산 참된 지식인이라고 할 수 있다.

그의 사상은 '인간의 의지'가 근본이 되는 것을 핵심으로 한다. 자신의 신념과 의지를 현실에서도 실천해야 한다는 그의 사상 체계는 **주기철학(主氣哲學)**에서 비롯되었다고 볼 수 있다. 이런 김시습의 의지론적 실천 철학은 서경덕과 이율곡에 의하여 계승·발전되었으며, 조선시대 성리학에 있어서 독특한 철학으로서 한 줄기를 이루었다.

김시습은 도리에 어긋나는 행동을 배격하고 스스로 땀 흘려 일하며 살아가는 것을 소중하게 생각하였다. 그리고 백성의 행복과 평안한 삶이 무엇보다도 우선해야 한다는 것을 언제나 강조하였다. 이런 점에서는 철저한 민본주의 사상가이기도 하다.

총명하였지만 불행한 소년

김시습은 세종 17년(1435)에 한성에서 태어났다. 야사에서는 김시습이 태어나기 전날 밤, 근처에 있던 성균관 유생들이 그의 집에서 공자가 태어나는 꿈을 꾸었는데, 정말로 다음 날 김시습이 태어나자 장차 귀한 인물이 될 징조라고 믿었다고 전한다. 그의 이름은 이웃에 살던 경호 최치운이 논어에 나오는 말을 따서, '배우면 곧 익힌다'는 뜻으로 **시습(時習)**이라고 짓기를 권하여 그대로 따른 것이다.

이러한 주위의 기대에 부응하듯이 그는 태어난 지 여덟 달 만에 글자를 알았고, 세 살 때에는 이미 시를 지었을 뿐 아니라 『소학』 등도 읽어 그 뜻을 깨달았다고 한다. 배우지 않아도 스스로 깨닫는, 말 그대로 천재였던 것이다. 다섯 살 때 홍문관 수찬으로 있던 이계전의 문하에 들어가 본격적으로 공부에 전념하면서 그의 천재성이 장안에 널리 알려지기 시작했다. 당시 허조라는 정승이 어린 김시습의 소문을 듣고 호기심이 생겨 사실 여부를 확인하고자 그의 집을 찾았다. 김시습을 만난 허조는 그에게 넌지시 말을 걸었다.

"네가 글을 아주 잘 짓는다 하던데, 이 늙은이를 위해 늙을 '노'(老) 자를 넣어 시 한 구절만 지어 줄 수 있겠느냐?"

이 말을 들은 김시습은 조금도 주저하는 기색 없이 즉석에서 이렇게 시를 지었다.

늙은 나무에 꽃이 피니 마음만은 늙지 않았도다
老木開花心不老

허조는 과연 신동이라고 감탄하며 돌아갔고, 이 소문은 급기야 대궐에까지 전해졌다. 당시 임금이었던 세종은 박이창에게 사실 여부를 확인해 보라고 지시하였다. 박이창은 대궐로 불려 온 어린 김시습의 능력을 여러 방면으로 시험해 봤으나, 어린 나이라고 도저히 믿어지지 않을 만큼 김시습이 어느 것 하나 막힘 없이 대답하자, 항간의 소문이 틀림없음을 왕에게 보고했다.

보고를 받은 세종은 김시습의 재주를 가상히 여겨 비단 50필을 상으로 주도록 지시하였다. 그러면서 김시습이 그 많은 비단을 어떻게 가져가는지 보기 위해, 다른 사람의 도움을 받지 않고 혼자 힘으로 가져가야 한다고 분부했다. 이에 어린 시습은 조금도 당황하지 않고, 각 필의 끝을 서로 묶은 다음 그 한쪽 끝을 허리에 묶어서 끌고 나갔다고 한다. 이 광경을 목격한 사람들은 신동이 났다며 감탄해 마지않았다.

이계전의 문하에서 학문의 기초를 익힌 김시습은, 이어서 성균관 대사성을 역임한 김반과 별동 윤상을 스승으로 모시고 공부를 계속하여, 겨우 십여 세에 익히지 못한 책이 없을 정도라고 한다. 그러나 이렇게

주기 철학(主氣哲學)
조선시대 성리학의 양대 학파 중 하나. 모든 존재는 이(理)와 기(氣), 두 가지 요소로 이루어져 있고, 그 존재의 근원은 기라고 본다.

시습(時習)
논어의 첫 머리에 나오는, '배우고 때때로 익히면 또한 기쁘지 아니한가?'(學而時習之不亦說乎)에서 따온 것으로, 재주만 믿지 말고 끊임없이 노력하라는 의미가 담겨 있다.

주위의 칭찬과 기대를 한몸에 받으며 훌륭한 스승 밑에서 학업에만 열중하던 그에게 불행이 닥쳐오기 시작했다.

김시습이 열다섯 살 때, 어머니 장씨가 세상을 떠나 외가에서 지내게 되었으나, 3년이 못 되어 믿고 의지하던 외할머니마저 별세하고 말았다. 다시 본가로 돌아왔지만 아버지는 중병을 앓고 있어 오히려 그에게 짐만 될 뿐이었다. 이 와중에 훈련원 도정 남효례의 딸을 아내로 맞아들였지만, 학문에 심취한 김시습은 가정에 취미를 잃고 아예 삼각산으로 들어가 버렸다.

그러던 어느 날, 삼각산 중흥사에 머무르며 독서에 전념하던 김시습에게 엄청난 소식이 전해졌다. 수양대군이 어린 조카를 몰아내고 왕위에 올랐다는 것이었다. 통분을 금치 못하고 꼬박 사흘 동안 망연자실하여 방 안에만 틀어박혀 있던 김시습은, 공부하던 책을 모아 모두 불태워 버렸다. 그러고는 머리카락마저 잘라 버리고 산을 내려와 세상을 방황하기 시작했다. 그의 나이 스물한 살 되던 해의 일이었다.

분노와 회한의 방랑 생활

아무 계획 없이 방랑 길에 나선 김시습이었지만 어려서부터 워낙 명성이 높았던지라 어디를 가도 융숭한 대접을 받았다. 더구나 자연의 섭리 그대로 꽃피고 낙엽 지는 자연과 호흡하니 속박되지 않은 몸과 마음은 날아갈 듯하였다.

그러나 가슴 한 구석에 맺힌 젊은 지식인의 회한은 지울 수가 없었다. 관서(마천령 서쪽, 즉 평안도를 말함) 지방으로 방향을 정한 김시습은 이러한 자신의 울적한 심정을 시를 짓는 것으로 달래면서 각지를 유랑하기 시작했다.

3년여에 걸쳐 관서 지방의 곳곳을 돌아본 김시습은 스물네 살 되던 해인 세조 4년(1458)에 『탕유관서록』을 쓰고 나서 관동(대관령 동쪽, 즉 강원도를 말함) 지방으로 발길을 돌렸다. 스물여섯 살에 관동 지방의 유랑을 마치고 나서 『탕유관동록』을 정리한 후, 이번에는 삼남 지방으로 다시 정처 없는 나그네 길을 떠났다.

스물아홉 살이 되던 해에 삼남 지방의 유랑을 끝낸 후, 이번에도 역시 『탕유호남록』을 지었는데, 짓고 나서 문득 지난 세월을 되돌아보니 어느덧 가슴속의 회한은 희미해져 있었다. 오랜 기간의 객지 생활로 인해 몸은 많이 수척해져 있었으나, 심기일전하는 마음으로 새로이 공부하고 싶은 생각이 간절했다. 그리하여 세조 9년(1463)에 책을 구하기 위해 다시 한성으로 돌아왔다. 실로 오랜만에 한성에 들른 김시습은 예전에 자신을 아껴 주었던 효령대군(태종의 둘째 아들)을 만나게 된다.

김시습의 재능을 아깝게 여긴 효령대군은 조카인 세조에게 그를 적극 추천하였다. 그리하여 김시습은 세조의 불경(佛經) 번역 작업에 참여하게 되었다. 그러나 당시 조정의 대부분을 차지하고 있던 계유정난 때의 공신들이 거들먹거리는 모습을 보고 세상사가 다시 역겨워진 김시습은 경주에 있는 금오산으로 들어가 칩거하고 만다.

그 후 세조 11년(1465) 3월에 원각사 낙성식에 참가해 달라는 효령대군의 요청을 받고 다시 한성에 올라와서 찬시(讚詩)까지 지어 주지만, 효령대군과 세조의 만류를 뿌리치고 곧바로 다시 금오산으로 돌아가 버린다. 그곳에서 김시습은 속세와 완전히 단절하고 6여 년 동안 머무르면서 최초의 한문 소설인 『금오신화』와 『산거백영』을 비롯한 여러 작품을 썼다. 그러는 동안 세월도 흘러 세조와 예종이 연이어 죽고 어느덧 성종이 왕위에 올랐다.

김시습은 서른일곱 살 되던 성종 4년(1471)에 또다시 효령대군의 청에 의해 한성으로 돌아왔으나, 20여 년 가까이 세상과 겉돌았던 그로서는 번잡한 한성 생활에 잘 적응할 수 없었다. 결국 이듬해, 성동에 집을 짓고 이름 없는 민초로서 농사를 지으며 살기로 한다. 이때 김시습의 나이는 벌써 40 고개에 들어서고 있었으나, 현실에 적응하지 못한 천재의 가슴은 세상에 대한 분노와 역겨움만이 가득했다.

이러한 그의 심정은 현실에 대한 야유로 나타나, 당시의 고관대작들이 그에게 망신을 당하는 경우가 종종 있었다. 영의정 정창손과 달성군 서거정 등이 김시습에게 질타를 받았지만, 그들은 미친개에게 당한 정도로만 여기고 크게 노여워하지 않았다. 그들도 김시습의 뛰어난 능력을 인정하고 있던 터라 천재의 한으로 이해했던 것이다. 또 한편으로는 망나니같이 구는 그를 상대해 봤자 오히려 자신들의 체신만 훼손될 것이라고 생각했기 때문이다.

　김시습은 젊었을 때 신숙주에게 많은 도움을 받아 항상 고맙게 생각하고 있었는데, 신숙주가 세조의 왕위 찬탈에 동조하는 것을 보고 나서는 그를 증오하기 시작했다. 김시습의 재능을 아깝게 생각하던 신숙주가 한번은 술 취한 김시습을 자기 집에 재웠는데, 다음 날 김시습은 몹쓸 일을 당했다는 표정으로 아무런 대꾸도 없이 그냥 가버렸다.

　한번은 서강을 지나던 김시습이 강변에 있는 정자에 한명회의 시가 걸려 있는 것을 보았다. 그 내용인즉 이러했다.

　　젊어서는 사직을 짊어지고, 늙어서는 강호에 눕는다
　　青春扶社稷 白首臥江湖

　이 글을 본 김시습은 실소를 금치 못하고 분통을 터뜨렸다. 그러고는 '부'(扶) 자를 '망'(亡) 자로, '와'(臥) 자를 '오'(汚) 자로 고쳐 놓았다. 이렇게 두 글자를 고쳐 놓고 나니 시의 뜻이 완전히 달라져 버렸다.

　　젊어서는 사직을 망치고, 늙어서는 강호를 더럽힌다
　　青春亡社稷 白首汚江湖

　김시습이 바라본 세상은 온통 비뚤어져 있었기 때문에, 그는 끓어오르는 분노를 삭일 수 없어 기이한 행동을 일삼았다. 그 시절 김시습은 책을 읽다가도 의분을 참을 수 없어 통곡하기도 했고, 시를 지어서는 마구 찢어서 던져 버리는 등 바른 정신으로는 도저히 견디지 못하여 혼이 나간 듯 살아가는 것이 당시 그의 모습이었다. 이렇게 김시습은 세상에서 완전히 고립된 채 불안정한 심신으로 10여 년을 보냈다.

끝없는 방랑

자신을 학대하고 세상을 야유하며 마치 불자(佛者)살아가던 김시습은, 47세 되던 해인 성종 12년(1481)에 홀연히 머리를 기르고 고기를 먹기 시작했다. 예상치 못한 그의 또 한 번의 변신은 기인 같은 일생을 단면적으로 보여 준다. 어쩌면 인생의 후반에 접어들면서 자신에게 남겨진 시간이 얼마 남지 않았다는 초조감이 그를 세상으로 다시 나오게 한 것인지도 모른다.

김시습은 먼저 조상에게 그동안 세상을 떠돌면서 집안을 제대로 돌보지 않은 죄에 대해 용서를 빌고는 안씨 부인을 맞아 가정을 꾸몄다. 그러나 모처럼의 가정 생활도 얼마 후 안씨가 세상을 떠나 버려 끝나고 만다. 그런 와중에 성종 13년(1482)에 폐비 윤씨(연산군의 생모)에게 사약이 내려지는 것을 본 김시습은 또다시 세상 만사가 허무하고 혐오스러워져서 방랑 길에 나선다.

이번에는 특별히 친분을 주고받던 유자한이 부사로 재직하고 있는 양양으로 길을 잡고 떠났다. 그러나 원체 한곳에 오래 머무르지 못했던 김시습은, 얼마 안 있어 다시 길을 떠나 관동 각 지방을 발길 닿는 대로 떠돌아 다녔다.

이렇게 평생을 바람처럼 떠돌아 다닌 김시습이었지만 일정 기간 머무는 곳에서는 반드시 밭을 개간하는 등 손수 일을 하며 지냈다. 노동을 높이 평가한 그는 자신에게 배우러 오는 제자들도 반드시 밭일을 하도록 하였다. 하지만 추악하고 가증스럽기만 한 현실에 대해서는 여전히 비판적이었던 김시습은 표리부동한 세상 인심을 비웃으며 살았다.

어려서부터 천재 소리를 듣던 총명함과 학문에의 열정을 모두 묻어 버린 채, 영원한 이방인으로 살아가고 있었던 것이다.

　세월이 지남에 따라 회한은 조금씩 희미해져 갔지만 가슴속까지 시려오는 외로움만은 견딜 길이 없었던 김시습은 지친 몸을 이끌고 충청도 홍산에 있는 무량사라는 한적한 절로 찾아들었다. 김시습은 젊어서 머리를 깎고 중처럼 살았지만 불교에 완전히 귀의해서 그랬다기보다는 폭력적이고 부도덕한 세조에게 저항하는 뜻으로 그러한 행동을 한 것이었다. 하지만 불가의 정신을 통해 조금이나마 젊은 날의 허무를 달랠 수 있었던 김시습은 마지막 길을 부처에게 의탁하고 싶었던지 병든 몸을 이끌고 한적한 산사로 찾아갔던 것이다. 그곳에서 김시습은 다시 일어나지 못하고 성종 24년(1493)에 59세를 일기로 한 많은 세상을 하직하고 말았다. 말년을 또다시 방랑 생활로 보낸 끝에 낯선 사람들 품에서 최후를 맞이한 것이다.

　김시습은 죽기 전에 화장을 하지 말라는 유언을 남겼는데, 그의 관을 절 근처에 안치했다가 3년 후에 장사를 지내려고 관을 열어 보니 시신이 썩지 않고 그대로였으며, 얼굴도 마치 살아 있는 사람처럼 평온해 보였다고 한다. 이 모습을 본 스님들은 그가 부처가 되었다고 생각하여 시체를 화장하고 사리를 보관하는 돌탑을 세워 그 뼈를 거두었다.

　어려서부터 천재로 불렸으며, 10대에는 자신의 존재조차 잊어버릴 정도로 학문에 몰두하다가, 20대에는 세상을 한탄하여 천하를 떠돌아다닌 김시습은, 잠시 세상으로 돌아왔으나 현실을 비판하며 사색과 수도에만 정진하다가, 50대에 이르러 초연히 속박의 허울을 벗고 자연으로 돌아간 고독한 지식인이었던 것이다.

김시습의 사상적 바탕

　김시습은 이색의 학통을 이어받았으며, 만물의 생성과 변화를 음양에 의해 설명하는 '태극설'을 주장했다. 즉, 우주만물이 조화하는 근원을 '태극'(太極)이라 하고, 사물의 현상을 포괄하는 '음양'(陰陽)에 의해 만물이 생성되고 변화하는 것으로 생각했다. 음양에 의해 사물의 **사상**(四象)과 **팔괘**(八卦)가 만들어지고, 이들이 다시 **오행**(五行)에 의해 만물을 만들어 간다는 것이다.

음양은 결국 하나의 본질을 양면으로 바라본 이원론적 관점의 산물이라고 할 수 있다. 또 만물의 근원이자 우주의 본체인 태극을 그 존재가 '있기도 하고 없기도 한 것'이라고 인식하였기 때문에, 그의 사상에는 도교적인 성향이 들어 있기도 하다. 또한 우주 전체가 하나의 태극이지만 만물 모두에도 태극이 깃들여 있으므로 하늘·땅·사람의 3재(三才)가 서로 상통할 수 있다고 믿었다. **천인상감설**(天人相感說)의 기초가 여기에서 비롯되었던 것이다.

그에게 있어 태극은 만물의 근본 이치로서 변할 수 없는 도리이기 때문에 태초부터 영원까지 바뀌지 않는 가치였으며, 김시습이 세조의 왕위 찬탈에 저항하여 현실과 타협할 수 없었던 이유가 바로 여기에 있다. 그에게 있어서 세조는 인간의 도리를 거스른 존재로 도저히 인정할 수 없는 사람이었던 것이다.

김시습은 불의에 맞서 사육신처럼 목숨을 걸고 항거하지는 않았다. 다만 당시 권력층의 요청을 완강히 거절하고 세상을 버린 채 방랑하며, 사람들이 보기에 이해하기 어려운 삶을 살았을 뿐이다. 적극적으로 싸

사상(四象)
일(日)·월(月)·성(星)·신(辰) 또는 땅 속의 물·불·흙·돌을 이르는 말.

팔괘(八卦)
중국의 복희씨가 지었다는 여덟 가지 괘. 건(乾)·태(兌)·이(離)·진(震)·손(巽)·감(坎)·간(艮)·곤(坤)을 말함.

오행(五行)
다섯 가지 원소인 금(金)·목(木)·수(水)·화(火)·토(土)를 이르는 말.

천인상감설(天人相感說)
정치가 올바르고 왕이 덕을 잘 갖추어야 하늘과 자연도 이에 상응하여 조화롭고 평온해진다는 이론.

우지도 않으면서 현실을 등진 채 자학하며 살아가는 자신의 모습을 이해하지 못하는 세상 사람들에게, 김시습은『금오신화』의 주인공을 통해 대신 답변을 보냈다.

『금오신화』에는「만복사저포기」,「이생규장전」,「취유부벽정기」,「남염부주지」,「용궁부연록」등 다섯 편의 소설이 실려 있다. 이들 작품의 주인공들은 한결같이 질곡 같은 현실에서 벗어나 인습의 굴레를 던져 버리고 영원히 꺼지지 않는 영생의 세계로 나래를 펴고 들어간다. 이는 바로 김시습의 삶의 자세를 대변한 것으로, 번민과 고통 속에서 그가 결정한 선택을 보여 주고 있다. 다른 사람들에게는 자신이 삶을 포기하고 내동댕이쳐 버린 것으로 비쳐지지만, 그로서는 스스로 의지를 갖고 선택한 삶이라는 것을 이야기하고 싶었던 것이다.

「이생규장전」은 단순히 남녀의 사랑을 다룬 소설 같지만, 자세히 보면 두 가지 상반된 주제로 대비되어 있다. 전반부의 내용은 이생의 아내가 도적에게 죽임을 당하는 것으로, 사랑이 타의에 의해 파괴되는 것을 묘사하였다. 후반부에서는 이생이 환생한 아내와 만나 3년 동안 꿈 같은 세월을 보내지만, 아내와 다시 이별하게 되자 그 길로 병들어 죽고 만다는 내용으로, 전반부의 주제는 말 그대로 타의에 의한 '비참함'이지만, 후반부의 주제는 자신의 의지에 의해 선택된 '비참함'이다. 간단히 생각하면 둘 다 결말이 비극이므로 다를 게 없다고 할 수 있으나, '남에 의해 주어진 것'과 '자신이 스스로 선택한 것'은 분명히 차이가 있다는 것이 김시습의 주장이다. 살아 있는 줄 알았던 아내가 사실은 죽은 것이라는 사실이 더 큰 고통이었지만, 그 결말은 자신의 선택에 의해 결정되었다는 점이 중요하다. 결국 김시습은 자신의 의지로 선택하는 삶의 의미와 중요성을 말하고 싶었던 것이다.

김시습이 스스로의 의지를 중요하게 여기는 사람이라는 것을 증명하는 사례가 또 하나 있다. 30대 후반에 상경하여 성동에서 농사짓고 살던 때의 일이다. 김시습이 경작하던 전답을 어떤 권력 있는 자의 꼬나

풀이 빼앗아 가 버렸는데, 김시습은 모른 체하고 상대방이 농사를 다 지을 때까지 지켜보기만 하다가, 추수할 무렵에 갑자기 찾아가서 땅을 내놓으라고 졸라댔다. 그러나 상대방이 이에 순순히 응할 리가 없었으므로 그 일은 소송으로까지 번지게 되었다. 소송의 결과는 원래부터 떳떳한데다 논리정연하게 자신의 입장을 설명한 김시습의 승리로 끝났다.

그런데 승소 문서를 받아 가지고 나오던 김시습은, 크게 한 번 허탈한 웃음을 날려 보내고는 문서를 갈기갈기 찢어 개울 속에 처박아 버렸다. 그의 이러한 행동은 세상을 비웃고 못된 인간들을 희롱하는 것이기도 했지만, 타인에 의해 휘둘려지는 삶을 용납하지 않고 자신의 방식대로 살고자 하는 의지의 표현이었던 것이다.

불교와의 관계

김시습은 생애의 대부분을 머리를 깎고 승려 행세를 했다. 하지만 화장하는 것을 거부하고 매장해 줄 것을 유언으로 남겼다. 이 점에서 불교에 대한 그의 생각을 읽을 수 있다. 또 "부처를 섬기되 먼저 인애로써 중생을 편안히 하는 것이 그 근본이고, 법을 찾더라도 무엇보다 그 지혜를 배워서 일의 도리를 깨닫는 것이 우선되어야 한다."고 설파한 것에서도 그가 불교를 따른 이유를 짐작할 수 있다. 김시습은 결코 신실한 불교 신자가 되려 했다기보다는 유학자로 평가받기를 원했는지도 모른다. 그의 사상적 뿌리는 어디까지나 성리학에 있었던 것이다. 김시습이 "불승은 정치에 관여해서는 안 된다."고 말하게 된 근저에도 그와 같은 배경이 있었다. 이 점은 그 후 유학자들이 김시습을 조선 성리학의 사종(師宗)으로 추앙하는 점에서 명백히 증명되고 있다. 결국 그에게 있어서 불교는 외양이었고 내면은 여전히 성리학이 지배하고 있었던 것이다.

하지만 이런 김시습의 내면을 알지 못하는 사람들은 그를 성현이 가르치는 참된 길을 버리고 이단의 길을 가는 말종이라고 비판했다. 이에 대하여 김시습은 이렇게 대응했다.

"논어나 맹자도 결국은 옛 사람들이 전해 준 것일 뿐이다. 참된 진리란 실제 생활 속에서 실천을 통하여 찾아야 하는 것이다. 세상에 도움이 되는 것은 그 어떤 것이라도 진리이고, 그렇지 않은 것은 설사 성현의 가르침이라도 헛된 일이다."

이렇듯 김시습은 척불숭유의 획일적인 정신 구조가 지배하는 사회에서 학문적 포용력을 발휘한 열린 사고의 소유자였으며, 자신의 생각을 단호하게 실천하며 살아간 신념가이기도 했다. 그는 성리학을 자신의 이념으로 삼았지만, 천 년 이상을 민족의 신앙으로 자리잡아 온 불교와 전통적인 도가 사상까지 포괄하여 그것들이 만나는 지점을 찾고자 노력하였다. 현실에 대해서는 극히 비판적이고 냉소적이었던 그가 학문에 있어서는 오히려 개방적인 포용력을 발휘한 셈이다.

김시습의 학문적 기상은 서경덕의 기철학에 영향을 끼쳤고, 율곡에 이르러 주기론으로 완성되었다. 김시습처럼 한때 출가하였다는 의심을 받던 율곡이 『김시습전』을 지어서 그의 행적을 세상에 널리 알린 후 김시습의 유학자로서의 면모가 재평가되기도 했다.

김시습은 실패한 지식인인가?

김시습은 세조의 왕위 찬탈을 결코 인정할 수 없었다. 그 때문에 김시습의 인생 행로가 바뀌어 버린 것은 사실이지만, 그가 전혀 현실에 적응해 보려고 노력하지 않은 것은 아니었다. 그러나 원체 꼿꼿한 성미를 가진 김시습은 부정한 무리들이 정권을 차고 앉아 위세를 자랑하는 모습을 견뎌내지 못했다. 권력의 이면에서 벌어지는 추악한 현실에 정나미가 떨어져 버린 것이다. 게다가 어렸을 때부터 신동으로 불렸고, 스스로도 높은 이상을 가지고 있었던 그였기에 세상에 대한 혐오와 분노는 클 수밖에 없었다.

세상을 떠돌면서 감정의 불은 겨우 가라앉힐 수 있었지만 다시 돌아온 현실은 달라진 것이 없었다. 젊어서는 자신의 상대로도 여기지 않았던 하찮은 인물들이 온갖 부귀 영화를 독차지하고 있는데, 자신은 겨우 몇 두렁의 땅을 얻어 간신히 연명해야 하는 불공평한 세상일이 한스럽기도 했을 것이다.

그러나 이것을 '때를 놓친 인간의 푸념'이라고만 매도할 수는 없다. 김시습은 그 '때' 라는 것을 자기 자신의 의지로 던져 버렸기 때문에 아쉬움이나 미련은 없었다. 다만 부당한 현실이 역겨웠고, 자신의 높은 꿈을 세상에 펼쳐 볼 수 있는 기회가 없다는 사실이 고통스러웠을 따름이었다. 따라서 김시습의 탈속적인 삶이 반드시 실패한 것이라고 얘기할 수는 없다.

사림의 등장 이후 조선에서는 부당한 현실에 타협하지 않은 김시습과 같은 인간상을 바람직한 모습으로 인정하였다. 그것은 지금도 마찬가지다. 변신과 적응에 능한 인물보다는 자기가 배운 원칙에 충실한 인간형이 더욱 필요한 것이다.

김시습은 현실을 거부하고 비판과 야유를 보냈지만, 삶 전체를 그것만으로 소모시키지는 않았다. 성리학의 새로운 체계를 세워서 16세기 이후 발전하게 되는 조선 성리학의 토대를 만들었으며, 고대 소설을 개척하여 문학사에 끼친 공적도 대단히 크다. 무엇보다도 김시습은 자신이 배운 학문과 도리를 실제의 삶에서 그대로 실천한 신념의 인간이었으며, 진리 탐구에 있어서는 포괄적 시각을 가진 '학문적 자유주의자'였다.

3장 국난 극복의 시대

이순신
곽재우
허준

전장에서 산화한, 위대한 장군
이순신

    이순신은 임진왜란 당시, 위기에 처한 조국을 구하고 전쟁터에서 산화(散花)한 참된 군인의 본보기다. 조선은 싸움다운 싸움 한 번 못 해보고 파죽지세로 적병에게 밀려, 전쟁이 시작된 지 불과 20여 일 만에 수도가 함락되는 등 전 국토가 유린당하고 있었다. 그러나 해상에서만은 이순신의 활약으로 왜군들을 완전히 제압할 수 있었고, 이것은 전쟁의 양상을 결정적으로 돌려 놓는 계기가 되었다. 즉, 해상에서의 연이은 승리로 왜군의 진군을 저지할 수 있었던 것은 물론이고, 왜군의 전략에 심한 차질을 빚게 만든 것이다. 서쪽 해상으로의 진출이 완전히 막혔을 뿐 아니라, 군수의 보급과 병력 이동에 심각한 장애가 발생했기 때문이다. 결국 이순신이 지휘하는 조선 수군의 분전으로 왜군은 더 이상 전쟁을 계속하지 못하고 패퇴하고 만다.

    이순신은 불굴의 용기와 뛰어난 통솔력, 그리고 전술가로서의 능력 역시 타의 추종을 불허하였지만, 그의 삶은 우리에게 더욱 큰 교훈을 전해 주고 있다. 그가 전쟁 중에 쓴 『난중일기』를 보면, 가족에 대한 사랑이 절절이 묻어날 만큼 인간적인 면모를 지녔으면서도 남 앞에서는 의리를 지키고 스스로에게는 엄격한 자세로 평생을 살았다. 또한 불의와 절대 타협하지 않았으며 전투에 임해서는 물러서지 않는 용장이었으나 다감하고 섬세한 일면도 많았다.

그는 국가적 위기 상황을 맞아 자신이 가야 할 길을 향해 잠시도 한눈을 팔지 않고 똑바로 나아갔다. 군사적 전략가로서 이순신의 천재성에 대해서는 해전사(海戰史) 연구가인 영국의 G.A. 발라드 제독이 이렇게 찬양한 적이 있다.

"넬슨과 동격에 둘 수 있는 해군 제독이 있다는 것을 인정하기는 힘들지만, 어떤 전투에서도 승리할 수 있었던 이 동양의 해군 사령관이야말로 그와 같은 인물이다."

대기만성형 군인

이순신은 조선 12대 왕인 인종 원년(1545)에 한성 건천동에서 태어나 어린 시절의 대부분을 그곳에서 보냈다. 이순신보다는 세 살이 많았지만, 평생을 그의 친구이자 후원자 역할을 했던 서애 유성룡도 그곳 출신이다. 이순신의 집안은 대대로 문관 관직을 지냈다. 그런데 그의 할아버지 이백록이 기묘사화에 연루되어 참변을 당한 후, 그의 아버지 이정은 **백면서생(白面書生)**으로 일생을 보냈다. 따라서 이순신이 태어날 무렵에는 가세가 완전히 쇠락하여, 자식의 출세에 전혀 도움을 줄 수 없는 형편이었다. 이순신의 형제는 네 명이었는데, 항렬인 '신' 자 돌림에다가 중국의 전설적인 삼황오제(三皇五帝)의 이름을 따서 희신·요신·순신·우신이라 지었다고 한다.

이순신은 문반 집안 출신이었지만, 기질상 무인의 길에 뜻이 있어 스물두 살의 늦은 나이에 무예를 배우기 시작했다. 스물여덟 살 때에 훈련원 별과에 응시하였으나, 말에서 떨어지는 불의의 사고로 인해 고배를 마셔야 했고, 서른두 살에야 비로소 식년 무과에 병과 4등으로 급제하였다. 그는 천재라기보다는 대기만성형 인물이었던 것이다. 죽마고우였던 유성룡이 훗날 이순신에 대하여, "순신은 말과 웃음이 적고 얼굴은 단아하여 무릇 수양하는 선비의 풍모였으나, 내면적으로는 항상 열혈한 무인이었다." 하고 말한 대목에서 그의 성격을 알 수 있다.

이순신은 늦은 나이에 관직에 나갔으면서도 남의 힘을 빌려 출세하려 하지 않고 묵묵히 자기의 직분을 수행했다. 또한 항상 청렴하고 강직한 자세로 관직 생활에 임했는데, 이에 관한 몇 가지 일화가 있다.

한번은 이조판서로 있던 이율곡이 그에게 만나자고 했다. 그러나 이순신은, "이 판서께서는 나와 동성동본의 웃어른이므로 내가 먼저 찾아뵈어야 도리이지만, 그분께서 최고 인사권자로 있는 지금, 굳이 만나는 것은 서로 간에 누가 될 뿐이다." 하고 만나지 않았다고 한다.

또 이순신이 종8품직인 훈련원 봉사(奉事)로 있을 때 병조판서 김귀영이 자신의 서녀를 이순신의 후실로 출가시키려고 하자, "관직에 나온 지 얼마 되지 않은 몸으로 어찌 권세 있는 집안과의 인연을 탐할 수 있겠는가?" 하고 거절하기도 했다. 이렇게 결벽에 가까운 강직성 때문에 군 생활 초기에는 승진도 늦고 주위의 모함과 견제를 많이 받았다.

무과에 합격한 후 처음 이순신이 맡은 직책은 함경북도 동구비보라는 곳의 **권관(權管)**이었다. 당시 함경도 **감사(監司)**였던 이후백은 매우 엄격하여 각 진을 순회하면서 군무를 점검하고, 제대로 갖추지 못한 자에게는 지위고하를 막론하고 가차없이 벌을 주었다. 이 지역 군관 중에는 이후백에게 벌받지 않은 자가 없을 정도여서 모두들 그를 두려워했다. 그런데 초임 하급장교인 이순신이 이후백을 처음 만난 자리에서, "업무가 너무 과중하고 형벌도 지나치다."고 직언하였다. 그러나 이후백은 이미 평소 이순신의 성실한 업무 태도에 대해 알고 있었기 때문에 그 용기가 가상하다 하여 흔쾌히 받아들였다고 한다.

백면서생(白面書生)
글만 읽어 얼굴이 창백한 사람이라는 뜻으로, 학문 수준은 높으나 세상 물정에 어둡고 경험이 없는 사람을 이르는 말이다.

권관(權管)
함경도·평안도·경상도의 변경에 두었던 수장(守將). 종9품 무관직.

감사(監司)
외직 문관의 종2품 벼슬로 각 도의 장관을 일컫던 말. 도백, 방백, 관찰사라고도 함.

그러나 이순신의 이러한 강직성은 그것을 이해해 주는 상관을 만나지 못할 경우에는 오히려 불행과 고통을 가져다주었다. 그 이후의 고단한 관직 생활이 이것을 증명한다.

이순신은 첫 부임지에서 3년 동안의 임기를 마치고, 선조 12년(1579) 2월에 한 직급 위인 훈련원 봉사로 임명되었다. 그러나 병부랑 서익과의 불화로 8개월 만에 충청도 병사의 권관으로 전임되었다가, 다음 해 7월에 발포 수군 만호(萬戶)로 좌천되었다. 발포에서는 처음으로 수군 경험을 쌓을 수 있었지만, 그로서는 계속되는 고통의 세월을 보내야만 했다. 타협 없는 원칙적인 자세 때문에 전라 감사 손식, 전라 **좌수사(左水使)** 성박, 이용 등에게 연이어 미움을 받다가, 선조 14년(1581) 봄에 이미 그와 사이가 나빴던 서익이 특별 감사관으로 내려와서는 군기 정비가 불량하다는 이유로 이순신을 파면해 버린 것이다.

그러나 몇 달 안 돼서 누명을 벗고 훈련원 봉사로 복직하여 근무하다가 선조 16년(1583) 10월에 함경도 진원보 권관으로 임명되었다. 이때 함경도 **남병사(南兵使)**는 이순신이 발포 만호로 있던 시절에 그를 미워했던 이용이었다. 그런 그였지만 변방의 사령관으로 임명받자, 이순신 같은 군인이 필요하다고 느껴 특별히 자기 휘하에 데리고 온 것이다. 이후로 두 사람은 옛 감정을 풀고 좋은 관계를 맺게 되었다.

이곳에서 이순신은 훈련원 **참군(參軍)**으로 진급하여 근무하고 있었는데, 부친의 별세 소식을 듣고 귀향하였다. 탈상하고 나서 42세 되던 해에 궁중의 말들을 관리하는 사복시의 **주부(主簿)**로 임명되었으나, 16일 만에 다시 함경도 조산보 만호로 발령이 났다. 그 다음 해에는 두만강 어귀에 있는 녹둔도 **둔전(屯田)** 수비대장을 겸임하게 되었는데, 그곳은 여진족의 출몰이 심한 지역이어서 이순신은 여러 차례 병력 증원을 요청했다. 그러나 당시 **병마절도사(兵馬節度使)**로 있던 이일이 번번이 이를 묵살하여, 어쩔 수 없이 적은 병력을 유지하다가 추수기에 여진족의 대대적인 습격을 받게 되었다. 이순신의 분전으로 겨우 격퇴하기는 했으나 피해가 클 수밖에 없었다. 이에 이일은 병력 증원 요청을 묵살한 것이 문제가 될까 봐 이순신에게 모든 책임을 덮어씌워 버렸다. 결국 이순신은 삭탈관직된 후 **백의종군(白衣從軍)**하라는 명령을 받았다. 다음 해 6월에 겨우 특사를 받고 44세의 나이로 세파에 지친 심신을 달래기 위해 귀향하였다. 12년의 군 생활 동안 갖은 모함과 시련을 겪으면서 불행한 시절을 보내다가 아무런 공훈도 얻지 못하고 병든 몸으로 낙향하는 신세가 되고 만 것이다.

그러나 이순신의 성실하고 반듯한 자세는 이미 조정에서 인정을 받고 있었던 터라, 귀향한 지 얼마 안 되어 전라 **순찰사(巡察使)** 이광 휘하의 군관으로 다시 복직할 수 있었다. 그곳에서 조방장과 선전관 같은 낮은 관직을 역임하다가, 그 해(1589) 12월에 유성룡의 추천으로 정읍 현감으로 부임하였다. 무과에 급제한 지 13년 만에 작은 지방이나마 수령의 자리에 오른 것인데, 그때 그의 나이 벌써 45세였다. 이때부터 비

만호(萬戶)
각 도의 여러 진에 배치되었던 종4품 무관직.

좌수사(左水使)
수군의 군영인 좌수영(左水營)의 수군절도사.

남병사(南兵使)
종2품 무관인 남병영의 병마절도사. 남병영은 함경도 북청(北靑)에 있던 군영을 말한다.

참군(參軍)
군사를 담당하는 관리.

주부(主簿)
내의원·사복시·한성부 등 여러 관아에 딸렸던 종6품 벼슬.

둔전(屯田)
주둔병의 군량을 자급하기 위해 마련되어 있던 밭. 또는 각 궁과 관아에 딸렸던 밭.

병마절도사(兵馬節度使)
각 지방에 두어 군대를 지휘하던 종2품 무관.

백의종군(白衣從軍)
아무런 벼슬 없이 군대를 따라 싸움터로 나가는 것.

순찰사(巡察使)
도내의 군무를 순찰하던 벼슬.

로소 관리로서 명성을 높이기 시작하여 선조 24년(1591) 2월에 일약 전라 좌도 **수군절도사(水軍節度使)**로 임명되었다. 그의 나이 47세에 해군으로서는 최고위직인 지역 방위 사령관의 자리에 오르게 된 것이다.

이순신이 초기에는 주위의 질시 때문에 불우한 운명을 겪다가, 후기에 들어 갑자기 고속으로 진급한 것은 그의 훌륭한 재능과 인격 때문이기도 하지만, 무엇보다 그의 능력을 잘 알고 있던 죽마고우 유성룡이 적극적으로 이순신을 추천했기 때문이다. 즉, 이순신이 정읍 현감일 때 병조판서였던 유성룡은 그 후 이조판서와 우의정을 거쳐 좌의정에 오르면서 이순신을 전라 좌수사로 강력하게 추천하였던 것이다.

이렇게 마치 운명처럼, 이순신은 왜란이 일어나기 14개월 전에 전라 좌도 수군절도사가 되었다. 그는 부임한 이후 휘하에 있는 각 진의 실태를 파악하고, 군대의 기강을 엄정히 세우면서 군비를 강화하기 시작했다. 그 결과 왜란이 터지기 직전 경상 우수사 원균 휘하에는 불과 7척의 전선(戰船)이 있었던 반면, 이순신이 있는 전라 좌수영은 40척의 크고 작은 전선을 보유할 수 있었다.

임진년 전투에서 전승을 거두다

왜군은 선조 25년(1592) 4월 13일에 30만 대군이 함대 700척에 나누어 탄 후, 오후 5시경 부산포에 들이닥쳤다. 전라 좌수영에 왜군 침입 소식이 전해진 것은 그 이틀 후 저녁이었는데, 이순신은 우선 휘하 병력을 전투 태세로 비상 소집한 후에 면밀한 전황 분석 작업에 들어갔다. 일단 경거망동을 삼가고 좌수영 소속 전 함대를 4월 29일까지 수영 앞바다에 총집결시켰으며 전라 우수영군과 합동으로 5월 2일에 첫 출동을 하기로 결정하는 등 공격을 위한 출동 준비를 진행했다. 그러나 우수영군의 합류가 늦어지자 더 이상 기다리지 못하고 5월 4일에 단독으로 출격할 수밖에 없었다.

4일 새벽, 밤새 내리던 비가 그치고 첫닭이 울자, 전라 좌수영에 소속

된 모든 선단은 조선 수군으로서는 처음으로 적선을 찾아 떠나게 되었다. 이틀 후 한산도 부근에서 원균 휘하의 경상 우수영군 6척과 합류한 후 송미포에서 밤을 새우고, 7일 아침에 적선이 정박해 있다는 가덕 방면으로 다시 출항했다. 정오쯤 되자 거제도 옥포 앞바다에서 드디어 적선과 만나게 되었고, 드디어 역사적인 첫 번째 전투가 시작되었다.

당시 적군은 30여 척의 배로 옥포만에 침입하여 정신없이 약탈을 하고 있다가, 이순신의 함대가 나타난 것을 보고 부랴부랴 배에 올라서 대응 태세를 취했다. 왜군은 조선 수군이 해상으로부터 공격해 올 것은 전혀 예상치 못하고 있다가 기습 공격을 받은 셈이다. 이때 조선 함대는 일렬로 포구를 완전히 봉쇄한 다음, 적선을 향해 일제히 진격하여 순식간에 왜선 26척을 궤멸시켰다. 이 첫 전투는 대규모 해전은 아니었지만, 전승 분위기에 빠져 있던 왜군에 일대 충격을 주고 아군의 사기를 높이는 계기가 된, 의미 있는 일전이었다.

다음 날에는 고성 적진포까지 나아가 이곳에서도 왜선 13척을 궤멸시킨 이순신 군은, 출격 이후 단 한 척의 피해도 없이 좌수영 본진으로 무사히 귀환했다. 이렇게 성공적인 1차 출격을 마무리짓고 전력을 재정비하고 있던 이순신에게 새로운 소식이 전해졌다. 적선이 사천과 곤양까지 진출했다는 것이었다. 이에 이순신은 또다시 전라 우수영과의 계획된 합동작전을 포기하고, 5월 29일에 단독으로 2차 출동을 결행하였다. 이 2차 출동에서 처음 모습을 드러낸 거북선을 선두로 23척의 전함이 노량 해역에 진출해서 원균의 전함 3척을 만나 합류했다. 그리고 곧바로 왜군이 정박하고 있는 사천으로 향했다.

이때 사천에 정박하고 있던 적선은 모두 12척으로 비교적 적은 수였는데, 왜군들은 모두 육지에 상륙하여 해안에 진을 치고 있었다. 왜군

수군절도사(水軍節度使)
각 도에 두었던 수영(水營)의 정3품 외직 무관. 수군을 통솔하는 으뜸 벼슬이다.

들은 조선의 함선을 보고도 즉시 배로 내려오지 않고 이순신 군이 상륙하기만을 기다리고 있었다. 따라서 해상에서 적군을 직접 공격하려 해도 화포의 사정거리에 들어오지 않았고, 마침 썰물이었기 때문에 포구에 정박해 있는 적선에 접근할 수도 없었다.

결국 물이 다시 들어오는 때를 기다렸다가 함대를 되돌려 철수하는 척하면서 유인작전을 펴기로 했다. 조선 수군이 뱃머리를 돌리자 왜군들은 일제히 뛰어내려와 배를 타고 쫓아오기 시작했다. 작전이 성공한 것이다. 이순신은 전함이 자유롭게 움직일 수 있는 지역까지 나오자 회선을 명령하여 일시에 적을 포위했다. 그 후 집중 공격을 시도하여 적선 12척을 모두 궤멸시켜 버렸다. 이 전투에서 이순신은 왼쪽 어깨에 관통상을 입을 만큼 치열한 근접전을 벌였다.

그런데 6월 2일, 부상을 채 치유하기도 전에 또 다른 왜 선단이 당포에 정박하고 있다는 정보가 이순신에게 전달됐다. 소식을 들은 즉시 당포로 진격하여 정황을 살펴보니, 대선 9척을 포함하여 총 21척의 왜선이 포구에 정박해 있었다. 왜군들은 성 안에 불을 지르고 약탈을 하느라 한창이었다.

조선 수군이 해안으로 접근하자 왜군들은 일제히 배에 올라 대응하기 시작했다. 전투가 시작되자 돌격장 이언량이 선장으로 있던 거북선이 적장이 타고 있는 지휘선으로 돌진하여 그대로 충돌한 후, 포구를 모두 열고 포탄 세례를 퍼붓자, 겉모습만 화려했지 튼튼하지 못했던 왜선은 한꺼번에 침몰해 버렸다.

지휘선이 궤멸되자 다른 왜선들은 우왕좌왕하며 어찌할 바를 모르다가 순식간에 흩어져 버렸다. 당시 당포에 있던 왜군은 수군장 가메이와 구루시마가 지휘하던 정예부대였는데, 이 전투에서 용장으로 이름이 높던 구루시마가 전사하고 만다. 그리하여 서해안 지방으로 진출하려던 왜군의 작전은 일대 타격을 입었고, 조선은 전라도 연해 부근을 지켜낼 수 있게 되었다.

당포 해전 이틀 후, 왜군 대선단이 거제로 향하고 있다는 급보를 접한 이순신 군이 또다시 단독으로 출격하려고 할 때였다. 전라 우수사 이억기가 전선 25척과 함께 당포에 도착했다. 1차 출동 때부터 그토록 고대하던 전라 우수영군과의 합동작전을 비로소 펼칠 수 있게 된

거북선 모형

것이다. 이순신은 천군만마를 얻은 것 같은 심정이었다. 이튿날인 6월 5일, 왜선이 거제에서 다시 당항포로 이동했다는 소식을 듣고, 조선 연합 수군은 전선 51척과 수십 척의 중소형 배로 이루어진 대함대를 구성하여 당항포로 향했다.

출격한 다음 날 당항포에 이르러 지형을 살펴보니, 육지 부근에서 먼 바다로 나오는 약 4킬로미터 정도 되는 지역이, 폭이 겨우 200~300미터밖에 되지 않는 협곡으로 되어 있어 전함이 움직이기 쉽지 않은 형상이었다. 이순신은 먼저 척후선(斥候船)을 띄워 적의 동정을 알아본 결과, 26척의 적선이 정박하고 있다는 사실을 알게 되었다. 적을 찾아 출격한 지 4일 만에 마침내 또 한 무리의 적선단을 발견한 것이다.

이곳의 지형상, 육지 근처에서 작전을 펼치기가 어렵다고 판단한 이순신은 이번에도 역시 적들을 먼바다로 유인하여 섬멸하기로 했다. 그리하여 일부 전선을 투입하여 유도작전에 나섰다. 선발대가 교대로 적

선에 접근하여 적당히 싸움을 걸다가 후퇴하자 적의 전선단은 포구를 벗어나 맹렬히 추격해 오기 시작했다. 드디어 적선이 협곡을 벗어 나오자 기다리고 있던 조선의 전 함선이 일시에 포위하여 또 한 번의 대승을 거둘 수가 있었다.

다음 날에는 거제도 부근에서 왜선 7척을 발견하고 격파했다. 그 후 며칠 동안 웅천과 가덕 등지의 해안을 수색했지만 더 이상 왜선을 찾지 못했다. 그리하여 미조항에서 원균, 이억기와 헤어지고 6월 10일에 여수 본진으로 돌아옴으로써 2차 출격도 성공리에 마무리지을 수 있었다. 이 2차 출격은 왜선 70여 척을 격파하는 대전과를 거두었을 뿐만 아니라, 이후 가덕도 서쪽 해상을 조선 수군이 완전히 장악하게 되어 전략상 큰 의미를 갖는다.

한산도 · 부산포 대첩

육지에서는 거침없이 진격하던 왜군이 해상에서 이순신에게 연패를 당하자, 도요토미 히데요시는 크게 노하여 무슨 수를 쓰더라도 단시일 내에 조선 수군을 격파하라는 명령을 내린다. 개전 이후 일본 수군은 조선 수군을 아예 도외시한 채로 육지전에만 집중하고 있었는데, 왜군은 이 명령을 받고 부산에 총집결하기로 했다. 또 이순신의 관할인 전라도를 공격하기 위해 육지에서도 금산 부근의 병력을 증강시켰다. 이순신은 수륙 양면으로 협공을 받는 처지에 놓이게 된 것이다. 이에 이순신은 왜군이 합동작전을 개시하기 전에 선제 공격으로 적의 기세를 차단하려는 계획을 세운다.

이 3차 출격을 위해 다시 원균, 이억기와 합세한 이순신은 대격전을 앞둔 7월 7일, 당포에 닻을 내렸다. 먼저 적의 동정을 살펴보니 70여 척의 적선이 견내량(지금의 통영)에 출몰해 있었다. 이 왜군 전선들은 와키사카가 지휘하는 부대로서, 다른 부대보다 먼저 공을 세우려고 단독으로 출동한 것이었다. 견내량은 우리 나라 남해안의 일반적인 특성 그대로, 지형이 좁고 암초가 많아 대규모 해전을 치르기가 어려운 곳이었다. 이에 이순신은 또다시 적군을 먼바다로 유인해 섬멸하려는 작전을 세운다. 그 유명한 '한산도 대첩'의 막이 드디어 오르기 시작한 것이다.

여기까지의 전투 과정을 보면, 이순신이 주로 사용하는 작전의 특성을 알 수 있다. 우선 특별한 경우가 아니면 육지와 인접한 바다에서의 전투를 피한다는 점이다. 이것은 앞서 언급한 대로 남해안의 복잡한 지형을 충분히 파악한 결과이며, 혹시라도 전세가 불리한 적군이 육지로 도망하여 그곳에 피해가 발생하는 것을 원천적으로 차단하기 위해서이기도 했다.

두 번째로는, 적선과 아군 전선의 구조적 차이는 물론이거니와 적군의 전투 방법까지 충분히 파악한 다음 대처하고 있다는 점이다. 왜군의 배는 먼 거리를 되도록 빠른 속도로 이동할 수 있게 하기 위해 배의 모양이 가늘고 길며, 바닥은 뾰족하게 설계되어 있었다. 반면에 조선의 배는 주로 연안에서 활동하는 것을 목적으로 만들어졌기 때문에 갑판이 넓고 배 밑바닥도 평평했다. 이러한 차이로 조선의 배는 왜선에 비해 속도는 느리지만 회전성이 좋았다. 그래서 추격하기에는 쉬워 보이지만 반대로 유인작전을 펼 때는 회전 반경이 작아서 일시에 포위망을 형성하기 쉬웠다. 또 왜군들은 어느 정도 거리를 두고 활이나 총통 또는 함포 공격을 하기보다 자기 배를 상대편 배에 접근시킨 후 판자로 양 배를 연결해서 상대편 배로 이동하는 백병전에 능했다. 그런데 조선 배들은 갑판이 상당히 높아서 왜군들이 건너오기가 좀처럼 힘들게 되어 있었다. 더구나 거북선은 갑판 자체가 철판으로 덮여 있는데다가 그 위에 뾰족한 쇠못까지 촘촘히 박혀 있어서 적군은 아예 기어오를 수조차 없었다.

세 번째로는, 아군에게 유리하고 적군에게는 불리한 전법을 구사했다는 점이다. 이른바 '학익진'(鶴翼陣)이라는 것으로서, 적선을 유인해 포위한 뒤 집중 공격하는 전법이다. 이렇게 되면 회전 반경이 큰 왜선은 운신의 폭이 좁아 꼼짝없이 갇히게 되는데, 이때 높은 갑판 위에서 활을 비오듯이 쏘며 집중 포화를 퍼부어 대면, 왜군은 속수무책으로 궤멸되고 마는 것이다. 더구나 철갑선인 거북선이 왜선에 그대로 돌진하여 충돌하면, 충격에 약한 왜선은 동강이 나거나 파손되어 제 기능을 잃고 침몰하기 일쑤였다.

이렇게 이순신은 양측의 차이를 파악하여, 적의 단점을 이용하고 아군의 장점을 최대한 발휘할 수 있도록 작전 환경을 조성한 후, 전투에 임했다. 따라서 싸우면 싸우는 대로 승리할 수밖에 없었던 것이다.

특히 한산도 대첩에서 그러한 이순신 전법의 백미(白眉)를 볼 수 있다. 우선 5척의 전선으로 하여금 적의 선봉선을 공격하도록 하자, 적군은 일제히 추격해 오기 시작했다. 그리하여 적군이 사정거리 안으로 들어오는 순간, 전 함대가 뱃머리를 급선회하여 왜군의 좌우 양편을 마치 학이 날개를 편 것처럼 포위하고 집중 공격을 퍼부었다. 그 결과 왜선 73척 중 42척을 격침시키고 17척을 나포(拿捕)하는, 세계 해전사에 길이 남을 대승리를 거두었다. 그리고 이것으로 임진왜란의 전세는 바뀌게 되었다.

한산도 대첩 이후에도 이순신은 안골포(지금의 창원군 웅천면)까지 이동하여 또 다른 왜군 함대를 발견했다. 이곳에 있던 왜군들은 한산도에서의 대패 소식을 들었는지 끝내 포구 밖으로 나오지 않아서, 할 수 없이 조선 수군은 각 전선들이 교대로 공격하는 작전을 펴서 하루 종일 격전을 계속한 끝에야 왜군 선단을 대부분 격파할 수 있었다. 이후 근처에 있는 여러 섬들을 샅샅이 수색하였으나 더 이상 왜선을 발견하지 못하자, 7월 13일에 본진인 좌수영으로 귀환하였다.

이렇게 세 차례에 걸친 출격 결과, 가덕도 서쪽 방면의 해상을 완전히 장악하게 되었고, 이에 따라 이순신은 왜군의 본진이 있는 부산포 공략을 마음놓고 추진할 수 있었다.

여기서 우리는 완전한 승산이 있기 전까지는 절대 섣불리 공격하지

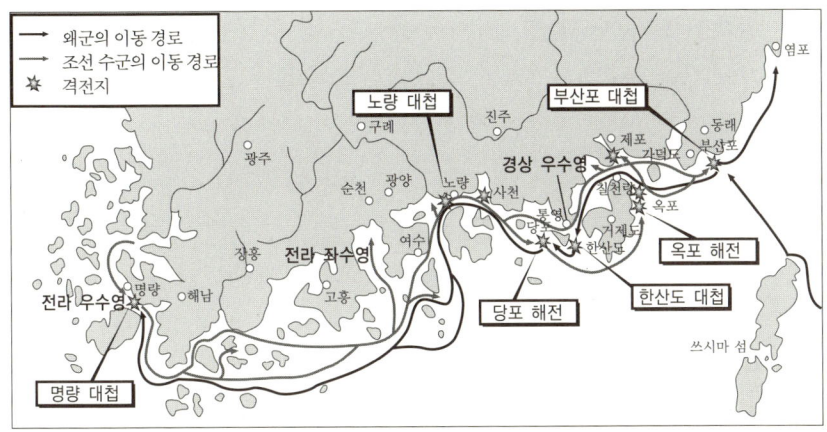

임진왜란 당시 해상에서의 이동 경로

않으며, 승리가 확실시되더라도 언제나 최악의 경우를 대비할 뿐만 아니라, 일단 결정을 내린 후에는 불굴의 용기와 죽음도 불사하는 정신으로 공격에 임하여 반드시 승리를 쟁취해 내고 마는 이순신의 자세를 배울 수 있다.

드디어 8월 24일, 이순신은 전라 좌·우수영 소속 166척의 대함대를 이끌고 부산을 향해 출격했다. 이제 양국 해군의 본진이 운명을 건 대결전을 눈앞에 두게 된 것이다. 9월 1일에 절영도(지금의 영도)에 이르러 적의 동정을 탐색해 보니, 왜선 약 500척이 동쪽 해안에 세 개의 진으로 나뉘어 정박해 있었다. 왜군은 조선 수군의 공격을 받고도 배에 올라타 해상전을 전개하려 하지 않고, 이미 자신들의 요새로 삼은 부산포 안에 틀어박혀 강력하게 저항했다. 어쩔 수 없이 아군의 상당한 피해를 각오하고 전면전을 감행할 수밖에 없는 상황이 된 것이다.

하루 종일 치열하게 벌어진 전투에서 100여 척의 적선을 격파하는 대승을 거둘 수 있었지만, 아군도 상당수의 사상자를 내는 등 피해가 컸다. 특히 전투마다 앞장섰던 녹도 만호 정운이 전사하여 이순신의 마음을 아프게 했다.

이순신의 연승으로 조선 수군은 남해를 완전히 장악하게 되었고, 이에 따라 전라 좌수영은 여수에서 한산도로 본영을 옮겼다. 한산도는 남해의 전략적 요충지였으며, 따라서 이곳에 본영을 구축해야만 왜군이 서쪽 해상으로 진출하는 것을 효과적으로 봉쇄할 수 있는 것은 물론, 왜군들을 모두 공격권 안에 두고 언제라도 격멸시킬 기회를 엿볼 수 있었다. 그러나 한산도는 원래 이순신의 관할 구역 밖이었으므로, 그가 이곳에 본영을 구축했다는 것은 당시 그의 부대 이외에는 왜군과 대적할 만한 조선 수군이 없었다는 것을 의미하기도 한다. 결국 조선 조정은 이러한 사정을 참작하여 선조 26년(1593) 8월에 이순신을 삼도 수군 통제사로 임명하여 수군의 지휘권을 일원화하기에 이른다.

이때 이순신의 나이 49세로 무관으로 관직 생활을 시작한 지 17년 만에 무인으로서 최고의 자리에 오르게 된 것이다. 그러나 이것은 영광이라기보다 자신이 무너지면 조선 수군 전체가 궤멸된다는 엄청난 책임감이 요구되는 자리였다. 한산도는 왜군의 전진 기지가 설치되어 있는 거제도와 빤히 마주 보이는 가까운 거리에 있었기 때문에 한시도 긴장을 늦출 수가 없었으며, 한산도 일대 수역은 동서 양쪽으로 모두 진출할 수 있는 요충지였기 때문에, 만약 적에게 빼앗기면 남해에서의 주도권을 상실하게 될 수도 있었다.

해상에서 양국 간에 긴박한 대치가 계속되고 있는 동안, 명군과 왜군 사이에서는 **강화회담(講和會談)**이 진행되고 있었다. 왜군은 육지에서 계속 승리를 거두고 있었지만, 명군의 참전으로 전쟁이 소강 상태를 보이고 해상에서의 연패로 후방이 교란되고 있었으므로, 강화회담에 나설 수밖에 없었다. 명군은 명군대로 전쟁을 속히 끝내고 귀국하고 싶은 마음뿐이었다. 강화회담은 조선의 의지와 상관없이 침략군과 참전군 사이에서 진행되고 있었던 것이다. 그러나 조선으로서는 전쟁을 수행할 수 있는 능력이 없었기 때문에 별수없이 회담의 진행 과정을 지켜보는 수밖에 없었다.

모함과 백의종군

강화회담은 오랫동안 해결을 보지 못하고 지루하게 진행되고 있었다. 이런 사정으로 해상에서의 정면 충돌이 억제되고 있는 가운데 이순신은 끊임없이 적의 동태를 면밀히 감시하며 군비 보강과 군사 훈련에 몰두했다. 이에 따라 거제도 서쪽의 외딴섬에 불과했던 한산도는, 최전방 요새이자 병기창이며 완벽한 군수 조달지로 변모하기 시작했다. 그러나 대치 상태가 계속되자 이순신과 원균 사이의 해묵은 불화가 고개를 들기 시작했다.

두 차례의 대첩 이후 이순신이 수군 총지휘자가 되었지만, 원균은 자기가 나이도 많고 선임이라는 점을 내세워 항상 불만을 가지고 독단적으로 행동했다. 더구나 원균은 조정의 고관대작들은 물론 왕도 잘 알고 있었으나, 이순신은 유성룡이니 이원익 이외에는 별다른 후원사가 없었다. 말하자면 원균은 전형적인 정치 군인이었고, 이순신은 야전 군인이었던 셈이다. 이런 상황에서 현실적인 이유 때문에 어쩔 수 없이 이순신을 수군 최고 책임자로 임명하긴 했지만, 원균과 조정은 그의 권위를 인정하지 않고 있었던 것이다.

원균은 임진년 전투 과정에서 자신의 지휘 병력을 잃어버린 적이 있었다. 그러면서도 대책과 능력도 없이 강공만을 주장하다가 대부분 이순신에 의해 무시당하자 불쾌한 감정을 갖기 시작했다. 그런데다 경상도 수군이 사실상 와해된 상태에서 전라 좌도 수군 책임자인 이순신이 경상도 수역의 제일선까지 담당하며, 싸우는 족족 전승을 거두자 자존심마저 상해 있었다.

사실 육지에서 왜군들에게 속수무책으로 무너지고 있는 당시 상황에서, 이순신마저 해상에서 적을 막지 못했다면 왜군은 육해군 협공으

강화회담(講和會談)
전쟁을 끝내기 위해 관련 국가들이 만나 조약을 맺고 협상을 하는 회담.

로 벌써 조선 조정을 항복시켰을 것이다. 이러한 사실은 훗날 병자호란 때 적군의 침입로를 단 한 곳에서도 막지 못하자, 일거에 무너지고 말았던 점을 생각해 보면 충분히 짐작할 수 있다.

하지만 원균은 이순신의 지휘권을 끊임없이 무시했고, 조정에서는 이것을 전공에 대한 불만 때문에 생겨난 갈등으로 판단했다. 그리하여 원균을 경상 우수사에서 충청 병사로 전보(轉補)시키면서도, 한편으로는 이순신의 통제 능력을 의심하기 시작했다. 그러나 당시 조선의 주력 수군은 이순신이 만들어 놓은 전라 좌수영군이 대부분이라고 해도 과언이 아니었기 때문에 그를 완전히 무시할 수는 없었다.

그러던 중 강화회담이 별다른 진척을 보이지 않고 대치 상태만 자꾸 길어지자, 선조를 비롯한 조선 조정은 이순신의 전략 자체를 불신하기 시작했다. 항상 승리만 했던 수군이 언제라도 또다시 왜군을 격멸시킬 수 있다고 기대한 때문인지, 이순신에게 공격을 강요하는 분위기가 팽배해져 가고 있었다.

당시 왜군은 남해안 일대에 총집결하여 강력한 진지를 구축하고는 회담의 진행 과정을 지켜보고 있었다. 따라서 왜군을 격파하려면 육지에서 먼저 공격을 가하여 왜군들을 바다로 몰아내고, 이순신의 수군이 퇴로를 차단하여 이들을 기다렸다가 일거에 섬멸하는 작전을 펴야만 했다. 그러나 명군은 강화회담에만 매달려 있었고, 조선 자체의 군사력으로는 왜군과 육지에서 대등한 전투를 수행할 능력이 없었다. 그렇기 때문에 조정에서는 이순신의 수군이 상륙작전을 감행해서라도 적을 공격해 주기를 바랐던 것이다. 그러나 이순신은 그것이 무모한 작전이라는 것을 잘 알고 있었기 때문에 오히려 육상에서 적극적으로 공격할 것을 요청했다.

바다에서의 전투라면 모르지만, 병력 수에서 절대적으로 열세인 수군이 육상전을 감행하는 것은 자살 행위나 마찬가지였다. 그뿐 아니라 만일 실패라도 하는 날에는 그나마 마지막 보루인 수군마저 궤멸되어

조선은 완전히 무방비 상태가
되어 버린다. 그렇게 되면 왜군
은 강화회담을 깨버리고 또다시
전쟁을 계속할 것이 뻔했다.

이순신이라고 이 피 말리는
대치 형국이 빨리 해소되기를
바라지 않은 것은 아니었다. 『난
중일기』에서 이 시기에 대해 쓴
부분을 보면, 과중한 업무와 코

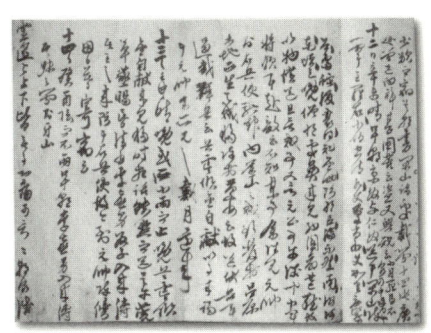

『난중일기』

앞에 적을 두고 있는 상황 때문에 신경이 곤두선데다가, 사정을 모르고
공격만을 강요하는 조정 때문에 괴롭고 몸이 아프다는 기록이 수없이
나온다. 건강이 극도로 나빠져 있었던 것이다.

그러나 함부로 움직일 수는 없었다. 지금과 같이 팽팽하게 대치하고
있는 상태에서는 긴장을 이기지 못하고 먼저 움직이는 쪽이 무너지고
만다는 것을 잘 알고 있었기 때문이다. 병력과 장비, 전투력 모두에서
월등히 우세한 왜군이 섣불리 움직일 수 없었던 것은 이처럼 철저하게
버티고 있는 이순신 때문이었다.

그러나 조정에서는 왜군이 육지에서 5년이나 머무르는 동안 한 번도
제대로 된 공격을 하지 못했으면서도 이순신이 지나치게 소극적이라면
서 비난하고 있었다.

이순신은 자신에 대한 조정의 오해가 깊다는 것을 알면서도 전략을
수정하지 않았다. 자신이 선택할 수 있는 유일한 전략은 왜군이 견디지
못하고 먼저 움직이는 때를 기다리는 것뿐이라고 생각한 것이다. 조정
의 비난에 못 이겨 전략을 수정한다면 자멸하게 될 것이 불 보듯 뻔했다.

이러한 조선 조정과 이순신의 갈등에 대해 알게 된 왜군은, 눈엣가시
같은 이순신을 제거할 수 있는 계책을 꾸몄다. 이른바 '반간계'(反奸
計)를 수립한 것이다. 왜장 고니시는 또 다른 왜군 지휘관인 가토와의

불화설을 조선 조정에 은근히 흘린 후, 가토가 일시적으로 본국으로 돌아갔다 귀환하는 일정을 알려 줄 테니 조선 수군이 매복했다가 이를 제거해 달라고 은밀히 요청했다. 거짓 정보를 접한 조선 조정은 이순신에게 출동을 명하였고, 이순신은 그것이 왜군의 계략임을 알았지만 명령을 수행하기 위해 출동할 수밖에 없었다. 그러나 왜군의 기습에 대비하여 만반의 준비를 하느라 출동이 다소 늦어졌고, 그 사이에 가토는 이미 서생포로 돌아와 버렸다.

조선 조정은 명령을 어기고 늦게 출동하여 잡을 수 있었던 왜장을 놓쳤다며 이순신을 비난하기 시작했다. 그리고 마침내 이순신을 문책하기로 결정했다. 이때에는 늘 이순신을 도와주던 유성룡조차도 어찌 할 도리가 없었다. 적이 가장 두려워하는 지휘관을 의심만 하다가 결국에는 적의 반간계에 속아 처벌하는 잘못을 저질렀으니, 조선은 적 앞에 스스로 약점을 드러낸 셈이었다.

결국 이순신은 정유년인 선조 30년(1597) 2월 25일에 신임 통제사 원균에게 직책을 인계하고 서울로 압송되어 3월 4일에 투옥되었다. 그러다가 재조사를 통해 결백이 증명되자, 4월 1일에 겨우 사면되어 또다시 도원수 권율 휘하에서 백의종군하라는 명령을 받았다. 당시 권율은 남쪽으로 이동하고 있었는데, 이순신은 권율의 본진을 찾아가는 길에 어머니를 만나려고 아산 본가에 잠시 머물렀다. 이순신이 한산도에 있는 동안 그의 가족은 순천 고음에 거주하고 있었는데, 아들의 석방 소식을 들은 그의 어머니가 아들을 만나기 위해 배를 타고 먼길을 올라오고 있었던 것이다.

그러나 그의 어머니는 그리운 아들을 지척에 둔 4월 13일, 배 위에서 별세하고 만다. 당시 이순신 위로 두 형은 이미 오래 전에 병사하여 이순신이 실질적인 가장 역할을 하고 있었기 때문에, 그의 어머니는 이순신을 각별하게 생각했다. 그러한 어머니를 잃은 통한의 심정을 이순신은 『난중일기』에, "뛰어나가 가슴을 치면서 뛰고 뒹구니 하늘의 해조차

캄캄하다."고 적고 있다. 겨우 입관을 마치고 4월 19일에 다시 길을 떠나야 했던 그는, 또다시 『난중일기』에 "울며 부르짖었다. 다만 어서 죽기를 기다릴 따름이다."라고 그때의 아픈 마음을 적어 놓았다.

몸과 마음이 모두 피폐해진 상태에서 이순신이 경상도 초계에 있는 권율의 본진에 도착한 것은 출발한 지 50여 일이 지난 6월 8일이었다. 그는 이곳에서 권율의 자문 역할을 수행하고 있었는데, 7월 16일에 조선 수군이 칠천량에서 왜군의 기습을 받아 통제사 원균, 전라 우수사 이억기, 충청 수사 최호까지 전멸하였다는 급보를 접하게 된다.

정유년의 대승, 그리고 마지막 전투

마침내 정유년, 왜군의 재침략이 시작됐다. 당황한 조선 조정은 어쩔 수 없이 이순신을 삼도 수군통제사로 재임명했다. 이순신이 곧바로 순천을 거쳐 회령포(지금의 장흥)에 도착해 보니 남아 있는 전선이라고는 12척에 불과했다. 그가 그토록 애써서 가꾸어 놓은 함대가 모두 사라진 것이다. 비통한 마음을 삼키며 8월 29일에 진도 벽파진으로 진을 옮겨, 다가올 전투에 대비하며 전열을 재정비했다. 9월 14일, 왜군 수백 척이 또다시 공격을 시도할 것이라는 정보를 접한 이순신은, 명량 해협에서 이에 대적하기 위해 12척의 전선을 이끌고 출전했다.

명량 해협은 일명 '울돌목'이라고 불리고 있었는데, 밀물과 썰물 때에는 급류로 변하는 곳이었다. 적은 병력으로 대적을 상대하기 위해 넓은 바다를 피해 좁은 해역을 선택한 것이다. 이순신의 판단은 정확하게 맞아떨어졌다. 명량 해협은 조류가 빠른데다 지형이 좁았기 때문에 100여 척이나 되는 적선은 행동이 부자유스러울 수밖에 없었다. 따라서 조선 수군은 적은 수의 함선으로도 적에게 포위되지 않으면서 오히려 대등한 싸움을 펼칠 수가 있었다. 이곳에서 이순신은 믿을 수 없는 승리를 거둬 서해를 통해 북상하려는 왜군의 의도를 또 한 번 막아냈다.

명량 대첩 이후 고금도(지금의 완도)로 진을 옮기고 군세를 거의 회복해 가던 이듬해(1598) 8월, 도요토미 히데요시가 병사하자 왜군은 철병하기 시작했다. 이순신은 퇴각하는 적을 공격하기로 하고, 11월 19일 새벽에 명군과 함께 노량 해역에 집결해 있는 왜군을 기습했다. 이리하여 임진왜란 마지막 대해전이 시작된 것이다.

  이 대해전에서 이순신은 적의 유탄을 맞고 홀연히 숨을 거두고 만다. 그의 죽음을 안 것은 몸종 김이와 맏아들 회, 그리고 조카 완 세 사람이었다. 그토록 간절히 원했던 왜군을 섬멸하는 마지막 전투에서 그만 세상을 떠나고 만 것이다. 마치 자신의 할 일은 이제 모두 끝났다는 듯이 이순신은 마지막 싸움의 대승을 뒤로한 채 험난했던 삶을 마감했다. 이렇게 그는 풍전등화 같던 조국을 수호하고 전장에서 장렬히 산화하고 말았다.

  이 전투에서 조선과 명의 연합군은 왜선 200여 척을 격침하여, 전쟁이 벌어진 이래 최대의 승리를 거둔다. 그리고 이 싸움을 끝으로 7년 동안 전쟁에 시달리던 조선은 평화를 되찾게 되었다. 싸움의 결과는 이순신이 그동안 취했던 전략이 맞았음을 증명해 주고 있는데, 이순신이 대치를 계속했던 이유가 적을 두려워한 소극책이 아니라 그 상황에 맞는 최선책이었으며, 적을 바다로 끌어내기만 하면 승리할 수 있다고 믿었던 그의 판단은 정확했던 것이다.

  자신의 몸을 던져 조국을 지켜낸 이순신은 '충무공'(忠武公)이라는 시호를 받고 본가가 있던 아산의 어라산 기슭에 잠들었다. 그의 멸사봉공과 우국충정의 정신은 후세에 길이 기려야 될 본보기임에 틀림없다.

붉은 옷의 전설, 홍의장군
곽재우

선조 25년(1592) 4월 14일, 20만 대군을 이끌고 부산포를 침략한 왜군은, 거침없이 북상하며 조선의 국토와 백성을 유린하기 시작했다. 국가와 백성의 재산과 생명을 지키고 보호해야 할 벼슬아치들은 모두 도망가 버리고, 조선의 온 산야는 백성들의 비명과 통곡으로 진동하고 있었다.

이때 분연히 일어나 자신의 재산을 털어 의병을 일으킨 사람이 있었으니 다름 아닌 붉은 옷의 전설, 망우당(忘憂堂) 곽재우였다. 임진왜란이 일어난 지 꼭 열흘 째 되던 날, 붉은 옷을 입고 은 안장을 얹은 백마를 타고 나타난 곽재우는, 서릿발 같은 검을 휘두르며 왜군을 무찌르기 시작했다. 이때부터 홍의장군의 전설은 시작되었다.

경남 의령군 유곡면 세곡리는 홍의장군 곽재우가 태어나고 성장한 고향이다. 또한 이곳은 우리 나라 최초의 민간 유격대가 창설된 역사의 현장이기도 하다. 의령군 남강 기슭 정암진은 낙동강을 거슬러 올라와 경상도를 짓밟고 전라도를 향해 물밀듯이 밀려드는 왜군을 곽재우가 크게 무찌른 빛나는 전승지로서, 이곳에서의 대승 때문에 바다에는 이순신 장군이 있고 땅에는 홍의장군이 있다는 전설을 낳게 된 것이다.

홍의장군 곽재우는 필승의 전략으로 백전백승하던 유격전의 명장이었다. 하지만 그는 승전의 포상을 바라지도 않았고 부귀와 공명을 탐내

지도 않았다. "의병은 싸울 뿐이다. 결코 승리를 자랑하지 않는다."는 말에서 사심 없는 그의 충정을 잘 알 수 있다.

당시 조선 조정과 관료들은 썩을 대로 썩어 있었다. 그들은 허구한 날 당파 싸움으로 숱한 충신들을 죽음의 구렁텅이로 빠뜨렸다. 그리고 전란이 닥치자 나라를 구하기는커녕 제 한 목숨 건지기 위해 도망치기 바빴다. 도망치는 와중에서도 당파 싸움은 끊이지 않았으니, 조선의 운명은 불 보듯 뻔했다. 왜란은 예정된 전란이었던 것이다.

수많은 희생 끝에 전란이 끝난 후 곽재우는 붉은 옷을 벗고 장검도 버렸다. 여러 차례 내려 준 벼슬도 마다한 채, 창녕군 길곡면 창암리 비슬산 기슭에 '망우정'(忘憂亭)을 짓고 세상의 온갖 잡사를 잊으려고 했다. 그의 아호 망우당은 여기에서 비롯된 것이다.

왜란을 당해서는 의병장으로 나라를 위해 목숨을 내던졌고, 난이 끝나자 고향에서 풍류를 즐기면서 여생을 보낸 곽재우는 달성군 구지면 구지산 기슭에 있는 묘소에 안장되어 '망우의 적막'을 누리고 있다.

한량, 의병을 일으키다

곽재우는 명종 7년(1552) 8월28일, 의주 목사와 황해도 관찰사를 지낸 곽월의 셋째 아들로 태어났다. 그가 태어난 곳은 부친이 처가살이를 하던 유곡면 세간리다. 『망우집』에 따르면 곽재우는 타고난 자질과 인품이 호탕하였고 침착하였으며, 눈을 똑바로 뜨고 쏘아보면 안광이 번쩍번쩍 빛나서 감히 마주 쳐다볼 수 없었다고 한다. 곽재우는 어렸을 때 남명 조식의 문하에 들어가 주자학을 배웠고, 그것이 인연이 되어 남명의 외손녀와 혼인했다.

열아홉 살이 될 때까지 곽재우는 학문을 닦고 무예를 익히며 문무를 겸비한 인재로 성장했다. 스물한 살 때에는 의주 목사로 부임하는 부친을 따라가 3년 동안 곁에서 모시는 한편, 틈틈이 군사에 관한 지식과 무술을 연마했다. 곽재우는 그다지 벼슬에 뜻이 없었지만 부모의 원에 따라 어쩔 수 없이 서른네 살 되던 해에 과거를 보아 2등으로 합격하기도 했다. 하지만 답안에 임금의 비위를 거스르는 대목이 있다는 이유로, 며칠 뒤에 합격이 무효가 되었다.

이듬해 부친이 별세했는데, 그는 죽기 전에 정3품 당상관의 관복을 곽재우에게 물려주며, "우리 가문을 이을 사람은 너뿐이다."라고 하면서 눈을 감았다고 한다. 그러나 부친의 3년상을 치른 후에도 곽재우는 벼슬길에 오를 생각은 않고, 낙동강과 남강이 만나는 기강 옆에 집을 짓고 시와 술과 낚시로 유유자적하며 풍류의 세월을 보냈다. 그렇게 세월을 보내던 곽재우가 불혹의 40세가 됐을 때 임진왜란이 일어나게 되었다.

1592년 4월14일, 도요토미 히데요시의 명령에 따라 부산포에 상륙한 20만 왜군은 상륙하기가 무섭게 조선 땅을 휩쓸기 시작했다. 왜군은 별다른 저항을 받지 않은 채 양산, 밀양, 대구, 상주를 거쳐 문경새재까지 북상했다. 유성룡의 『징비록』에 따르면, 경상 감사 김수는 진주에서 왜란 소식을 듣고 동래로 가던 중에 적이 밀어닥친다고 하자, 자신은 그 길로 도망치며 각 고을에 전령을 보내 모두 재주껏 산 속으로 숨으라고 했다고 전한다. 그런 판국이었으니 가만히 있다가는 힘 없고 약한 백성들은 모두 죽게 될 게 뻔했다. 그러나 이대로 앉아서 죽을 수는 없는 노릇이었다. 그래서 죽을 때 죽더라도 내 힘으로 싸우다 죽자며 의병이 일어나기 시작한 것이다.

곽재우가 처음 의병을 일으킨 4월 22일은 모리 데루모토가 이끄는 3만 왜군이 김해 창원을 점령하고 현풍으로 들어오던 날이었다. 의병을 일으키기에 앞서 그는 현풍의 본가로 달려가 조상의 사당에 고하고 묘의 봉분을 평평하게 만들어 적군이 범하지 못하게 했다. 그 다음에 어머니 허씨를 비롯한 가족들을 데리고 의령으로 돌아와 깊은 산 속으로 피난시킨 후 의병을 모집하기 시작했다. 이노의 『용사일기』와 이긍익의 『연려실기술』 등에 따르면, 처음에 곽재우는 집에 데리고 있던 종 10여

명을 데리고 이불을 찢어 깃발을 만들고 붉은 관복을 입은 다음, 스스로 하늘에서 내린 붉은 옷의 장수라고 일컬으면서 집 앞 정자나무에 북을 매달아 그것을 치며 사람들을 불러모았다고 한다. 그리고 가산을 정리하여 곳간을 열고 사람들에게 곡식을 마음대로 퍼가게 하는가 하면, 자신의 옷을 벗어 그들에게 입힐 정도로 열성적이었다고 한다.

하지만 나이 마흔이 넘도록 변변한 벼슬 한 자리도 못하면서, 매일같이 술과 낚시를 즐기며 풍월이나 흥얼거리던 곽재우가 의병을 모은다니, 머슴 열두어 명만이 삽, 곡괭이, 낫, 도끼 같은 것을 들고 따라 나설 뿐이었다. 이래선 안 되겠구나 싶어 곽재우는 평소 눈여겨봐 두었던 지략과 담력을 갖춘 젊은이들을 일일이 찾아다니며 설득한 결과, 가까스로 수십 명을 모을 수 있게 되었다.

힘들게 의병부대를 만든 지 보름이 채 못 된 5월 4일, 임진왜란 개전 이래 첫 승리라 할 수 있는 거름강 전투가 벌어졌다. 왜군의 척후선 3척이 남강을 거슬러 오고 있다는 보고를 받은 곽재우는, 선봉장 심대승을 비롯한 날래고 힘깨나 쓰는 부하 10여 명을 거느리고 거름강으로 달려갔다. 그리고는 강가 갈대밭에 궁수들을 매복시키고 강 속에는 통나무와 밧줄 등의 장애물을 설치하고 기다리다가, 왜군들의 배가 거기에 걸려 빠져 나오려고 애쓰는 틈을 타 마구 활을 쏘아대니, 왜군들은 조총 한 번 제대로 쏠 새도 없이 모두 죽고 배도 침몰해 버렸다.

곽재우는 첫 승리에 환호하는 부하들을 돌아보며 회심의 미소를 지었다. 비록 작은 전투였지만 승리의 파급효과는 대단히 컸다. 곽재우가 거름강 싸움에서 승리했다는 소식이 퍼지자 그의 군세는 말 그대로 눈덩이처럼 불어나기 시작했다.

그로 부터 이틀이 지난 5월 6일, 이번에는 11척의 적선이 나타났다는 보고가 들어왔다. 비록 의분(義憤) 하나만으로 일어나 제대로 입지도 먹지도 못하고 무기도 변변치 못한 형편이었지만, 의병들은 이번에도 곽재우의 신출귀몰한 게릴라 전술에 따라 용감히 싸워 또다시 승리를 거두었다. 이순신이 임진왜란 최초의 해전인 옥포 싸움에서 첫 승리를 거두기 바로 전날이었다.

곽재우의 거듭되는 승전 소식을 듣자 사람들의 생각이 달라지기 시작했다. 산 속에 숨어서 동정을 살피던 사내들이 무더기로 내려와 홍의 장군의 깃발 아래로 모였다. 처음에 10여 명으로 첫 발을 내디딘 의병의 수는 수백 명으로 불어나 마침내 2천 명을 헤아리는 대부대가 되었다.

곽재우의 의병부대는 여러 싸움에서 승리했지만, 정암진 전투야말로 그의 의병 활동 중 가장 빛나는 승리로 꼽히는 싸움이다. 1592년 6월 함안을 점령한 왜군 2만 명은 의령을 공격하기 위해 정암진에 도착해서 강을 건너기 위한 작전을 시도했다. 당시 경상도를 맡은 왜장은 모리 데루모토이고 전라도를 맡은 자가 고바야카와인데, 이순신이 바다를 가로막는 바람에 해안으로 상륙하는 것이 어려워지자, 육로를 통해 전라도를 침범할 계획을 세운 것이다.

하지만 정암진은 물이 워낙 깊은데다 그나마 얕은 곳은 진창이어서 도저히 강을 건널 수가 없었다. 그래서 사로잡은 조선 백성들을 동원해 마른 곳만 골라서 깃발을 꽂아 표시하게 하고 다음 날 해가 뜬 후 강을 건너려고 했다. 이런 사실을 손바닥 보듯 훤히 알고 있던 곽재우는 밤새 의병들을 시켜 깃발을 모조리 뽑아 진창으로 옮겨 꽂게 하고, 수심이 깊은 곳에는 장애물을 설치한 뒤 강변 갈대밭에는 궁수들을 매복시켜 놓았다.

날이 밝자 과연 왜군들이 강가로 꾸역꾸역 몰려 나왔다. 그리고 깃발을 따라 강을 건너다가 모조리 진창에 빠져 허우적거리기 시작했다. 이때 정암진 벼랑 위에 붉은 옷을 입고 백마 위에 높이 앉은 장수 한 사람이 나타나더니, 긴 칼을 휘두르면서 벼락치듯이 소리를 질렀다.

"쏴라! 한 놈도 놓치면 안 된다."

비 오듯 화살이 날고 여기저기서 왜군들이 고꾸라지기 시작했다. 선발대가 조선 의병들의 매복에 걸려 거의 전멸하자, 왜군은 머릿수만 믿고 인해전술로 밀고 나왔다. 홍의장군은 무모하게 수적으로 우세한 적과 맞서지 않고 의병들을 후퇴시킨 다음, 여기저기 산등성이와 산골짜기 속에 군사들을 숨긴 뒤 유인작전을 펼쳤다. 그뿐 아니라 자신과 키와 몸집이 비슷한 부하 10여 명을 뽑아서, 가짜 홍의장군을 만들어 '천강홍의대장군' 이라고 쓴 대장기를 들고 곳곳의 길목을 지키게 하였다. 그런 후 한 무리의 군사를 이끌고 적진으로 쳐들어가 적들을 물리치다가 말머리를 돌려 후퇴하니, 그제서야 제정신으로 돌아온 적들은 고래고래 악을 쓰고 조총을 쏘며 추격해 오기 시작했다.

그런데 그렇게 한참을 쫓다보니 이게 웬 조화란 말인가. 여기에도 홍의장군, 저기에도 홍의장군이 나타나서 우렁차게 호통치며 어지럽게 칼춤을 추는 게 아닌가. 놀라서 넋이 나간 왜군들이 등을 돌리고 다시 강변으로 도망치니 이번에는 사방에 숨어 있던 의병들이 나타나 마구 공격해 대기 시작했고, 결국 이 싸움에서 2만에 가까운 왜군이 거의 전멸하다시피 참패하였다. 그 뒤부터 왜군은 홍의장군만 보면, "하늘에서 내려온 신장(神將)이 나타났다!" 하면서 도망다니기 바빴다.

정규군 총사령관이 되다

홍의장군 곽재우가 자기의 재산을 털어 의병을 일으키고 이토록 빛나는 전공을 세웠건만, 나라로부터 상을 받기는커녕 제 한 목숨 살겠다고 도망쳐 숨기에 바빴던 자들에게 모함을 받아 오히려 죽을 고비를 넘겨야 할 때도 있었다. 정말 한심한 임금에, 한심한 벼슬아치들에, 한심한 나라꼴이었던 것이다. 그러나 결국 공로를 인정받아 성주 목사 겸 조방장으로 임명된 곽재우는, 일단 의병을 해산시켜 일부는 관군으로 편입시키고 나머지는 돌아가서 농사를 짓도록 하였다.

1597년에 정유재란이 일어났을 때, 곽재우는 경상좌 방어사로 창녕의 화왕산성에서 적을 맞았다. 그곳은 산 정상에 오르면 창녕은 물론 멀리 고령, 합천, 의령, 함안까지 한눈에 들어오는 전략적 요충지였다.

왜군이 다시 쳐들어 왔다는 급보를 받은 곽재우는 밀양, 영산, 창녕, 현풍 등의 군사와 백성을 거느리고 화왕산성으로 올라가 성을 지키기 위한 준비를 시작했다. 이제는 유격전을 펴는 의병이 아니라 정규군 총사령관으로서 적의 대군과 맞서야 했기 때문이다.

전력적으로 우세한 적에 맞서기 위해서는 험한 지형에 의지할 필요가 있었기 때문에, 곽재우는 성벽을 구축하고 보강한 다음 장작과 섶을 무더기로 쌓아 성이 함락될 경우 다 함께 불을 질러 죽기로 결의하고 적을 기다렸다. 이윽고 왜장 가운데 가장 용맹스럽고 흉포하기가 이를 데 없다는 가토 기요마사가 수만 대군을 이끌고 성 아래에 이르렀다. 하지만 온 산을 뒤덮은 적군의 깃발과 창검을 내려다보고도 곽재우는 조금도 동요하지 않고 바위처럼 굳건하게 자리를 지켰다.

"왜놈들 중에 병서와 군사 쓰는 법에 대해 아는 자가 있다면 감히 우리 성에 함부로 덤벼들지 못할 것이다."

과연 곽재우의 말대로 가토 기요마사는 하루 낮밤을 성 밑에서 동정만 살피다가 승산이 없는 것을 깨닫고 그냥 군사를 돌리고 말았다. 피 한 방울 흘리지 않고 적군을 격퇴한 것이다.

다시 한량으로 돌아가다

왜란이 끝나고 나서 임금이 내리는 벼슬을 사양했다는 이유로 영암에서 2년간 귀양살이를 한 곽재우는, 유배에서 풀려난 후 창녕군 길곡면 창암리 비슬산 기슭에 망우정을 짓고 은거하며 다시는 세상에 나가지 않았다. 그는 세상의 온갖 잡사를 잊고 풍류를 즐기는 일에 전념했다.

선조와 광해군이 여러 차례 벼슬을 주려 했지만 모두 거절한 곽재우는 아들들에게도 벼슬길에 나가지 말 것을 간곡히 당부했다고 한다.

솔잎으로 끼니를 때우고 책과 거문고, 낚시를 즐기면서, 만년을 풍류와 도술에 몰두하며 보내던 곽재우는, 광해군 9년(1614) 4월 10일 망우정에서 66세를 일기로 세상과 하직한다. 그가 죽던 날 갑자기 하늘에서

뇌성벽력이 울리고 한바탕 풍우가 몰아치더니, 문을 열자 방 안에 이상한 향기가 가득하였다는 이야기가 야사에 전해 오고 있다.

생전에는 공신 반열에 끼지 못했던 곽재우에게 숙종 35년(1709)에 병조판서 겸 지의금부사가 **추증(追贈)**되고 '충익'(忠翼)이라는 공신호(功臣號)가 내려졌다.

추증(追贈)
죽은 뒤에 나라에서 관직을 높여 주는 것.

의술로 치도의 근본을 실천한 의성
허준

'의성'(醫聖)이라고까지 추앙받는 허준은 신분적 불리함을 딛고 자기 분야에서 최고의 자리에 우뚝 선 도전적 인간상의 전형이라 할 수 있다. 그는 유교적 가치관이 전부이던 시대에 태어나, 당시로서는 크게 대우받지 못하는 '의술'이라는 길에 인생을 바쳤다. 하지만 그곳에서 누구도 넘볼 수 없는 경지에 이르기까지 자신을 갈고 닦아 시대적 가치를 뛰어넘는 평가를 이끌어 낸 위대한 인간 승리의 표본이다.

의원으로서 허준의 뛰어난 점은 약과 치료보다 건강의 유지와 증진에 의술의 본뜻을 두고 있다는 것이다. 즉, '치료 의학'보다는 '예방 의학'을 우선시했다는 점이 그의 의학 사상이 가진 가장 큰 특징이다. 이것은 『동의보감』을 비롯한 그의 모든 저술에 일관되게 흐르고 있는데, 오늘날의 기준에서 볼 때도 대단히 선각자적인 자세라고 할 수 있다.

의술을 '기술'(技術)이 아닌 '인술'(仁術)로 파악한 인본주의자였던 허준은, 항상 가난한 백성의 입장에서 치료법을 찾으려고 노력했을 뿐만 아니라 조선의 실정과 우리 민족의 체질이 갖고 있는 특성에 알맞는 치료에 관심의 초점을 맞추었다.

허준에게 있어서 의술의 목표는 가난한 백성들을 구호하는 데 있었다. 그는 자기가 배운 학문으로 그 어떤 정치가보다 치도(治道)의 근본을 실천한 큰 인물이었다. 또 전란으로 인해 어수선하고 흔들리던 당시 정권을 한쪽에서 굳건히 지탱해 준 버팀목이기도 했다.

허준의 독보적인 가치는 중국 의술의 아류로 취급되던 조선 의학의 체계를 정립시킨 데에 있겠지만, 더욱 중요한 것은 어려운 환경을 뚫고 자신의 길을 열어 나간 개척 정신과, 좌절의 순간에도 포기하거나 쓰러지지 않고 오랜 시간을 의술이라는 한 가지 길에 정진하여 불후의 명작, 『동의보감』을 탄생시킨 인간 승리에서 찾아야 할 것이다.

서얼로 태어나 의술 공부에 전념하다

허준은 조선 13대 왕인 명종 원년(1546)에 용천 부사를 역임한 허론의 서자로서 경기도 양천에서 태어났다. 어머니 손씨는 지방 현령의 딸로 아버지의 소실이었기 때문에, 그는 운명적으로 입신양명의 기회를 박탈당한 채 세상에 태어났다. 하지만 불행 중 다행으로 어려서부터 학문의 기초를 닦을 수 있었으며, 그것은 훗날 그가 의술을 철학의 경지에까지 끌어올려 집대성할 수 있는 토양이 되었다. 허준의 배다른 형제로는 형인 옥과 동생 징이 있었는데 그 중 동생은 꽤 높은 관직을 역임했던 것으로 알려져 있다.

허준은 아버지의 부임지를 따라서 전남 지역에서 소년 시절을 보냈다. 서얼 출신이라는 자신의 처지를 일찍부터 자각한 그는 당시 중인 계층이 활발히 진출하고 있던 의원을 인생의 목표로 선택하였다. 의술 공부에 전념하던 그는 젊어서부터 이미 가난하고 병든 백성들을 정성껏 치료해 주어 주위의 신망을 얻기 시작했다. 이런 허준의 의술은, 집안의 뒷바라지가 있기도 했지만 그 스스로도 노력을 게을리하지 않은 덕에 가능했던 것이다. 그는 일찍부터 능력을 인정받아, 10대에 이미 중앙으로 상납하는 약재를 검사하는 '심약(審藥)'이라는 종9품 관직에 임명되기도 하였다.

허준이 의원으로 출세하는 데에는 아버지의 본부인 영광 김씨의 도움이 컸는데, 특히 김씨의 친척으로 허준에게는 할아버지뻘 되는 김시홉이 그의 자질을 인정하여 미암 유희춘에게 소개해 주었고, 미암도 그의 능력을 높이 사서 여러 가지 면에서 허준을 적극적으로 도와주었다. 허준이 미암을 처음 만난 시기는 미암이 유배에서 풀려난 선조 원년(1568)으로, 그의 나이 스물세 살 때였다. 미암은 명종 2년(1547) **양재역 벽서사건**에 연루되어 윤원형 일파에게 탄압을 받고 유배 생활을 하다가, 선조가 즉위하고 나서야 21년 동안의 긴 유배 생활을 청산할 수 있었다. 그 후 미암은 선조 대에 전라 감사, 홍문관 제학, 대사헌 등의 요직을 역임하게 되는데, 이러한 미암의 지원과 보살핌은 허준의 출세에 큰 도움이 되었다.

미암의 추천으로 선조 2년(1569)에 궁중의 치료를 담당하는 내의원이 된 허준은 일생일대의 스승을 만나게 된다. 당대 최고의 의원으로서 임금과 왕족의 진료를 책임지고 있던 어의 양예수를 만난 것이다. 흔히들 허준의 스승을 유의태로 알고 있지만, 그는 허준보다 후대에 활약한 인물이기 때문에 두 사람의 관계는 꾸며 낸 것에 불과하다.

양예수를 만난 허준은 의술의 정수를 전수받아 의원으로서 더욱 높은 실력을 쌓아 갔다. 양예수가 지은 『의림촬요』가 훗날 『동의보감』을 저술하는 데 중요한 기초 자료가 되었던 점으로 미루어, 허준에게 있어서 양예수의 존재가 어떠했는지 잘 알 수 있다.

허준은 선조 4년(1571)에 종4품인 내의첨정에 올랐다가, 선조 8년(1575)에 의과에 정식으로 합격하고 어의로 선발된다. 갓 서른의 나이에 의원으로서 확실하게 지위를 굳힌 셈이다. 이때부터 허준은 왕실 진료를 함에 있어 많은 공적을 세우기 시작했고, 결국 선조의 절대적인 신임을 얻게 된다.

양재역벽서사건
을사사화가 일어난 지 2년 후, "위로는 여왕, 아래로는 간신이 날뛰니 나라가 망할 것이다."라고 쓴 벽서가 나붙은 사건이 일어나 사림파들이 죽임을 당했던 일.

허준은 왕실 전담 의원으로 근무하면서 의학을 꾸준히 연구하여 선조 14년(1581)에 『찬도방론맥결집성』을 4권 4책으로 펴냈다. 이 책은 중국 고양생이 지은 『찬도맥결』을 수정·보완하였을 뿐만 아니라, 어려운 부분을 이해하기 쉽게 풀어서 써 낸 것이다.

사실 『찬도맥결』은 의학을 공부하기 위해서는 반드시 읽어야만 하는 책이었지만 내용이 워낙 복잡하여 그 의미를 파악하는 데 많은 어려움이 있었다. 허준이 지은 교정본은 이러한 문제점을 대폭 수정하여 기본적인 진맥법과 병세에 따른 진맥법을 항목별로 상세하고도 쉽게 이해할 수 있도록 설명하고 있어 의학도들에게 많은 도움을 주었다. 이것으로 인해 내의원 내에서 그의 위치는 더욱 확실해졌다.

선조 23년(1590)에는 천연두에 걸린 광해군을 낫게 해 주어서 그 공로로 정3품이라는 파격적인 대우를 받게 되었는데, 이때부터 허준은 광해군과 특별한 인연을 맺게 되었다. 조정에서는 서얼 출신이자 기술관료인 그에게 정3품 당상관 대우는 부당하다며, 품계를 도로 거두어들이라는 여론이 빗발쳤으나 선조는 받아들이지 않았다.

전란 속에서 목격한 백성들의 고통

선조 25년(1592)에 일어난 임진왜란은 허준에게도 큰 전환점이 되었다. 왜군은 부산포에 침입한 후 파죽지세로 밀고 올라오기 시작했는데, 믿었던 신립마저 탄금대에서 무너지자, 선조와 조정은 개성을 향한 피난길에 올라야만 했다. 이때 허준은 어의로서 임금을 모시고 의주까지 갔다. 당시 양예수가 노쇠하여 47세의 허준이 어의로서 그 소임을 대행했던 것이다. 그는 피난길에 잠시도 왕의 곁을 떠나지 않고 건강을 돌본 공으로 선조가 대궐로 귀환한 후 또다시 품계를 올려 받았다.

그런데 한성으로 돌아오면서 목격한 조국의 산하는 전란으로 완전히 황폐해져 있었고, 백성들은 굶주림과 질병으로 고통받고 있었다. 특히 전쟁 중에 부상당한 사람들과 전란 끝에 으레 찾아오는 질병에 시달리는 백성들을 가까이서 지켜 본 허준은 이들을 치료할 방도가 시급하다는 것을 절실히 느끼게 되었다. 이에 따라 허준은 선조의 명을 빌려 모든 병을 치료하는 방안을 수록한 의학서를 편찬하기로 하고, 선조 29년(1596)에 그 기초 작업에 착수했다. 이때 노쇠한 양예수가 은퇴하여 허준이 그 뒤를 이어 내의원 최고 책임자로 임명된다.

그때는 아직 전쟁이 채 끝나지 않은 일시적 휴전 상태로서, 왜군이 여전히 남해안 일대에 진을 치고 있었으며, 국내 정세 또한 여전히 불안했다. 그러나 백성들의 구휼과 치료가 시급하다는 생각에, 우선 내의원 안에 새 의서를 찍어 내기 위한 편찬국을 두고 허준을 비롯하여 정작, 김응탁, 이명원, 정예남 등 내로라 하는 의관들이 모두 모여 공동 연구에 들어갔다.

그러나 한창 연구가 진행되는 도중에 정유재란(1597)이 발생하여 왜군이 다시 침입하자 연구는 부득이 중단될 수밖에 없었다. 전쟁의 양상은 중부 지방에서 전선이 형성된 후 교착 상태에 빠졌다가, 이듬해 도요토미 히데요시가 죽으면서 남긴 조선 철병 유언으로 왜군들이 일제히 철병하였고, 이에 따라 7년에 걸친 왜란이 겨우 끝나게 되었다.

전쟁이 끝나고 내의원도 다시 정비되자, 선조는 허준에게 중단되었던 의학서 편찬 작업을 계속하라는 명을 내렸다. 그때부터는 허준 혼자서 작업을 수행하게 되었는데, 그는 당시까지 알려져 있던 500여 권의 의학서를 참조하며 연구에 연구를 거듭해 나갔다. 연구에 몰두하던 그가 55세 되던 선조 33년(1600)에는 스승인 양예수가 세상을 떠났고, 그때부터 허준은 명실공히 조선 최고의 의원으로 대접받게 되었다.

허준은 의서 편찬 작업이라는 어려운 작업에 몰두하면서도 의원으로서 자신의 힘이 필요한 경우에는 누구보다도 적극적으로 나섰다. 선조 34년(1601)부터 전국에 천연두가 급속하게 퍼져 나가자, 허준은 연구하던 것을 잠시 접어두고 병들어 죽어 가는 백성들을 치료하기 위해 일선으로 나아가 의원으로서의 임무에 충실하고자 했다. 당시에는 전염병이 워낙 극성을 부려서 왕실 치료를 전담하는 내의원 의관들도 손 놓고 있을 수 없었기 때문이다.

허준은 이때의 경험을 토대로 일반 백성들이 의원의 도움을 못 받더라도 쉽게 응급 처치를 할 수 있도록, 세조 때 만들어져 전해 내려오던 『구급방』을 우리말로 번역하여 2권 2책의 『언해구급방』으로 내놓았다. 또 세조 때의 의학자 임원준이 저술한 천연두 치료에 관한 책인 『창진집』을 개편하고, 역시 우리말로 번역하여 『언해두창집요』를 편찬해 낸 것도 같은 해의 일이었다. 허준은 이 책을 알기 쉽게 고쳐 쓰기도 했지만, 자신이 직접 치료하면서 효과가 좋았던 진료 방법을 덧붙여 적어 놓아 천연두 퇴치에 커다란 기여를 했다.

이러한 공로로 선조 37년(1604)에는 '충근정량호성공신'(忠勤貞亮扈聖功臣) 3등이 되었다가, 2년 후에는 '양평군'(陽平君)이라는 작위와 함께 '보국숭록대부'(輔國崇祿大夫)로 봉해져서 관리로서 최고위직 대우를 받게 된다.

『동의보감』을 완성하다

의원으로서 허준과 같은 대접을 받은 사람은 그 이전에도 없었고, 그 이후에도 없었다. 그러나 일종의 '기술직'으로 문·무관에 비해 그다지 우대받지 못하던 의원이 전례 없이 파격적인 대접을 받게 되자, 자연히 조정 내에서는 허준을 질투하고 시기하는 분위기가 형성되었고, 결국 직위가 취소되는 수모를 당하게 된다. 이때부터 양반 사대부들의 집중적인 견제를 받게 된 허준은 그 와중에도 의학 연구에 꾸준히 몰두했다. 선조 41년(1608)에는 노중례의 『태산요록』을 우리말로 옮기고 수정하여, 『언해태산집요』라고 하는 출산과 아기 양육법에 관한 해설서를 편찬하기도 했다.

그러나 의원으로서 승승장구하던 허준에게 그 해 2월에 엄청난 위기가 다가왔다. 선조가 병으로 급작스럽게 사망하자, 왕의 주치의로서 치료에 잘못이 있다 하여 집중적인 탄핵을 받게 된 것이다. 조선시대에는 재위하던 왕이 죽으면 그의 건강을 제대로 보필하지 못했다 하여 규례적으로 어의의 죄를 논하기는 하였지만, 이것은 말 그대로 의례적인 절차로서 특별한 경우가 아니면 그 일로 인해 어의가 처벌되지는 않았다. 그런데 이때 허준은 중서(中庶, 중인과 서얼)의 신분임에도 그동안 선조의 신임과 보호를 받아서 높은 벼슬아치들과 동일한 대접을 받았다는, 죄 아닌 죄로 인해 그 책임을 신랄하게 추궁당해야만 했다.

결국 허준은 삭탈관직된 후 유배되고 만다. 하지만 그는 이런 좌절을 겪으면서도 새로운 의학서 집필에 대한 의지를 꺾지 않고 연구에 몰두했다. 허준을 유배시켜 버리고도 이에 만족하지 못한 조정 중신들의 거듭되는 탄핵으로 다음 해 4월에는 **위리안치(圍籬安置)**되는 가중 처벌까지 받게 되어, 생명이 위험한 지경에 처하기도 했다. 다행히 그 해 11월에 광해군의 명으로 사면되어 귀양에서 풀려나 다시 내의원으로 돌아올 수 있었다. 왕자 시절 허준에 의해 병을 치료받았던 광해군이 그를 풀어 주고 어의로 다시 불렀던 것이다.

귀양에서 풀려난 허준은 그동안 연구했던 새 의서 저술을 마무리지었고, 마침내 작업에 착수한 지 15년 만인 광해군 2년(1610) 8월, 25권이라는 방대한 분량의 『동의보감』이 완성되었다.

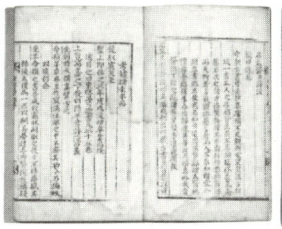

허준의 『동의보감』

이에 광해군은 포고문을 내려 그 공을 치하하고 상으로 태복마(太僕馬)를 하사하였다. 이 책은 출판 준비에만 3년이 걸려 실제로 간행된 것

위리안치(圍籬安置)
외부와 접촉하지 못하도록 가시나무로 울타리를 친 유배소 안에 중죄인을 가두어 두는 형벌.

은 광해군 5년(1613) 11월이었다. 온갖 시련을 견디면서 혼자 힘으로 고군분투하던 허준은 마침내 그 뜻을 이루어 낸 것이다. 끈질긴 집착력과 사명감으로 기나긴 세월 동안 한 길을 향해 매진한 결과였다. 집필을 마쳤을 때 그의 나이도 어언 65세로 고령이 되어 있었다.

『동의보감』은 그 후 조선뿐만 아니라 중국과 일본에서도 발간되었다. 중국에서 출판될 때 그 서문에, "천하의 보물은 마땅히 전세계가 함께 공유해야 한다."고 적어 극찬하였고, 일본에서도 '의가의 비급'(備急)으로 소중히 떠받들어졌다.

말년에도 질병 퇴치를 위하여 매진하다

허준은 『동의보감』을 완성한 후에도 새로운 병이 발견되면 몸을 아끼지 않고 처방을 연구하여 책으로 펴냈다. 광해군 4년(1612) 12월에는 '온역'(瘟疫)이라고 불리던 발진 티푸스가 함경도와 강원도에서 유행하다가 점점 전국으로 번져 나갔는데, 이때 허준은 중종 때부터 전해져 오던 『벽온방』을 참고하여 『신찬 벽온방』을 편찬하였다. 이 책은 발진 티푸스의 원인 및 예방과 치료법에 대해 적은 것으로 1613년 2월에 내의원에서 간행하였다. 또한 그 해 10월에 '당독역'(唐毒疫)으로 불리던 성홍열이 전국에서 유행하자 『벽역신방』이라는 치료서를 엮어 내기도 했다. 이 책에는 성홍열의 기원과 증세에서부터 시작하여 치료법과 약방문에 이르기까지, 사용하기 쉽고 효험이 큰 방법들이 간결하고 체계적으로 서술되어 있다.

의학 연구 및 저술과 병든 백성들의 구호에 진력하던 허준은 광해군 7년(1615) 11월에 70세를 일기로 조용히 생을 마감했다. 그가 죽은 다음 광해군은 그의 공적을 기려 예전에 중신들의 반발로 취소했던 '양평군'의 관작을 추증하였다.

이와 같이 허준은 조선뿐만 아니라 동양 의학계 전체에 지울 수 없는 큰 발자취를 남겼다. 중국에서는 그를 가리켜 '동국(東國, 조선을 말함)

의 의성'이라고 추앙하였으며, 그의 책을 질병 치료에 길잡이로 사용했다. 또한 오늘날에도 『동의보감』은 여러 나라에서 번역·출판되어 세계적인 의학서로서 그 가치가 높이 평가되고 있다.

『동의보감』의 내용과 가치

『동의보감』은 의학서에 대한 허준의 해박한 지식과 풍부한 임상 경험을 토대로 쓰여진 실용적인 의서이다. 각종 질병에 따른 처방을 상세히 기록하였을 뿐만 아니라 한 가지 약제만으로 병을 다스릴 수 있는 단방(單方) 치료법을 주로 열거하였다. 그 밖에 약만으로 효과가 없을 경우에 쓸 수 있는 침구법도 덧붙여서 완벽한 치료에 임할 수 있도록 했다. 또 약재에 있어서도 중국산과 국산을 구분하여 국산 약재는 산지, 지방별 명칭, 채취 계절과 제약 방법까지 자세하게 기록하여 약재를 구하기 쉽도록 했다. 그리고 처방의 출전을 밝혀두어 질병에 대한 고금의 치료 방법을 계통적으로 찾아볼 수 있도록 일목요연하게 정리하였으며, 민간 요법도 빼놓지 않고 기록하였다.

『동의보감』은 「목차편」 2권, 내과인 「내경편」 4권, 외과인 「외형편」 4권, 유행병·급성병·부인과·소아과 등을 합친 「잡병편」 11권, 약재와 약물에 관한 「탕액편」 3권, 「침구편」 1권 등 5강목으로 나뉘어서 총 25권으로 발간되었는데, 특히 「잡병편」에서는 증세를 중심으로 각종 질병을 알아낼 수 있도록 배열하여, 임상 경험이 부족한 의원도 이 책을 기초로 하면 쉽게 진맥을 할 수 있게 하였다. 처방약의 용량도 임상 경험을 바탕으로 표준치를 만들어 적당히 가감하여 조제할 수 있도록 하였고, 복용 방법까지 명시해 놓았다.

무엇보다도 『동의보감』은 그의 의학 사상에서 기본을 이루고 있는 정(精)·기(氣)·신(神)의 중요성에 대한 인식을 바탕으로 내장기의 생리적 기능 변조 가능성과 그로 인해 직접적으로 나타나는 증세를 다루고 있는데, 400년 전에 이미 현대 의학에 가까운 의술이 모색되었다는 측면에서 경이로울 따름이다. 이와 같이 고금의 각종 의학 서적을 두루 섭렵하여 여러 가지 치료 방안을 취사·선택한 후, 실제 임상 경험을 거쳐 치료에 효과가 있는 핵심만을 뽑아 내느라 무려 15년이라는 긴 세월이 필요했던 것이다.

『동의보감』은 무엇보다도 정확성과 함께 실제적 활용 가능성을 중요하게 취급했을 뿐만 아니라, 한의학(漢醫學)을 집대성하여 토대로 삼았지만, 우리 민족의 체질에 맞게 재정립했기 때문에 '한방의학'(漢方醫學)이 아니라 '한방의학'(韓方醫學)의 결정판으로 보아야 할 것이다. 또한 의술에 관해서는 모든 것이 수록되었다고 할 정도로 상세하면서 그 내용이 정확하기 때문에, 고금을 통해 이와 같이 뛰어난 책이 다시 없을 만큼 대단한 가치를 지닌 동양 의학의 경전이라고 할 수 있다.

무엇보다도 『동의보감』의 진정한 가치는 한국 의학의 우수성과 민족적 재능의 뛰어남을 과시한 뛰어난 업적이라는 점에 있다. 또한 기술로서의 의술이 아니라 인간을 존중하는 인술로서 의학을 대했던 한 인간의 고귀한 정신을 확인할 수 있다는 점에서 그 의미가 자못 깊다 하겠다.

4장 난세에 핀 문화의 꽃

퇴계 이황
율곡 이이
허난설헌
허균

조선 최고의 사상가, 성리학의 대부
퇴계 이황

이황은 학자이자 교육가이며 뛰어난 정치가였던 인물이다. 또한 조선 중기의 유학자인 이언적의 **주리설(主理說)**을 계승하여 주자의 철학을 독창적인 조선 성리학으로 발전시킨 선도자이기도 하다. 이황 이전의 성리학은 조선의 통치 이념으로 채택되어 면면히 이어져 오기는 했지만 주자의 이론을 맹목적으로 추종하는 것에 불과했다. 그랬던 것이 이황을 통해 학문의 기본 정신에 충실하면서도 독보적인 이론 체계를 형성하고 발전할 수 있게 된 것이다. 조선의 철학 사상은 이황으로부터 비롯되어 분화되어 발전한 것이기 때문에, 그의 영향을 무시하고는 아무 것도 생각할 수 없다.

이황에 의하여 이(理)와 기(氣)의 상호관계가 설명되었으며, 단순히 당위적인 가치로만 인식되어 왔던 성리학의 기본 이념에 대해 심도 있는 고찰이 시작되었다. 그는 넓게는 동양 철학사에서, 좁게는 조선 성리학 발전사에서 일대 전환을 이룬 사람으로서, 특히 성리학을 **인성론**

> **주리설(主理說)**
> 기(氣)보다 이(理)를 중시하는 것. 이황에게 계승되어 영남학파의 중요한 성리설이 되었다.
>
> **인성론(人性論)**
> 사람이 타고난 품성을 어떻게 보는가에 관한 논의. 성선설 · 성악설이 그 대표적인 예이다.

(人性論)에 적용시켜 독창적인 이론을 전개하였으며, 이로부터 조선 정신 철학의 내재적 가치가 증폭되었다.

이황이 창조한 인간형은 평이하고 일반적인 유형이었지만 시대가 요구하는 바람직한 모습이었다. 다시 말해, 통치 질서에 부합되는 인간 모형을 이끌어 냈기 때문에 당시의 보수적인 체제를 유지하는 데 사상적으로 큰 역할을 담당했다고 볼 수 있으며, 본질적 가치에 충실한 이념적 인간을 선호하였다고 할 수 있다.

이황은 인간의 순수이성이 절대선이며 여기에 따르는 것을 최고의 덕으로 보았는데, 스스로도 그러한 삶의 모습에 충실하려고 노력했다. 또한 70 평생을 지행합일(知行合一)의 자세로 일관한 그는, "글을 배우는 것은 마음을 바르게 하기 위한 것이다."라고 하였다. 이황은 학문하는 도리를 인간 본성의 회복에 두었으며, 그것을 실제 생활에서 실천하는 것을 중요시하였다.

이황은 주자 성리학의 뜻을 충실히 따르면서도 그것을 통해 인간성을 고찰하는 독창적인 도덕적 실천 철학을 구축했다. 이러한 이황의 사상은 그 후 영남학파에 의해 계속해서 이어졌다. 일본에서까지 학문의 스승으로 추앙받아 그에 대한 연구가 지속되었을 정도로 대유학자였지만, 평생 동안 자신을 잘 드러내지 않고 타인의 생각과 의견 속에서 진리를 구하고 수용하려는 자세를 가졌던 대기만성형 학자의 전형이다.

온유한 성품을 타고난 사람

퇴계 이황은 연산군 7년(1501), 경북 예안군(지금의 안동)에서 이식의 7남 1녀 중 막내로 태어났다. 그의 아버지는 그가 태어난 지 7개월 만에 마흔 살의 젊은 나이로 사망하여, 퇴계는 서른두 살이었던 홀어머니 밑에서 자라야 했다.

당시는 연산군의 폭정으로 세상이 혼란스러웠기 때문에, 여자 혼자 어린 자식들을 데리고 살아가야 했던 어머니의 고생은 이루 말할 수 없었다. 자식들에게 온갖 정성을 다하면서도 엄격했던 어머니는 항상 이렇게 말했다.

"세상 사람들은 과부의 자식들은 배운 것이 없다고 비난하는 법이니, 너희들은 남들보다 몇 배 더 노력하여 공부해야 한다. 그렇지 않으면 그러한 비난을 면할 수 없다."

어머니의 가르침에 따라 퇴계와 그의 형제들은 모두 열심히 학업에 정진하여 나름대로 성공할 수 있었다. 퇴계는 어려서부터 공손하고 온유했으며, 항상 옷차림을 단정히 하였다. 그리고 타고난 천성이 너무나 맑고 깨끗하여 도무지 어지러운 세상에 어울리지 못할 것처럼 보였다. 그의 어머니는 가끔 그에게 말하기를, "나중에 관직에 나가더라도 너는 조그만 지방의 수령이라면 몰라도 중앙의 큰 직책은 맡지 말아라. 세상 사람들이 너와 같은 성품을 용납하지 못할 것이 걱정된다." 하고 말할 정도였다.

퇴계는 『소학』을 읽기 전부터 이미 몸가짐은 『소학』의 가르침을 실천하는 것처럼 보였다고 한다. 어려서부터 도연명의 시 세계를 좋아하였는데, 퇴계 자신의 심성이 원래 조용하고 깨끗해서 목가적인 전원시에 자연스럽게 이끌렸던 것 같다. 그러나 감수성이 예민하고 기가 약한 면도 있었다. 퇴계가 여덟 살 때의 일이다. 손위 형이 손을 베어 피를 흘리자, 그는 형을 껴안고 다친 형보다 더 크게 울었다. 이 모습을 본 어머니가, "다친 형은 울지 않는데 네가 왜 우느냐?" 하고 물었다. 퇴계는 계속 눈물을 흘리면서, "형이 울지는 않고 있지만 저렇게 피가 나는데 얼마나 아프겠습니까?" 하고 대답했다. 이렇듯 퇴계의 어질고 착하면서도 유약하고 소심한 성격은 천성적인 것이었다.

퇴계는 열두 살 때부터 숙부인 송재 이우에게서 학문을 배웠다. 송재는 그때 관직에 있었는데, 바쁜 와중에도 성심을 다하여 어린 퇴계 형제들을 가르쳤던 훌륭한 스승이었다. 송재는 똑똑하고 영민한 조카들을 친아들처럼 아꼈는데, 특히 어린 퇴계를 가장 사랑했다. 이런 숙부

밑에서 『논어』를 배우던 퇴계가 어느 날 문득 '이'(理)라는 글자의 의미를 물었다. 숙부가 곧바로 답을 주지 않자 혼자 한참을 궁리하던 퇴계는, "일의 옳은 것이 '이' 입니까?" 하고 되물었다. 숙부는 어린 조카의 이해력에 감탄하며 칭찬해 마지않았다. 어려서부터 깊이 사색하고 스스로 깨우치는 천재성을 보였던 퇴계는 아버지가 물려준 책들을 홀로 공부하며 학문에 정진했다.

사임과 복직을 반복한 관직 생활

퇴계는 열아홉 살 때 『성리대전』을 읽고 성리학의 진수를 접했다. 그리고 유학을 제대로 공부하기 위해서는 『주역』 연구가 필수적이라고 생각하여, 스무 살 때는 『주역』을 공부하느라 거의 침식을 잃을 정도였다고 한다. 퇴계는 이 시기의 지나친 학문 탐구로 건강을 해쳐서 평생토록 소화 기능이 좋지 않아 고생하기도 했다.

스물한 살 때에는 문관 출신인 허찬의 외동딸과 결혼한 후, 스물세 살부터 성균관에서 공부했다. 당시는 **기묘사화(己卯士禍)**가 있은 후라서 젊은 유생들은 허탈감에 젖어 진지하게 공부하는 사람이 없었다. 그는 이때 **심학(心學)**의 대표 서적인 『심경』과 『심경부주』를 탐독했는데, 이 책은 내용이 상당히 난해하여 해독하기조차 어려웠지만 퇴계는 깊은 사색을 통해 스스로 그 뜻을 깨우쳤다.

이 『심경』은 그 후 퇴계 철학의 근원이 된다. 퇴계는 말년에도 『심경』을 읽는 것으로 하루를 시작했고, 후배들에게 철학적 사색의 길잡이로서 항상 『심경』을 권했다. 또 66세에는 『심경후론』을 지음으로써 평생에 걸친 『심경』 연구를 마무리하기도 했다. 따라서 퇴계의 사상을 이해하려면 『심경』에 대한 이해가 선행되어야 한다.

이렇게 학문에 정진하던 퇴계였지만 과거에는 영 인연이 없었던지 스물네 살 때에는 연이어 세 번이나 불합격했다. 그러다가 스물일곱 살인 중종 22년(1527)에야 경상도 향시(鄕試)에 수석 합격하고, 이듬해 봄에는 한성 진사 회시(會試)에도 합격했으나 방이 나붙기도 전에 고향으로 돌아와 버렸다.

과거에 처음 합격하던 해에 첫 번째 부인과 사별한 퇴계는 서른 살에 권질의 딸과 재혼했지만, 그때까지도 백면서생으로 학문에만 몰두하고 있었다. 그러나 과거시험에 나가 보라는 주위의 권고가 계속되자, 서른두 살에 다시 과거에 응시하여 문과 초시(初試)에 합격하였다. 이듬해 또다시 경상도 향시에 장원급제한 퇴계는, 서른네 살 되던 해 3월에야 문과에 최종 합격하여 외교문서를 담당하는 승문원 부정자로 관직 생활을 시작하였다. 그 이듬해에는 왜구 포로의 호송관으로 차출되었는데, 임무를 수행하는 동안 왜인들의 요구나 불평에 대해 알게 되었다. 이때의 경험으로 퇴계는 일본의 실태와 일본인들의 성향 등을 깊이 파악하여 일본에 대한 대응책을 남다르게 강구할 수 있었다.

서른여섯 살 때는 호조좌랑을 지내다가 그 이듬해 어머니 박씨가 세상을 뜨자 사직하고 귀향하였다. 모친의 3년상을 마친 후 서른아홉 살에 홍문관 지제교로 다시 복직하여 여러 관직을 역임하다가, 마흔두 살에는 어사로서 충청도와 강원도를 순찰하기도 했다. 그 해에 사헌부 장령을 거쳐 이듬해에는 성균관 대사성에 임명되었지만, 건강상의 이유로 사직하고 다시 귀향했다가 반년도 채 지나지 않아 부름을 받고 관직

기묘사화(己卯士禍)
중종 14년(1519)인 기묘년에 남곤·홍경주 등의 훈구파에 의해 조광조 등의 신진 사류가 축출된 사건.

심학(心學)
인간의 본심이 곧 만물의 이치라고 주장하는 학문 체계. 넓게는 마음을 수양하는 학문으로 유교 전체를 말하기도 하나, 일반적으로 송의 육상산, 명의 왕양명이 제창한 양명학을 말한다.

「심경」과 「심경부주」
원래 송 대의 성리학자 서산 진덕수가 유교 경전과 사서, 그리고 주돈이, 주희 등의 저술 중에서 심학과 관련된 구절을 발췌하여 원문을 싣고, 당시 학자들의 학설을 주석으로 달아 「심경」이라는 책을 출간했다. 이 「심경」에 명 대의 성리학자 정민정이 다시 주석을 달아 출간한 것이 「심경부주」이다.

에 다시 돌아왔다. 그 사이에 중종과 인종이 잇달아 죽어서 나이 어린 명종이 왕위에 올랐다.

명종 원년(1545)에는 퇴계에게 가정적으로 불행한 일이 많이 있었는데, 그 하나는 부인 권씨가 사망한 것이다. 첫 번째 부인 허씨와 사별하고 두 번째로 만난 권씨마저 세상을 떠나고 말았으니, 퇴계는 처복이 없었던 셈이다. 다만, 첫 번째 부인 허씨는 부잣집 외동딸로 꽤 많은 재산을 남겨 주어 그에게는 경제적으로 큰 뒷받침이 되었다. 부인 권씨가 죽은 해에 일어난 을사사화(乙巳士禍)에서는 바로 손위 형인 해가 희생되기도 하여 퇴계로서는 참혹스러운 한 해였다. 이렇게 연이어 고통스러운 일들을 겪고 나자, 그렇지 않아도 벼슬길이 탐탁지 않았던 퇴계는 그 해 11월에 다시 사직하고 고향으로 돌아왔다.

퇴계가 사직하기 얼마 전, 대마도주가 일본에 통신사를 파견해 줄 것을 요청했었다. 그러나 당시 조정은 외교문서의 구절을 문제 삼아 이를 거절해 버렸다. 이때 퇴계만 유일하게 온건책을 건의하였는데, 이를 통해 그의 통찰력이 얼마나 뛰어났었는지를 알 수 있다.

"북방에서 여진족의 침입이 염려되는 때에 남쪽의 일본을 자극하다가는 남과 북 양쪽에서 외침을 당하는 국가의 불행이 예상된다. 따라서 왜인들이 함부로 도전하지 못하도록 단속은 하되, 한편으로는 달래서 남쪽에 대한 걱정을 줄일 필요가 있다."

이와 같은 퇴계의 판단은 호송관으로 있을 당시, 일본의 움직임을 예의 주시한 결과 얻게 된 것으로서, 정말 탁월한 선견지명이라 아니 할 수 없다. 그러나 당시의 조선 조정은 권력 다툼에만 정신이 팔려, "있지도 않은 일을 떠들어 공연히 민심만 어지럽힌다."며 오히려 그를 헐뜯기까지 했다.

고향으로 돌아온 퇴계는 근처 시냇가에 양진암을 짓고, 그곳에 머무르며 독서에 전념했다. 이때 시냇가의 이름을 '토계'(兎溪, 낙동강 상류)에서 '퇴계'(退溪)로 고치고, 자신의 호로 삼았다. 퇴계는 '물러가는 시냇물'이라는 뜻인데, '학문은 구할수록 오히려 멀어진다.'는 뜻으로 지었다고 한다. 퇴계는 1년여 동안 그곳에서 학문 연구에만 정진하였다.

퇴계는 48세인 명종 3년(1548)에 다시 조정의 부름을 받고 단양 군수와 풍기 군수를 역임했다. 그러다가 이듬해 12월에 병을 얻어 또다시 사직하고 고향으로 돌아왔다. 단양 군수 시절에는 둘째 아들이 세상을 떠나서 그에게 슬픔을 더해 주었지만, 기생 두향과의 애틋한 사랑의 일화를 남기기도 했다.

풍기 군수 시절에는 조선 역사상 중요한 의미를 갖는 일을 하게 된다. 백운동서원에 대한 나라의 지원을 요청하여, 전답과 서적을 지급받아 교육기관으로 육성시켰던 것으로, 이것이 전례가 되어 각 지방에 서원이 만들어졌다. 이는 조선 교육 행정에 있어서 선구자적 역할을 수행한 것임에 틀림없다. 서원은 비록 조선 말에 가시는 폐단이 생기기도 했지만, 제 기능을 충실히 하던 시기에는 사대부 여론의 중심이자 지방 교육의 중추적인 역할을 하였다. 조선 후반기에는 서원의 교육 기능이 강화되어 중앙보다 지방의 학문 수준이 더 높은 문화적 역전(逆轉) 현상이 벌어지기도 했다.

본격적인 저술 활동

고향에 돌아온 퇴계는 다시 '한서암'이라는 공부방을 짓고, 독서와 사색의 생활에 들어갔다. 이 기간 동안 그는 『주자전서』 연구에 몰두했는데, 말년의 철학적 사색은 이 책을 근간으로 하였으며, 그의 심오한 사상적 깊이도 여기서 더욱 힘을 얻게 되었다. 이러한 연구를 바탕으로 53세에 『천명도설후서』를 썼고, 56세에는 『주자서절요』를 편저하였으며, 57세에는 주자가 지은 『역학계몽』에 대한 해설서 격인 『계몽전의』를 저술하고, 59세에는 『송계원명이학통록』이라는 주자 연구의 결정판을 세상에 내놓았다.

2년여 동안 연구에만 몰두하며 한적한 생활을 하다가, 다시 조정의 부름을 받은 것은 명종 7년(1552)으로 그의 나이 52세의 일이었다. 퇴계는 사헌부 집의로 복직한 후 여러 관직을 역임하다가, 4년 후인 명종 11년(1556)에 건강상의 이유로 또다시 사직하였다. 그 후 한동안 고향에 칩거하며 작품 저술과 학문 연구에 정진하다가, 사직한 지 2년 만에 성균관 대사성으로 임명되어 관직에 다시 나왔다.

퇴계가 사임과 복귀를 여러 번 반복했던 것은 건강상의 이유도 있었지만, 그를 필요로 하는 조정의 요청에 성격상 단호하게 거절하지 못했기 때문이다. 대사성에 임명된 지 2개월 후 공조참판이 되었으나, 관직에 큰 뜻이 없던 그는 또다시 사임하고 만다.

59세가 된 퇴계는 어지럼증을 많이 느꼈고, 특히 안질에 시달렸다. 본래 체질이 약하고 병도 많았지만, 관직을 떠나 있을 때에도 편히 쉬기보다는 계속 공부에만 매달려 있었기 때문이다. 그럼에도 왕성한 저작 활동으로,『도산기』,『정암선생행장』,『심무체용변』,『심경후론』등을 저술하였다.

그 후 퇴계는 7년여 동안 관직에 나가지 않았다. 그러나 왕의 부름이 여러 차례 계속되자 어쩔 수 없이 명종 21년(1566)에 66세의 나이로 공조판서에 임명되어 다시 출사했다. 명종은 퇴계가 계속해서 관직을 사양하자, "어진 이를 부르나 오지 않음을 탄식한다"는 제목으로 유생들에게 글을 짓게 하기도 했다. 그리고 은밀히 화공을 보내 퇴계가 은거하고 있는 곳의 풍경을 그려 오게 해서, 당시의 명필인 송인을 시켜 퇴계가 지은『도산기』와『도산잡영』을 그 위에 쓰게 했다. 그러고는 그것으로 병풍을 만들어 방에 두고 쳐다보면서 퇴계를 그리워했다고 한다.

퇴계는 재출사한 그 이듬해 예조판서를 거쳐, 선조 원년(1568)에는 의정부 우찬성을 역임하였다. 그리고 그 다음 해 예문관 대제학을 마지막으로 관직 생활을 완전히 청산하고 고향으로 돌아갔다. 사임하기 전에 퇴계는 어린 왕의 치도에 도움을 주기 위해『무진육조소』와『성학십도』를 지어 바치기도 했다.

일반적으로 퇴계가 학문에만 몰두하여 은둔 생활을 영위한 것으로 알려져 있지만, 그는 여러 차례 사직과 복귀를 반복하면서도 40년 가까이 관직에 머무르며 네 임금을 섬겼다. 마지막으로 퇴임할 때에는 율곡까지도 적극 만류하였으나, 벼슬보다는 자연과 학문이 더 그리웠던 퇴계는 결국 고향으로 돌아갔다. 당시 왕위에 오른 선조는 나이가 어렸기 때문에 조정에서는 퇴계와 같은 중후한 대신이 남아 있어 주기를 원했다. 그렇지만 그는 그때가 물러날 시기임을 알았던 것이다. 나중에는 관직에 나오지 않더라도 한성에 머물면서 자문이라도 해 줄 것을 요청받았으나, 이것마저 모두 사양하고 낙향했다.

낙향한 다음 해 11월, 종가 제사에 참석한 퇴계는 그 후 감기에 걸려서 내내 고생하다가 다음 달 8일에 일어나 앉은 자세로 홀연히 숨을 거두니, 그의 나이 70세의 겨울이었다. 마치 자신의 죽음을 예견하기라도 한듯 죽기 나흘 전에 자신의 묘지 앞에 세울 비문의 내용을 손수 지어서 남겼으며, 죽던 날 아침에는 서재에 있는 매화나무에 물을 주라는 말을 남겼다고 한다.

겸양하며 원칙에 충실한 성품

퇴계의 성품은 앞서 언급한 대로 온유하고 겸손했으며 마음이 약한 일면이 있었다. 사람을 만날 때에는 아무리 나이가 어리다고 해도 '너'라고 부르는 법이 없이 예를 다하였다. 제자가 대단치 않은 질문을 해도 찬찬히 생각하여 성의껏 대답해 주었고, 다른 사람의 말에 찬성할 수 없을 때에도 다짜고짜 틀렸다고 반박하기보다는 차근차근 자신의 의견을 말하면서 동의를 구했다.

이렇듯 퇴계는 평생을 겸허한 자세로 일관하며, 자만하지 않도록 항상 스스로를 경계하였다. 또 막히지 않고 밝은 것을 좋아하는 성미라서 집 근처의 수목도 항상 잘 다듬어 그늘이 져서 앞이 가리지 않도록 하였다. 또 그는 검소한 생활 태도를 유지했는데, 평상시에는 **부들**로 만든 자리에서 삼베옷을 입고 살았다고 한다. 퇴계가 거처하며 제자를 가르쳤던 완락재는 사방이 모두 3미터도 안 되는 협소한 곳으로, 당시 영천 군수 허시가 그곳을 찾았다가 좁고 허름한 모습에 걱정하며 탄식하기도 했다.

처가 쪽이 부유하여 끊임없이 경제적 도움을 주려고 했지만, 퇴계는 한사코 사양하며 받으려 하지 않았다. 그는 대궐에 출입할 때도 수레를 사용하지 않고 말을 타고 다녔다. 한번은 김이정이라는 사람이 그에게 노새를 선물한 적이 있었는데, 퇴계는 부모가 살아 계신 사람에게서는 그런 것을 받을 수 없다고 거절하며, 사람을 사귐에 있어서는 물질보다 마음으로 통하면 된다고 말했다.

지방 관리로 있던 장남 준이 나이 든 아버지의 생활에 불편함을 덜어 드리려고 일용품을 실어 보내자, 이황은 정당치 못한 방법으로 얻은 물건이 아닌가 하여 못마땅하다는 뜻의 편지를 보내기도 했다. 그 편지에는 다음과 같은 글이 적혀 있었다.

선비에게 빈궁함은 예사로운 일이니 마음에 둘 필요가 없다.

또한 약삭빠른 처신을 경계하여, 세상사 규범은 고지식할 정도로 철저하게 지키는 것이 당연한 도리라고 여겼다. 도산서당 앞 낙천(洛川, 낙동강 상류)에 살고 있는 은어를 보호하기 위해 관에서 고기 잡는 것을 금하자, 아예 그 근처를 지나다니지도 않았다. 그리고 관청에서 부역령이 내려지면 누구보다 앞장서서 나갔다.

퇴계는 적극성과 추진력이 부족한 것으로 알려져 있지만, 국가 대사에 있어서는 강한 신념을 주장한 일면도 있다. 예를 들면, 마흔두 살 때 어사로 충청도를 순찰하고서는 탐관오리를 엄하게 다스려 숙청할 것을 건의하였다. 그리고 68세 때에는 왕에게 기묘사화의 치죄가 잘못되었음을 역설하였는데, 조광조를 모함했던 남곤과 심정 등이 이미 죽고 난

후였지만, 그들의 관직을 박탈케 하는 강인한 면모를 보여 주기도 하였다.

또한 항상 왜구에 대해 근심하고 그에 대한 대책을 세울 것을 강조하여, 장차 일본에 의해서 일어날 나라의 환난을 미리 예견하는 선견지명을 보였다. 붕당의 폐단에 대해서도 그것이 본격화되기 전에 이미 여러 차례 경고하기도 했다.

퇴계는 평생 동안 자기의 잘못을 고치는 일에 인색하지 않았으며, 독서와 사색으로 일관하였다. 서재의 벽에는 오로지

퇴계 이황 (이유태 그림)

학문 연구에만 매진하려는 자신의 마음을 담은 다음과 같은 글을 붙여 놓고 자신을 채찍질하였다.

> 번거로움을 구하는 데는 고요함만한 것이 없고,
> 성김〔拙〕을 구하는 데는 부지런함만한 것이 없다.

이황의 철학과 사상

퇴계는 우주 현상을 형이상인 '이'(理)와 형이하인 '기'(氣)의 상호의존 관계로 설명하는 주자 철학을 철저히 계승하였다. 그에 따르면 '이'는 '기'를 움직이게 하는 근본 법칙이고, '기'는 '이'에 따라 구체적으로 드러나는 존재라는 것이다. 또한 모든 만물은 '이'와 '기'로 이원화되어 있으면서, 양자 모두가 사물을 능동적으로 변화시킬 수 있다

부들
부들과의 다년초. 늪이나 연못가에서 자라는데, 줄기는 1미터 가량이며 잎은 가늘고 길다. 잎으로는 방석, 줄기로는 부채를 만들기도 한다.

는 '이기호발설'(理氣互發說)이 그의 핵심 사상이다. 즉, '기'도 발하고 '이'도 발할 수 있다는 것이다. 이것은 발하는 것은 오로지 '기' 뿐이고 '이'는 '기'의 부수적인 존재라는 율곡의 생각과 근본적으로 다르다고 할 수 있다.

퇴계는 '사단'(四端)이란 '이'가 발하여 '기'가 따르는 것으로 순수한 선이고, '칠정'(七情)이란 '기'가 발하여 '이'가 드러나는 것으로 선과 악이 혼재해 있는 것으로 보았다. 사단은 맹자가 실천 덕목의 근간으로 삼은 측은지심(惻隱之心)·수오지심(羞惡之心)·사양지심(辭讓之心)·시비지심(是非之心)을 말하고, 칠정은 『예기』(禮記)와 『중용』(中庸)에 나오는 희(喜)·노(怒)·애(哀)·구(懼)·애(愛)·오(惡)·욕(慾)을 말한다. 즉, 인성에 있어서 본연의 성(性)인 사단과 기질(氣質)의 성(性)인 칠정이 서로 다르므로, 사단이 칠정을 이끌어 가면 도덕적 행동이 되지만 칠정이 앞서면 부도덕하게 된다고 보았다. 따라서 사람은 사단이 마음의 중심이 되도록 수양해야 도덕군자가 될 수 있다고 믿었다. '인심'(人心)의 수양을 통해 '도심'(道心)을 구현하는 것이 인생의 궁극적인 목적이라는 것이다.

결국 퇴계는 인간의 존재와 본질의 문제를 행동적인 면에서보다 이념적인 측면에서 추구하였으며, 인간의 순수이성은 절대선이므로 이에 따르는 것이 최고의 덕이라고 생각하였다. 그의 이러한 '이선기후'(理先氣後), '이귀기천'(理貴氣賤) 사상은, 기대승과 8년에 걸쳐 논쟁을 펼친 '사칠변론'(四七辯論)의 서막이 된다. 기대승은 '이'와 '기'는 관념적으로 구분할 수는 있지만, 구체적인 마음의 작용에 들어가면 구분할 수 없다는 '이기공발설'(理氣共發說)을 주장하여 퇴계의 이론에 반대했다.

퇴계의 철학은 "진리는 평범하고 명백한 일상에 있다."라는 신념에 기초한다. 그래서 그가 상정한 인간형도 평범하고 말이 없는, 다수가 동의할 수 있는 평이한 인간상이었다. 또 이치를 탐구하고 실천하는 데 있어서 공경(恭敬) 하나로 일관해야 한다고 강조했다. 공경하는 마음만 있으면 모든 이치가 결국에는 밝게 드러날 것이고, 심상(心象)도 안정되어 모든 일의 처리가 걸리는 것이 없다고 설파하였다. 즉, '경'(敬)은 곧 '심'(心)을 주재하는 정신으로 천리(天理)와 인간의 본연성이 '경'을 통하여 하나가 될 수 있다는 것이 그의 중심 생각이었다.

이러한 퇴계의 '천인합일'(天人合一) 이론은 우주의 변화를 인간의 마음에 연관시켜 고찰하던 조선 철학의 정신적 지주가 되었다. 결국 퇴계의 인생과 학문의 궁극적인 근거는 '공경'에 있었고, 그는 평생을 이 '공경'의 가치를 실천하며 살아갔던 것이다.

위대한 스승이자 뛰어난 실천 철학자
율곡 이이

　율곡 이이는 정치가이면서도 위대한 사상가였다. 자신이 배운 학문을 활용하여 적극적으로 관직에 나가 민생 안정과 제도 개혁을 위해 전심으로 노력하였고, 은퇴한 후에는 후배 양성과 사회 교화에 최선을 다했다.
　그는 일찍이 신분 차별의 벽을 해소하려고 애썼으며, 내 몸 아끼는 것보다 남을 공경하는 것을 더욱 중요하게 생각하였다. 처가에서 사 준 집을 팔아 가난한 친척의 끼니를 대주었고, 얼굴도 알지 못하는 먼 친척 여동생이 어려울 때 기꺼이 도와주었으며, 그 여동생이 죽었다는 소식을 듣고 상복을 입고 슬퍼하기도 했다. 이와 같은 율곡의 착하고 어진 성품은 천성적으로 타고난 것이었다. 또한 감수성이 풍부하고 순정적인 경향도 있어 어머니 신사임당과 외할머니 이씨에 대한 애정은 효성 이상의 것이었다.
　이렇듯 극히 인간적인 그였지만, 서로 나뉘어 당파 싸움을 하던 당시의 정치 현실에서는 양쪽 모두에게 의심과 공격을 받아야만 했다. 공평하고 사사로움이 없는 그의 자세는 오히려 모호하고 편파적인 것으로 비난받았고, 끊임없이 해야 할 일을 찾아 끝까지 추진하는 그의 업무 수행 태도 역시 쓸데없는 일을 만드는 위인으로 비판받는 이유가 되었다.
　율곡은 이러한 세태 속에서 무엇 하나 제대로 되는 일이 없는 것을 한탄하였으며, 먼저 정치 지도자들이 바로 서야 백성을 제대로 다스릴 수 있다고 주장하였다. 그리고 백성을 잘 먹인 후에 교육을 시켜야 다스림도 통하는 것이지, 백성들의 배를 주리게 한 후에는 아무 것도 소용이 없다는 민생 치도의 철학을 끊임없이 강조하였다.

일찍이 외적의 침입을 예견하여 10만 양병을 주장하는 선견지명을 보였으나, 이것 또한 조정의 반대에 부딪쳐 실현되지 못했다. 그 후에 전 국토가 외적의 발 아래 짓밟히는 참화를 당한 것을 생각하면 통분을 금치 못할 일이다.

율곡은 자기의 생각을 남에게 강요하기보다 스스로 솔선수범하는 실천 철학자였으며, 그 과정을 통해 참된 도(道)가 실현되기를 바랐던 위대한 스승이었다.

총명했던 어린 시절

율곡 이이는 조선 11대 왕인 중종 31년(1536), 강릉 북평촌에서 태어났다. 한때 기거했던 파주 지방의 지명을 따서 호를 율곡(栗谷)이라고 하였다. 율곡은 외갓집에서 태어나 여섯 살 때 본가인 한성 수진방(지금의 수성동)으로 오기까지 그곳에서 자랐다.

그의 어머니 신사임당은 율곡을 낳던 날 태몽을 꾸었는데, 검은 용이 바다에서 날아와 침실 쪽 마루 천장에 스며드는 것이었다. 잠에서 깨고 얼마 후에 율곡이 태어났다고 해서 어릴 적 이름을 '현룡'(見龍)이라고 하였다. 그때 율곡을 낳았던 방을 지금도 '몽룡실'(夢龍室)이라고 부른다. '이'(珥)라는 이름은 율곡이 열한 살 때 아버지가 큰 병을 앓던 중 꿈을 꾸었는데, 백발 노인이 율곡을 가리키며 "이 아이는 동국의 **대유(大儒)**이니, 이름을 구슬 옥(玉)변에 귀 이(耳)자를 붙여 짓도록 하라."고 말하여 이름을 바꾸게 되었다고 한다.

대유(大儒)
학문과 덕이 높은 이름난 선비.

율곡의 본관은 덕수 이씨로서, 고려 때 중랑장을 지낸 이돈수를 그 시조(始祖)로 한다. 율곡의 집안은 조선시대에 들어서도 계속 관직에 종사하던 명문가였으나, 그의 아버지 이원수는 율곡이 태어나던 당시 아직 벼슬길에 나가지 못한 평범한 서생이었다.

율곡이 태어난 외가는 마당에 검은 대나무가 무성하게 자라고 있던 대갓집으로, 세종 때 이조참판을 지낸 최치운이 건축한 것이었다. 최치운의 아들 최응현 대에 와서 사위인 이사온에게 물려주었는데, 이사온도 그의 사위 신명화에게 상속하였고, 신명화도 아들이 없자 맏사위인 권화에게 물려주었다. 권화 대에 와서 아들인 권처균에게 상속하였고, 권처균에 의해 집의 이름이 오늘날 전해지는 대로 '오죽헌'이라고 불려졌다. 신명화가 율곡의 외할아버지이고 권화가 이모부이며 권처균이 이종사촌이다. 외할아버지 신명화는 율곡의 부모가 혼인하던 해에 세상을 하직하였고 율곡은 외할머니 이씨의 사랑 속에 어린 시절을 보냈다.

율곡의 어머니 신사임당은 여자 형제만 다섯이었는데, 그의 부모는 총명한 둘째 딸 사임당을 특히 사랑했으며 율곡에 대한 애정도 남달랐다. 천성적으로 효성이 지극했던 어머니 신사임당을 닮아 율곡도 외할머니에 대한 효심이 깊었는데, 이조좌랑 시절에는 외할머니가 위독하다는 소식을 듣자 그 길로 사직하고 강릉으로 달려갈 정도였다.

율곡의 총명함 또한 어려서부터 남다른 데가 있었다. 율곡이 세 살 때 외할머니 이씨가 석류 열매를 율곡에게 보여 주면서 "무엇과 같으냐?"고 물었다. 그러자 율곡은 옛 시를 인용하여 "부서진 빨간 구슬을 껍질이 싸고 있다."라고 대답하여 주위를 감탄케 하였다. 겨우 말할 나이에 이미 글까지 깨우쳤던 것이다.

네 살 때는 『사략』의 첫 권을 배우면서 스승이 문장 부호를 잘못 붙여 놓은 것을 찾아 낼 정도로 영특하였다. 일곱 살 때는 이웃에 사는 진복창이라는 사람에 대해 평하는 「진복창전」을 지었는데, 여기에서 율곡은 진복창을 소인으로 보고 장차 큰 화를 일으킬 사람이라고 말하였다. 그런데 실제로 진복창은 을사사화 때 갖은 악행을 저지르니, 이는 율곡의 예언이 그대로 적중한 셈으로서, 어릴 때부터 뛰어났던 그의 안목은 가히 놀라울 따름이다.

여덟 살 때는 파주의 임진강변에 있는 화석정을 두고 시를 지었는데, 그 형식이나 내용에 있어서 훌륭하기 그지없었다. 그리고 열 살 때 지은 「경포대부」는 마치 인생을 달관한 사람의 작품으로 생각될 정도였다.

열세 살인 명종 3년(1548)에 소과인 진사시에 합격하였으나, 어린 나이에도 과거만을 위하여 학문하는 것이 옳은 일은 아니라고 생각했다. 이 생각은 그의 일생에 걸친 신조이기도 하였다.

젊은 날의 방황

열여섯 살 되던 해 여름, 그가 가장 존경하던 어머니 신사임당이 별세하자 율곡은 하늘이 무너지는 것 같은 충격을 받았다. 관서 지방으로 출장을 가게 된 아버지를 따라 열두 살 손위인 맏형 선과 함께 세상에 대한 견문도 넓힐 겸해서 길을 나선 사이에, 어머니 신사임당은 그들이 돌아오는 것을 보지 못하고 그만 세상을 떠나고 만 것이다. 신사임당이 마지막 숨을 멈추던 그 시각에 율곡 일행은 서강 나루에 와 있었다 하니, 지척에 있으면서 사랑하는 어머니의 임종을 지켜보지 못한 그의 한은 이루 말할 수가 없었다.

파주 선산에 어머니를 묻고 3년 동안의 **시묘(侍墓)**를 마친 후에도 율곡은 인생의 허무함을 지울 수가 없었다. 생과 사를 포함하여 인생의 모든 일이 부질없는 듯했고, 아무리 생각해도 뜬구름 같은 삶의 의미를 찾을 길이 없던 율곡은, 어느 날 봉은사에서 불교 서적을 읽다가 '돈오'

시묘(侍墓)
부모의 상 중에 그 무덤 옆에 막을 짓고 3년을 지내던 일.

(頓悟)라는 구절에서 섬광 같은 깨우침을 얻게 된다. 참선을 통해 진리를 한순간에 깨닫게 된다는 불교 사상이 그동안 고민해 온 자신의 문제를 해결해 줄 수 있을 것 같았다.

열아홉 살 되던 해 봄, 율곡은 금강산에 들어가 불교의 진리를 구하는 길에 매달려 보기로 작정했다. 조선은 억불 정책 때문에 선비라 해도 한번 불교에 귀의하면 관직으로 나갈 길이 영영 막혀 버리던 사회였다. 따라서 웬만한 결단이 아니고는 엄두도 내지 못할 행동이었던 셈이다. 주위의 놀라움과 만류는 당연한 일이었다. 그러나 세상의 명예와 이익에는 이미 관심이 없었던 율곡은 오로지 참된 진리를 찾아 끝내 금강산으로 들어가 버리고 말았다.

금강산의 마하연에 있는 참선 도장을 찾아간 율곡은, 일체의 세속적인 관심을 끊고 진리 탐구에만 정진하였다. 사실 율곡의 이 금강산 행은 불교에 완전히 귀의하기 위한 것은 아니었다. 그가 떠나기 전 친구들에게 보낸 편지에 "타고난 기를 잘 길러서 도리를 깨우치고, 다만 우매하고 망령스럽게 되지 않기 위함이다."라고 쓴 것과, "공자께서 슬기로운 사람은 물을 좋아하고 어진 사람은 산을 좋아한다고 하여 기를 기르기 위해 산수를 찾아가는 것일 뿐이다."라고 적은 것을 보면 그것을 알 수 있다. 율곡은 어머니에 대한 그리움과 인생의 허무함으로 인한 답답하고 괴로운 심정을 털어 버리고, 웅장한 대자연의 기상을 받아들이고 싶었던 것이다. 그러한 그의 심정은 입산하면서 지은 「동문을 나서면서」라는 시에 잘 나타나 있다.

그러나 율곡은 불교에서 가르치는 방법으로는 도무지 진리를 깨우칠 수 없다는 판단을 내렸고, 결국 1년 만에 모든 것을 정리하고 하산한다. 불교에 회의를 가진 이유에 대해 율곡이 훗날 술회하기를, "돈오법에 이끌려 '모든 것이 하나로 돌아간다.'라는 불교의 철학을 이해하기 위해, '그 하나는 도대체 어디로 돌아가는 것을 말하는가?'라는 문제에 집착하여 생각을 거듭해 보았으나 아무 성과가 없었다. 따라서 그것을 수행의 방법으로 하는 불교도 허망할 뿐이다."라고 하였다.

또 "불교에서 '생각을 더하지도 덜하지도 말라.' 하고 가르치는 것은 무슨 까닭일까 하여, 침식을 잊고 깊이 사색해 보았지만 곧 별다른 기묘한 이유가 있는 것이 아님을 깨닫게 되었다. 다만 마음이 함부로 달려나가는 것을 막아 주고, 정신을 한 곳에 집중할 수 있도록 하여 극도로 '허명'(虛名)한 경지를 만들고자 하려는 것일 뿐이라는 사실을 알게 되었다."고 털어놓았다.

또한 "불교에서는 일부러 뜻 모를 **화두(話頭)**를 던져서, 사람들이 그것과 자신을 연관짓게 함으로써 마음을 연마하게 한다. 사람들이 이 사실을 알게 되면 노력을 게을리하여 아무런 소득을 얻지 못할 것이기 때문이다. 그것이 일종의 속임수라는 생각에 미치자 불교를 버렸다."고 설명하기도 했다.

불교를 신앙으로 삼지 않는 사람이라면 누구나 할 수 있을 만한 생각이겠지만 율곡이 더 이상 노력하지 않고 겨우 1년 만에 하산한 것은 애초부터 그의 사고 체계 밑바탕에 흐르고 있는 기본 정신과 불교 사상이 맞지 않았던 것이라고 볼 수 있다.

율곡은 불교에 대한 회의가 들자 다시금 유교 서적을 들춰 보기 시작하였고 훗날 "그 깊이의 참됨을 알게 되었다."고 고백하기에 이른다. 이것 또한 이때에 비로소 깨달은 것이라기보다는 그의 내면 상태가 유학자일 수밖에 없음을 반증하는 것이라 하겠다. 율곡으로서는 젊은 날 방황하던 시기에 불교의 길로 잠깐 외도했던 것일 뿐이다. 여기에서 율곡의 성품에 대한 한 단면을 읽을 수 있는데, 그가 비록 나중에 성현의 경지에 이르기는 하였지만, 젊은 시절에는 지나친 자기 확신으로 인한 경박함을 보이기도 했던 것이다.

화두(話頭)
참선하는 사람에게 도를 깨치게 하기 위하여 내는 문제.

새로운 출발

율곡이 하산하자 우선 문제가 되었던 것은, 그가 산사에 있을 때 머리를 깎고 중 행색을 하였느냐 하는 점이었다. 당시에 삭발은 곧 선비로서의 자격을 상실하는 것을 의미했기 때문이다. 율곡은 수행하는 동안 머리를 전혀 깎지 않고 지냈음이 하산 즉시 만난 많은 사람들에 의해 확인되었지만, 한때 불교에 탐닉했던 그의 태도는 오랫동안 그를 비난하는 사람들에게 좋은 공격거리로 이용되었다.

금강산에서 내려온 율곡은 인생의 목표를 정하고, 그것을 실천해 나갈 구체적인 방안으로「자경문」(自儆文)을 지었다. 일종의 좌우명이었던「자경문」의 요지는 다음과 같다.

1. 뜻을 크게 가지자.
2. 마음을 안정시키자.
3. 혼자 있는 것을 삼가자.
4. 언제나 할 일을 먼저 생각하자.
5. 일에 닥쳐서는 성의를 다하자.
6. 옳지 않은 일은 절대 하지 말자.
7. 자세를 항상 바르게 하자.
8. 방심하거나 서두르지 말자.

율곡은 인생을 설계하는 데 있어서 무엇보다도 '입지'(立志)를 가장 중요하게 생각했다. 입지의 중요성을 강조하는 것은 그의 사상이 가진 두드러진 특색으로서, 40세에 지은『성학집요』의 제일 첫머리에 입지에 대한 장이 있고, 42세 때 지은『격몽요결』의 첫머리에도 입지에 관한 장을 두었다. 그리고 47세에 지은『학교모범』에서도 16조의 규범 중 첫 조에서 입지를 강조했다.

율곡은 입지의 중요성을 강조하는 이유에 대해, "먼저 뜻이 서지 않으면 모든 일이 성공하지 못하기 때문이다." 하고 말하였다. 또 뜻을 세우는 방편에 대해서는, "참되면 뜻이 저절로 서는 법이고, 그 뜻을 항상 공경하는 태도를 지녀야 뜻이 사라지지 않는다."라고 하였다.

하산 후 강릉 외가에서 새로이 학문에 정진한 지 1년이 되던 명종 11년(1556), 스물한 살의 나이로 한성시에 장원급제한 율곡은 그 이듬해 9월에 성주 목사 노경린의 큰딸과 결혼했다. 노씨 부인은 건강이 좋지 못해 율곡과의 사이에 딸 하나를 낳았지만, 그 딸은 태어난 지 얼마 지나지 않아서 죽었다. 그리고 나서 노씨는 더 이상 자식을 낳지 못했다.

그러나 노씨 부인은 살림이 어려운 가운데도 소리 없이 대가족을 이끌어 나갔다. 노씨 부인은 율곡보다 8년을 더 살았지만 천수(天壽)를 다하지는 못했다. 임진왜란 때 주위의 권유에도 피난을 가지 않고 파주 선산에서 평생을 존경하던 남편 율곡의 신주(神主)를 끌어안고 버티다가, 결국 왜군에게 참혹한 죽음을 당했기 때문이다.

결혼한 이듬해, 율곡은 그동안 머물고 있던 성주 처가에서 강릉 외가를 향해 떠났다. 가는 도중에 예안에서 제자들을 가르치고 있던 퇴계 이황을 방문하였다. 58세의 노대가와 23세의 홍안 청년이 2박 3일이라는 짧은 기간 동안 처음으로 만나게 되었는데, 이때부터 두 천재는 서로를 높이 평가하게 되었다. 그 후 두 사람은 여러 차례 서신을 주고받으며 학문에 대한 토론을 벌였다. 훗날 퇴계가 세상을 떠났다는 소식을 듣자 율곡은 멀리서나마 스승에 대한 예를 갖추며 슬퍼했다고 한다.

율곡은 그 해 겨울에 한성 **별시(別試)** 문과에 참가하여 「천도책」이라는 글을 써서 장원급제하였다. 이 글은 음양이라는 기(氣)의 작용으로 천지 조화를 설명한 것으로 율곡의 자연 철학에 대한 근본 사상이 잘 나타나 있다. 당시 시험관이었던 정사룡과 양응정은 율곡의 답안을 채점

별시(別試)
나라에 경사가 있을 때나 병년(丙年)마다 치르던 과거시험.

하면서, 자기들은 시험 문제를 만드는 데도 여러 날을 고심했건만 이 젊은이는 짧은 기간 내에 이토록 놀라운 내용의 글을 지었다면서, 실로 천재가 나타났다고 감탄했다 한다. 이「천도책」은 중국에까지 널리 알려져서 율곡이 47세 때 명나라 사신을 접대하게 되었을 때, 명나라 사신인 황홍헌과 왕경민 등은 율곡에게 '선생님'이라는 존칭으로 예를 표하였다.

스물다섯 살 때에는「지야서회」를 지어, 또 한 번 지난날을 반성하고 새로운 각오를 다짐하면서 학문에 계속 정진하였다. 스물여섯 되던 해 5월에는 부친상을 당하여 파주 선산에서 3년 동안 시묘를 하며 보냈고, 상복을 벗은 이듬해, 명종 19년 7월과 8월에는 소과와 대과에 연속으로 장원급제하였다. 율곡이 전부 아홉 차례의 과거에서 장원으로 합격하였다 하여, 당시 장안에서는 그를 '구도장원공'(九度壯元公)이라 부르며 칭송이 대단했다. 그러나 비교적 늦은 나이로 과거에 최종 합격한 셈인데 이것은 금강산 구도행각을 전후하여 방황했던 시간이 있었던데다가, 부모의 죽음으로 6년여의 공백 기간이 있었기 때문이다.

초기의 관직 생활

스물아홉 살에 승문원 권지로 관직 생활을 시작한 율곡은, 호조와 예조의 좌랑을 거쳐 서른 살에는 사간원의 정언이 되었다. 이듬해 5월에는 윤원형과 요승 보우의 폐정을 개혁하기 위해「간원진시사소」를 왕에게 제출하기도 하였다. 서른한 살에 관리 임용을 주관하는 이조좌랑이 되었다가 선조 원년(1568)에 서른세 살로 사헌부 지평이 되었다. 그 전해에는 후사 없이 죽은 명종의 뒤를 이어 왕의 생전에 총애를 받던 하성군(중종의 일곱째 아들인 덕흥군의 셋째 아들)이 열여섯 살의 어린 나이로 왕위에 올랐다. 그가 바로 선조이다.

그해 4월에는 장인 노경린이 맏사위인 율곡에게 뒤처리를 부탁하고 죽자, 처가의 재산을 적서와 남녀의 구별 없이 동등하게 분배하여 신분에 구애받지 않는 진취적 사고의 일면을 보여 주기도 했다. 또 명나라 황태자의 생일을 축하하는 사절로서 중국에 다녀왔고, 귀국 후에는 홍문관 부교리 지제교 겸 경연관으로 임명되었다가 이듬해 6월에 홍문관 교리로 임명되었다.

율곡은 이 시기에 정치가 나아갈 방향을 논한 「동호문답」을 지어 왕에게 올렸으나 별 소용이 없었다. 개혁 의지가 부족한 조정의 모습에 회의를 느끼고 있던 율곡은 외할머니가 세상을 떠나자 사직을 하고 강릉으로 내려간다. 서른다섯에 다시 홍문관 교리가 되었으나, 그 해 10월에 건강이 나빠져서 다시 사직하고 처가인 해주에서 한동안 요양하다가 이듬해 1월에 파주 율곡리로 거주지를 옮겼다. 이 시기에 율곡은 제대로 되는 것이 없는 관직 생활에 심한 회의를 느껴서 그 심정을 편지에 적어 퇴계와 친구들에게 털어놓은 적도 있었다.

해주에서 칩거하던 해 12월에는 퇴계의 부음을 접했다. 율곡은 거처하던 내실에 신위를 차려 놓고 제문을 지어 바치는 등 스승에 대한 예를 갖추었다. 평소 자기 자신에 대한 자부심이 커서 여간해서는 남을 대단하게 생각하지 않던 율곡이었지만, 퇴계에게만은 유일하게 존경의 마음을 가지고 있었던 것이다.

서른여섯 살 때인 선조 4년(1571) 6월에는 청주 목사로 임명되었는데, 이때 「서원향약」을 만들어 시행하기도 했다. 그러나 건강이 다시 나빠져 청주 목사 자리도 10여 개월 만에 사직하고 율곡리로 돌아와 요양해야 했다. 이후에도 계속 관직에 임명되었으나 모두 병으로 취임하지 못하다가, 서른여덟 살 되던 해 7월에 홍문관 직제학으로 다시 관직에 복귀하였다. 이때에도 세 차례에 걸쳐 사양하였으나 선조가 끝내 허락하지 않아 할 수 없이 관직으로 돌아오게 된 것이었다.

관직에 복귀하고 2개월 후에 승정원 동부승지로 임명되어 왕명의 출납을 맡게 되었으며, 그 이듬해 정월에 우부승지로 승진하여 임금으로서 취할 태도를 밝힌 「만언봉사」라는 상소를 올리기도 했다. 그러나 당시 조정이나 선조는 개혁에 대한 논의만 분분한 채, 구체적인 조치는 하나도 실현하지 못하고 있었다. 율곡 자신도 건강이 좋지 않아 업무가 번잡한 승정원 근무가 힘들어지자, 한직으로 나가기를 원했다.

그러나 선조는 율곡을 한직에 놔두지 않고 대사간이라는 중책을 맡겼다. 그러나 율곡은 임명된 다음 달에 병으로 사임하고 다시 파주 율곡리로 돌아오고 말았다. 사직하고도 몇 차례 관직이 내려졌지만 율곡이 모두 사양하자, 선조는 율곡의 처가가 있는 황해도 관찰사로 임명하여 외직으로라도 관직에 그를 붙잡아 두려고 하였다. 결국 사직한 지 6개월 만인 그 해 10월, 율곡은 관찰사의 지위로 관직에 다시 나갔으나 병약한 몸으로는 지방관의 격무를 견딜 수 없었다. 그리하여 채 6개월도 못 되어서 다음 해 3월에 또다시 사직할 수밖에 없었다.

파주로 돌아와 쉬고 있던 율곡에게 선조가 다시 부제학을 제수(除授)하여 중앙 정계로 들어가서 근무하던 중, 그해(선조 8년) 9월에는 2년 전부터 집필해 왔던 『성학집요』를 탈고하여 왕에게 올렸다. 이 책은 군왕의 도리에 대해 체계적으로 자세히 서술한 것으로서 나중에 왕에게 가르침을 주는 경연의 교본으로 쓰인다. 또한 성리학에 비판적이던 실학자들에 의해서도 높이 평가된 책으로서 율곡의 사상이 잘 나타나 있다.

당시에는 심의겸과 김효원의 대립으로 동·서 붕당의 조짐이 완연하게 나타나고 있었다. 율곡은 중립적인 입장에서 갈등을 해소시키려고 노력했으나 평소 서인이었던 심의겸과 친분이 깊었고 심의겸을 지지하는 정철과 윤두수, 윤근수 형제와 가깝게 지내는 사이였기 때문에, 동인 계열에서는 그를 서인으로 지목하고 경계하기도 하였다. 율곡은 양쪽을 화해시켜 조정이 갈라지는 것을 막고 나라의 장래를 안정시키려는 일념뿐이었는데, 서인 쪽에서도 이것을 환영하지 않았다. 동인 편은 아니지만, 자기들 편 역시 확실하게 들어 주지 않는 율곡을 야속하게 생각했던 것이다.

동·서 붕당의 대립에 대한 율곡의 자세는 '양시양비론'(兩是兩非論)으로 이해될 수 있다. 이에 대해 비판론자들은 "세상일에 양쪽 다 옳기도 하고 그르기도 한 일은 있을 수 없다."고 하며, 정확하게 가리지 않고 무조건 원만하게만 하려고 하는 것은 문제가 있다고 비판했다. 그러나 율곡은 **백이숙제(伯夷叔齊)**를 예로 들면서 "양쪽이 모두 선비들이니 화해시키는 것이 옳은 일이지 어느 한쪽만 맞다 하면 그 분쟁은 끝나지 않을 것이다." 하고 대답하였다.

정쟁이 심화되는 와중에 율곡은 건강이 다시 나빠진데다 선조마저 율곡에게 비판적인 태도를 취하자 마침내 은퇴를 결심한다. 당시 스물다섯 살이었던 청년왕 선조는 자기 자신을 높이고 크게 여기는 자존자대(自尊自大) 의식이 강하여 직언하는 신하들의 말을 잘 들으려고 하지 않았고, 총명하기는 했지만 민생을 위하기보다는 제왕의 위신을 높이려고만 하는 경향이 강했다. 이와 같은 왕의 자세는 유달리 뜻이 높고 자기주장이 강한 율곡과 잘 맞지 않았던 것이다.

율곡은 마침내 그 해 10월에 사직을 하고 오래 전부터 마음에 두었던 해주 석담에 청계당을 비롯하여 새 터전을 짓기 시작했다.

일가동거와 교육을 위한 해주 생활

사직한 이듬해(선조 10년) 정월에 일가가 모여 살림할 수 있는 집이 완성되자, 율곡은 어려서부터 꿈꾸어 왔던 일가동거의 계획을 실현하기로 하였다. 처음에는 7년 전에 죽은 맏형 선의 유가족을 데리고 와서 형수 곽씨로 하여금 집안 살림을 주관하게 하고는 직계 형제 중심으로

> **백이숙제(伯夷叔齊)**
> 중국 주(周)나라의 전설적인 형제 성인으로, 본래 은나라 고죽국의 왕자들이었는데, 아버지가 죽은 뒤 서로 후계자가 되기를 사양하다가 끝내 두 사람 모두 나라를 떠났다. 무왕이 은나라를 멸하고 주왕조를 세우자, 두 사람은 무왕의 행위가 사람의 도리에 위배된다고 하여, 주나라의 곡식 먹기를 거부하고 산에서 고사리를 캐어 먹다가 굶어 죽었다. 옳다고 생각한 것을 굽히지 않는 지조와 절개의 대명사이다.

모여 살았다. 그러나 점점 가까운 친척 중에서 의지할 데 없는 사람이나 극도로 가난하여 도와주어야 할 사람들까지 모여들어, 나중에는 100여 명에 이르는 대가족이 되었다. 하지만 율곡은 「동거계사」라는 가족 사이에 지켜야 할 준칙을 만들어 많은 가족들을 무리 없이 잘 이끌었다.

　율곡에게는 서인 출신인 계모가 있었는데, 변덕스럽고 성질이 사나워서 율곡 형제들을 많이 괴롭혔다. 홀로 된 후부터는 심사가 괴로워서인지 새벽에 꼭 해장술을 즐겼는데, 율곡은 아침 문안을 드린 후에 손수 술 주전자를 데워 잔에 술을 부어 드렸다고 한다. 아버지가 돌아가신 후에도 남 대하듯 하지 않고 부모에 대한 도리로 정성껏 모시자 계모도 마음을 바꾸어 온순해졌으며, 훗날 율곡이 자신보다 먼저 죽자 정성껏 보살펴 준 고마움에 보답할 길이 없다면서 소복을 입고 3년을 지냈다고 한다.

　율곡은 자신보다 한 살 아래인 맏형수 곽씨를 항상 웃어른으로 공경하였고, 둘째 형 번에게도 예의를 다해 섬겼다. 번은 체면을 모르는 사람으로 동생의 지위가 높아진 뒤에도 주위에 사람이 있건 말건 율곡에게 잔심부름을 시키곤 하였다. 이에 율곡은 조금도 언짢은 기색 없이 형의 시중을 들었는데, 이 모습을 지켜본 제자들이 민망하여 말렸다. 그러나 율곡은 "부형 앞에서 지위가 무슨 상관이며 그 분부를 어찌 다른 사람이 대신하게 할 수 있겠는가? 무릇 부형 앞에서는 지나친 공손이란 없는 것이며, 형님이 돌아가신 뒤에는 예를 행하고 싶어도 할 수 없지 않은가?" 하고 반문했다고 한다.

　나중에 둘째 형 번은 율곡의 작품이 세상에 전해지는 데 큰 기여를 하게 되는데, 동생이 큰 인물이 될 사람인 줄을 미리 알았는지, 율곡이 밖에서 돌아오면 오늘은 어떤 글을 지었는가를 꼭 물어서 그것을 손수 적어 놓았기 때문이다.

　율곡부터 이렇게 솔선수범하니 집안은 법도가 서고 항상 화평했다.

하지만 대가족이 모여 살다 보니 먹고사는 문제가 쉬운 일이 아니었다. 수입이라고 해야 서른한 살 때 선대로부터 물려받은 파주 땅에서 나는 곡식이 전부였는데, 이것만 가지고는 대가족의 생계를 감당하기 어려웠다. 그래서 율곡은 호구지책으로 대장간을 차리고 농기구를 만들어 팔아서 생계비를 충당했다. 이런 모습에 대해 훗날 이항복은 자신의 문집에서, "성인은 참으로 매사에 구애를 받지 않는다." 하며 감탄하기도 했다.

한번은 재령 군수로 있던 친구 최립이 율곡의 형편이 어려운 것을 알고서 양식을 보내 왔지만, 율곡은 받지 않고 돌려 보냈다. 주위에서 그 이유를 묻자, "옛 친구의 사사로운 물건이라면 안 받을 리 없겠지만, 관가의 곡식을 헐어 보낸 것 같아 받을 수가 없었다."고 대답하였다.

율곡은 어려운 처지에도 항상 엄중하게 처신했고, 아무리 힘들어도 함께 굶을망정 같이 살던 식구를 내보내지 않았다. 그가 일가에 대해 베푸는 마음은 지극하기 이를 데 없어, 먼 친척에 대해서도 늘 관심을 가지고 돌보려고 했다. 또한 이웃이나 하인들에게도 항상 예로서 대했으며, 경조사에는 빠짐없이 참석하여 우애를 도모했다.

율곡의 일가동거에 대한 꿈은 일곱 살 때 『이륜행실』을 읽은 후부터 가지게 된 것이었다. 그 책에서 당나라의 장공예는 아홉 세대가 함께 살았는데, 황제가 그 비결을 묻자 참을 '인'(忍) 자 100개를 써서 바쳤다는 내용을 읽고 감명을 받아 그때부터 계획한 것이었다.

율곡은 『격몽요결』을 지어서 제자들을 가르쳤고, 향약과 창고를 세워 주민들의 교화에도 적극 노력하였다. 43세 되던 해(선조 11년)에는 은병정사를 세워 많은 인재를 육성했다. 율곡은 암기보다는 스스로 사색하고 깨우치는 것을 더 중요하게 여겼으며, 학문은 일상에 있다는 그의 지론대로 어느 자리에서나 항상 가르침을 베풀고자 하였다. 『소학』을 무엇보다 먼저 배워야 할 교과목으로 권장하였으며, 좀더 효율적인 학습을 위해 『소학집주』를 만들기도 했다.

이렇게 율곡은 45세되던 해 12월에 대사간으로 다시 출사하기까지 5년에 가까운 세월 동안, 일가동거의 꿈을 실천하면서 교육과 지역 사회에 대한 봉사 활동에 주력하였다.

그러는 사이에도 몇 차례 출사하라는 조정의 요청이 있었지만 율곡은 이를 모두 사양했다. 그 대신 상소를 올려 동·서 붕당의 문제점을 지적하고 그것을 개혁할 것을 간청했다. 그러나 당파를 없애고 조정을 화해시키려던 율곡의 상소는 도리어 권력자들에게 비난을 샀고, 왕도 그의 마음을 알아주지 않았다.

45세 되던 해 5월에는 『기자실기』를 지었는데, 이것은 윤두수가 명에 사신으로 갔다가 중국 사람들이 조선으로 온 **기자(箕子)**의 사적(史蹟)에 대해 물을 때, 제대로 대답하지 못했다는 이야기를 들은 것이 계기가 되었다. 이 책에서 율곡은 "이 땅에 기자가 들어와 오랑캐를 면하게 되었다."라고 하였는데, 이것은 그의 **모화주의(慕華主義)**적 일면을 보여 주는 것이다. 율곡이 절대적으로 신봉했던 주자의 출생지가 중국이기 때문에, 그의 이런 태도는 사대주의(事大主義)라기보다 학문의 연원에 대한 존경심으로 이해되어야 할 것이다.

은병정사는 율곡이 다시 관직에 나갔을 때에도 폐쇄되지 않고 제자들에 의해 자체적으로 운영되었다. 율곡도 비록 정사를 돌보느라 바빴으나 편지로나마 제자들을 계속해서 지도하였다.

마지막 관직 봉사

율곡은 선조 13년(1580) 12월에 45세의 나이로 다시 대사간에 임명되었다가, 이듬해 6월에 대사헌으로 자리를 옮기면서 예문관 제학도 겸임하게 되었다. 그해 10월에는 잠시 호조판서로 있다가 11월에는 대제학으로 전임되었으며, 다음 해 정월에는 이조판서를 겸임하며 새로운 인재들을 등용하기 위해 노력했다. 이때 율곡이 길을 열어 준 인물 중에는 훗날 영의정이 된 이덕형과 이항복이 있다. 또한 이조판서로 재직하는 동안 왕명에 의하여 『인심도심설』, 『김시습전』, 『학교모범』을 짓기도 하였다.

8월에는 형조판서가 되었다가 그 후 의정부 우참찬을 거쳐 우찬성으로 승진했다. 이 당시에 율곡은 왕의 은혜에 보답하고 치도에 도움이 되고자 「진시폐소」라는 상소를 올렸는데, 여기서 그는 첫째, 풍속이 타락하였고, 둘째, 관리가 개인의 이익에만 신경을 쓰며, 셋째, 조정이 분열하여 기강이 해이해졌고, 넷째, 백성들은 폐단에 시달려 점점 곤궁해지고 있다며 현실에서의 문제를 지적하였다. 그리고 이 문제의 해결을 위해 지도자가 갖추어야 할 기본적인 자세를 강조하고, 세 가지 폐단을 고칠 것을 건의했다. 즉, 공물 제도를 개정하고 아전의 수를 줄이며, 지방관을 자주 바꾸지 말 것 등이 그 내용이었다. 그러나 이 또한 받아들여지지 않았다.

그해 10월에는 명나라 사신을 맞는 사절로서 활동했는데, 율곡에게 감명받은 명나라 사신들이 황제에게 요청하여 조선 사신들에 대한 대접을 더욱 융숭하게 하도록 조치해 줄 정도였다고 한다. 사절로서 소임을 마친 율곡은 그해 12월에 병조판서로 임명되었고, 이듬해 2월에는 국방대책을 위한 「6조계」를 올리고, 그 유명한 '10만 양병설'을 주장하여 외침에 대비할 것을 건의했다. 그러나 붕당에 휩싸인 당시 조정에서는 이러한 그의 선견지명을 이해하고 이에 찬동하는 사람이 아무도 없었다. 유성룡을 비롯한 대부분의 중신들도 태평한 때에 군사를 양성하는 것은 공연히 민심을 불안하게 하여 화를 부르는 것이라고 반대하였다.

그러나 율곡의 예언대로 그로부터 10년도 지나지 않아, 선조 25년

기자(箕子)
고조선시대, 전설상으로 존재하는 기자조선(箕子朝鮮)의 시조. 기자는 중국 은나라 사람이었다고 한다.

모화주의(慕華主義)
중국의 문물이나 사상을 우러러 사모하는 것.

(1592)에 왜군이 침략하여 전 국토가 유린되는 화를 당했으니 그의 선견이 실행되지 못한 것이 안타깝기가 이루 말할 수 없다.

그 외에도 여러 가지 국방 개혁을 단행하였다. 우선 서얼 출신들과 노비들 중에서 원하는 자에게, 서얼은 관직을 허용하고 노비는 속량하는 방안으로 북방 병력 증강을 도모했다. 그리고 당시 **상번**(上番)을 면하는 조건으로 바치던 속포(贖布)를 병조의 관리들이 개인적으로 나누어 갖는 폐단이 많았는데, 그 속포를 북방 병력을 위한 군수품으로 전용하도록 조치하기도 했다.

또 병사들의 양곡이 부족하자 서얼들에게 곡식을 바치고 관직에 나갈 수 있는 길을 열어 주어, 신분 제도의 폐습을 개선하고 군량도 마련할 수 있도록 하였다. 그리고 사수(射手) 1만여 명을 뽑으면서 3등 이하의 사수에게는 말을 받고 군역을 면제해 주어 부족한 말들을 충당하였다. 그 밖에도 관리들의 녹봉에서 갹출하여 북방에 파견된 군사들의 가족을 도와주어 병사들의 사기를 높이기도 하였다.

이렇듯 율곡의 정치 철학은 먼저 조정에서 처신을 올바르게 하여 백성들의 모범이 되어야 하고, 나라를 다스리는 데 폐단이 되는 것은 어떠한 것이라도 고쳐야 한다는 데에 있었다. 하지만 이러한 율곡의 원칙적 태도는 주위에 적을 만드는 요인이 되었다. 또한 동·서 붕당의 대립이 여전한 상황에서 그가 서 있을 공간은 점점 좁아지고 있었다. 율곡을 시기하고 미워하던 무리들은 호시탐탐 그를 조정에서 몰아낼 기회만을 노리고 있었던 것이다.

그러던 어느 날, 격무와 지병으로 시달리던 율곡이 왕의 부름에 즉시 응하지 못하자 **삼사**(三司)에서 탄핵이 일어났다. 이 기회에 율곡의 반대파들은 그를 완전히 실각시키려고 집요하게 공격하였고, 결국 율곡은 그 해 6월에 사임을 하고 파주로 내려갔다가 8월에 해주로 돌아갔다.

그러나 선조는 율곡을 신임하여 그를 비난하던 무리들을 징벌하고, 9월에 판돈령 부사로 다시 부른 후 10월에는 이조판서로 임명하였다.

그렇지만 율곡의 병이 깊어져 49세가 되던 이듬해(선조 17년) 정월부터는 병석에 눕는 지경에 이른다. 율곡은 병석에서도 항상 나랏일에 대해 걱정하였다. 죽기 하루 전에도 서익이 북방을 순찰하는 임무를 받아 떠난다고 하자, 주위의 만류에도 불구하고 「육조방략」을 지어 준 후 혼수 상태에 빠졌다. 그리고 얼마 후 깨어나서는 손발톱을 자르고 목욕을 하는 등 단정한 모습을 갖춘 후 한성 대사동에서 숨을 거두었다. 49세의 한창 나이에 운명하여 무슨 한이 그토록 깊었던지 이틀 동안이나 눈을 감지 못했다고 한다. 율곡이 죽기 하루 전날 부인 노씨가 흑룡이 침실에서 하늘로 날아가는 꿈을 꾸었다고 하는데, 그는 태어날 때와 마찬가지로 죽을 때에도 가장 가까운 사람의 꿈에 용이 나타나는 기이한 인연을 가졌던 셈이다.

율곡은 사후에 남긴 유산이 없어 염습에 쓸 수의도 친구들이 얼마씩 나누어 내서 준비했다. 그리고 한성에서 지내는 동안 집을 세 내어 지냈기 때문에 유가족들이 거처할 곳이 없자, 친구와 제자들이 돈을 모아 집을 마련해 주기도 했다. 장지는 선영이 있는 파주 자운산으로 정해졌으며, 발인하던 날에는 일반 백성들까지 슬피 애도하며 율곡의 마지막 길을 전송하기 위해 거리를 가득 메웠다. 그리고 소현서원(은병정사)과 묘소 근처 자운서원에서 율곡의 제사를 모셨다.

이이의 사상과 성품

모든 현상은 '기'(氣)의 작용으로 발생하는 것이고, 그 근거가 바로 '이'(理)라는 것이 율곡 사상의 근본이다.

율곡에 따르면 '이'는 공기와 물 같은 것이고, '기'는 그릇과 같은 것

상번(上番)
변방이나 지방에서 서울로 발령받는 일.

삼사(三司)
사헌부·사간원·홍문관을 통틀어 이르는 말.

율곡 이이(이종상 그림)

이라고 한다. 공기와 물이 그것을 담는 그릇의 형태에 따라 모양이 정해지는 것처럼, '이'도 변화하지 않는 '본연의 것'이지만 성질이 일정한 범위 안에 국한되는 '기'의 존재 때문에 서로 다른 현상으로 나타날 수 있다는 것이다. 다시 말해, '이'는 형이상의 불변하는 것이고, '기'는 형이하의 변화하는 존재로서, '이'는 '기'를 주재하며, '기'를 통해 '이'가 나타난다고 보았다[氣發理乘途說]. 율곡은 '기'가 '이'의 명령을 듣는 것을 '주리'(主理)라 하고, '기'가 '이'의 명령을 듣지 않고 능동적으로 발현되는 상태를 '주기'(主氣)라고 하였는데, 이 중 전자를 '지선'(至善)으로 보았다. 만물의 본연인 '이'가 중요한 것은 물론이지만, '기'에 의하여 국한되고 차별되므로 '기'의 갈고 닦음이 중요하다고 생각한 것이다.

또 그는 개별적 규범인 '소당연'(所當然)만 알고 만물의 근본 원리인 '소이연'(所以然)을 깨닫지 못하면 참된 도에 이르지 못한다고 했다. 소당연이란 '마땅히 그래야 하는 것'을 말하고, 소이연이란 '그렇게 되는 까닭'을 말한다. 이것을 통해 율곡은 당시의 교조적인 견해에 반대하고, 학문의 참된 이치를 탐구하는 자주적인 학풍을 세웠다. 따라서 그는 화담 서경덕이나 퇴계처럼 재야에 머물러 학문 연구에만 매달릴 것이 아니라, 정학일체(政學一體)의 정신에 따라 끊임없이 현실 정치에서 실천해야 한다고 주장하였다. 자신의 마음을 가다듬는 공부도 중요하지만, 경세제민(經世濟民)을 실천하는 것이 배운 자의 임무라고 생각한 것이다.

율곡의 성품은 앞에서 이미 말했듯이, 효심과 우애가 깊고 인정이 많은 인물이었다. 성격도 담백하여 말과 행동이 항상 일치하였고, 심성이 맑고 깨끗하여 타인과 밀담을 하거나 소곤거리는 법이 없었다. **광풍제월(光風霽月)** 같고 **청통쇄락(淸通灑落)**하다는 말은 율곡의 인물됨을 가장 잘 표현한 것이다.

다만 일을 처리하는 데 있어서 자기 주장이 강했고, 분석적 사고를 하는 경향 때문에 모든 사람의 특징을 샅샅이 들어 평하기를 좋아했다. 또 대담하고 침착한 일면도 있었는데 이와 관련된 일화 하나를 들자면, 그가 젊었을 때 친구인 성혼과 화석정 아래에 있는 강에서 배를 타고 유람하고 있는데, 갑자기 바람이 불어 배가 크게 요동쳐 성혼이 두려워했다. 그러자 율곡은 "우리 같은 사람이 탔는데 무슨 염려가 있겠는가?" 하고 말하며 태연하게 있었다고 한다. 그만큼 그는 자기 자신에 대해 강한 신념을 갖고 있었던 것이다.

율곡은 스스로 부정하다고 생각되는 일은 철저히 피해갔으나, 편협하지 않고 유연한 성품을 가졌다. 이것을 알 수 있는 두 가지 일화가 있다. 그 하나는 율곡의 정갈한 이성관(異性觀)을 증명해 주는 내용이다.

황해도 관찰사 시절에 몸종으로 데리고 있던 유지라는 아이가 평소에 율곡을 흠모했었다. 율곡이 떠난 후에 성장하여 기생이 되었는데, 명나라 사신을 대하는 사절로서 잠시 해주에 들른 율곡을 찾아와 연모의 정을 호소했다. 그러나 율곡은 한 방에서 병풍으로 경계를 짓고 촛불을 밝혀둔 채 뜬눈으로 밤을 지새웠다. 율곡은 유지의 애끓는 마음에 혹여 상처라도 될까 봐 다음과 같은 위로의 글을 전해 주었다.

> **광풍제월 청통쇄락(光風霽月 淸通灑落)**
> 아무 거리낌이 없는 맑고 밝은 인품을 비유하여 이르는 말. 이현보의 『농암문집』에 나오는 이야기다.

문을 닫자 하니 인정을 상할 것이요
같이 자자 하니 의리를 해칠 것이다
閉門兮傷仁 同寢兮害義

이렇게 처신이 깨끗하고 깍듯했던 율곡이었지만, 그렇다고 모든 일에 대해 지나치게 도덕적 잣대를 들이댔던 것은 아니다. 젊은 시절에 친구인 정철이 아들을 낳았는데, 축하 잔치를 벌이는 자리에 기생까지 동원하자 고지식한 성혼은 자리에 어울리지 않는 행동이라며 나무랐다. 그러나 율곡은 웃으면서, "검은 먹을 들여도 검어지지 않는 것이 도(道)인 것이다." 하고 설득하여 잔치의 흥을 깨지 않았다고 한다. 이처럼 율곡은 곧으면서도 유하고, 강하면서도 부드러웠다. 그리고 평생 솔선수범하며 주변 사람들에게 가르침을 준 실천 철학자였다.

인습의 굴레 속에서 자아를 구현한 시인
허난설헌

허난설헌은 조선 **규방문학(閨房文學)**의 새 지평을 연 대표적 인물이다. 그는 평생을 집안의 틀에 갇혀 지내야 했던 조선 여성들의 한을 시로써 표현하여, 살이 있는 문학의 진수를 선보였다. 그 시절에는 여성이 학문이나 시를 배우는 것도 어려웠지만, 두터운 남존여비 사고의 껍질을 뚫고 두각을 나타낸다는 것은 더더욱 어려운 일이었다. 설사 재능이 있어 작품을 남겼다 하더라도 그것이 세상에 알려지기 또한 쉽지 않았다. 하지만 허난설헌은 스스로 자신의 재능을 알고, 숨막히는 인습의 굴레 속에서 과감하게 붓을 들어 올올이 아름다운 시를 수놓았다. 다행히 허난설헌의 재능을 존경하고 아까워하여 그의 작품을 모아 세상에 소개한 동생 허균이 있었기에, 감정이 오롯이 담겨 있는 그의 시를 오늘날에도 볼 수 있는 것이다.

그러나 허난설헌은 자신의 시가 세상에 알려지는 것을 원치 않았다. 그래서 죽음을 앞두고 자신의 작품들을 모두 불태워 버렸으며, 다른 곳에 남아 있는 것도 없애 줄 것을 유언으로 남겼다. 그는 남에게 보이기

> **규방문학(閨房文學)**
> 조선시대에는 성리학의 영향으로 인해 여성들의 사회 활동에 제약이 많았다. 따라서 주로 안방(규방)에 갇혀 지내던 여성들은 편지나 일기, 수필 등의 작품을 남겼는데, 이것을 규방문학이라고 한다. 작품을 가리킬 때는 규방가사(閨房歌辭)라고도 한다.

위해 시를 쓴 것이 아니라, 어찌할 수 없는 자신의 감정을 담아 내기 위해 붓을 잡았던 것이다. 어쩌면 허난설헌은 '일부종사'(一夫從事), '여필종부'(女必從夫)로 대변되는 당시의 인습과, 감정 표현마저 억제할 것을 강요하는 현실에 항거하고 싶었는지도 모른다. 그런 의미에서 허난설헌의 작품은 작가 자신의 마음을 제대로 표현하지 않고 고달픈 일상사에 대한 감정 표출이 억제되어 있는 다른 규방 작품들과 좋은 대조를 이룬다.

개방적이고 다정다감한 집안에서 자라난 허난설헌은 엄격한 시집살이에 숨이 막혔고, 상처받기 쉬운 여린 심성은 작은 아픔에도 서럽기만 했다. 그래서 애초의 밝고 맑았던 심성은 차츰 우울과 번민으로 어두워져 갔다. 점점 지쳐 가는 하루하루가 지루하게만 느껴졌는지, 허난설헌은 가장 무성하고 아름다워야 할 젊은 나이에 생을 마감하고 만다.

뛰어난 예술적 재능

허난설헌은 조선 13대 왕인 명종 18년(1563)에 강릉 초당리에서 태어났다. 그의 아버지 허엽은 양천 허씨의 명문가 출신으로 부제학, 경상도 관찰사, 동지중추부사 등 내외의 요직을 지냈는데, 첫 번째 부인 한씨가 1남(허성) 2녀를 두고 죽자, 두 번째 부인 김씨를 들여 2남(허봉, 허균) 1녀(허난설헌)를 얻었다.

한씨에게서 태어난 자식들은 대체로 아버지의 유학자다운 면모를 많이 물려받은 반면, 김씨에게서 태어난 자식들은 어머니의 예민한 감수성을 닮아서인지 모두 뛰어난 예술적 자질을 보였다. 허난설헌의 본명은 초희이고, **자(字)**는 경번, 호는 난설헌이었는데, 그의 자인 '경번'(景樊)이 당나라 시인 번천 두목지를 경모한다는 뜻으로 지은 이름이라 하여 남편이 있는 사대부 집안의 여인으로서 올바르지 못한 처신이라는 비난을 사기도 하였다.

허난설헌은 다섯 살 때 아버지가 성균관 대사성으로 임명되었기 때문에, 그때부터 한성의 건천동에서 살았다. 그는 어려서부터 매우 총명하여 동생 균과 함께 글을 배웠다. 이후에 서애 유성룡과 손곡 이달에게서 학문과 시를 배우기도 하였다.

아버지 허엽은 화담 서경덕 밑에서 수학하여 화담의 도교적인 분위기를 이어받았던지라 집안에는 도교 관련 서적들이 많이 있었다. 허난설헌은 자라면서 이런 책들을 통해 신선 세계에 대한 상상력을 길렀는데, 일곱 살 때에 신선 세계의 **광한전(廣寒殿)**에서 **백옥루(白玉樓)**를 짓고 있는 장면을 상상하고, 그 건물의 **상량문(上樑文)**을 자신이 직접 지어 보기도 했다. 이 시가 바로 명나라의 문인 조문기가, "마치 신선이 되어 백옥루에 올라 있는 느낌이 든다."라며 극찬한 「광한전백옥루상량문」이다.

허난설헌의 집안은 일반적인 사대부 집안과는 달리 상당히 개방적이고 진보적이었다. 그래서 남매간의 우애도 유별나게 좋았으며, 사랄 때도 허난설헌은 남자 형제들과 큰 차별 없이 같이 공부하며 스스럼없이 지냈다. 이러한 집안 분위기는 그 후 오빠 허봉과 동생 허균의 행적을 보아도 충분히 알 수 있다. 이 점은 엄격한 사대부 집안의 풍속을 철저히 지키며 살았던 이복 형제들과 좋은 대비가 되기도 한다.

허난설헌은 시인으로서 천부적인 재능을 가진데다, 그에게 시를 가르친 손곡의 낭만적인 시풍에 영향을 받아, 성품마저 자유 분방했다. 그의 시 선생이었던 손곡은 삼당파(三唐派, 최경창·백광훈·이달) 시인의 한 사람으로 손꼽히는데, 낙천적이고 낭만적인 백낙천의 시풍을 많이 이어

자(字)
본래의 이름을 함부로 부르지 않던 시대에, 혼인 후 본래 이름 대신 부르던 이름.

광한전(廣寒殿)
달에 있는, 선녀 항아(姮娥)가 산다는 가상의 궁전.

백옥루(白玉樓)
문인이나 묵객이 죽은 뒤에 간다는 천상의 누각 이름. 옥루(玉樓)라고도 한다.

상량문(上樑文)
집을 지을 때 기둥에 보를 얹고 위에 마룻대를 올리는 '상량'을 축복하는 글.

받은 사람이었다. 백낙천은 고통받으며 어렵게 살아가는 백성들의 편에서 시를 썼던 당나라의 사회파 시인으로도 유명한데, 이러한 그의 경향이 손곡을 통해 허난설헌에게까지 이어졌던 것이다.

불행했던 시집 생활

허난설헌은 열일곱 살 때 둘째 오빠 허봉이 중매를 서서 안동 김씨 문중으로 시집을 갔다. 신랑 김성립은 허봉과 함께 공부하던 사람으로 허난설헌보다 한 살 위였다. 김성립의 집은 대대로 큰 벼슬을 지낸 명문가였다. 홍문관 전한으로 있던 시할아버지 김홍도는 명종 대에 윤원형을 탄핵하다가 죽었으나 후에 영의정으로 추증되었고, 시증조부 김로는 첨중추부사를 지냈으며, 시고조부 김희수도 대사헌을 역임했다.

그야말로 '최고의 집안'으로 시집간 것이지만 허난설헌의 불행한 삶은 이때부터 시작되었다. 시집의 분위기는 친정과 달리 엄격한 사대부 집안의 표본이었다. 시어머니인 송씨 부인 역시 이조판서를 지낸 송기수의 딸로서 아버지의 엄격함을 그대로 배우고 자란 여인이었다. 워낙 감성이 예민한 허난설헌은 완전히 달라진 환경에 제대로 적응하지 못했다. 더구나 자라면서 실과 바늘보다는 먹과 붓을 더 가까이했기 때문에 가정 살림에 익숙하지도 못했다. 자연히 시어머니와 잘 맞지 않았고, 남편과의 사이도 썩 좋지 못했다.

가정에서 점점 소외되기 시작한 허난설헌은 더욱 시문과 독서에 몰두하며 텅빈 가슴을 메우려 했다. 그러나 그러면 그럴수록 시댁 식구들과의 관계는 더욱 멀어져 갔다. 게다가 가녀린 심성을 가진 새색시의 한은 그의 불행한 가족사로 인해 갈수록 쌓여만 갔다. 허난설헌이 시집온 이듬해에 아버지가 객지에서 돌연히 세상을 떠났고, 3년 후에는 허난설헌을 끔찍이 아끼고 사랑해 주던 둘째 오빠 허봉이 동인의 선두에 서서 율곡을 탄핵하다가 갑산으로 유배되었다. 믿고 의지하던 두 기둥이 모두 그의 곁을 떠나 버린 것이다.

더구나 슬하의 자식 둘이 모두 어려서 죽자, 그의 삶은 삭막함과 애절함에 더욱 빠져들 수밖에 없었다. 둘째 오빠 허봉은 곧 귀양에서 풀려났으나, 관직에 뜻을 잃고 세상을 유랑하다가 허난설헌이 죽기 한 해 전에 금강산에서 병사하고 말았다. 그 일로 인해 허난설헌의 삶에 대한 의지는 더욱 희미해질 수밖에 없었다. 친정의 배다른 큰오빠 허성은 근엄하여 자신의 마음을 하소연하기가 어려웠고, 동생 허균은 아직 어린 소년일 뿐이었다. 세상 천지에 의지할 곳 하나 없는 외톨이처럼 느껴진 그는, 자신의 죽음을 예언하는 「몽유광상산」이라는 시를 짓기도 했다. 그리고 스물일곱 살 되던 해의 어느 날, 몸을 깨끗이 씻고 새 옷으로 단장한 허난설헌은, 집안 사람들에게 이렇게 말하고는 그동안 자신이 시를 짓고 책을 읽던 초당에서 홀연히 숨을 거두었다.

"올해는 내 나이 세 번째 아홉수에 해당하는 해인데, 마침 오늘 연꽃들이 서리를 맞아 붉게 변했으므로 미리 말했던 것처럼 바로 내가 죽을 날이다. 내가 죽은 다음에는 내가 지은 시들을 모두 불태워, 나처럼 불행한 여인이 다시는 조선 땅에 태어나지 않도록 해 주기 바란다."

사후에 다시 태어나다

허난설헌의 존재와 그의 작품이 세상에 알려지게 된 것은, 특이하게도 명나라에서 먼저 그의 작품에 대한 가치를 인정하고 널리 애송하게 된 후의 일이다. 중국인들 중에서 제일 먼저 그의 시를 접한 인물은 정유재란 당시 명의 원군을 따라 조선에 온 오명제라는 시인이었다. 오명제는 한때 허균의 집에 머물렀는데, 허균으로부터 허난설헌의 시 200여 수를 전해 받고 중국으로 돌아가서 『조선시선』을 통해 그것들을 소개했다.

다음으로 허난설헌의 시를 알게 된 중국인은 선조 39년(1606)에 사신으로 온 주지번과 양유년이었다. 이때 허균이 이들을 영접하며 친교를 맺는 과정에서, 그들이 시를 좋아하는 것을 알고는 누이의 작품들을

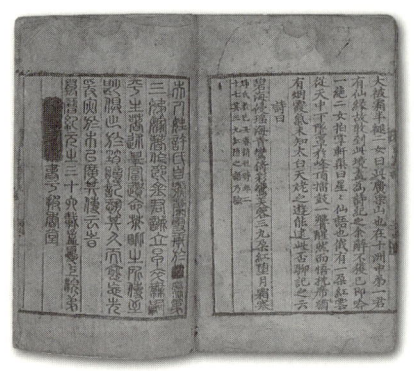
『난설헌집』

보여 주었다. 허난설헌의 시를 살펴본 두 사람이 경탄을 금하지 못하자, 허균은 그들에게서 찬사의 서문을 받아두고 자신이 만든 허난설헌의 문집 필사본인 『난설헌집』을 전해 주었다.

이렇게 세상에 알려지기 시작한 허난설헌의 작품들은 그 후 광해군 원년(1609)에 명나라에서 온 사신 유용과 서명이, 허균에게 허난설헌의 문집을 얻고자 요청할 정도로 중국에서 인기가 높았다. 그러나 허균이 광해군 10년(1618)에 역모에 연루되어 처형되는 바람에 더 이상 알려지지 않다가, 숙종 18년(1692)에 동래에서 『난설헌집』이 재간행된 후 본격적으로 알려지게 되었다. 숙종 37년(1711)에는 일본에도 이 시집이 전해져서 널리 애송되기도 했다.

그러나 중국에서 허난설헌의 시가 애송되기 전에 조선에서 전혀 알려지지 않았던 것은 아니다. 동생 허균이 허난설헌이 죽은 다음 해에 『난설헌고』라는 문집을 꾸며 몇몇 사람들에게 전해 준 적이 있었기 때문이다.

한때 허난설헌의 시는 실상은 허균이 지었으면서 마치 죽은 누이가 지은 것처럼 하여 세상을 속였다는 의심을 받기도 했다. 하지만 당시 유명한 문인이었던 남용익이 그의 저서 『호곡시화』에서 이 문제를 명쾌하게 해명해 주었다.

"하곡의 시는 아름답기가 빼어나고 격조가 높아 동생 교산의 그것보다 뛰어났다. 그런데 난설헌의 시는 격조가 하곡보다 높기 때문에 교산은 이에 미치지 못한다."

허씨 가문 삼남매의 시에 대해 평을 한 것인데, 시에 있어서는 셋 중 가장 실력이 뒤쳐지는 허균이 제일 뛰어난 허난설헌의 시를 거짓으로 지어 낼 수 없다는 의미다.

그렇다면 허난설헌의 시가 왜 중국에서 그토록 인기가 높았을까? 중국은 예로부터 '악부'(樂府)라는 형태로 시 짓기를 즐겼는데, 손곡 이달을 통해 당시(唐詩)의 영향을 많이 받은 허난설헌의 시에 중국인들이 친근감을 느낄 만한 요소가 반영된 작품이 많았기 때문으로 보인다.

허난설헌의 시 세계

현재 허난설헌의 시는 숙종 18년(1692)에 동래에서 목판본으로 간행된 『난설헌집』에 수록된 242수가 전해지고 있다. 그는 시 속에서 현실에 대한 절망감을 그리움으로 승화시켜 표현했으며, 질곡 같은 현실에서 벗어나기 위한 대상으로 신선 세계를 택하여 정신적 탈출을 시도했다. 허난설헌은 숨막힐 것 같은 현실을 순간의 것으로 만들어 버리고 부질없는 찰나의 고통에서 탈피하기 위한 도피처로 신선 세계를 상정한 후, 선계의 존재에 감정이입을 했던 것이다.

「유선시」(遊仙詩)나 「동선요」(洞仙謠) 등 신선 세계와 관련된 수많은 시는 모두 현실의 고통을 잊기 위해 환상의 세계에 빠져들었던 그의 모습을 대변하는 내용들이다. 자신의 죽음을 예언한 「몽유광상산」에서 자신을 신선 세계와 인연이 있는 존재로 묘사했던 것만 보아도 그가 얼마나 선계를 동경했는지 알 수 있다. 이것은 어릴 적에 많이 보았던 도교 관련 책들의 영향도 컸던 듯하다.

또 하나, 허난설헌의 시가 지닌 큰 특징은 악부체 시가 대부분이라는 것이다. 악부체란 옛 시의 시상이나 구절 등을 빌려 와서 자신만의 새로운 시로 재구성해 내는 방법으로서, 중국적인 소재가 많이 인용되었다. 또한 그의 시는 풍부하고 화려한 시어가 사용되었으며 시 전체에 걸쳐 작가의 풍부한 감성이 잘 드러나는 것이 특색이다. 이런 것들은 앞에서도 말했듯이 그의 스승 손곡 이달의 영향 때문이다.

특히 허난설헌은 작품 속에서 자신의 감정과 처한 현실을 숨김없이 표현해 냈는데, 그로 인해 그의 작품을 접하다 보면 마치 허난설헌과 마주 앉아 대화하고 있는 듯한 착각마저 불러일으킨다.

실제 작품들

허난설헌의 시를 내용이나 소재 면에서 나눠 보면 크게 네 가지로 구분할 수 있다. 첫째는, 행복하고 꿈 많던 시절을 노래한 것이고, 둘째는, 불행과 절망 가운데 그 한과 아픔을 새겨 낸 것이며, 셋째는, 가난하고 천대받는 이웃에 대한 연민을 담아 낸 것과, 넷째는, 사회에 대한 원망과 걱정을 토로한 것 등이 있다. 여기에서는 그의 삶과 죽음을 조명해 보는 의미에서 행복과 불행을 다룬 작품 몇 편만 감상해 보자.

먼저, 소녀 시절이나 신혼 초에 썼을 것으로 생각되는 '행복'을 노래한 시들이다.

> 이웃집 여자 친구와 그네뛰기 경주할 적에
> 수건으로 허리춤을 질끈 동여매고 신선인 양 반쯤 배운 모습이
> 바람을 일으키며 오색 그넷줄을 타고 하늘로 치솟아 올라가는데
> 우거진 버드나무 위로 패물 소리만 흩날리는구나
> 隣家女伴 競鞦韆
> 結帶蟠巾 學半仙
> 風送綵繩 天上去
> 佩聲時落 綠楊烟

그야말로 세속적인 근심이 하나도 묻어나지 않는 꿈 많던 소녀 시절의 모습을 밝고 가벼운 분위기 속에 그려 내고 있다. 오색 새끼로 꾸며진 그네를 타고 창공을 차고 오르는 광경이 눈앞에 선명히 떠오르는 듯하다.

이윽고 돋은 달이 호수로 비쳐 드니
연 캐던 조각배는 밤으로만 돌아오는데
저 배야 기슭으로는 들지 말아라
단잠 든 원앙이 놀라 날아가겠다
湖裏月初明
采蓮中夜歸
輕橈莫近岸
恐驚鴛鴦飛

이 시는 신혼의 단꿈을 노래한 것으로, 행복이 영원히 계속되기를 기원하는 여인의 바람이 잘 표현되어 있다. 그러나 허난설헌에게 이러한 행복은 잠시뿐이었고 곧이어 시집살이의 고통과 절망스러운 나날들이 닥쳐왔다. 허난설헌은 부푼 낭만과 정열을 뒤로한 채 수심과 고뇌를 안고 살아야 했고, 그것이 다감한 그의 가슴에 상처로 남아 한으로 쌓여 갔던 것이다. 이러한 시기에 썼던 작품들에는 허난설헌의 불행한 심정이 그대로 배어 나오고 있다.

창 아래 피어난 아름다운 난은
가녀린 줄기 같은 이파리가 그리도 예쁘기만 하였는데
가을 바람 소슬함에 그 잎마저 애처롭게 흔들리더니
시들어 떨어지며 찬 서리를 슬퍼해야 하는구나
빼어난 그 자태가 시들어 떨어진다 해도
맑은 향기는 끝내 다하지 않겠지만
초라해진 모습에 마음이 상하여서
흐르는 눈물로 소매를 적시는구나
盈盈窓下蘭
枝葉何芬芳

西風一披拂
零落悲秋霜
秀色綜凋悴
淸香終不死
感物傷我心
涕淚沾衣袂

　　난 속에 자신을 투영시켜, 아름다운 모습에서 절망의 나락에 떨어진 자신의 모습을 표현하고 있다. 그리고 아무리 힘들어도 맑은 향기만은 잃지 않겠다는 애처로운 다짐을 하고 있다. 허난설헌의 불행은 시집살이의 어려움과 남편과의 소원한 관계에만 국한되지 않았다. 어린 자식 둘을 강보에서 잃어버리고, 애끓는 모정을 가눌 길이 없어 지은 「곡자」 (哭子)라는 작품에는 그의 가슴에 일었던 비통이 절절이 묻어 나온다.

지난 해에 잃은 딸과 올해에 잃은 아들을
울며 울며 묻던 광릉 땅에 두 무덤으로 마주섰구나
백양나무에 소슬바람 불고 소나무 숲에는 귀신불이 밝을 때
지전으로 너희 혼을 불러 놓고 무덤 위에 술 부을 뿐이지만
너희 형제 혼은 서로를 알아보고 밤이 되면 어울려 놀겠지
뱃속에 새 생명이 생긴다 한들 다시 낳아서 잘 자랄 수 있을까
허무한 **황대사**만 읊조리고 슬픈 울음을 삼키며 피눈물만 흘릴 뿐이다
去年喪愛女 今年喪愛子
哀哀廣陵土 雙墳相對起
蕭蕭白楊風 鬼火明松楸
紙錢招汝魂 玄酒奠汝丘
應知弟兄魂 夜夜相追遊
縱有腹中孩 安可冀長成

浪唫黃臺詞 血泣悲吞聲

　어린 자식들을 앞서 보내고 난 후, 고통은 그에게서 살고 싶은 의욕을 모두 빼앗아 가 버렸다. 그래서 굴레처럼 자신을 죄어오고 절망스럽기만 한 삶을 하루 빨리 마감하고 싶은 심정만이 가득했던 것이다.

지전(祇錢)
무당이 신에게 소원을 빌 때 쓰는, 긴 종이 가닥을 둥글둥글하게 잇대어 동전 모양으로 만든 물건.

황대사(黃臺詞)
중국 당 고종 때, 계모가 전처 소생의 자식을 시기하여 독살한 일화를 얘기한 노래인데, 허난설헌이 그 황대사를 읊는다는 것은, 그 노래에 나오는 계모처럼 덕이 없고 사랑이 모자라 자기 자식들을 연달아 죽였다는 자책을 하는 것으로 생각된다.

적서차별 타파를 부르짖은 비운의 혁명가
허균

　허균은 최초의 한글 소설을 쓴 작가이자, 유교 · 불교 · 선교에 모두 통달한 학자였으며, 불 같은 의지를 가지고 현실의 모순을 뜯어고치려 한 개혁가였다. 하지만 그가 살던 시대의 관점에서 보았을 때 허균은 시대의 반역자이자 이단이었다.
　허균은 대대로 높은 벼슬을 지낸 유명한 가문에서 태어났다. 그러다 보니 어릴 때부터 유성룡과 같은 명사들을 만날 수 있었고, 서울의 명문가 자제들과 어울릴 수 있었다. 허균은 어릴 적에 누나인 허난설헌과 함께 손곡 이달에게서 시를 배웠는데 이달은 서얼 출신이었다. 그렇기 때문에 아마 이때부터 적서차별의 부당함에 대해 눈을 뜨기 시작했는지도 모른다.
　허균은 열 살 무렵부터 천재로 불렸고, 그의 누나인 허난설헌도 신동으로 소문이 자자했다. 그러나 어찌 된 까닭인지 허균은 스물한 살이 되어서야 생원시에 합격했고, 스물여섯에 겨우 사관 벼슬을 얻었다. 그 후 황해도 도사가 되기도 하고 수안 군수가 되기도 했으나, 관아에 부처를 모시고 염불했다는 등, 상(喪) 중에 기생을 끼고 놀았다는 등의 비난을 받고 관직에서 밀려났다.
　그러나 허균은 조금도 부끄러워하거나 후회하지 않고 당당하게 맞섰으며, 썩어빠진 조정에서 벼슬하는 일에 대해 관심을 두지 않았다.

그 대신에 허균은 세상으로부터 버림받은 사람들과 함께 지내며 술로 나날을 보냈다.

그가 그런 식으로 행동한 데에는 그럴 만한 까닭이 있었다. 허균은 현실과 타협하지 못하는 고지식하고 깨끗한 성품으로, 불의를 보면 참지 못했다. 그리고 겉치레만 강조하는 사회 풍조를 비웃으며, 자유 분방하고 제멋대로 살았다. 허균이 어떠한 삶을 살았는지에 대해서 한때 허균의 제자였고 또 그와 아주 가깝게 지내기도 했던 이식은 『택당집』에서 이렇게 말했다.

> 허균은 총명했고 글재주가 뛰어났다. 부형과 자제들이 모두 높은 벼슬을 하여 유명했지만, 그는 자신의 행동을 단속하지 않았다. 그는 어머니의 상 중에도 고기를 먹고 기생을 끼고 놀았는데, 이런 사실이 드러나서 좋은 벼슬을 얻지 못했다. 그는 도교, 불교의 서책을 두루 읽고서 스스로 많은 것을 깨닫고 얻었다고 말했는데, 이때부터 더욱 거리낌이 없어졌다. 뒤늦게 원흉과 줄을 대서 벼슬이 참찬에 이르렀지만 끝내 대역을 꾀해 죽음을 당했다. 그 사람의 일은 입에 올리기도 더럽지만 그가 이런 말을 한 적이 있다.
>
> "남녀의 정욕은 하늘이 준 것이요, 윤기와 기강의 분별은 성인의 가르침이다. 하늘이 성인을 일등으로 높였으나, 나는 하늘을 따르지 감히 성인을 따르지 않겠노라."
>
> 그들 무리가 이 말을 외우며 이것을 지극한 이론이라 했으니 이단과 사설의 극치였다.
>
> 세상에 전해지기를 『수호전』을 지은 사람은 3대에 걸쳐 귀머거리와 벙어리가 되어 그 응보를 받는다고 하였다. 허균, 박엽 등이 그 책을 좋아해서 그 책에 나오는 도둑들의 이름을 따서 각기 부르며 아우러졌다. 허균이 또 『홍길동전』을 지어 『수호전』에 비겼다. 그들 무리인 서양갑, 심우영 등이 몸소 그 행동을 답습하여 한 마을이 시

끄러웠다. 허균이 또한 모반을 꾀하다가 죽음을 당했으니 이는 귀머거리, 벙어리가 되는 갚음보다 더욱 심한 것이다.

이 글에서 이식은 허균이 이단이었다는 것과 『홍길동전』을 지어 여러 사람과 돌려 읽으며 반역을 도모했다고 말하고 있다. 허균을 욕되게 하기 위해 쓴 글이지만 오늘날의 우리에게는 허균을 이해하는 중요한 자료가 되고 있다.

허균은 매우 좋은 집안에서 태어난 사람으로서 보통 사람 같으면 자신의 신분에 따라 끼리끼리 어울리게 마련이었을 텐데 그는 전혀 그러지 않았다. 대신 그는 핍박받는 서자, 불우한 문사, 벼슬에서 밀려난 사람, 산 속에 떠도는 중, 가난한 화가, 그리고 무사나 기생들과 어울렸다. 허균의 이런 태도를 비난하는 사람들이 많았지만, 그는 조금도 동요하지 않았다. 이렇게 허균과 친교를 맺었던 사람 중에는 서양갑, 이재영, 화가 이정과 같은 사람들이 있었다.

이런 허균을 보고 벼슬아치들은 눈살을 찌푸렸고 양반집 자제들은 모두 허균을 멀리했다. 그들은 당시 허균의 무리를 타락한 무리로 보았던 것이다.

허균은 벼슬을 하다 쫓겨나기 일쑤였는데, 벼슬아치들이 보는 시험에서 연거푸 세 번 일등을 하자 조정에서는 그의 재주를 특별히 인정하여 공주 목사로 임명하기에 이르렀다. 그런데 허균은 또다시 엉뚱한 일을 벌였다. 그는 친구 이재영에게 이런 편지를 보냈다.

나는 큰 고을의 원이 되었네. 마침 자네가 사는 곳과 가까우니 어머님을 모시고 이리로 오게. 내 봉급의 절반을 나누어 줄 것이니 결코 양식이 떨어지지는 않을 것이네. 자네와 나의 처지는 다르지만 취향은 같으며, 자네의 재주는 나보다 열 배지만 세상에서 버림받음은 나보다 심하니 내가 매양 기가 막히네. 내 비록 운수가 기박하나 몇 차례 고을 원이 되어 목구멍에 풀칠은 할 수 있지만, 자네는 입에 풀칠도 못하는 것 같네. 이런 것은 모두 우리의 책임이네. 밥상을 대할 적마다 부끄러워 밥이 목구멍으로 넘어가질 않네. 어서 오게. 비록 이 일로 비방을 받더라도 나는 전혀 마음을 쓰지 않겠네.

글 전체에 절절한 우정이 넘치고 있다. 특히나 그는 자신보다 불우한 사람들에게 한없는 인정을 베풀었다. 허균은 공주 목사 자리에서 1년이 못 되어 또다시 밀려났는데, 이때 이재영만 식객으로 데리고 있던 것이 아니라, 자신의 처외삼촌이지만 서자로서 설움을 받고 있던 심우영도 불러와 함께 살고 있었다.

이후 허균은 내내 한직으로 돌다가 1609년에 종사관으로 중국에 가게 되는데, 이때 이재영과 이정을 데리고 갔다. 이정은 뛰어난 재주를 가졌음에도 평생을 불우하게 살다 간 화가로서, 한번은 어느 고관이 이정에게 그림을 부탁했는데, 이정은 고관집에서 대접하는 술을 마시며 빈둥거리다가 뇌물을 가득 실은 소가 대갓집 솟을대문 안으로 들어가는 그림을 그려 놓고 도망쳤다고 한다. 고관이 뇌물을 받는 모습을 풍자한 것이다. 이런 이정은 불행한 삶을 살다가 허균보다 앞서 죽는데, 이때 허균은 또다시 이런 글을 남겼다.

서쪽에서 온 사람이 말하기를 이정이 죽었다고 하니 이 말이 사실인가? 통곡하며 피눈물이 흐른다. 하늘이여, 원통하도다. 나는 누구와 함께 물외(物外, 물질을 초월한 세계)에서 노닐까? 세상 사람들은 그의 그림을 중히 여기나 나는 그 사람됨을 중히 여기네.

가슴에서 우러나오는 애절함이 글 전체에 깃들여 있다. 허균은 1614년에 또다시 사신으로 임명받아 중국에 가게 되는데, 이때 현응민과 함께 많은 책을 사 가지고 돌아온다. 당시 허균은 중국 기록에 선조와 광해군에 대해 잘못 쓰여진 부분을 바로잡기 위해 많은 자금을 가지고 갔었다. 그런데 그 돈으로 몽땅 책을 사 온 것이다.

그런 후 허균은 강릉에 도서관을 만들어 중국에서 사 온 책들을 보관한 뒤 선비들에게 마음껏 읽도록 했다. 현응민은 이런 허균의 일을 적극적으로 도왔고, 나중에 허균이 역모죄로 죽임을 당할 때 그도 함께 죽는다.

허균은 어릴 적부터 그의 누이 허난설헌과 함께 이달에게서 시를 배웠고, 뛰어난 글솜씨를 지니고 있었다. 그리고 여러 가지 이유로 인해 불행한 삶을 살던 사람들과 친교를 나누는 과정에서 문학과 사상의 폭을 넓혀 나갔다. 허균을 비난하던 자들도 그의 문학적인 경지에 대해서는 칭찬을 아끼지 않았다.

허균은 시를 쓸 때에 쓸데없이 미사여구를 사용하거나 재주를 부리지 않기로 유명하다. 그저 세상을 한탄하는 자신의 감회를 질박하게 표현했는데, 이러한 그의 시는 당대의 시인들에게 널리 퍼졌다. 특히 얼굴은 못생겼으나 뛰어난 문필 실력으로 명성이 자자했던 기생 계생과 시로써 대화를 나누곤 했는데, 훗날 허균은 그의 시평집에서 계생의 시를 높게 평가하기도 하였다.

허균은 시인으로서만 유명했던 것이 아니라 시평에서도 뛰어난 경지에 이르렀는데, 그의 저서 『학산초담』, 『성수시화』는 최초의 본격적인 시 평론집으로 꼽힌다. 그는 여기에서 시대를 잘못 태어난 탓에 불행한 삶을 살 수밖에 없었던 사람들의 시를 많이 소개했다.

시 못지않게 그의 문장 또한 대단한 평을 받았다. 허균의 문장은 현실 비판의 성격이 강하게 깔려 있다는 점이 특징인데, 그는 다른 문필가들처럼 중국의 인물이나 경전을 해석하고 견해를 밝히는 따위의 풍조를 배격하고, 「호민론」, 「군자론」과 같이 정치 개혁 사상을 밝히는 글을 썼다. 특히 「호민론」은 "천하에서 가장 두려운 것은 백성이다."라고 시작하는데, 당시의 사회에 대한 혁명 사상을 담고 있다.

그러나 허균을 가장 유명하게 만든 것은 역시『홍길동전』이다.『홍길동전』은 그가 공주 목사에서 밀려나 함열에서 귀양살이를 할 때 쓰기 시작하여 부안에서 마무리한 것으로 알려져 있다. 허균이『홍길동전』을 지을 당시, 서양갑 등 서자들은 조정에 적서차별을 없애 달라고 여러 차례 상소를 올렸으나 부질없는 일이었다. 이에 그들은 여강(지금의 남한강) 가에 모여 지내면서, 병서(兵書)를 읽고, 서해에서 염전을 경영하여 군사 자금을 모아 세상을 뒤바꿀 수 있는 때를 도모하기로 하였다. 그들은 함께 지내며 의적질을 하기도 했는데 그것이『홍길동전』에 나오는 모습과 완전히 다르다고 할 수 없었다.

『홍길동전』에 등장하는 홍길동은 실제 존재했던 인물로서, 조선 초 충청도 일대에서 활약했던 의적 두목이다. 하지만 그가 실제로 서자였다는 기록은 찾을 수 없다. 허균은 실존 인물인 홍길동에 다른 여러 가지 이야기들을 덧붙여서『홍길동전』

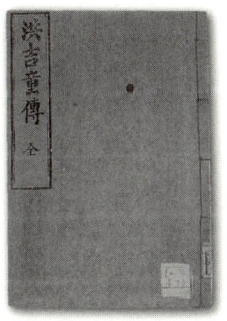 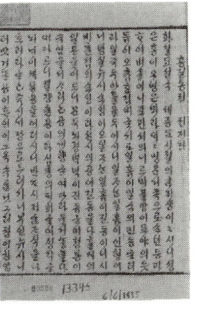

『홍길동전』

을 완성했던 것이다. 소설 속에서 홍길동은 고관대작들의 부정한 재물을 털고, 신출귀몰하게 행동하면서 양반들을 조롱하고, 끝내 임금으로부터 허락을 얻어 서자의 굴레를 벗을 뿐만 아니라, 어떤 차별도 존재하지 않는 '율도국'(律島國)을 건설한다.

『홍길동전』은 그 후 베껴져서 민간에 계속 전해지며 널리 퍼져 나갔다. 특히 국문학 사상 '최초의 한글 소설'이라는 평가를 받는『홍길동전』은 말 그대로 쉬운 한글로 쓰여졌기 때문에 민중들에게 널리 읽힐 수 있었다.

『홍길동전』이 완성된 후 얼마 되지 않아 서자 출신 의적의 일원인 박응서가 문경새재에서 도적질을 하다 잡히는 사건이 벌어지는데, 이때

서자 출신 의적들은 거사 음모가 발각되어 떼죽음을 당하고 말았다. 허균은 여기에 연루되지는 않았지만, 신상의 위험은 나날이 다가왔다.

허균이 나이 마흔아홉이 되었을 때 조선은 정치적으로 새로운 정세를 맞게 된다. 인목대비를 폐비하자는 논의가 일게 된 것이다. 그러던 어느 날 인목대비를 모략하는 글이 인목대비가 거처하는 경운궁에 던져지는데 이 일을 주동한 사람으로 허균의 일파인 김윤황이 지목되었다. 인목대비를 폐비하는 일에 반대하는 사람들은 허균이 이 일과 관련이 있다며 물고 늘어졌다.

그런데 사건이 어느 정도 마무리되고 있는 중에 또 하나의 사건이 일어났다. 남대문에 곧 난리가 날 것이니 모두 도성 밖으로 피난을 떠나라는, 민심을 충동하는 내용의 격문이 붙은 것이다. 그 일의 주모자로 역시 허균의 일파인 현응민이 지목되었고 끝내 이 일에 허균도 연루되어 문초를 당하게 된다.

허균은 스님으로 이루어진 무사들을 거느리고 모반을 주동했다는 죄를 뒤집어쓰는데, 실제로도 그런 생각을 꿈꾸었던 것으로 보인다. 그의 일파는 모두 현실에 불만이 많았고 새로운 세상으로의 변혁을 꿈꾸던 사람들이었기 때문이다.

당시 권력을 쥐고 있던 이이첨은 허균과 그의 일파를 처형하라고 광해군을 압박하기 시작했고, 결국 광해군은 어쩔 수 없이 허균을 처형하라는 명령을 내리게 된다. 이이첨은 심문도 제대로 벌이지 않은 채 허균을 비롯한 그의 일파, 김윤황·하인준·현응민·우경방 등을 처형했는데, 이때 허균의 나이 쉰 살이었다. 심문을 받을 적에 현응민은 이렇게 말했다고 한다.

"흉서는 모두 내가 한 짓이고 허균은 알지도 못한다. 나를 죽이면 그뿐이요, 허균을 죽이는 것은 실로 원통하다."

반면에 허균의 첩이었던 추섬은 이렇게 말했다.

"경운궁의 흉한 격서와 남대문의 흉한 방문은 모두 허균이 만든 것이다. 흉역의 일은 현응민과 함께 모의했고 방문을 붙인 사람도 현응민이다. 현응민이 허균의 집에 드나들면서 함께 일을 꾸민 것이다."

누구의 말이 맞는지 알 수 없지만 굳이 따질 필요는 없을 것이다.

이와 같이 남다른 삶을 살던 허균은 반역으로 생의 마지막을 마감했다. 그에 대해서 여러 가지 역사적 평가가 나올 수 있겠지만, 여하튼 그가 범상치 않은 인물임에는 틀림없다.

인목대비
영창대군의 어머니. 광해군 대신 영창대군을 왕세자로 책봉하려던 선조가 갑자기 세상을 떠나자, 광해군이 왕위에 오른 후 폐비되었다.

5장 중흥의 시대

김육
이익
박지원
정약용
홍경래
김정희

참 지식인, 반듯한 정치가
김육

김육은 연이은 왜란과 호란으로 전 국토가 짓밟히고 백성들의 생활이 극도로 피폐했던 시절을 살면서, 오로지 백성을 잘살게 하고 나라를 부강하게 만드는 데 평생을 바친 의지의 정치가다. 이를 위해 그는 어황된 정신 세계에 몰두하는 학문보다 실생활에 유용한 학문을 추구해야 한다고 역설하였다.

그는 항상 자신의 생각을 강하게 주장했지만, 이는 자신의 안위를 도모하기 위한 것이 아니라 고통받는 백성들 편에 서서 자신의 신념을 실천하려 한 것이었다. 실제로 김육은 평생을 청빈하게 살았다. 이런 이유로 반대파들조차 그를 무작정 매도하지 못했다. 김육이 파란과 굴곡이 난무하는 정치판에서 귀양 한 번 가지 않을 수 있었던 것은 이처럼 반듯한 삶의 자세 때문이라 할 수 있다.

김육의 정치 철학의 근본은 오로지 백성을 위하는 데 있었고, 이를 위해 특권층의 철폐를 주장했는데, 부의 편재가 백성을 고통스럽게 할 뿐 아니라 나라도 위태롭게 한다고 생각했기 때문이다.

이러한 김육의 생각은 다음과 같은 그의 말에서 잘 알 수 있다.

"세상에서 제일 두려운 것은 하늘, 외적, 백성 세 가지이다. 그 중에서 가장 가까운 데 있는 백성을 안정시킨다면, 멀리 있는 다른 두 가지 두려움은 자연히 해소될 것이다."

그는 조선시대의 몇 안 되는 경제 전문가이자 과학 기술자였으며, 실천적 학문을 추구하여 훗날 반계 유형원에게 이어진 실학 사상의 문을 열어 놓았다.

정인홍의 미움을 사다

김육은 조선 14대 왕인 선조 13년(1580)에 한성의 마포에서 재랑 김흥우의 맏아들로 태어났다. 그의 고조부 김식은 중종 대에 조광조와 함께 개혁 정치를 추진하다가 기묘사화로 인해 죽음을 맞은 사람 중 한 명이었다.

김육은 열두 살 때 이미 『소학』을 통달할 정도로 총명했으며, 몸가짐이 단정했고, 말수도 많지 않았다.

열세 살 되던 해에 임진왜란이 일어나자 가족과 함께 해주로 피난을 갔는데, 그곳에서 아버지가 세상을 떠나고 말아, 졸지에 어머니를 도와 할머니와 어린 동생들을 보살펴야 하는 가장이 되었다. 그러나 피난 중에 우계 성혼이라는 훌륭한 스승을 만나 학문의 진보를 이루는 데 큰 도움을 받기도 했다.

열아홉 살 때 정유재란이 일어나자 이번에는 황해도 연안으로 피난하였는데, 그 해에 할머니가 죽었고 이듬해에는 어머니마저 세상을 떠났다. 전쟁은 그에게 생활의 고통과 함께 육친과의 이별까지 안겨 준 것이다. 그러나 김육은 어린 나이에도 꿋꿋하게 장례 절차를 마친 후, 아버지의 묘를 이장시켜 부모를 남양주 미금 땅에 합장하기까지 하였다. 그가 얼마나 강인한 성품을 지녔는가를 알 수 있는 대목이라 하겠다.

그 후 김육은 한성으로 돌아와서 이모부댁에 의지하고 살다가, 스물다섯 살 되던 해에 윤급의 딸인 파평 윤씨를 맞아 혼인을 했다. 그러고 나서 이듬해인 선조 38년(1605)에는 사마시에 응시하여 합격하였다. 그 후 성균관에서 공부하다가, 광해군 3년(1611)에 문묘종사(文廟宗祀)를 관리하는 책임을 맡았다. 문묘종사는 나라에서 공식적으로 옛 선현들의 위패를 모시는 것으로서, 그는 이때 김굉필, 정여창, 조광조, 이언적, 이황 등 5명을 문묘종사하자는 상소를 올렸다. 그러나 북인 정권의 실권자인 정인홍이 이를 반대하면서 이황을 심하게 비판하는 상소를 올렸다.

당시 정인홍은 문묘종사의 대상이 되기에 이황의 학문과 행적이 불분명하다는 주장을 폈으나, 사실은 퇴계학파와 쌍벽을 이루는 조식도 이황과 마찬가지로 문묘종사하게 해 달라고 요구한 것이었다.

하지만 당시 성균관과 중앙 정계를 구성하던 사람들은 대부분 퇴계학파의 사람들이었기 때문에, 자신들이 존경하는 스승을 폄하는 말을 한 정인홍에게 화가 난 김육은 성균관 학생들과 함께 유학자 명부인 『청금록』에서 정인홍의 이름을 삭제해 버렸다.

그러나 정인홍은 광해군이 왕위를 계승하는 데 큰 공을 세운 대북파의 거두였고, 이 사건은 당시 권력을 잡은 지 얼마 되지 않은 광해군과 정권 실세들을 자극했다. 결국 김육을 비롯한 성균관 학생들은 그 자리에서 모두 쫓겨나고 말았다. 성균관에서 쫓겨난다는 것은 대과에 응시할 자격이 박탈되어 관직으로 나가는 길이 막혀 버리는 것을 뜻한다.

그 후에도 반대파를 제거하려는 탄압이 연이어 일어나자, 김육은 서른다섯 되던 해인 광해군 6년(1614)에 가족들을 데리고, 경기도 가평군 잠곡으로 들어가 칩거해 버렸다. 잠곡에서 김육은 화전을 일구고 숯을 구워 파는 등 일반 농민들과 어울려 지내면서 민본주의의 사상적 터를 닦았으며, 호를 회정당(晦靜當)에서 잠곡(潛谷)으로 바꾸기까지 했다.

지방관 생활 중에 알게 된 백성들의 현실

김육이 잠곡에 은둔하며 조용히 살고 있는 동안 세상은 또 한 번 바뀌고 있었다. 광해군 15년(1623)에 '인조반정'이 일어난 것이다. 왕위에 오른 인조는 광해군 대에 박해를 받았던 인사들을 다시 조정에 불러들였는데, 이때 김육도 부름을 받아 의금부 도사직으로 임명되었다. 잠곡으로 들어간 지 10년 만의 일이었다. 그러나 관직에 나간 지 얼마 되지 않아 죄인 압송 과정에 문제가 생겨 파직당하고 만다.

김육이 파직당한 다음 해, 반정에 기여한 것에 비해 낮은 보상을 받자 이에 불만을 품은 이괄이 반란을 일으켰다. 반란군이 한성을 점령하자 인조는 공주까지 피난을 가게 되었는데, 이때 김육은 피난 가는 왕을 따라가서 극진히 봉양했다. 난이 평정되자 그 공으로 김육은 음성현감에 임명되었고, 그해 9월에는 증광 별시에 장원으로 급제하여 고위직 진출을 위한 발판을 마련했다.

김육이 현감으로 있을 당시, 음성은 매우 피폐해져 있었다. 백성들은 수탈을 견디다 못해 모두 여기저기 흩어져 버린 상태였기 때문에, 지나다니는 사람을 좀처럼 찾아볼 수 없었고, 버려진 논밭은 잡초들로 무성했다. 차마 눈뜨고 볼 수 없는 현실을 목격한 김육은 잘못된 폐단을 고치자면서 「음성현진폐소」라는 상소를 올렸다. 현실과 동떨어진 세금과 요역의 징발이 백성들을 괴롭히고 있으므로 이를 감해 줄 것과, 이웃 충주가 관할하기 어려운 죽산과 진천을 음성현으로 포함시켜 달라는 등의 내용이었다. 그러나 김육의 요구는 받아들여지지 않았고, 그는 음성 현감으로 재직한 지 1년도 채 못되어 중앙으로 불려 올라와 사간원 정언, 병조좌랑을 역임하다가 이듬해에 사간원 헌납을 거쳐 사헌부 지평이 되었다. 그해(인조 4년)에 백성들의 인적 사항을 관리하기 위해 호패청이 신설되었으나, 실효를 거두지 못하면서 폐단만 늘자, 김육은 이것의 폐지를 건의하여 관철시키기도 했다.

정묘호란(1627) 이듬해에는 홍문관으로 자리를 옮겨 여러 관직을 역임하다가, 인조 10년(1632)에 53세의 나이로 사간원의 종3품 벼슬인 사간이 되었다. 병자호란이 일어난 해(1636) 3월에는 동지사로 명나라 연경(燕京, 지금의 베이징)에 갔었는데, 그곳에서 호란과 **삼전도의 굴욕** 소식을 듣고 통곡하기도 했다.

이듬해 6월, 1년 만에 귀국한 김육은 잠시 쉬다가 충청 감사에 임명되어 충청도에 가 보니 전쟁을 겪고 난 후라 백성들의 생활은 예전보다도 더 피폐해져 있었다. 그런데도 각종 세금으로 인한 수탈은 한층 더 극심해져 견디기 힘든 형편이었는데, 그 중에서도 **공물(貢物)**의 폐단이 제일 컸다. 그것을 해결하기 위해 김육은 그 유명한 '대동법'(大同法)을 본격적으로 시행하고자 주장한다.

대동법이란 물품으로 내던 공물을 자신이 소유하고 있는 토지의 면적에 따라 쌀이나 무명 등으로 대신하여 내는 제도를 말하는데, 광해군 때 이미 경기 일부 지역에서 시범적으로 실시하였고, 인조 대에는 강원도까지 확대 실시하고 있었다. 김육은 대동법의 정당성과 유용성이 확인되었으므로 충청도에도 실시하자고 주장하였다. 그리고 더 나아가서 충청도뿐만 아니라 전국적으로 확대 실시하는 것이 나라의 이익과 백성들의 복리를 위하여 가장 타당한 길이라고 강조히였다.

김육은 주장의 근거를 확보하기 위해 충청도의 경작지 면적과 관청에 필요한 경비를 실제로 조사하여, 대동법이 실시되면 백성들의 부담이 훨씬 줄어든다는 구체적인 증거와 함께 계산까지 뽑아서 재차 건의를 올렸으나 수용되지 않았다. 대동법이 실시되면 대토지를 소유하고 있어 엄청난 부담을 안게 될 것이 뻔한 고위 관리들과 권문세가들이 완강히 반대하고 나섰기 때문이었다.

결국 김육은 대동법 실시를 실현시키지 못한 채, 1년여의 임기를 마치고 동부승지가 되어 중앙으로 돌아오게 되었다. 그렇지만 그 후에도 그는 기회가 있을 때마다 계속해서 대동법 실시를 건의했다.

삼전도의 굴욕
한강 상류에 있는 나루인 삼전도에서 인조가 청 태종에게 항복할 때, 청 태종에게 세 번 절하고 아홉 번 머리를 조아리는 등 굴욕을 겪었다.

공물(貢物)
나라에 세금으로 바치던 지방의 특산물.

중앙 정계에서의 활동

중앙 정계로 돌아온 김육은 형조참의 겸 대사성, 홍문관 부제학, 사간원 대사간, 한성부 우윤 등을 거쳐 인조 21년(1643)에 64세의 나이로 도승지에 임명되었다. 도승지에 임명된 해에 왕세손의 교육을 담당하는 보양관이 되어 선양(瀋陽, 당시 청의 수도)에 다녀와서는 대사성, 이조참판, 병조판서, 우참찬, 대사헌, 관상감제조 등을 역임하였다. 그리고 인조 24년(1646)에는 우의정 이경석, 서장관 유심 등과 함께 또 한 번 연경에 다녀왔다. 돌아와서는 68세의 나이에 개성 유수로 발령을 받았고, 70세 되던 해(1649)에 인조가 죽자 국장을 책임지고 수행하기도 했다.

국장을 마치고 효종이 왕위에 오른 후, 김육은 대사헌을 거쳐 우의정에 임명되어 마침내 정승의 반열에 올랐다. 그러나 그는 나이가 많다는 것을 이유로 사직을 청하였는데, 그것이 받아들여지지 않자 재차 사임을 요청하면서 대동법 실시를 다시금 건의하였다. 이때 대동법 실시에 따른 나라의 이해득실에 관한 생각의 차이로 김집과 첨예하게 대립하다가 우의정을 사직하고 양주로 내려갔다.

얼마 지나지 않아 효종은 그를 다시 영중추부사로 불러들이고, 이어서 다음 해에는 영의정으로 임명하였다. 그러나 김육이 계속해서 사임을 고집하자 효종은, "지금 청나라에서 보낸 사절이 곧 도착하는데, 조정 안에 대신들을 이끄는 웃어른이 없는 상태에서 그들을 맞아들일 수는 없지 않은가. 정 사직하려면 그들이 가고 난 다음에 하라."며 그를 달랬다. 효종이 이렇게까지 나오자 김육은 할 수 없이 관직에 남아 중국 사절을 영접하는 역할을 수행하였으나, 사절이 떠나자마자 또다시 사직을 청하였다.

평소에 김육은 70세가 넘으면 생각에 한계가 오기 때문에 후배에게 자리를 물려주어야 한다고 생각했다. 그래서 거듭 물러나기를 간청한 것인데, 왕위에 오른 지 얼마 안 된 효종은 김육과 같이 경험이 많은 노재상이 필요한 입장이었기 때문에 계속 그를 붙들었던 것이다. 결국 김육은 효종의 뜻을 뿌리칠 수 없어서 잠시나마 조정에 더 남아 있기로 결정하였다.

마침내 1651년 8월에 충청도에서 대동법이 실시되었고, 그해 11월에는 둘째 아들 우명의 딸이 세자빈으로 책정되어 김육에게 있어서 굉장히 의미 있는 한 해가 되었다.

그러나 그해 12월, 건강이 나빠진 김육은 영의정을 정태화에게 물려주고 우의정으로 물러났다. 그리고 이듬해 3월에 좌의정이 되었다. 그 다음 해에는 채유후, 이경여, 이후원 등과 함께 『인조실록』 50권을 편찬하였으며, 효종 5년(1654) 6월에 다시 영의정으로 임명받았다. 그때 그의 나이 이미 75세로, 물러날 기회만 기다리던 노인에게 조정 대신들을 이끄는 영의정이란 자리는 너무나 벅찼다. 때문에 임명된 지 2개월 후에 곧 사임했으나 이듬해 7월에 다시 영의정에 임명되었다.

이때 그의 요청에 따라 행전법(行錢法)의 조항들이 제정되기도 했다. 이것은 화폐유통이 추진되었다는 것을 의미하는데, 그에 따라 **상평청(常平廳)**에 새로 관직을 만들고 이를 주관하게 했다. 또 그해에는 맏아들 좌명이 대사간이 되어서 부자가 함께 당상관(정3품 이상의 높은 관직)에 재직하는 영광을 얻기도 했다.

김육은 효종 8년(1657)에 『선조실록』을 고쳐서 다시 내고, 전라도에도 대동법을 실시하자는 상소를 두 번이나 올리는 등 관직 생활 내내 자신이 옳다고 생각한 것을 줄기차게 추진했다. 그의 이런 노력에 의하여 대동법이 전라도 일부 지역에서나마 실시될 수 있었다.

그러나 김육은 평생의 숙원이었던 대동법의 전국 시행을 끝내 보지 못한 채, 그 이듬해 9월에 79세를 일기로 세상을 떠나고 만다. 그렇지만

상평청(常平廳)
인조 11년(1633)에 설치하여, 상평통보(常平通寶)를 주조하던 관아.

5장 중흥의 시대 227

훗날 그의 아들 좌명이 아버지의 간절한 뜻을 이어받아, 현종 3년 (1662)에 전라 감사를 자청하여 나가서는 전라도 전 지역에 걸쳐 대동법을 실시하였다.

대동법 시행의 의미

김육에 의하여 추진된 대동법은 공납(貢納)을 대신하여 시행된 조세 제도이다. 왜 그가 그토록 평생에 걸쳐 일관되게 대동법 시행을 주장했는지를 알기 위해서는, 당시의 공납에 의한 폐단을 이해해야 한다. 공납은 관청에서 필요로 하는 물품을 백성들에게 부과하여 납부하게 하는 세금 제도로서, 가짓수도 많거니와 필요할 때마다 수시로 부과되었기 때문에 백성들로서는 가장 부담이 컸다. 더구나 그 지방에서 나지도 않는 물건을 납부하라고 요구하기도 하고, 부가 기준도 고을의 크기와 상관 없이 동일하였다. 빈부를 따지지 않고 징수되었음은 물론, 각 호(戶) 단위로 부과되어 도리어 빈민들이 부호들보다 세금을 더 내는 형국이었다.

거기에다 그 지역에서 구하기 힘든 물품을 대신 납부해 주고 수수료를 받는 방납(防納) 제도가 도입된 이래, 공물을 심사하는 관리와 방납업자의 농간으로 백성들은 물품의 실제 가격보다 몇 배 더 높은 값을 치러야 했다. 이에 대한 부담을 견디다 못한 백성들은 도망칠 수밖에 없었고, 농지는 경작할 사람이 없으니 자연 황폐해졌다. 이에 따라 국가 재정도 궁핍해질 수밖에 없었다. 사태가 이 지경인데도 일부 기득권층의 이익을 위해 악법이 계속 실시되고 있었던 것이다.

이런 폐단을 고치고자 김육이 줄기차게 주장한 대동법은 어떻게 보면 간단히 시행할 수 있는 법 체계였다. 즉, 소유한 토지를 기준으로 하여 물품이 아닌 쌀과 무명으로 내게 하자는 것이었다. 일찍이 조광조가 그 시행을 제기한 이래 율곡 등 여러 사람이 주장했으나 도입되지 못하고 100년 이상 끌어온 까닭은, 대토지를 소유하고 있는 고위 관리들이 방해했기 때문이다. 대동법이 경기도에 처음 도입된 이후 강원도에만 확대 실시된 것도, 곡창지가 많은 남부 지방에 비해 관료 지주들이 소유한 토지가 적었던 관계로 시행에 대한 반대가 극심하지 않았기 때문이었다.

효종 원년에 김육의 상소로 촉발된 대동법 논쟁으로 당시 조정은 완전히 둘로 갈라져 버렸다. 반대론의 선두에 선 인물은 이조판서 김집이었다. 김집은 율곡의 제자인 김장생의 아들로서 송시열, 송준길 등 당대의 뛰어난 직계 제자들을 거느리고 있던 서인의 우두머리였다. 결국 대동법 시행을 둘러싸고 집권 세력인 서인은 대동법을 찬성하는 한당(漢黨)과 반대하는 산당(山黨)으로 파를 나누어 갈등을 빚게 되었다.

그러나 대동법 실시는 명분이나 현실적 필요에 의해 어찌할 수 없는 대세였다. 따라서 효종 대에 충청도와 전라도로 확대 실시된 이후, 현종 7년(1666)에 함경도에서, 숙종 3년(1677)에 경상도에서, 숙종 34년(1708)에 황해도에서 실시되었다. 광해군이 즉위한 해(1608)에 경기도에서 처음 실시된 이후, 전국적으로 확대되기까지 꼭 100년이 걸린 셈이다.

전국 각지에서 대동법이 실시될 때 그 기준이 되었던 자료는, 김육이 충청도 감사로 있던 시절에 제출했던 「대동사목」이었다. 그리고 과세 기준은 전국적으로 시행되면서 1결당 12말로 통일되었다. 대동법의 시행으로 부호의 부담은 늘고 가난한 백성들의 부담은 줄었으며 국가의 재정 수입은 증가했다. 결과적으로 사회 안정에 큰 역할을 한 셈이었다.

대동법으로 인해 변화된 사회 현상은 또 있다. 그것은 조정에서 필요로 하는 물품을 구매하여 공급하는 '공인'(貢人)의 등장이었다. 공인의 등장은 수공업과 산업 발달을 촉진시켰을 뿐만 아니라, 그 후 초기 산업 자본가로 발전한 공인들은 신분 제도의 변화와 사회 발전을 주도하였다.

김육이 평생을 걸고 추진한 대동법은 조선 사회에 일대 변화를 가져

온 셈인데, 그의 이러한 끈질긴 노력은 어린 나이부터 한 집안의 가장 노릇을 하며 겪은 경험과 잠곡에서의 생활이 바탕이 된 것이다.

김육은 『소학』의 「가언」 편에 나오는 송나라 성리학자 정호의 '관직에 나간 사람이 만물을 아끼는 마음을 가진다면 반드시 사람에게도 혜택을 줄 수 있을 것이다.' (一命之士 苟存心於愛物 於人必有所濟)라는 말을 가슴 깊숙이 담아두었다가 실행에 옮긴 사람으로서, 정호의 '애물제인'(愛物濟人) 사상은 김육의 삶에 있어 일관되게 유지된 철학이라 할 수 있겠다.

그 밖의 개혁 조치

김육은 대동법 실시 이외에도 후기 조선 사회에 지대한 영향을 끼친 많은 업적을 남겼다. 우선 거론할 수 있는 것이 '역법'(曆法)의 개정이다. 조선은 세종 대에 만들어진 『칠정산내외편』을 300년에 걸쳐 사용하고 있었는데, 실제 절기와 맞지 않는 등 많은 문제점을 가지고 있어서 농업 활동에 실제적인 도움을 줄 수 있는 정확한 역법이 필요했다.

당시 중국에서는 예수회 소속 선교사 샬 폰 벨이 서양의 과학 기술을 바탕으로 고안한 **시헌력**(時憲曆)을 사용하고 있었다. 이에 인조 23년(1645)에 관상감 제조로 있던 김육은 중국에서 가져온 『신력효식』이라는 신역법에 관한 책을 연구하여 조선 실정에 맞는 달력을 만들기로 했다. 그러나 책의 내용이 난해하여 이해하기 어렵자, 중국에 가는 사신들에 천문과 관련된 일을 맡은 일관(日官)을 대동시켜 역법을 배워 오게 했다. 그리하여 효종 4년(1653)에는 조선에 맞는 시헌력을 만들어낼 수 있었다. 이때 만들어진 시헌력은 고종 33년(1896)에 태양력을 사용할 때까지 조선의 공식 달력으로 사용되었다.

또 김육은 '수차'(水車)를 이용한 농사법을 제안했다. 그때까지는 일일이 사람이 퍼 올리는 원시적인 방법에 의존하여 밭에 물을 대고 있었는데, 김육이 제안한 중국식 수차는 이러한 노력을 대폭 줄여 줄 수 있었다. 그뿐 아니라 김육은 하천을 정비하자는 제안을 하기도 했다. 또한 김육의 제안 중에는 교통 및 운송 방법에 있어서 수레를 이용하자는 획기적인 제안도 있었다. 당시에는 운송 수단으로 말을 이용했는데 말은 보살피기도 힘들뿐더러 한꺼번에 많은 짐과 사람을 실어나르기도 어려웠기 때문이었다.

또한 김육은 화폐 주조 기술을 이용하여 활자를 만들어서 많은 서적을 인쇄해 내는 데 큰 기여를 했다. 두 차례의 전란을 겪으면서 많은 책이 소실되는 바람에 책 부족 사태는 매우 심각했는데도, 활자 제조와 서적의 인쇄에 대한 책임을 맡은 교서관(校書館)이 완전히 그 기능을 상실하고 있었기 때문에 새로운 책을 찍어 내지 못하는 실정이었다. 그나마 필요한 책은 목활자를 만들어서 간신히 찍어 내고 있었다. 이에 김육은 교서관에 예산을 지원하여 다시 책을 만들 수 있도록 조치하여, 효종 7년(1656)에 『만병회춘』 10권, 이듬해에는 『정유식년 사마방목』을 인쇄했다. 효종 9년(1658)에는 『삼대가 시전집』 10권을 찍어 내서 학문의 발전에 큰 기여를 했다.

특히 화폐를 주조하기 위해 금속 합금에 대한 많은 지식을 쌓은 김육의 영향으로 그의 집안은 아들 좌명과 손자 석주에 이르기까지 활자에 대하여 남다른 관심을 가졌는데, 이에 따라 현종 9년(1668)에는 아들 좌명이 구리를 재료로 한 '삼주갑인자'(三鑄甲寅字)를 만들어 『기효신서』를 찍어 냈고, 숙종 대에는 손자인 석주가 '한구자'(韓構字)를 만들어 많은 서적을 인쇄했다.

그리고 안전한 조운(漕運)을 위하여 '체재'(替載) 방식의 도입을 추진하기도 했다. 이 방법은 태안반도 근처의 섬들에 창고를 지어 놓아

시헌력(時憲曆)
태음력에 태양력의 원리를 적용해서 24절기와 하루의 시각을 정밀하게 계산하여 만든 역법.

신고 온 화물을 일단 내려놓게 한 후 육지까지는 작은 배로 운반하는 방법이었다.

당시 남부 지방에서 조정에 바치는 쌀들은 주로 서해안을 따라 배로 운송되었는데, 서해안은 조차가 심하고 암초가 많기 때문에 배들이 파손되기 일쑤여서 이러한 방법을 제안한 것이다.

이렇듯 김육에 의해서 제안되고 만들어진 모든 제도는 가난하고 힘없는 백성들을 위한 마음에서 비롯되었다. 김육은 현실의 잘못된 제도와 정치로 인해 백성들이 겪는 고통이 이루 말할 수 없는 지경이라는 것을 어려서부터 잘 알고 있었다. 때문에 그는 고향에 있을 때는 직접 농사를 지으면서 생산에 종사했고, 관직에 나가서는 백성들의 궁핍을 구제하기 위해 전력을 다했다.

스스로의 생활에 있어서 항상 엄격하고 철저하였으며 검소하고 청빈했던 김육은 평생 유기로 만든 그릇 대신 목기 그릇을 사용했으며, 우의정이 된 71세까지도 한성에 집 한 칸 없이 셋집에서 살았다고 한다. 바쁜 공무 중에도 학문에 정진하였음은 물론,『잠곡집』,『해동명신록』,『유원총보』,『기묘록』,『구황촬요』등 다양한 저술을 남겼다. 항상 단정한 몸가짐을 잃지 않고 살아간 김육은, 자신이 옳다고 생각하는 것에 대해서는 절대로 물러서지 않는 강인한 의지의 인물이었다.

실사구시 정신의 선구자
이익

이익은 평생을 재야에 묻혀 학문에만 몰두하면서도 관념적인 성리학에만 매달리지 않고 실생활에 필요한 모든 학문을 섭렵한 인물이었다. 또한 죽은 노비를 위해 비문을 지어 줄 정도로 진보적인 평등 사상을 가지고 있었고, 그것을 실천하며 살았던 인물이기도 하다. 그가 살았던 시대가 중세 봉건 사회였던 점을 감안하면 가히 파격적인 태도라고 아니할 수 없다. 게다가 자신의 이익 기반이 당시의 신분 제도에 있음에도 그것을 뜯어고쳐야 한다고 주장한 것을 생각하면, 시대의 선구자라고 불러도 손색이 없을 것이다.

그러나 이익은 관직에 나가 투쟁하면서까지 자신의 이념을 실제 정치에 실현시키려고 하지는 않았다. 그는 오직 학문적 가치만을 추구했고, 그 내용을 실현하는 것은 자신의 몫이 아니라고 생각했던 것이다. 그러나 일상에서는 자신이 배우고 믿는 것을 실천하여 지식인으로서의 도리를 지키려고 노력하였다.

이익은 같은 부를 쌓더라도 욕심에 기초한 '이해'(利害)와 떳떳한 방법을 통한 '인부'(仁富)를 구별할 줄 알고, 좇아야 할 것이 무엇인지를 잊지 않아야 군자라고 말했다. 그래서 큰 재물을 차지하고 덕이 없는 것보다는 가난하더라도 덕을 지니는 것이 낫다고 하였다.

사실 자기가 공부한 내용을 반드시 정치 현실에 나가 실현해야만 가치가 있는 것은 아니다. 오히려 연구하는 사람과 그것을 실행에 옮기는 사람이 각각인 상태가 더 건강한 사회일지도 모른다. 그렇지 않고 모든 사람이 자신의 정치적 생각을 실현시키려고만 한다면, 세상은 또 하나의 전쟁터가 될 것이다.

이익은 사회 비판에 있어서도 주관적인 가치를 앞세워서는 안 되며, 옳고 그름을 넘어서 실증적인 견지에서 임해야 한다고 생각했다. 따라서 모든 상황이나 역사는 개별적으로 고립되어 있는 것이 아니라, 그것이 일어날 수밖에 없는 필연적인 조건이 있다는 점을 간과하지 말아야 한다고 역설하였다.

이익은 김육으로부터 싹터 유형원에게서 꽃피기 시작한 학문의 새 경향인 실학을 선도하였다. 그리고 그의 호인 '성호'(星湖)의 뜻 그대로, 실학에 있어서 '별들의 호수' 처럼 커다란 '학해'(學海)의 물줄기를 이루었다. 그러나 그가 도달하려고 했던 이상적인 사회의 본보기는 요순 시대였고, "나라의 흥망이 임금의 마음에 달려 있다."고 간주했던 것으로 보아 그도 어쩔 수 없는 왕조시대의 인물이었다는 한계를 안고 있다.

평생 학문에만 전념하다

이익은 조선 19대 왕인 숙종 7년(1681)에 이하진의 막내로 태어났다. 그의 아버지는 남인 출신으로 대사간과 진주 목사를 역임했으나, 그가 태어나기 1년 전에 일어난 **경신대출척**으로 정계에서 쫓겨나 평안도 운산으로 유배당한 상태였다. 그래서 이익은 아버지의 유배지에서 태어나게 되었다.

여주 이씨인 그의 집안은 대대로 명문가였지만, 아버지 대에 이르러 당쟁의 된서리를 맞고 가운이 기울어지고 말았는데, 그가 태어난 다음 해에 아버지가 유배지에서 55세를 일기로 세상을 떠나자 집안은 한층 더 쇠락하기 시작했다.

홀로 된 그의 어머니는 자식들을 데리고 고향인 안산의 첨성촌으로 돌아왔다. 이익의 호인 성호는 첨성리의 성호장에서 살았다고 하여 스스로 붙인 것이다. 어머니 권씨는 아버지의 둘째 부인으로 자신의 소생인 2남 2녀뿐 아니라 전 부인인 이씨 소생의 3남 2녀까지 양육해야 했지만, 어떻게든 양반 집안으로서의 품위를 잃지 않으려고 노력하면서 살았다.

이익은 어려서부터 몸이 약하고 잔병이 많았지만, 누가 시키지 않아도 열심히 공부하여 어머니의 사랑을 듬뿍 받으며 자랐다. 이익은 스물다섯 살 되는 해에 처음으로 과거에 나가 낙방한 후 다시는 과거에 응시하지 않고 초야에서 학문에만 몰두하며 살았다. 이는 그가 스물여섯 살 때, 존경하고 따르던 둘째 형이 장희빈을 두둔하는 상소를 했다고 해서 역적으로 몰려 죽었기 때문이기도 했다.

형이 죽은 다음 해에 이익은 한성 삼각산에 있는 백운대에 한동안 틀어박혀 가슴에 맺힌 한을 삭이고 돌아오기도 했다. 다행히 이익에게는 관직에 나가지 않아도 구차하게 살지 않을 만큼 조상으로부터 물려받은 재산이 있었다. 또 아버지가 청나라에 사신으로 다녀오면서 사 가지고 온 수많은 책들이 남아 있어서 공부하기에도 전혀 부족함이 없는 환경이었다.

이익은 어려서부터 성품이 맑고 깨끗하여 음험한 구석이 없었고, 명예나 이익을 좇는 법도 없었다. 스스로 예절을 엄하게 지키고 극히 검소한 생활을 하여, 많은 사람들에게 존경을 받았다. 서른다섯 살 때 어머니마저 세상을 떠나자, 상을 마치고는 노비와 집기 등을 종가로 보낸 후에 스스로 농사를 지으며 살았다.

이익은 일찍이 형의 참변을 겪은 탓인지 가족에 대한 애정이 각별했

경신대출척
숙종 6년(1680)에 남인이 대거 실각하여 정권에서 물러난 사건. 경신환국이라고도 하며, 이 사건으로 서인이 득세하였다.

다. 자식이 없이 죽은 둘째 형을 위해 양자를 들이게 하였고, 여러 조카들을 데려다 직접 가르치며 친아들처럼 돌보아 주는 등 가문의 기둥 역할을 했다.

이익의 일생에는 별다른 굴곡이 없다. 평생을 성호장에서 오로지 학문 연구와 제자들을 가르치는 것에만 전념했기 때문이다. 47세 되던 해인 영조 3년(1727)에 관직에 나와 줄 것을 제의받지만 끝내 거절하기도 하였다. 62세 되던 해(1742)에 아들 맹휴가 과거시험에서 장원급제하여 지방의 수령으로 부임하게 되자 '훈계 8조'를 지어 보내 백성들을 다스리는 데에 도움을 주기도 했다. 그러나 이 아들이 영조 27년(1751)에 서른여덟의 젊은 나이로 병사하여 그의 가슴을 아프게 했다.

이익 자신도 평생을 크고 작은 병으로 고생하였는데, 노년에 접어들면서는 그 정도가 더욱 심해졌으며, 아들을 먼저 잃고 난 뒤에는 심신이 한층 더 쇠약해졌다. 자신의 가난함이 검소하지 못한 탓이라고 탄식하기도 했는데, 75세 무렵에는 다음과 같은 글을 써서 자신의 경제적 무능을 고백하기도 했다.

나는 글읽기나 좋아했으니 어찌 가난하지 않겠는가? 실 한 오리, 낟알 한 알도 생산하지 못하니 가히 좀 같은 존재라고 할 수 있다.

이익이 83세 되던 해인 영조 39년(1763)에는 연장자를 우대하는 우로예전(優老例典) 정책에 따라 첨지충추부사로 임명되었으나, 그해 12월에 세상을 떠나고 만다. 그는 죽은 후에 이조판서로 추증되었다.

당시의 사회상

이익이 살았던 시기는 왜란과 호란의 영향이 사회 각 부분에 남아 있었으며, 무너진 사회 질서가 좀처럼 복구되지 못하던 때였다. 동서 분당으로 발단이 된 당쟁은 좀처럼 개선되지 않고 더욱 격화되기만 하였다. 또 과거제도마저 그 기능을 상실하여 오직 문벌과 당색만이 입신양명을 좌우하는 요인이 되었다. 문장(文章) 중심으로 치러지던 과거시험으로는 실제 사회 문제를 해결할 수 있는 식견이나 능력은 알 수가 없었다.

황폐해진 논밭은 제대로 복구되지 않고 있었고, 궁방, 관아, 병영에서는 어장, 염전, 논밭 등을 넘겨받아 자신들의 이익에만 전용하였다. 세금이 면제되는 지배층 소유의 땅은 점점 많아져 백성들을 고통에 빠뜨리고 국가 재정 수입을 악화시키는 원인이 되었다. 이에 따라 국가 재정은 주로 환곡에 의존하게 되었다. 환곡이란 각 고을의 창고에 저장했던 곡식을 봄에 백성들에게 꾸어 주고 가을에 이자를 붙여 거두어들이던 제도를 말하는데, 빈민구휼이라는 본래의 목적과는 달리 억지로 가져가게 한 뒤에 비싼 이자를 요구하는 등 백성들의 고통을 더욱 가중시키고 있었다.

더구나 당쟁의 여파는 정치 기강을 더욱 문란하게 만들었다. 관리들은 좋은 관직을 차지하기 위한 줄서기에 급급했고, 갖은 수탈을 통해 빼앗은 백성들의 재물을 자신의 출세에 이용하는 작태가 일반화되어 있었다. 대동법이 실시되었지만 현물 공납이 모두 없어지지 않은데다, 군역을 면제해 주는 대가로 거두는 군포(軍布)는 백성들에게 가장 큰 부담이 되었다. 이러한 부담을 견디지 못하고 도망가는 백성이 생기면 일가 친척이나 이웃에게까지 그 책임을 전가시키고, 심지어는 죽은 사람과 어린 아이의 몫으로도 거두어들이기까지 했는데, 나라에서는 속수무책으로 방관만 하고 있었다. 또 경제 활동을 활발하게 하기 위해 주조된 화폐는 그 취지와는 달리 관리들의 이자 놀이를 위한 자금으로 나 악용될 뿐이었다.

이렇게 사회의 모든 기반이 온통 뒤틀린 상태에서 지배층은 유교적 관념론에만 집착하여 국가 운영을 더욱 경직시키고 있었다. 거기에다 거듭되는 재난과 전염병으로 백성들의 생활은 더욱 깊은 수렁으로 빠져들어가고 있었다.

　이제 사회 체제의 전면적인 개편이 이루어지지 않고서는, 국가 재정의 파탄과 백성들의 피폐를 해결하기 어려운 지경에 이르렀다. 결국 일부 뜻 있는 학자들에 의해 사회 현실에 대한 비판과 각성이 일기 시작했다. 그리고 청으로부터 유입된 새로운 학풍과 문물에 영향을 받아, 사회 개혁과 실생활에 도움을 줄 수 있는 학문을 연구하는 경향이 점점 늘어났다.

당쟁과 양반의 모순을 비판하다

　이익은 당쟁의 소용돌이 속에서 자라났다고 해도 과언이 아니다. 출생지부터가 당쟁으로 인해 밀려난 아버지의 유배지였고, 둘째 형도 당파 싸움 와중에 비참한 죽음을 당했다. 당연히 자신의 가문과 적대 관계에 있던 노론에 대하여 원한을 가질 법도 했지만, 그는 조금도 당색을 띠지 않고 객관적인 입장에서 당쟁의 원인을 가려 내려고 했다. 이익은 당쟁의 기본적인 성격을 다음과 같이 정의했다.

> 붕당은 다툼에서 비롯되고 다툼은 이해(利害)에서 일어난다. 이해가 절실해지면 그 당의 뿌리가 깊어지고, 이해가 오래 계속되면 그 세력으로 인하여 당파가 견고해진다.

　말하자면 모자라는 밥 그릇 수에 따라 필연적으로 붕당이 일어난 것이지 다른 이유가 있지 않다는 것이다. 그리고 밥 그릇 수가 부족한 까닭은, 수요와 공급을 제대로 계산하지 않은 잘못된 과거제도에 있다고 지적했다. 더구나 관직 인사에 원칙이 없이 학연이나 지연에 좌우되는 폐단이 문제를 더욱 심화시켰으며, 결국에는 나라가 인재를 구하는 것이 아니라 사람이 관직을 구하는 형상이 되었다고 개탄했다. 또 당쟁이 거듭되면서 원한이 후대에까지 세습되어 그 끝이 보이지 않으며, 자신이 속한 당파의 이익만을 좇게 되어, 나라의 이익과 백성들의 복리는 아예 뒷전이 되고 만다고 했다. 오늘날의 정치 현실에도 좋은 교훈이 되는 지적이라고 할 수 있다.

이러한 관점에서 이익은 양반의 모순을 근본적으로 비판하고 나왔다. 조선의 양반 사대부들은 생업에 종사하지 않으면서 오로지 관직에 진출하는 것을 최고의 목표로 삼고 있는데, 이것이 당파의 대립을 불가피하게 만드는 근본 원인이라는 것이다.

따라서 양반 사대부들은 무위도식하지 말고 농토로 돌아가서 실제 생산에 종사해야 한다고 역설하였다. 그러기 위해서는 육체적 노동을 천하게 여기는 양반의 생리를 뜯어고쳐야 하며, 관리도 실제 생업에 종사하는 사람들 중에서 뽑아 쓰는 것이 폐단을 없애는 지름길이라고 주장했다. 말하자면 '사농합일'(士農合一) 정신이 무엇보다도 중요하냐는 것이다. 그리고 선비들도 문장이나 시가에만 몰두하지 말고, 실제로 세상을 다스리는 데 사용될 수 있는 현실적인 학문에 주력해야 한다고 강조했다.

제도 개혁론

이익은 당시의 피폐한 사회 현실을 구제하기 위해서는 국가의 모든 제도를 전면적으로 개편해야 한다고 생각했다.

먼저, 정치기구를 간소화하고 그것들이 제기능을 다할 수 있도록 정비하는 것이 시급하다고 보았는데, 이를 위해서는 무엇보다 과거제도를 뜯어고쳐야 한다고 생각했다. 그래서 관리 채용을 위한 정기 시험은 5년마다 한 번씩 실시하되, 전 과목을 한꺼번에 보지 말고 과목을 매년 나누어 실시하여, 응시생들이 과목마다 충실히 준비할 수 있도록 하자고 했다. 이것은 관직 대기자 수를 줄이고 과거시험 합격자의 실력 향상을 도모하기 위함이었다.

또한 과거 외에도 추천에 의하여 등용하는 '공거제'(貢擧制)를 병행하여, 훌륭한 인재를 파벌에 좌우되지 않고 공평히 선발하는 기회로 삼자고 했다. 그리고 기존의 관리들에 대해서는 실적을 철저히 따져서 진급과 봉급 인상 등 인사 관리의 기준으로 삼고, 관리에 대한 감찰과 징계를 담당할 '총장국'(總章局)을 신설하자고 주장했다.

다음으로, 관청의 기구를 전면적으로 개편하여 축소시키는 한편, 관리의 수를 줄여야 한다고 역설했다. 당시의 실상을 살펴보면 국방에 관한 업무를 담당하던 비변사(備邊司)는 유명무실해졌고, 국가의 최고 의결 기관인 의정부도 본연의 기능을 상실한 채 원로원으로 전락하고 만 상태였다.

또 간언의 임무를 담당하고 있던 사간원도 정치적 문제에만 매달려 백성들의 고통이나 요구는 전혀 돌아보지 못하고 있었다. 그리고 허다한 겸직 체제 때문에 관리들의 책임 한계가 모호해져서 직책을 나누어 놓은 의미마저 상실한 상태였다. 더구나 상급 관리가 너무 자주 바뀌어 하급 관원들이 실제적으로 실무를 담당하게 되자, 그들의 농간이 극심하여 시급한 개혁이 필요한 실정이었다. 따라서 이익은 유명무실해진 관청이나 관리직을 과감하게 축소하고, 대신 관원들의 녹봉을 높여서 생활을 보장해 주자고 주장했다. 그래야만 그들의 부정부패를 근절할 수 있다고 생각한 것이다.

세 번째로, 이익은 나라의 재정이 낭비되는 요소를 강력히 차단해야 한다고 주장했다. 우선 환관과 궁녀의 수를 줄임으로써 임금부터 절약하는 태도를 보여야 한다면서 이렇게 말했다.

> 임금이 없어도 백성은 살아갈 수 있지만, 백성이 없으면 임금도 없는 것이다. 따라서 백성의 은혜가 임금의 그것보다 더 중하다고 할 수 있는데, 어찌 임금만을 위하여 억조(億兆)의 힘을 낭비하고 물자를 부족하게 만들어 은혜가 고루 돌아가지 않게 하는가?

왕조시대 사람으로서, 그것도 지배 계급의 일원으로서 정말 파격적인 발상이라고 하지 않을 수 없다. 이익은 나라의 이익이 소수에 의해 독점되어 백성들에게 골고루 혜택이 돌아가지 않는 현실은 이치에 어긋나는 일이라고 통렬히 비판한 것이다.

네 번째로, 그는 토지 제도의 전면적 개편을 주장했다. 이익은 토지를 기본으로 한 자급자족 위주의 농업 사회를 전제하였기 때문에, 경제 체제 개혁은 토지 문제를 빼놓고는 말할 수 없었다. 그는 소수의 사람들에게 토지가 집중되어서 부익부 빈익빈 현상이 심화되는 것을 반드시 고쳐야 한다고 생각했다. 그러기 위해서는 소규모 토지를 경작하는 일반 백성들의 몰락을 막아야 하는데, 그가 생각한 가장 현실적인 방안은 한 가구당 최소한으로 필요한 토지의 기준을 정해, 그 이하의 토지는 매매를 금지하도록 법으로 정히는 것이었다. 그렇게 하면 몇몇 사람에게 토지 소유가 집중되는 일을 막고 백성들의 생활을 안정시킬 수 있다고 생각한 것이다. 그러나 이 방법은 이미 대토지를 소유하고 있는 사람들에게는 추가 획득의 기회를 봉쇄하는 것에 불과했고, 토지를 모두 잃은 백성들에게는 근본적인 해결책이 되지 못했다.

다섯 번째로, 이익은 조세를 감면하고 화폐 유통을 억제해야 한다고 생각했다. 먼저 지나치게 많은 잡세부터 모두 없애고, 오직 10분의 1 세의 원칙을 준수하여 백성의 최저 생활을 보장해야 한다고 했다. 또 백성들에게는 아무런 도움이 되지 않고 고통의 도구로만 이용되는 화폐의 유통을 중지하고, 상(商)행위를 억제해야 한다고 주장했다. 이 주장은 시대를 역행하는 발상처럼 보이지만, 당시 일부 부유층이 청으로부터 사치품을 사들이는 데 은화를 과도하게 사용하여 사치 풍조를 조장하는 것은 물론, 국가 재산을 국외로 유출시키는 폐단이 있었기 때문에 제기된 주장이었다. 또한 화폐 유통의 악순환으로 농촌이 더욱 피폐해져 가고 있었으므로, 차라리 화폐 사용을 막고 상업 활동을 억제하여 예전처럼 자급자족하는 편이 낫다고 생각한 것이다.

여섯 번째로, 사노비의 수를 제한하고 노비 매매를 막아야 한다고 주장했다. 이익은 "조선의 노비법은 천하고금에도 없는 것으로 한 번 노비가 되면 평생을 고통받아야 한다."고 말하며 노비 제도의 모순에 대하여 역설했다. 그래서 한 사람이 소유할 수 있는 노비의 수를 제한하고 그 한도를 넘는 인원은 해방하여 양민으로 만들자고 했으며, 다섯 살 이하의 어린 아이들은 노비적(籍)에 올리지 못하도록 하여 나중에 가서는 노비 제도가 완전히 폐지되는 것을 꿈꾸었다.

네 가지 경제 회생 방안

이익은 농업을 조선 경제의 근본이라 여겼다. 그것은 농업 위주의 경제 질서 속에서 살았던 조선 중기의 인물로서는 어쩔 수 없는 한계였을 것이다. 그는 농산물에 대한 생산을 장려하고 앞서 거론한 것과 같은 자신의 이념들을 실천하기 위하여 다음과 같은 네 가지 방안을 제시했다.

첫째, '생중'(生衆)으로, 모든 사람이 생산에 종사함으로써 무위도식하는 사람이 없어야 한다는 것이다. 이익은 다음과 같은 말로 그 중요성을 강조했다.

> 조선에는 일하지 않고 사는 무리가 지나치게 많다. 벼슬이나 학식이 없는 자라도 양반이라 하면 아무리 가난해도 일하려 하지 않는다. 이것을 고치기 위해서는 농사를 짓는 양반을 멸시하고 교류도 하지 않으려 하는 의식부터 없애야 한다. 따라서 관직을 엄격히 제한하고 노비 제도를 고쳐서 누구든지 자유롭게 농업 생산에 종사할 수 있도록 해야 한다.

둘째, '식과'(食寡)로서, 관리의 수를 줄이고 일하는 자를 늘려야 한다는 주장이다. 이에 대해서 이익은 이렇게 말했다.

조선은 토지가 좁고 생산량이 적은데도 관리의 수는 중국과 거의 같다. 마땅히 기구와 인원을 줄여서 경비를 절약해야 한다.

셋째, '위질'(痿疾)로, 농번기에 부역을 줄여 농민의 생활을 방해하지 말아야 한다는 것이다. 그는 민생 안정의 가장 큰 걸림돌로 관청의 강제 노역 동원을 지적하였다.

백성들의 자력 갱생을 위해서는 스스로의 생산에만 몰두하게 하고, 나라에서는 도적을 방지하는 데 힘을 쏟아 벽지의 미개간지도 안심하고 개간할 수 있도록 하면, 10년 안에 전국의 황무지가 비옥한 경작지로 변할 것이다.

넷째, '용서'(用徐)로서 근검 절약하는 사회 정신을 장려해야 한다는 것이다. 그는 검소한 생활 자세가 정착되어야 나라의 근본이 확립될 수 있다고 보았다.

사치를 즐기는 것은 사람의 본성이라고 하지만 사치를 방치하면 아무리 힘써 생산해도 소용이 없다. 또 지금 사용하는 화폐는 사치를 조장할 뿐이며 절약하고 검소하게 생활하는 풍속을 해친다. 지금 중국으로부터 진기한 물건과 호화스러운 비단을 사들이는 사치가 성행하니 이 어찌 개탄할 일이 아니겠는가? 그리고 상업에 눈이 멀면 농민은 농기구와 토지를 버리고 장사꾼으로 나서려 할 터이니 이것을 반드시 억제해야 한다.

300여 년 전에 살았던 인물이 내세운 주장이지만, 지금의 세상에도 타당한 내용이 적지 않다. 근검 절약과 열심히 일하는 생활 태도를 강조한 것은 시대를 초월하여 언제나 귀감으로 삼아야 할 정신인 것이다.

외국 문물에 대한 이해

평생을 성호장에 칩거하며 학문에만 몰두했던 이익의 식견은 넓고 깊었다. 성리학은 물론이고 천문과 지리, 민속, 의술에 이르기까지 실로 알지 못하는 것이 없었다. 심지어는 중국을 통하여 유입된 서양 학문이나 천주교에 대한 지식도 상당했다.

명말 청초의 중국에는 서양인 선교사들이 적지 않게 들어와 활동하면서 서양 문물과 기독교 사상을 소개하고 있었는데, 조선에도 중국을 왕래하는 사신을 통해 이러한 것들이 들어오고 있었다. 당시 서양 학문 중에서 조선 학자들이 가장 관심을 두었던 분야는 천문과 역법에 관한 것이었다.

이익도 에마누엘 디아스의 『천문략』을 통해 천문 지식을 습득하고, 샬 폰 벨의 시헌력을 통해 역법을 익혔다. 또 지리에 관해서는 마테오 리치의 『만국전도』, 페르비스트의 『곤여도설』, 우르시스의 『간평의설』, 알레니의 『직방외기』 등을 읽고 식견을 넓혔다. 그리고 서양 의학, 심리학, 기하학, 교육학 등 다양한 분야의 서적을 입수하여 탐독하고, 서양의 앞선 과학기술을 적극 수용하면서 실학의 기초를 열었다.

그러나 과학적 지식은 받아들이면서도 천주교의 정신만은 배척했는데, 그는 「천주실의발(跋)」에 이렇게 기술하였다.

> 천주교를 받드는 것은 마치 유가에서 상제(上帝)를 받드는 것과 같고, 불가에서 석가를 섬기고 믿는 것과 같을 뿐이다.

이익은 천주의 자비에 대한 내용이 진실이라면 어찌하여 온 세상이 모두 평화롭지 않으며, 왜 천주의 기적들이 동양에서는 나타나지 않느냐면서 한갓 허황된 설일 뿐이라고 일축했다. 하지만 이것은 당시의 여러 가지 시대적 상황 아래에서 천주교의 정신을 제대로 이해하지 못한 것에서 연유한 결론이라 생각된다.

이익은 일본에 대해서도 남다른 견해를 갖고 있었다. 일본을 다루는 근본 정책으로 회유와 교린책을 써야 한다고 보았는데, 즉 경제적 원조와 함께 사절의 왕래를 정례화한다면 관계가 원만해질 수 있을 것으로 내다보았다. 또 천황은 명목상의 대표일 뿐이고 실권은 막부의 우두머리가 가지고 있다는 사실을 염두에 두고 정확하게 대처하되, 조선은 국왕이 국가 통치권자인데 비해 일본은 실권자 외에 천황이 상징적으로 존재하므로 의례상의 절차가 다를 수 있다는 점을 명심해야 한다고 했다. 이익의 이러한 지적은 조선 말기에 현실적 문제로 나타났으니, 그의 통찰력은 가히 시대를 앞서갔다고 할 수 있다. 실제 일본 사신을 동래까지밖에 오지 못하게 했던 관례는 메이지 유신 이후 일본 내에서 조선을 정벌하자는 '정한론'(征韓論)이 일어나는 원인이 되기도 했다. 그리고 국왕의 호칭 문제가 대등한 대일 외교에 장애가 된 것 또한 사실이다.

실학의 문을 열다

이익은 이념적 기반은 성리학에 두고 있으면서도 반계 유형원에게서 꽃피기 시작한 '실사구시'(實事求是) 정신을 계승하여, 조선 후반기의 중요한 사상적 경향이었던 '실학'(實學)의 물꼬를 튼 인물이다. 실사구시란 사실에 근거하여 진리를 탐구하는 학문적 경향을 말한다. 그는 실생활에 도움을 주지 못하는 학문은 가치가 없다면서 관념론에만 빠져 있던 성리학의 폐단에 일대 경종을 울렸다.

그러나 이익의 사상과 이념은 그 당시에는 전혀 실천되지 못했다. 그가 정치 현장에는 나오지 않고 평생을 칩거하면서 학문에만 몰두했기 때문이다. 결국 자신이 익혀 왔던 학문을 한 번도 현실에 실현시켜 보지 못하고 뜻만 품은 채 죽었지만, 그의 사상은 제자들에 의하여 면면히 계승되었다.

이익의 영향을 받은 수많은 인재들로는, 우선 아들 맹휴, 조카 병휴 · 용휴, 손자 구환, 종손 삼환 · 가환 · 중환 등이 있고, 그의 제자들로 윤동구·안정복·신후담·권철신 등이 있는데, 이들은 모두 당대에 대학자가 되었던 인물들이다. 그리고 그 흐름은 후대에까지 이어져 다산 정약용에 이르러서는 실학의 일대 금자탑(金字塔)을 이루었다.

이익의 사상과 진면목이 그대로 집약되어 후학들의 길잡이가 되었던『성호사설』은 그가 40여 년 동안 배우고 느낀 점을 적은 것으로 후손들이 정리한 것을 순암 안정복이 펴낸 것이다. '사설'(僿說)이란 본래 '자질구레한 이야기'라는 뜻인데, 이익이 자신을 낮추고자 붙인 것으로 보인다. 그 외에도 정치 이념을 피력한『곽우록』을 비롯하여『도동록』,『사칠신편』,『예설』,『해동악부』,『이자수어』등 많은 작품을 통해 그의 해박한 학문적 면모를 엿볼 수 있다.

시대를 앞서간 북학파의 거장
박지원

연암 박지원은 새로운 문물을 도입하여 낙후된 조선을 개혁하려고 한 선각자였다. 그는 **이용후생(利用厚生)**으로 대변되는 실용주의 사상을 바탕으로, 선진 문물을 받아들여 조선 사회의 전통적인 특성과 결합시키고자 했다. 그렇다고 해서 연암이 당시와 완전히 다른 형태의 사회를 꿈꾸고, 이를 실현하기 위해 현 체제를 근본부터 변혁하고자 한 것은 아니다. 그러나 권력층에 속하면서도 자신의 기득권을 포기하고, 일반 백성들의 입장에서 사회를 개혁하고자 한 점에 있어서는 혁신적이었다고 볼 수 있다.

또 한편으로 연암은 많은 문학 작품을 저술한 문학가이기도 했다. 열여덟 살 때부터 소설을 쓰기 시작하여, 『광문자전』, 『열녀함양박씨전』 등 모두 12편의 소설을 남겼다. 연암은 이러한 작품들 속에서 양반 사회의 위선에 찬 실상을 폭로하고 지도층의 무능을 신랄하게 풍자했다. 그리고 사회 전반에 실용적인 사고 방식을 고취시키고자 노력했다.

연암은 일찍부터 조선의 낙후성을 인식하고 이를 개선하기 위한 방안을 끊임없이 찾았다. 당시에는 오랑캐라 하여 청나라의 문화를 배척

> **이용후생(利用厚生)**
> 백성들의 경제 생활을 풍요롭게 할 수 있는 모든 분야에 관심을 가져야 한다는 주장.

하고 받아들이지 않았는데, 그는 이러한 사회적 분위기를 깨고 과감히 배울 것은 배우자고 주장한 철저한 현실주의자였다. 학문이나 진리의 가치는 시대의 변화에 따라 바뀌는 것이므로, 그것의 존재 의미도 실생활에 도움을 줄 수 있어야 한다고 생각한 것이다. 그리고 세상의 발전이란 항상 새로운 관점을 통해 변화할 때만 얻을 수 있다는 진보적인 자세를 갖고 있었다.

연암의 개방주의는 주체성을 굳건히 지키는 상태에서 가치가 있는 새로운 문물만을 수용하자는 자세였기 때문에, 민족의 자존이나 원칙이 흔들릴 이유가 없었다. 하지만 이러한 주장에도 당시 사회의 굳게 닫힌 문을 완전히 열지는 못했다. 그러나 그의 개방주의는 그 후 실학파와 개화파에게 면면이 이어져 진보주의 운동의 시초가 되었다.

신학문에 심취하다

박지원은 조선 21대 왕인 영조 13년(1737)에 한성 반송방 야동(지금의 서대문)에서 박사유의 2남 2녀 중 막내로 태어났다. 한때 세상을 피해 은거했던 금천 연암협의 지명을 따서 호를 연암이라 하였다. 그의 본관은 반남이었는데, 조선 개국 공신 박은의 13대 손이자 선조의 부마(공주나 옹주와 혼인한, 왕의 사위)였던 금양위 박미의 5대 손으로 명문가의 후손이었다. 그러나 아버지 박사유는 벼슬길에 한 번도 나가지 못한 백면서생이었고, 할아버지 박필균은 지돈령 부사까지 역임했으나 평생을 청렴하게 살아서 그의 집안은 가난을 면치 못하였다.

연암은 열여섯 살 되던 해에 동갑인 전주 이씨 보천의 딸과 혼인한 후에야 비로소 공부다운 공부를 시작할 수 있었다. 연암이 아직 글공부를 제대로 한 적이 없다는 것을 안 장인이 직접 『맹자』까지 가르친 후, 자신의 동생인 홍문관 교리 이양천에게 가르침을 받을 수 있도록 주선해 주었던 것이다. 연암으로서는 장인과 처숙을 스승으로 모신 셈이었다. 이때부터 처남 이재성과 둘도 없는 글벗으로 지내면서 학문에 몰두한 그는, 스무 살 무렵까지 두문불출하며 유교 관련 책들은 물론이고 학문에 관련된 모든 책들을 두루 섭렵했다.

늦은 나이에 장인과 처숙에게 처음 학문을 배운 이후로는 특별히 스승을 모시지 않고 독학을 한 연암이었지만, 천성적으로 뛰어난 글재주를 가지고 있었던지 20대 초반에 이미 두각을 나타내기 시작했다. 당시 뛰어난 문장가였던 강한 황경원이 연암의 글을 보고, "장차 나의 자리를 차지할 사람은 이 젊은이밖에 없다."고 경탄할 정도였으니, 연암의 실력이 얼마나 대단했는가를 미루어 짐작할 수 있다.

청년 시절에 연암은 스스로도 자신이 이룬 성과에 흡족했던지, 세상의 모든 일 중에는 하지 못할 것이 하나도 없다면서 자신만만해할 정도였다. 그러나 그 정도로 패기에 넘쳤던 연암은 과거에는 원래 뜻이 없었는지 아니면 계속 실패를 한 것인지는 알 수 없으나, 서른나섯 살부터는 아예 응시조차 하지 않았다. 한때 성균관에 소속되어 있었고, 성균관에서 자체적으로 치르는 시험에도 정기적으로 참가한 흔적이 있는 것으로 보아 애초부터 과거에 뜻이 없지는 않았던 것으로 보인다.

그렇다면 연암은 왜 출세할 수 있는 기회를 스스로 포기한 것일까? 이 물음에 대한 답은 그의 성격과 당시의 정치적 현실, 그리고 학문의 새로운 경향인 북학(北學)에 몰입했던 그 무렵의 행적에서 찾아볼 수 있다.

연암은 타협을 모르는 성품이었고, 언행 자체도 엄격하여 주변의 배척과 질시를 받기 쉬웠다. 또한 당시의 시대 분위기에 불만이 많았고, 세도가와 고위 관리들에 대한 비판 의식이 높아서 권력층의 비호를 받기는커녕 혐오의 대상이 되었다.

또 하나의 이유로 볼 수 있는 것으로 정조의 외척 방지 정책이다. 정조는 즉위하기 전부터 홍봉한과 김귀주로 대표되는 외척의 폐단을 누구보다도 잘 알고 있었기 때문에, 아무리 능력이 있다 하더라도 외척 출신은 가급적 등용하지 않으려 했다. 그런데 연암의 집안은 앞서 언급한 대로 왕실과 인척 관계에 있었기 때문에, 당시 조정에서 의도적으로 멀리한 일면이 있었다. 그리고 주변의 심한 견제가 있었던 것도 사실이다.

그러나 연암이 과거를 포기한 원인은 이것만이 아니다. 좀더 정확한 이유는 그 무렵부터 그가 청나라로부터 새로운 문물을 받아들여야 한다는 북학 사상에 깊이 빠져들고 있었다는 점에서 찾아야 한다. 담헌 홍대용과의 교류를 통하여 신학문을 접하게 된 연암은, 가족을 아예 처가에 맡겨 놓고 관청에 딸린 숙소에 거처하면서 북학파 사람들과 학문 탐구에만 골몰하였다. 결국 그는 새로운 세계를 알게 해 주는 신학문에 심취한 나머지, 관직으로의 진출을 포기하고 학문 탐구의 길을 인생의 목표로 정했던 것이다.

고통과 핍박의 세월, 그리고 연행

이처럼 연암에게는 시대에 앞선 식견을 가지고 새로운 사회를 개척하는 데 대한 긍지와 자부심은 있었지만, 아무런 경제적 뒷받침이 없는 그의 생활은 궁핍할 수밖에 없었다. 어떻게 보면 새로운 사상에 눈을 뜨게 된 이 시기는 연암에게 있어서 정신적으로는 풍요로운 시기였지만, 현실에 있어서는 가장 불우한 시기였다. 그의 생활은 남이 보기에도 딱할 지경으로, 그의 제자이자 평생의 동지였던 이서구는 연암의 비참한 생활을 보고 눈물로 한탄하기도 했다.

이렇게 경제적으로 폐인이나 마찬가지인 생활을 하던 연암에게 정치적으로도 위험한 시기가 다가왔다. 그의 나이 마흔 살 때 영조가 죽고 정조가 등극하여 왕의 측근인 홍국영이 득세할 때의 일이다. 홍국영은 권력을 잡자 왕세손 시절 정조를 위협하던 세력들을 완전히 제거하려고 했는데, 연암을 아끼던 홍낙성이 이에 연루되자 그 화가 연암에게까지 미치게 되었다. 홍낙성은 홍국영과 같은 집안 출신이었지만 홍국영이 권세를 마음대로 휘두르는 것에 대해 비판하고 나섰기 때문에 제거 대상으로 지목된 것이다.

친구 백영숙으로부터 홍국영이 자신을 옭아 넣으려 한다는 사실을 전해 들은 연암은, 가족을 데리고 한성을 빠져 나와 사람이 거의 살지 않는 금천의 연암협으로 숨었다. 그곳은 개성으로부터 30리쯤 떨어진 좁은 골짜기로, 봄이면 바위 절벽에 제비들이 둥지를 튼다고 하여 '연암'(燕巖)이라고 불렸다.

이곳에서 숨어 지내는 동안에 홍국영이 실각하여 다행히 화는 면할 수 있었지만 궁핍한 생활은 여전히 계속되었다. 연암은 그곳에서 직접 농사를 짓고 살았는데, 험한 일 한 번 해 보지 않았던 서생으로서는 보통 힘든 일이 아니었다. 이때 개성 유수로 재직하고 있던 친구 유언호가 많은 도움을 주어서 근근이 살아갈 수는 있었다.

연암은 조숙하여 평소 교류하던 친구들이 대부분 자신보다 나이가 많았다. 유언호도 연암보다 일곱 살 연상으로, 둘온 한성에서 같이 학문을 익히고 금강산 유람도 함께 했던 절친한 사이였다. 또한 연암을 신학문의 길로 인도했던 홍대용도 멀리서나마 항상 후원을 아끼지 않았는데, 당시 태인 현감으로 있던 홍대용도 연암보다 여섯 살 연상이었다.

연암에서의 2년여 도피 생활을 청산하고 다시 한성으로 돌아온 연암은, 평계에 있던 처남 이재성의 집에 한동안 얹혀 살았다. 그즈음 그의 팔촌형 되는 영조의 부마 금성위 박명원이 청 황제의 칠순을 축하하는 사절로 선발되어 연암에게 수행원으로 동행할 것을 권했다. 그리하여 연암은 그의 인생에 일대 전환점이 되었던 연행(燕行)에 나서게 된다.

정조 4년(1780)의 이 연행은 생활고와 좌절에 허덕이던 연암에게는 일종의 돌파구이기도 했지만, 그동안 자신이 그렇게 몰두했던 신학문을 직접 체험할 수 있는 기회였다. 그로서는 간절히 바라던 일이었으나 감히 청하지 못했던 일이었다. 당시 그의 나이는 44세였는데 그동안 너무 많은 고생을 한 탓인지 머리가 이미 백발이 되어 있었다고 한다.

연암 일행은 압록강을 건너 연경으로 들어갔으나 청의 황제가 열하(熱河)로 피서를 떠나 있어서 그곳까지 찾아가야 했다. 연암은 이 여행의 전 과정을 날짜별로 자세하게 기록하여 훗날 그의 대표적인 『열하일기』를 세상에 내놓았다.

『열하일기』로 유명인사가 되다

연암은 연행에서 돌아온 지 3년 후쯤 『열하일기』를 총 26권으로 발간했는데, 얼마 지나지 않아 사람들에게 선풍적인 인기를 끌게 되었다. 하지만 그에 대한 평가는 찬반양론으로 극명하게 갈렸다. 신진 사대부들에게는 혁신적 사상과 신선한 문체로 호감을 샀지만, 기존의 사대부들에게는 극도의 반감을 샀던 것이다. 연암은 『열하일기』에서 청의 발달된 문물을 소개하고, 조선도 이를 적극적으로 받아들여야 부강해질 수 있다고 주장했다. 그리고 허구에 찬 양반 사회를 특유의 독설로 풍자하여 당시 사회에 한층 더 충격을 던져주었다.

무엇보다도 『열하일기』 파문의 근원은 당시 선비들의 '조선중화주의'(朝鮮中華主義)와 '북벌론'(北伐論)의 허위와 위선을 적나라하게 지적한 데 있었다. 청이 명을 멸망시킨 후 조선 역시 힘에 밀려 어쩔 수 없이 청에 굴복하고 조공까지 바치는 처지가 되었지만, 애초부터 청을 오랑캐로 여기던 경향이 강해 청에 대한 문화적 우월감을 가지고 있었다. 그리하여 유일한 문명국으로 떠받들던 명이 사라졌으니 이제 참된 문화의 중심 역할을 할 나라는 조선밖에 없다는 '조선중화주의'가 지도층의 의식에 자리잡게 되었다. 이에 따라 문명국이 오랑캐들에게 치욕을 당했으므로 언젠가는 보복을 해야 한다는 '북벌론'이 명분상 힘을 얻고 있었던 것이다.

그런데 이러한 사고의 허구성을 연암이 지적하고 나선 것이다. 연암은 세상은 바뀌어 가고 있는데 실생활에는 아무런 도움도 주지 못하는 성리학적 관념론에만 매달려 있는 것을 한심하게 여겼다. 그리고 나라의 수준은 오히려 퇴보하고 있는데도 오히려 청의 발전된 실용 학문을 오랑캐 문화라고 배척하는 고루한 생각을 통렬하게 공박하였다.

또 '북벌론'이라는 것은 실제적인 힘과 의지도 없으면서 입으로 떠들기만 하는 빈말에 불과하므로, 거기에 집착하는 것은 유명무실한 백일몽일뿐이라고 거침없이 야유했다. 더구나 그러한 왜곡된 사고는 모두 독선적이고 허구에 찬 양반 사대부들에게서 비롯되었다고 지적하고 나왔으니, 당시로서는 난리가 날 수밖에 없었던 것이다. 다시 말하면 시대적 모순의 정곡을 찔러 버린 셈이었다. 내용도 매우 파격적인데다 문체마저 당시 금과옥조(金科玉條)처럼 떠받들던 고문체가 아닌, 일상생활 용어를 그대로 사용한 서술체여서 더욱 큰 물의를 일으켰다.

『열하일기』가 세상에 나오자 연암은 일약 유명 인사가 되었다. 젊은 인사들 사이에서는 그의 파격적인 사상과 문체에 심취하여 그것을 본받는 것이 어느덧 유행이 되기도 했다. 그러나 훗날, 『열하일기』 출간으로 봇물처럼 터지기 시작한 실용 문체에 대한 정치적 반감의 표출로서 '문체반정' 조치가 일어나게 된다.

뒤늦은 관직 생활

연암은 이러한 명성과 규장각(奎章閣) 소속 관리로 포진해 있던 그의 제자들의 뒷받침에 힘입어, 정조 10년(1786)에 종9품에 해당하는 선공감 감역이라는 관직에 임명되었다. 이때 그의 나이 쉰으로 미관말직이나마 처음으로 생계를 유지할 수 있는 자리를 얻게 된 것이다. 당시 규장각은 연암의 영향을 받은 사람들로 완전히 장악되어 있었다 해도 과언이 아니었다. 규장각의 검서관(檢書官)으로 있던 이덕무·박제가·유득공·성해응 등은 연암학파의 대표적 인물이었으며, 연암의 제자들인 이서구·남공철·김조순 등이 모두 규장각에 있었던 것이다.

규장각은 정조가 외척과 권신들이 권력을 휘두르는 것을 억제하고 학문 중심의 정치를 펴 나가기 위해 설립한 기구로서, 신진 관료들을 국왕의 근위 세력으로 양성하고 **탕평정치(蕩平政治)**를 보좌할 관료들을 키우기 위한 정책적 산실이었다. 겉모습은 왕실 직속 도서관이었지만,

정치적 무게는 그 이상이었다. 이러한 규장각이 연암학파의 온상으로 변해 있었으니, 연암학파의 근원이자 최고 지도자격인 연암을 조정으로 끌어들일 필요가 있었던 것이다. 연암은 과거를 통해서 관직에 나가는 것을 일찍이 포기하였지만, 그가 쌓아 올린 학문적 성과에 의해 결국은 벼슬길에 나서게 된 셈이다.

젊어서부터 스스로 관직으로의 진출을 포기하고 학문에만 정진했던 연암이었지만, 이때는 순순히 벼슬을 받아들였다. 계속되는 경제적 고통도 이유였겠지만, 유언호를 비롯한 친구들의 적극적인 권유도 있었고, 무엇보다도 자신의 학문적 이념을 국가 정책에 반영할 수 있는 환경이 조성되었다고 판단했기 때문이었을 것으로 보인다. 또 연암 스스로도 그동안 갈고 닦은 학문을 실제 정치에 실현해 보고 싶은 욕구가 생겼을 것이다.

하지만 연암이 관직에 나간 이듬해에 그에게 시집 와서 평생을 고생만 한 동갑내기 부인 이씨가 별세하고 만다. 연암의 부인 이씨는 이상 속에서만 사는 남편 때문에 가난으로 고통받으면서도 가정 살림을 도맡아 훌륭한 내조를 했던, 연암에게는 더없이 좋은 반려자였다. 연암이 관직에 나가게 되어 처음으로 경제적 도움을 줄 수 있게 되었는데, 반년도 못 되어 이씨가 세상을 떠나자 그 애통함은 이루 말할 수 없었다. 이씨가 사망한 뒤 그는 두 번 다시 재혼하지 않았을 정도로 이씨 부인에 대한 사랑이 남달랐다. 또 부인이 죽은 지 얼마 안 되어 자신이 부모처럼 따랐던 열다섯 살 손위의 유일한 형 희원이 세상을 떠났으니, 연암에게 있어 그해는 호사다마라고 할 수 있는 해였다.

뒤늦게 관직에 나간 연암은 사복시 주부, 사헌부 감찰, 제능령을 거쳐 55세 되던 해에 잠시 한성부 판관을 역임한 후, 그 해 겨울에 현감이 되어 안의로 가게 되었다. 안의현은 경상도와 전라도가 만나는 경계 지역으로, **이인좌의 난** 때 적극 호응했던 전력 때문에 난이 진압된 후 핍박을 받아 연암이 부임할 당시까지만 해도 민심이 흉흉한 상태였다. 이곳에서 연암은 사심 없이 자신의 경험과 지식을 최대한 발휘하여 선정을 베풀었다. 그리하여 4년여를 근무하는 동안 지역 살림과 정서를 많이 회복시켜 놓았다. 연암의 선정에 대한 소식을 들은 정조가, "다스림에 있어 지극히 선량하다."는 치하와 함께 검서관으로 있던 박제가를 연암에게 보내 위로하게 할 만큼 큰 인정을 받았다.

연암은 공무 중에도 틈틈이 집필에 정력을 기울여서, 미신을 타파하고 이용후생을 강조하는 『홍범우익서』와 모순된 인습을 비판하는 『열녀함양박씨전』을 저술하였다. 『박씨전』은 아전 임술중의 아내가 남편의 3년상을 마치던 날 자결한 사건을 목격하고, 그러한 행동을 순절(殉節)이라며 칭찬하는 사회 풍습을 비인간적이라고 비판한 글로서, 여성해방 사상을 담고 있다.

문체반정 정책의 대상으로 지목되다

연암이 안의 현감으로 부임한 다음 해(1792), 사회 정서의 문란이 경박한 문체를 추종하는 사조 때문이라는 판단 아래 일종의 문풍(文風) 복고 운동인 '문체반정' 정책이 시행되었다. 정조가 주도한 이 정책은 단순한 문예사조의 재정립 문제에 국한된 것이 아니라, 분산된 국가 여론을 한데 모으고 자신의 탕평정치를 강화하려는 여러 가지 정치적 목적을 담고 있었다. 정조는 문풍 변질의 책임을 연암에게 돌리고 기존의 고문체를 사용하여 일종의 반성문을 제출하도록 하였다.

탕평정치(蕩平政治)
조선 후기 영조 때, 당쟁을 해소하기 위해 당파를 초월하여 인재를 등용함으로써 정치세력에 균형을 꾀한 정치. 영조에 이어 정조 역시 노론·소론뿐만 아니라 출신을 가리지 않고 서얼도 등용하였으며, 남인 출신을 영의정에 앉히는 등 적극적인 탕평책을 써서 많은 효과를 거두었다.

이인좌의 난
조선 후기, 반대파인 노론이 지지하던 영조가 왕위에 오르자 위협을 느낀 소론이 이인좌 등을 중심으로 일으킨 반란이다.

또 다른 의미에서는 연암을 개혁주의자들의 막후 실력자로 인정하여, 연암을 정조 자신의 정치 세력으로 끌어들이려는 깊은 뜻이 숨겨져 있기도 했다. 정조로서는 보수파의 요청을 수용하면서도 그 반대편에 있는 개혁 진보파의 실세인 연암을 포섭하는 일석이조의 정책을 구사한 셈이다. 문제에서 해결책을 찾고 혼란 속에서 유리한 돌파구를 발견하는 정조 특유의 정치 감각을 보여 주는 정책이라 할 수 있겠다.

이 사건은 이동직이 정조의 총애를 받고 있던 이가환을 질투하여 그의 문장과 사조를 문제삼아 규탄하는 상소를 올렸던 것이 시초가 되었다. 마침 청나라를 모방하려는 당시 사조가 못마땅했던 정조는, 자신의 정치적 목적도 달성할 양으로 문풍의 변화에 대한 책임이 이가환에게 있지 않고 연암에게 있다고 지목한 것이다. 개인을 비난하는 상소를 엉뚱하게 확대시켜 정치적으로 이용한 셈인데, 한쪽의 불만은 선수를 쳐서 강경책으로 무마시키고 다른 편은 자신의 지시에 순응하도록 만들어 포용하는 고단수의 정치력을 보여 준 것이다.

정조의 의도를 알아챈 연암은 고문체를 사용하여 농업 관계서인 『진과농소초문』을 지어 바쳤고, 정조가 이를 받아들이는 형식으로 문제를 해결하였다. 비록 자신의 뜻과는 상반되지만, 몸을 한 번 굽혀 자신에 대한 비판을 줄이고 정조의 정치적 의도도 만족시켰던 사실을 통해, 젊은 시절 그토록 강경했던 연암도 이 시기에 와서는 노련한 정치 감각을 갖게 되었음을 알 수 있다.

당시 사람들의 문장 서술 방법은 **육경(六經)**에 나오는 옛 글귀를 그대로 인용하는, 실제 현실에서 쓰는 언어와 동떨어진 난해한 문체를 사용하고 있었다. 이른바 문장은 한나라의 경향을, 시는 당나라 사조를 따라야 한다는 것이었다. 그러나 연암은, "글이란 자기 의사를 표현하기만 하면 된다."고 하여 형식에 얽매이는 태도에 반대하였다. 그의 이러한 생각은 「증좌소산인」이라는 글에서도 잘 나타나 있다.

사실대로 쓰는 데에 글의 참맛이 있는 것이지, 굳이 먼 옛날에서 그 근본을 가져올 이유가 없다. 한·당은 지금 세상이 아니며, 설사 **반고**나 **사마천**이 다시 살아온다 하더라도 과거의 자신들을 따르지는 않을 것이다. 지금의 진리도 천 년 뒤에는 고대의 것이 되고 마는 법이다.

이렇게 혁신적인 사고를 가지고 있던 연암이었지만, 현실과 타협하여 정조의 정책을 도와주려는 뜻으로 반성문을 제출하고 고비를 넘겼던 것이다.

그런데 그 무렵 연암에게 정치적 위기를 가져온 또 한 번의 파문이 있었다. 연암이 청의 풍물을 흠모한 나머지 오랑캐 복장을 하고 다닌다는 유언비어가 나돌았던 것이다. 이 헛소문을 기회로 청을 배척하는 **척화파(斥和派)**의 후손으로 평소 연암을 못마땅하게 여기던 유한준이 그를 공격하기 시작했다. 그러나 곧 사실 무근임이 밝혀져 이번에도 역시 무사할 수 있었다. 이런 우여곡절의 와중에도 지방관의 직무를 훌륭하게 수행하던 연암은 안의 현감의 임기를 마치고 잠시 쉬었다가 정조 21년(1796) 7월에 60세의 나이로 면천 군수에 임명되었다.

물러날 때를 알다

면천 군수로 부임하기 전에 입궐한 연암은, 제주도 사람 이방익의 『표류기』를 고쳐 쓰라는 왕명을 받고 임지에 부임하기에 앞서 『서이방

육경(六經)
중국의 여섯 가지 경서. 역경·시경·서경·춘추·주례·예기를 통틀어 이르는 말.

반고, 사마천
둘 다 중국의 역사가로, 『한서』(漢書)와 『사기』(史記)의 저자들이다.

척화파(斥和派)
병자호란 때, 청과의 화의를 반대했던 홍익한·윤집·오달제 일파를 가리키는 말.

익사』로 개작(改作)하였다. 이 글에서 그는 중국 지리에 대한 해박한 지식을 과시했다. 또 정조 23년(1799)에 농업을 진흥하기 위하여 개량된 농사법을 필요로 하자, 예전에 지었던 『과농소초』를 보강하여 내고, 사회개혁론을 담은 『한민명전의』를 추가로 지었다. 그 다음 해(1800)에 65세의 나이로 양양 부사가 되었지만, 채 1년도 되지 않아 늙고 병들었음을 이유로 사직하고 한성으로 돌아온다.

양양 부사로 임명되던 해에는 평소 그를 신임하던 정조가 갑자기 죽고 순조가 즉위하여, 그동안의 개혁 조치를 무시하고 옛 제도로 되돌리는 수구(守舊)의 바람이 휘몰아쳤다. 또 정권을 틀어쥔 노론 **벽파(僻派)**가 반대파를 제거하기 위해 사학(邪學)을 타파한다는 구실로, 개혁적 성향의 관료와 학자들을 탄압하기 시작했다. 이때 발생한 **신유사옥(辛酉邪獄)**으로 연암과 관련된 많은 사람들이 큰 피해를 입게 되었다. 자신이 관직에 머물러 있을 시대가 아님을 알게 된 연암은 병을 핑계로 스스로 물러나 버린 것이다.

그렇게 해서 당장의 큰 화는 모면할 수 있었지만, 관직에서 물러났다고 해서 편안히 살 수 있었던 것은 아니었다. 사직하고 얼마 후에 연암은 포천에 땅을 구해 부친의 묘를 이장하려고 했는데, 이로 인해 분쟁에 휘말리게 된 것이다. 사실 젊었을 때 연암의 부친이 사망하자, 장지(葬地) 문제를 놓고 연암의 집안과 이유라는 사람의 후손들 사이에 송사가 벌어진 적이 있었다. 송사의 결과는 연암의 집안이 쇠락하기는 했지만 당시 권력층과 연이 닿아 있던 까닭에, 연암 집안의 의도대로 처리되었다. 실상은 경제적 능력이 없는 연암의 집안이 분쟁의 소지가 많은 땅에 장지를 정한 것이 문제가 되었던 것인데, 권력의 끝자락이나마 쥐고 있던 연암측이 관청의 도움을 받아 장지를 인정받는 것으로 결론이 났던 것이다.

이 사건으로 상대방은 자책 끝에 관직에서까지 물러나고 말아, 연암은 항상 죄스러운 마음이 있었다. 그러다가 인생의 말년에 어느 정도

여유가 생기자 그동안 찜찜하게 여겨 왔던 부분을 정리하려고 했던 것이다.

그러나 공교롭게도 포천에 새로 구입한 땅 역시 연암과는 적대적 관계에 있던 유한준의 선산이 있는 곳이었다. 원수는 외나무다리에서 만난다고 했는데, 그 말대로 되고 만 것이다. 유한준은 연암이 이장한 묘를 들어내 버리고 그곳에 자기 종친의 묘를 이장해 버렸고, 어쩔 수 없이 연암은 다른 장소를 구해 부친의 묘를 이장할 수밖에 없었다.

이렇게 얽히게 된 연암과 유한준의 악연은 그 뒤 그들의 후손 대에서 화해의 계기를 맞게 된다. 연암의 사상과 정신은 그의 손자인 박규수에 의해 계승되어서 구한 말 김옥균, 유길준 등의 개화파에게 전해졌는데, 이때 유길준이 유한준의 후손이었던 것이다. 역사가 만들어 낸 아이러니라고 할 수 있다.

이러한 우여곡절을 겪으며 말년을 보내던 연암은 중풍으로 고생하다가, 순조 5년(1805) 10월 20일에 69세의 나이로 세상을 하직하였다. 그가 위독하다는 소식을 듣고 제자인 박제가가 달려와서, "선생님! 어찌 이 미련하고 어리석은 제자를 내버려두고 가시렵니까?" 하고 통곡했지만 연암은 다시는 눈을 뜨지 못했다.

'까마귀는 검지 않다'

연암은 일찍이 그의 장인이자 스승인 이보천이 지적한 대로 재주가 비범하고 총명했지만, 선악을 가리고 옳고 그름이 분명하여 세상에 적응하기 어려운 성격이었다. 어렸을 때부터 뜻이 높아 일정한 틀이나 형

벽파(僻派)
영조 때, 사도세자의 폐위를 둘러싸고 일어났던 당파 싸움에서 세자를 반대하던 세력. 노론이 이에 속했고, 반대파인 남인들은 시파(時派)로 불렸다.

신유사옥(辛酉邪獄)
순조 1년(1801)에 천주교도를 박해한 사건으로 신유박해라고도 한다.

식에 얽매이기를 싫어하였으며, 당시 권력가나 양반들의 속물 근성을 혐오하여 우스개로 희화화하여 비꼬기를 즐겼다. 그러나 세상에 대하여 무조건 부딪쳐 나가기만 한 것은 아니다. 자신의 비타협적이고 직선적인 성격을 풍자와 해학으로 완화시켜 세상의 풍파로부터 비껴가기도 했다.

술을 즐기고 친구들과 어울리기를 좋아했던 일면 때문에, 형편이 넉넉하지 못한 주제에 노는 것만 즐긴다는 오해도 받았지만, 그에게 있어 술자리는 눈에 거슬리는 세상을 잊고 동료들과 토론을 나누고 의견을 교환하는 자리였던 것이다.

연암은 예술가의 호방함과 선비의 근엄함을 함께 가지고 있었으며, 싫고 좋음이 분명하여 사람들을 세심하게 가려서 싫어하는 사람들은 거리를 두고 상대하였다. 이런 까다로운 처세 때문에 관직에 나가서도 잘 맞지 않는 사람들과는 자주 불화를 일으켰으며, 오만한 독불장군이라고 불리기도 했다.

그러나 공무에 임할 때는 기강이 서릿발 같았고, 핵심을 잘 파악하여 일을 처리하는 데 있어서 절도가 있고 사리를 잘 분별했다. 그러면서도 때로는 우스개로 복잡한 분쟁을 해소하기도 했으며, 매로 사람을 다스리는 것을 극히 싫어했다. 청렴결백한 일면도 빼놓을 수 없는 그의 성품으로, "사대부는 물질로서 사람을 기쁘게 해서는 안 된다."는 원칙을 평생 지키며 살았다. 또 안의 현감의 임기를 마치고 한성으로 돌아와 있을 때, 그의 선정을 치하하기 위하여 현민들이 송덕비를 세우려 하자, "비문을 세운다면 내가 앞장서 그것을 깨버리고 주모자는 벌주도록 하겠다."며 강경하게 저지하기도 했다.

연암의 사상적 바탕은 "같다면 벌써 진실이 아니다."는 말에서 확인할 수 있는 것처럼 형식주의와 보수 성향을 거부하는 데 있다. 특히, "까마귀는 검다."는 식의 경직되고 고착화된 생각을 싫어했다. 그는 "까마귀 날개보다 더 검은 것도 없어 보이지만, 빛에 비추어 보면 엷은 황색도 돌고 연한 녹색도 보이며 비취색도 있는 것처럼 보인다. 이와 같이 매사에는 정해진 일정한 빛깔이 없는데도 사람이 먼저 눈과 마음으로 정해 버리고 만다."며 주관적 독단주의를 비판했다.

양란 후 조선은 성리학적 명분론에 입각한, '조선중화주의'와 '북벌론'을 내세워 국민적 단합과 국력의 축적을 도모했다. 그것이 전대미문의 전란을 연이어 겪은 조선 사회를 통합시키고 지탱해 준 것은 사실이지만, 한 세기 정도 세월이 지나자 그것이 내포하고 있던 국수주의적 폐쇄성으로 인해 조선을 낙후시키는 원인으로 작용하고 있었다.

반면에 조선이 오랑캐로 취급하던 청은 한족 문화를 적극 수용하고 서양 문물까지 도입하여, 18세기 즈음에는 찬란한 문화의 전성기를 맞이하고 있었다. 따라서 이제는 쓸데없는 '북벌론'에 집착하지 말고 청의 발달된 문물을 받아들여야 한다는 것이 바로 연암 등이 주장한 '북학' 사상이었다.

더구나 조선의 정신 구조를 형성하고 있던 성리학은 이즈음 그 생명력이 다하여 공리공론에만 매달리는 폐단을 드러내고 있어서, 새로운 사상이 절실히 요구되고 있던 상황이었다. 즉, 사상계가 재편되어 가는 과정에 있었던 것이다.

연암의 사상에서 또 하나 주목할 점은 농민의 입장에서 토지 소유 관계를 변혁해야 한다는 주장과, 사회의 변화는 전통적인 인간성을 극복해 낼 새로운 인간상이 나타남으로써 가능해지고 더욱 촉진된다는 생각이다. 우선 당시 사회 문제가 되고 있던 대지주의 토지 집중화 현상을 막기 위하여 토지의 재분배를 주장하였다. 개인의 토지를 국가가 전부 회수하여 골고루 재분배하는 것이 가장 좋은 방법이지만, 그것은 이상에 불과하므로 차선책으로 들고 나온 것이 바로 '한전법'(限田法)이었다.

연암이 주장한 한전법은 일종의 토지 소유 상한제로서, 일정 한도 이상의 토지 소유를 금지하고 소유 한도를 넘어선 토지는 타인에게 매매 등의 방법으로 양도하게 하여, 시간이 흐르면 자연히 균등하게 분배되게끔 유도하자는 방안이다.

또 연암이 이상적으로 생각한 새로운 인간형은 상공법의 발달과 유통 경제의 확대에 따라 이러한 시대적 경향에 적응할 수 있는 기업가적 인간이었다. 그리고 그런 인간형은 양반뿐 아니라 어떤 계층에서도 나타날 수 있다고 생각하여, 당시로서는 파격적인 사고의 일면을 보여 주기도 했다. 이로 인해 연암은 보수파로부터 더욱 집중적인 비난과 공격을 받았던 것이다.

다만 그의 출신이 권력층과 연결된 가문이었고, 혈기왕성하여 좌충우돌하던 시기에는 재야에 있었기 때문에 직접적인 견제의 대상이 되지 않았다. 그리고 늦은 나이에 관직에 나갔을 때도 거의 외직이나 미관말직에 있었던 것은 물론, 그때에는 이미 그의 추종자들에 의하여 관직의 주요 기반이 형성되었기 때문에 극도로 험한 경우는 당하지 않았던 것이다. 또 말년에 정조가 죽고 시대 사조가 보수 반동으로 회귀하자 더 이상 관직에 미련을 두지 않고 즉시 은퇴하였으며, 그 얼마 후 병으로 죽었기 때문에 극심한 탄압의 대상이 되지 않은 것 역시 다행이라면 다행이었다.

실학 최고의 사상가이자 민중철학의 선구자
정약용

정약용은 개혁 사상가이자 엄청난 양의 저서를 남긴 뛰어난 저술가이다. 그는 북학파가 주장하는 것처럼 단순히 청의 문화를 흉내내고 답습해서는 나라의 발전을 이룰 수 없다고 생각하여, 더 근본적인 개혁 방안을 제시했다. 우선 지도층의 각성이 있어야 한다고 생각하여 개인적 덕성을 함양시키는 유교적 본질주의에 입각하였고, 그러한 바탕 위에 서학(西學) 등의 선진 문물을 적절히 수용하여 궁극적으로 조선의 경제적 토대가 되는 농촌의 발전을 도모하려 했다.

그가 생각한 인간형 역시 새로운 문물을 무조건 받아들이려고만 하는 기능적인 면에 치우친 모습이 아니라, 전통 사회의 이상주의와 본질주의적 사고에 기초를 둔 개방적 인간이었다. 이와 같은 그의 주장은 '수단과 목적'만 생각하고 '정신'은 쉽게 잊어버리는 오늘날의 우리들에게 경종을 울리고 있다.

정약용의 사상은 본성의 수양을 강조하는 퇴계의 이론을 따르면서도, 능동적 실천의 중요성을 내세우는 율곡의 입장도 수용하는 포용성에서 잘 드러난다. 이것은 당파 논리에 의하여 자신들의 이론적 기반과 반대되는 주장은 절대 받아들이지 않던 당시의 경직된 사고와는 극명하게 대비되는 자세라고 할 수 있다.

다만 정약용의 한계는 개혁의 방향을 미래에 다가올 발전된 세계에 맞추지 않고, 과거의 태평성대를 기준으로 삼고 있다는 데 있다. 또 하나 지적할 수 있는 것은 그의 개혁 방안에 나타나 있는 발전성의 개념이 불명확하고, 사회 발전을 선두에 서서 추진해 갈 개혁의 주체가 잘못 선정되어 있는 것이다. 아래로부터의 힘을 인정하기보다는 위로부터의 개혁을 주장한 것을 보면, 그도 역시 어쩔 수 없는 유교적 사고에 입각한 왕조시대의 인물이었던 셈이다.

그러나 정약용의 사상에 깔려 있는 '애민주의'(愛民主義)는 일생을 통한 그의 행동과 작품들에 일관되게 나타나고 있다. 그는 전통적인 농업 사회의 구조적 모순을 직시하여 오로지 농민의 입장에서 나라를 개혁하려 했고, 전면적으로 폐정과 악습을 타파시킨 기반 위에서만 안정적인 농민 정책을 시행할 수 있다고 주장했다. 민생의 안정을 가장 중요한 가치이자 이념적 근간으로 했다는 점에서 그는 민중 철학의 대변자라고 할 수 있다.

정약용은 수많은 저술을 통해서 왜곡되고 모순된 현실 사회를 실제적으로 분석하고, 이에 대해 가차없이 공격했다. 그는 유배지에서도 자신의 나아갈 방향을 잃지 않은 조선시대의 대표적인 지식인이었다.

재상감으로 지목되었던 뛰어난 자질

정약용은 조선 21대 왕인 영조 38년(1762), 경기도 광주군 초부면 마재(지금의 양주군 와부면 능내리)에서 정재원의 네 아들 중 막내로 태어났다. 본관은 나주이고 호는 다산이다. 그의 아버지는 다산이 태어나던 해에 사도세자의 죽음에 따른 임오화변(壬午禍變)으로 관직을 떠나 있었다.

다산은 어려서부터 아버지에게 글을 배웠는데, 배우는 속도는 빨랐지만 장난이 무척 심했다고 한다. 학문의 기초를 아버지에게서 배운 후에는 강 건너 양평에 살던 권철신 밑에서 한동안 공부하였는데, 권철신은 남인 학자로 실학 사상의 시조인 성호 이익의 제자였다.

아홉 살 때 어머니가 죽고 아버지의 보살핌 속에서 자란 그는, 열다섯 살의 어린 나이로 승지 홍화보의 딸과 혼인하였다. 그리고 같은 해(1776)에 영조가 죽고 정조가 즉위하자, 그의 아버지가 호조좌랑으로 관직에 복귀하게 되어 한성으로 이사를 하였다.

한성으로 온 다산은 돌아가신 어머니 윤씨의 친정인 외가에 자주 드나들었는데, 외증조부인 공재 윤두서가 보유하고 있는 많은 책들을 탐독하기 위해서였다. 또 둘째 형 약전의 친구 이승훈의 일가인 이가환의 집에 출입하면서, 이가환의 증조부인 성호 이익의 책들을 읽고 새로운 학문을 접하게 되었다. 이 시기에 그는 서학(西學)에 관심을 가지게 되었는데, 이로 인해 천주교 신봉자로 지목되어 평생 끊임없이 규탄받기도 했다.

스물두 살 때 생원 회시에 급제히였으며, 그 해에 장남 학연이 태어나기도 했다. 소과에 급제한 다산은 성균관에서 공부하게 되었는데, 정조 8년(1784)에 왕이 '중용'(中庸)에 대한 70개항의 질문을 만들어 성균관 유생들에게 답변을 제출하라는 시험을 실시했다. 정조의 질문에는 자신이 이끌고자 하는 탕평정치와 인간의 관계를 설정해 보라는 정치적 의미가 담겨 있었다. 다산은 이벽과 의논하여 답안을 만들어 제출했는데, 정조는 다산의 답안에 크게 만족하여 극찬하였다. 당시 정조는 아무도 모르게 인간에 대한 자신의 생각을 종합하여 『사칠속편』이라는 책으로 만들어서 가지고 있었는데 다산의 답변이 이 책의 내용과 상당 부분 일치했던 것이다.

다산은 인간 본성의 수양을 강조하면서도 인간의 능동적인 활동을 중요시하는 방향으로 답안을 작성했다. 즉 퇴계의 이론에 율곡의 학설을 접목시킨 것인데, 이것이 정조의 속마음과 일치했던 것이다. 이때 다산에게서 강한 인상을 받은 정조는 그 후에 그를 후원하고 보호해 주게 된다. 당시 다산의 나이는 스물세 살이었고, 정조는 서른세 살이었다.

그 후에도 다산은 정조가 묻는 문제마다 우수한 답안을 제출하여, 칭찬과 함께 포상으로 많은 책을 하사받았다. 당시에는 성균관 유생들의 학문 정진을 위하여 규장각에서 발행한 책을 성적이 우수한 사람에게 왕이 친히 하사하곤 하였는데, 다산은 너무나 많은 책을 하사받아서, 나중에는 더 이상 줄 만한 책이 없어 『병학통』이라는 병서까지 받을 정도였다. 그러나 다산은 대과에 네 번이나 낙방했는데, 이것은 다산의 집안이 남인 계열이라 당시 실권을 잡고 있던 노·소론이 심하게 견제했기 때문으로 생각된다.

결국 다산은 남인 지도자 채제공이 우의정이 된 다음 해(1789) 식년시에서야 비로소 차석으로 급제할 수 있었다. 당시는 붕당 간의 갈등을 해소하고자 적극적인 탕평책을 실시했던 정조 대였는데도, 이미 왕이 그 실력을 인정한 다산마저도 당쟁의 영향을 피해갈 수는 없었던 것이다.

정조의 신임을 얻다

승정원 소속의 가주서로 관직 생활을 시작한 다산은, 곧바로 초계문신(抄啓文臣)에 선발되었다. 초계문신은 신진 관료 중 우수한 자를 왕실 도서관인 규장각에서 재교육시키는 제도로서, 당색이나 문벌이 서로 다른 초임 관리들을 교류하게 하여 동료 의식을 갖게 하고, 탕평정치를 보좌할 관료 집단으로 양성시키는 데 그 목적이 있었다.

다산은 관직에 진출한 첫해 겨울, 한강에 설치할 배다리[浮橋]의 설계도를 만들어 제출했는데, 그것이 그대로 채택될 정도로 기술 분야에서도 뛰어난 실력을 과시했다. 학문의 모든 분야에서 능력을 발휘하는 천재성을 일찍부터 나타낸 것이다.

이 배다리 설치 작업은 조선 역사상 처음으로 시도된 것으로서 신하들의 반대가 심했으나, 정조는 국가 위신과 기술 문화를 높이는 차원에서 강력히 추진했다. 이렇게 해서 만들어진 배다리는 정조가 매년 수원에 있는 사도세자의 능에 행차할 때 요긴하게 사용되었으며, 배로 이동하는 것보다 빠르고 비용도 줄일 수 있어서, 백성들에게 위대한 군왕으로서 정조의 이미지를 심어 주는 데 큰 역할을 했다.

그러나 관직에 나간 이듬해인 1790년, 예문관 검열로 재직하던 다산은 서학을 신봉했다는 이유로 탄핵을 받아 충청도 서산군 해미로 유배되고 말았다. 당시 조정은 그즈음 유입되기 시작한 천주교와 서학에 대하여 상반된 입장으로 나뉘어져 있었는데, 서학을 긍정하는 '신서파'(信西派)와 이를 배격하는 '공서파'(攻西派)가 그것이었다. 당시 진보적 성향의 일부 인물들만 신서파였고, 조정의 주류는 공서파였다. 다행히 정조가 개입하여 다산의 첫 유배는 열흘 정도의 짧은 기간으로 끝났고, 다산은 관직에 복귀하여 사헌부 지평, 훈련원 감찰을 거쳐 2년 후에는 홍문관 수찬에 임명되었다.

수찬으로 임명되던 해(1792) 4월에는 진주 목사로 재직 중이

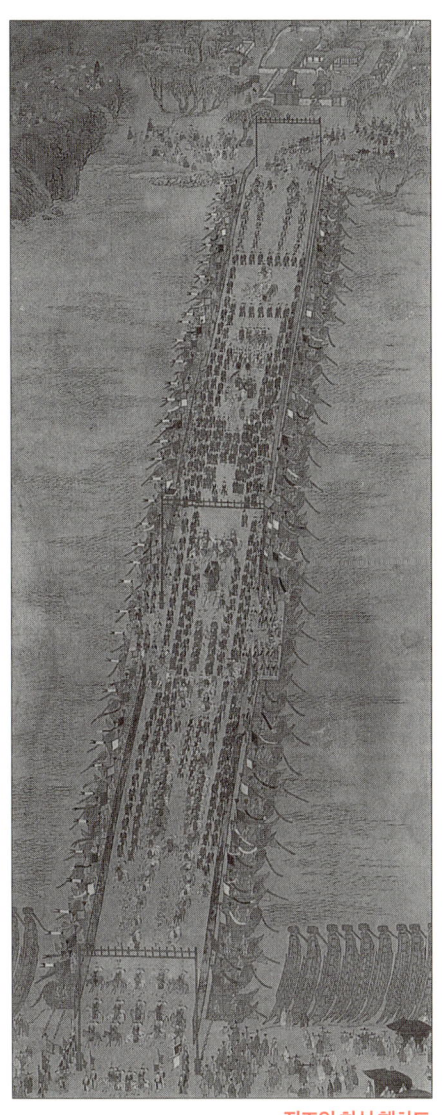

정조의 화성 행차도

던 아버지가 별세하여 사직하고 상(喪) 중에 있었으나, 그해 말에 수원성을 축조하기로 한 정조가 다산에게 설계를 지시하여 이 작업에 참여하게 되었다. 이때 다산은 독창성을 발휘하여 선진화된 형태의 건축 도

안을 선보였으며, 직접 건축 장비들을 제작하여 경비를 절약하고 공사 기간도 단축할 수 있었다. 정조는 수원성 건설을 백성들의 부역 동원으로 하지 않고 임금 노동자들만으로 추진하도록 지시하였는데, 다산의 이러한 기술적인 뒷받침 덕분에 그 뜻을 무리 없이 실천할 수 있었다.

아버지의 3년상을 마친 다산은 정조 18년(1794) 10월에 복직한 후, 곧바로 왕의 특명을 받고 암행어사로 경기도 연천 일대를 순찰하였다. 당시 경기도 관찰사 서용보의 부정과 축재가 심하여 백성들의 원성이 높았기 때문이었는데, 과연 소문이 사실임을 확인한 다산은 서용보의 협잡과 부정에 대하여 보고하고 엄하게 처벌할 것을 주장하였다. 이로 인해 서용보는 파직되었고, 이때부터 그는 앙심을 품어서 기회가 있을 때마다 다산을 궁지로 몰아 넣으려고 했다.

서용보는 영조의 왕위 계승에 공이 컸던 서종제의 증손으로, 다산에 의하여 한동안 관직에서 물러나 있었지만 당시 조정에는 그를 지지하는 세력이 많아, 얼마 지나지 않아 다시 복귀하여 정승의 반열에까지 오른 인물이다. 어려서부터 총명하여 여러 중요한 직책을 역임하였지만 부정과 축재에 눈이 먼 전형적인 탐관오리였다. 서용보의 부정과 궁핍한 백성의 현실을 목격한 다산은, 백성들의 피폐한 현실과 탐관오리들의 수탈을 고발하는 시를 짓기도 하였다.

어사의 임무를 마친 이듬해, 다산은 동부승지를 거쳐 병조참의로 임명되었다. 이때 청나라 신부 주문모가 체포되는 사건이 일어나는데, 다산은 둘째 형 약전과 함께 이 사건에 휘말려서 충청도 금정 찰방으로 좌천되고 만다. 다산은 금정에서 일하는 틈틈이 퇴계 이황과 성호 이익에 대한 연구를 해서『성호유고』를 정리하고『도산사숙록』을 저술하였다. 5개월 만에 용양위 부사직으로 복귀하지만, 그를 적대시하던 세력에 의해 천주교 신봉자라는 이유로 계속 공격을 당하자, 정조는 그를 황해도 곡산 부사로 임명하여 다시 지방으로 보냈다. 다산은 곡산에서 근무하는 동안 혼신을 다하여 백성을 보살피는 관리로서 올바른 행정을 수행하기 위해 노력하였다. 그 밖에 곡산에서 수령의 임무를 다하는 중에 천연두가 창궐하자 『마과회통』이라는 의학서를 만들어 보급하기도 했다. 이때의 경험이 훗날 『목민심서』를 저술할 때의 바탕이 된다.

2년여 동안의 지방 근무를 마친 다산은 정조 23년(1799)에 병조참지로 중앙 관직에 복귀하여 형조참의의 자리에까지 올랐으나 또다시 서학과 관련하여 반대파에게 집중 공격당하는 처지가 되었다. 이때 다산은 자신의 입장을 해명하는 '자명소'(自明疏)를 제출하고 관직에서 물러나 고향인 마재로 돌아와 버렸다. 이것은 그의 나이 서른아홉 살 때의 일이었는데, 그 후로 벼슬길에서 완전히 떠나게 되었다. 그를 적극적으로 후원하고 신임하던 정조가 이듬해(1800) 6월에 갑자기 세상을 떠났기 때문이다.

18년 동안의 기나긴 유배 생활

정조가 급작스럽게 죽자 열한 살의 순조가 보위에 올랐다. 왕의 나이가 어렸기 때문에, 당시 왕실의 최고 어른이었던 영조의 계비 정순왕후 김씨가 수렴청정을 하게 되었다. 정순왕후는 노론 벽파의 기둥으로서 그가 섭정하는 동안에는 자연히 벽파가 득세하였다. 권력을 잡은 벽파 정권은 천주교 신자들을 반역자 집단으로 매도하여 철저하게 탄압하기 시작했는데, 탄압의 배경에는 여러 가지 이유가 있었겠지만 그 중에서도 특히 당시 노론의 반대파인 남인 계열 중에 천주교 신자들이 많았기 때문이었다.

결국 벽파 정권은 순조 원년(1801)에 신유사옥을 일으켜 이가환, 이승훈, 권철신, 정약종(다산의 셋째 형) 등을 처형하였고, 다산은 경상도 장기로, 다산의 둘째 형 약전은 전라도 신지도로 유배되었다. 당시 조정 일각에서는 정조가 생전에 특히 신임했던 다산만은 석방하려 했지만, 악연 깊은 서용보의 강력한 반대로 무산되고 말았다.

유배지로 내려온 다산은 성수봉이라는 하급 관리의 집에 머무르며 외부와 완전히 단절된 생활을 하면서 자신의 학문을 체계화하는 노력에만 열중하였다.

그러나 세상은 다산에게 이런 생활조차 용납하지 않았다. 조카 사위인 황사영이 조선 교회에 대한 박해 사실을 적은 밀서를 연경의 주교에게 전하려다 발각된 '황사영 백서사건'이 터진 것이다. 벽파 강경론자들은 이 기회에 남인 세력을 완전히 소탕하기 위해, 유배된 인사들까지 다시 조사한다는 핑계로 한성으로 압송해 모두 죽이려고 하였다.

그러나 이때도 다산은 예전의 공적이 인정되어 간신히 죽음만은 면하고, 둘째 형 약전은 흑산도로, 다산은 강진으로 재유배되는 것으로 일단락되었다. 이들 형제는 전라도까지는 동행하다가 나주 근처 율정이라는 곳에서 헤어져 각자의 유배지로 향했는데, 이때가 생전의 마지막 만남이 되고 만다. 정약전이 유배지 흑산도에서 순조 16년(1816)에 사망하기 때문이다.

강진에 도착한 다산은 변두리에 거처를 정하고 두문불출하며 학문에만 정진하여 여러 권의 책을 남겼다. 귀양 생활 8년째인 순조 8년(1808)부터는 만덕동 산자락에 있던 윤박이라는 선비의 별채를 빌려 생활하였는데, 별채가 있던 산 이름이 다산(茶山)이어서 이때부터 정약용의 호는 다산이 되었다. 당시 다산에 있던 만덕사(萬德寺, 지금의 백련사)에는 1천여 권의 책이 보관되어 있었는데, 이 책들도 그의 연구에 많은 도움이 되었다.

유배지에서 수십 권의 책을 저술하며 지내던 다산은 순조 17년(1817)에 훗날 『경세유표』로 불려진 『방례초본』 40권을 정리하였다. 이 책은 국가 행정기구 및 제도의 축소 계획부터 토지·조세 문제에 이르기까지 방대한 내용을 담고 있는 국가 경영서다. 하지만 사법 제도와 기술 분야에 관한 부분은 빠져 있는데, 이는 다산이 당시 국가 경영에 있어서 가장 시급한 일로 보았던 민생 안정을 위해 서둘러 지방관의 실무 지침서인 『목민심서』를 쓰기 시작했기 때문이다.

집필을 시작한 이듬해 봄에 다산은 총 48권의 『목민심서』를 완성하였다. 이 책은 지방관의 청렴한 자세와 아전 단속의 중요성을 강조하였으며, 백성들의 고통과 탐관오리의 수탈을 폭로하고 그 해결 방법을 제시한 것으로서, 그의 애민사상이 구체적으로 전개되어 있다.

다산은 『목민심서』를 완성하던 해 9월에 이태순의 상소에 의하여 귀양에서 풀려, 무려 18년 만에 고향 마재로 돌아왔다. 이때에는 다행히도 악연 깊은 서용보가 관직에서 물러나 있었기 때문에 반대하는 세력이 없었고, 왕의 외척으로 실권을 쥐고 있던 김조순이 찬성하여 간신히 자유를 얻을 수 있었다. 또한 다산이 워낙 긴 세월 동안 유배되어 있었기 때문에 그의 정적(政敵)들도 더 이상 그를 붙들어둘 명분을 찾을 수 없었다.

집필에 몰두한 말년

다산은 고향에 돌아온 다음에도 학문에 정진하면서 집필을 계속했다. 비록 귀양 생활에서 풀려나기는 했으나 그에 대한 조정의 감시는 여전하였는데, 그는 처신이 자유롭지 못한 가운데 말년을 보내면서도 의연하게 연구와 집필에 몰두했던 것이다. 그리하여 귀양에서 풀린 이듬해(1819)에는 재판 제도와 각 지방의 관습을 기록한 『흠흠신서』 30권을 완성하기도 하였다.

다산의 나이 66세 때(1827)에도 또다시 서학을 유포한다는 허무맹랑한 혐의를 받았으나, 곧 헛소문으로 밝혀져 무사할 수 있었다. 그를 끊임없이 괴롭히던 서용보와의 악연은 말년까지 이어졌는데, 공교롭게도 은퇴한 서용보가 이웃 동네에 내려와 살게 되었던 것이다. 다산은 옛 감정을 풀고자 하였으나 서용보는 겉으로는 응하는 척하면서도 끝까지 다산에 대한 응어리를 풀지 않았다.

이러저러한 이유로 다산은 고향에서도 거의 외부 출입을 끊은 채 독서와 집필에만 몰두하며 말년을 보냈다. 그러나 생활이 자유롭지 못한 상태에서도 그의 애민사상은 여전하여, 죽기 3년 전인 72세 때 「황년수 촌춘사십수」라는 시를 지어 고통받는 농촌의 현실을 한탄하였다.

조용히 저술과 시작(詩作)에 전념하며 말년을 보내던 그는, 헌종 2년(1836)에 75세의 나이로 마재의 자택에서 눈을 감는다. 원래 그날은 다산 부부의 회혼(혼인한 지 예순 돌 되는 날)이어서 조촐한 기념 잔치를 하려 했는데, 경사스러운 날이 애통한 날로 변해 버리고 만 것이다.

18년 동안의 귀양살이를 마치고 고향에 돌아와 다시 18년 만에 세상을 하직한 다산은, 시대를 잘못 만난 천재이면서도 불우한 생활에 굴하지 않고 수많은 저술을 남긴 불세출(不世出)의 대학자임에 분명하다.

다산은 무려 508권이라는 방대한 양의 저서를 남겼으며, 시도 무려 2469편이나 지었다고 한다. 하지만 이것은 다산 자신이 작성한 목록을 통해 확인될 뿐, 많은 수의 작품이 소실되어 지금은 찾을 길이 없다.

방대한 분야를 망라한 다산의 작품들은 하나같이 전문적인 관점에서 쓰여져 있다. 모든 저술은 유학적 이념을 바탕으로 하고 있지만, 그를 평생 곤경에 빠뜨렸던 서학 등 새로운 경향의 사상을 적극적으로 접목시켜 애민적 입장에서 집필되었다는 특징을 가지고 있다.

다산의 관심은 항상 쇠퇴하고 있는 국력을 회복하고 고통받는 백성들의 생활을 개선하는 데에 집중되어 있었다. 따라서 그는 헝클어진 조선의 현실을 극복하기 위해서는 유교주의적 관점만으로는 어렵다고 보고, 선진화된 문물을 적극적으로 수용해야 한다고 믿었다.

따라서 서학에 대한 그의 관심은 종교적인 관점보다는 과학 기술적인 매력 때문이라고 보는 것이 타당할 것이다. 새로운 학문에 대한 개인적인 흥미도 있었겠지만, 그것을 통하여 국가 개혁에 기여할 수 있는 길을 모색하려는 목적이 더 강했던 것이다. 국가의 개혁과 발전을 위하여 당시에는 금기시 되는 학문이라도 위험을 무릅쓰고 배우려던 선각자적인 집념이 그를 곤경의 길로 내몰았던 것이다.

다산의 사상적 경향

다산은 명말 청초의 실증적인 학풍은 물론 서양의 신학문까지 받아들여야 한다고 생각하여 '세계화'를 강조했다. 반면에 정조는, "동국에 태어난 이상 마땅히 본 모습을 지켜야 한다."며 조선중화주의에 입각한 '주체성'을 강조했다. 이렇듯 다산과 정조는 사회 개혁이라는 목표는 같았지만 개혁의 방향에 있어서는 차이를 보인다. 정조는 실력 있는 기술관료에 의한 점진적인 개혁을 추진했고, 다산은 국가 전체 체제의 변혁을 주장하며 더 나아가 의식까지 개혁해야 한다고 했다. 정조는 당시의 체제를 지키면서 이끌고 가야 할 대표자인 군왕이었고, 다산은 일반 민중의 시각에서 접근했기 때문에 그러한 차이가 생겼을 것이다.

당시의 상황에서 점진적인 개혁이 더 적합한가, 아니면 좀더 획기적인 개혁을 추진해야 하는가 하는 점은 결정하기 쉬운 문제가 아니었을 것이다. 다만 개혁의 최대 지주였던 정조가 조금만 더 오래 살아서 다산 등의 개혁 추진론자들을 조직화하고 정치 주도 세력으로 기를 수 있었다면, 개혁의 방향이 달라지고 아울러 조선의 역사도 바뀌었을지 모른다. 하지만 안타깝게도 개혁주의자들이 채 기반을 갖추고 세력을 모으지 못한 상태에서 그나마 그들을 지지하고 후원하던 정조가 죽었기 때문에 수구(守舊) 세력의 반격을 당한 개혁주의자들은 완전히 궤멸되고 말았던 것이다.

영·정조의 통치 아래 적극적으로 추진되었던 개혁 의지가 정조 사망 이후에 완전히 차단되고 무위로 끝나 버린 역사적 불행은, 사회적 관념이 아직 성리학적 사상에서 벗어나지 못한 상태에서 개혁 세력을 집단화하여 전면에 내세우지 못했을 뿐만 아니라, 근본적인 제도 개혁을 등한시했기 때문에 일어난 일이다. 어쩌면 위로부터의 개혁이 안고 있는 태생적 한계인지도 모른다.

이렇듯 어정쩡한 당시의 상황에서 다산은 남들보다 앞에 서서 개혁을 주창한 인물이었다. 그러나 정조가 살아 있을 때만 해도 다산의 사상은 아직 완성되지 않은 상태였으며, 주도적 역할을 할 수 있는 정치적 입지가 부족한 가운데 관직 생활을 끝냈던 것은 다산 자신의 불운이자 조선의 불행이었다. 그리고 다산의 개혁 방안 또한 다분히 이상적인 방향에만 그치고, 실제로 개혁을 추진할 주체가 설정되어 있지 않았다는 점도 문제점으로 지적될 수 있다.

이것은 그가 사회 전체를 부정하고 완전히 뒤엎어 버리는 급진적 성향을 가진 것이 아니고, 현 체제 안에서 잘못된 점을 바꾸어 보려는 온건한 입장을 취했기 때문이다. 즉, 다산의 개혁 방안은 정조와 같은 개혁 군주에 의해 주도적으로 추진되어야만 가능한 내용이었는데, 이것이 바로 다산이 가지고 있던 한계였다. 중국 주(周)나라를 지향해야 할 사회의 모습으로 설정한 다산은 결국 유교적 틀에서 벗어나지 못했던 것이다. 그는 특권층의 권한을 축소하고 약화시킴에 따라 상대적으로 군주권을 강화하는 쪽으로 개혁의 방향을 설정했다.

이러한 문제점이 있기는 하지만, 다산의 개혁 사상은 당시로서는 혁신적인 내용을 담고 있다. 그는 시대의 변화에 따라 국가와 사회의 구조가 바뀌었으므로, 통치기구와 이념 역시 달라져야 한다고 주장했다. 그리고 농민들이 토지를 빼앗겨서 민생의 근간이 무너지고 국가의 조세 기반이 약화되었기 때문에, 이 부분의 개혁이 가장 시급하다고 주장하였다. 특히 그는 의식의 개혁을 역설하여 농민들의 주체의식을 고취하고자 했다. 그리고 다스리는 자의 자세를 무엇보다도 중요시하여 수령들에게 청렴결백할 것을 끊임없이 강조하였는데, 이에 대해 『목민심서』에는 다음과 같이 쓰여 있다.

청렴이란 목자(牧子)의 본분이요, 만 가지 선행의 원천이다.

다산은 수령이 먼저 자신의 몸과 마음을 바르게 하여 덕과 함께 위엄과 능력을 갖추어야 하며, 여기에 올바른 뜻과 공명함이 있어야 바른 행정을 펼 수 있다고 보았다. 즉, 지도자는 전인적인 인격을 먼저 갖추어야 한다고 역설한 것이다. 따라서 다산의 정신과 사상은 세상을 다스리는 원칙이기에 앞서 인간 사회의 근본 철학이라고 할 수 있다.

해방을 꿈꾼 혁명가
홍경래

『조선왕조실록』에 만고의 역적으로 기록되어 있는 홍경래, 그러나 당시 정권에는 반역자일지 몰라도 그를 역사의 반역자로 볼 수는 없다. 오히려 일반 백성들은 언젠가 그가 다시 살아 돌아와서 고통받고 있는 자신들을 구원해 줄 것으로 믿었다. 백성들에게 그는 전설 속의 영웅이 되었으며, 민중의 지도자이자 영원한 장군으로 남았던 것이다.

홍경래가 죽은 후에 그를 흉내낸 크고 작은 봉기가 잇달았으며, 그의 거사는 각종 민란의 정신적 지주가 되었으니, 그는 서른셋의 짧은 삶을 살았지만 엄청난 삶의 자취를 역사 속에 남긴 셈이다.

홍경래의 인생 전체는 자신을 옥죄고 있는 부당한 현실에 대한 투쟁의 연속이었다. 그는 어려서부터 큰 뜻과 포부를 가졌지만, 그것을 펴 나갈 수 있는 기회는 원천적으로 봉쇄되어 있었다. 그것을 깨달은 순간 그는 투쟁의 길에 나서서 평생 한 방향을 향해 나아가다가, 마침내 한 많은 삶을 마감하고 만다.

홍경래의 인생 자체는 다른 내용이 전혀 끼여들 수 없는 한 가지 색으로 일관되어 있다. 그는 평생 동안 부당한 현실을 깨뜨려 버리는 일 이외에 다른 일은 생각하지도 않았다. 아니, 모든 것을 포기하고 그 일만을 위해 살아갔다는 표현이 더 정확할 것이다.

이와 같이 홍경래의 현실에 안주하지 않는 도전적인 자세와 목표를 달성하기 위해 끊임없이 한 가지 일에 몰두하는 자세는 우리에게 많은 것을 일깨워 주고 있다.

홍경래의 봉기가 성공했다면 역사가 어떻게 변했을지는 알 수 없다. 하지만 성패에 관계없이 그의 존재 자체는 역사에 커다란 영향을 끼쳤다. 다만 그의 한계는 자신의 역량을 과신하고 다수 민중의 힘보다는 혁명군의 역할에 너무 의존한 데 있다.

또한 성공에 대한 근거 없는 확신에 지나치게 사로잡혀 있었던 것도 실패의 한 원인으로 볼 수 있다. 그러나 그는 고통받는 삶을 살면서도 그것을 숙명으로 받아들이던 그 시대의 사람들에게 '인간으로서의 권리'를 일깨워 준 선구자였다.

잘못된 세상에 태어나다

홍경래는 조선 22대 왕인 정조 4년(1780)에 평안남도 용강군 다미면 꽃장골에서 태어났다. 본관은 남양 홍씨로 조상들이 고려 때 관직에 있었다고 하지만, 홍경래가 태어날 당시는 일개 농사꾼의 집안에 불과했다. 그러나 그는 어려서부터 대담하고 힘이 셀 뿐 아니라 총명하기까지 하여, 동네에서는 장차 한몫 단단히 할 아이로 여겨지며 자랐다.

홍경래의 비범함에 고무된 그의 부모는 그가 문자를 깨우칠 무렵, 중화에 있는 외갓집으로 보내 공부하게 하였다. 홍경래의 외숙 유학권이 그 지방에서 훈장 노릇을 하고 있었기 때문인데, 말하자면 유학을 보낸 셈이다. 유학권은 홍경래를 맡아 기르면서 처음에는 그의 총명함과 빠른 학문적 진보에 보람과 기쁨을 느꼈다. 그러나 점점 어린애답지 않은 야심가적인 기질을 발견하고는 두려움을 갖기 시작했다. 홍경래가 여덟 살 때 지었다는 글을 보면 그의 남다른 기상을 잘 알 수 있다.

해압산에 걸터앉아 포강에 발과 허리를 씻는다
踞坐海鴨山 洗足腰浦江

겨우 여덟 살짜리 꼬마가 이토록 큰 호연지기를 가지고 있는 것도 놀라운데, 더구나 아무 거리낌없이 자신의 뜻을 글로 표현하는 것을 보고 유학권은 놀라지 않을 수가 없었다. 평안도 출신의 한계(당시는 서북인 차별 정책으로 인하여 서북 출신들은 관직에 나갈 수 없었다)를 숙명으로 받아들여 시골 훈장 노릇에 만족하고 있던 유학권으로서는 홍경래가 꺼려지기까지 했다. 그리고 "장차 이 놈이 무엇이 되려고 이럴까?" 하는 걱정이 앞서기 시작했다.

커 가면서 다른 책보다 『사략』(史略)과 같은 역사책에 관심이 많았던 홍경래는, "왕후장상의 씨가 따로 있는 것이 아니다.", "대장부로 태어나 죽지 않으면 뜻을 이룰 것이고, 죽더라도 후세에 큰 이름을 남겨야 한다." 등의 구절들을 특히 좋아했다. 어느덧 소년으로 성숙한 홍경래가 어느 날 써 놓은 글귀는, 결국 유학권을 경악케 하고 홍경래의 양육을 포기하게 만들었다.

> 가을 바람 불 때 역수의 장사는 주먹을 들어
> 대낮에 함양에 있는 천자의 머리를 노린다
> 秋風易水壯士拳 白日咸陽天子頭

『사략』에 나오는 구절로 연 태자의 총애를 받았던 형가가 진시황을 죽이려다 실패한 고사를 인용한 글이었다. 홍경래를 그대로 자기 집에 두고 기르다가는 훗날 자기에게도 화가 미칠 것으로 생각한 유학권은, 홍경래를 귀향시키면서 그의 부모에게 당부의 편지를 함께 보냈다. "경래의 재능은 비범한 것이 분명한데, 그 뜻이 순수하지 않으므로 각별한 지도가 필요하다."는 것이 그 내용이었다.

그러나 어려서부터 자아가 강했던 홍경래에게 이미 부모의 말은 통하지 않았다. 이때부터 믿을 것은 자기 자신밖에 없다고 판단한 그는 혼자의 힘으로 갖가지 학문을 탐독했다. 특히 유교 경전과 사기, 병서에 관심이 많았으며, 술법과 풍수지리에도 깊이 몰두했다. 또한 "문사(文士)라 할지라도 무예에 부족함이 없어야 한다." 하고 입버릇처럼 말하며 신체 단련에도 열심이었다.

어느덧 청년이 된 홍경래는 천성적인 비범함에다 줄기찬 독서로 박학다식한 것은 물론, 용력과 무예까지 갖춰서 주위 사람들에게 경외의 대상이 되었다. 또 담력이 크고 정의감이 높아 약한 자를 많이 도와주었으며, 성품이 쾌활하고 친화력도 좋아서 고향 근처에서는 이미 뭔가 큰일을 해낼 인물로 인정받고 있었다.

홍경래는 열아홉 살 되던 해(1798)에 평양에서 향시에 합격하고, 한성으로 가서 사마시에 응시했으나 낙방하고 말았다. 당시는 영·정조의 탕평책으로 관리 임용에 있어 평등한 기회를 제공하는 데 많은 노력을 기울였지만, 그것은 세력 있는 양반들끼리의 '그들만의 탕평'에 불과했고, 실력보다는 문벌과 혈연, 그리고 뇌물이 과거시험의 결과를 좌우하던 극도로 부패된 시기였다. 더구나 뿌리깊은 서북인 차별 정책 때문에 애초부터 급제는 기대하기 어려웠다. 고향에서는 천재로 이름난 홍경래였지만 사회적 악습의 굴레에서는 벗어날 수 없었던 것이다.

어지러운 시대

정조가 죽자 겨우 열한 살의 나이로 세자가 보위에 오르니, 이 사람이 조선 23대 임금인 순조다. 왕의 나이가 아직 어리므로 당시 왕실의 최고 어른이 수렴청정을 할 수밖에 없었고 이를 영조의 계비 정순왕후가 약 4년 동안 맡게 된다. 정순왕후는 벽파의 후원자였으나 수렴청정을 거둔 지 1년 만에 죽고 말았다.

벽파 정권의 버팀목이었던 정순왕후가 죽자 벽파는 일시에 몰락하고 이 틈을 타서 순조의 장인 김조순이 권력을 잡게 되는데, 이것이 바로 김씨 일문에 의한 세도정치의 발단이었다. 원래 '세도'(世道)라는 것은 세상을 바르게 다스리는 도리라는 의미로서, 중종 대의 조광조 등 개혁적인 신진 사대부에 의해 제기된 정치 철학이었다. 그런데 이 시기에 와서는 일부 권력자들이 마음대로 권세를 휘두르는 것을 뜻하는 '세도'(勢道)로 변질되어 버린 것이다.

김조순이 권력을 잡은 지 얼마 지나지 않아 조정의 중요 직책은 모두 김씨 일문이 독차지하여 이들을 견제·감시하는 세력은 전혀 존재하지 않는 기형적인 독재 정권이 탄생하고 말았다. 왕은 완전히 꼭두각시에 불과했고, 권력을 독차지한 김씨 일문은 부패를 일삼았다. 사회 기강은 급속도로 무너지고 관리들은 백성들을 돌보는 일보다 개인의 욕심을 채우는 데 혈안이 되었다. 게다가 연이은 흉년으로 백성들의 고통은 이루 말할 수 없는 지경이었고, 곳곳에서 대규모 산불까지 여러 차례 발생하자 민심은 갈수록 흉흉해졌다.

이렇게 홍경래가 장성해 가고 있던 무렵의 조선 땅은 마치 무슨 변고라도 곧 일어날 것 같은 암울한 분위기로 뒤덮여 있었다. 또한 조선 조정의 서북인 차별은 홍경래를 더욱 분노하게 했는데, 자기 발전 의지가 누구보다 강했던 홍경래에게 이러한 사회적 차별은 부당할 수밖에 없었고, 결국 세상을 바꿔 놓아야 할 이유가 되고 만 것이다.

태조 이후 조선은 서북 사람을 의도적으로 꺼렸는데, 후기로 갈수록 이러한 경향이 관습화되고 노골적으로 나타나기 시작했다.

잠시 조선시대에 나타난 서북인 차별 의식을 살펴보면, 조선 초까지 북방 지역은 이민족에게 거의 방치된 상태여서 이곳에는 토착민과 여진족이 섞여 살고 있었다. 그래서 조선은 처음부터 북쪽 지방 사람들을 오랑캐 수준으로 천대하는 경향이 있었다. 더구나 조선 창건 세력에는 태조 이성계와 몇몇을 제외하고는 영남 지방 출신이 많았는데, 영남 지역에서는 고구려와 신라가 대결하던 시절부터 고구려 지역이었던 북방 지역을 우습게 여기는 풍조가 잠재되어 있었다. 이런 이유로 조선의 주류 세력들에게 북쪽 변방은 진압과 다스림의 대상일 뿐이었다. 이 때문에 조선 초기에는 이시애·이징옥의 난 등이 끊임없이 일어나기도 하였다. 거기에다 조선 초기에 남부 지역 주민을 북쪽으로 이주시키면서 범죄자를 사면해 주거나 천인을 양인으로 속량시켜 주는 등 이주 촉진 및 지역 안정 정책을 추진한 적이 있었다. 그러다 보니 조선시대에는 이 지역 거주자들을 심정적으로 무시하고 기피하게 된 것이다.

서북인에 대한 차별은 조선 중·후반으로 갈수록 더욱 노골화되어 '평치', '서한'이라고 부르면서 이 지역 사람을 멸시했고, 아무리 능력이 있어도 문관은 정5품에 해당하는 지평, 무관은 정3품에 해당하는 첨사 이상으로는 출세할 수가 없었다. 더구나 당시 비밀리에 평안도 지역에 갔던 일이 결정적인 시비가 되어 사도세자의 비극이 발생하자, 이곳에 대한 견제와 감시가 더욱 극심해졌다.

사도세자가 아직 살아 있을 당시, 평안 감사 휘하에는 북방 변경을 경비하기 위한 주 부대가 있어서 그 어느 곳보다 군사력이 결집되어 있었다. 이에 따라 세금으로 거둬들인 곡식도 중앙으로 운송하지 않고 자체적으로 사용하도록 되어 있었다. 따라서 세자의 평안도행은 역모의 의심을 샀던 것이다.

이러한 사회 구조로 인해 현실 세계에서는 더 이상 자신이 설자리가 없다는 것을 깨달은 홍경래는, 가슴속에 한을 품은 채 한동안 고향에서 칩거했다. 그러다가 아버지가 세상을 떠나자 산에 들어가 학문을 더욱 연마하겠다며 홀연히 집을 나섰다. 그해가 바로 정조가 죽고 순조가 등극한 경신년(1800)이었으며, 홍경래의 나이 스물한 살이었다.

홍경래가 세상을 방랑하기 시작한 때가 아직 김씨 세도정치가 등장하기 전이었던 것으로 보아, 처음에는 서북인 차별에 한을 품고 고향을 떠나 세상을 떠돌다가, 김씨 세도정치가 나라를 도탄에 빠뜨리는 것을 목격하고 혁명의 의지를 다져 간 것으로 볼 수 있다.

홍경래는 방랑 첫해에 평안도 일대를 돌아다녔는데, 평소에 관심이 많았던 풍수지리와 무속에 대한 지식을 활용하여 도사처럼 행세하면서 곳곳을 누비고 다녔다. 어느 시대나 사회가 불안해지면 사람들은 갖가지 예언이나 미신에 빠져들기 쉬운데 당시 분위기가 꼭 그러했다. 홍경래는 불안한 사회 분위기를 이용하여 방랑 생활을 유지해 나간 셈으로, 이는 세상을 어지럽히고 사람들을 미혹시키는 행동으로 볼 수도 있으나, 그로서는 훗날의 거사를 정당화하기 위한 사전 준비에 목적이 있다고 할 수 있다.

동지들을 모으다

홍경래는 방랑 첫해에 그의 최고의 동지이자 책사인 우군칙을 가산군 청룡사에서 '운명처럼' 만났다. 우군칙은 태천 명문가의 아들이었으나 서자로 태어나 신분상의 불이익을 당하자, 집을 나와 그동안 공부한 풍수지리 지식을 밑천으로 지관(地官)으로서 명성을 얻고 있었다.

부당한 사회 구조의 한계 때문에 불만을 가지고 있던 두 젊은이가 만났으니, 자연 그 뜻이 서로 통할 수밖에 없었다. 처음 만났을 때는 마음만 서로 전달하는 데 그쳤으나, 이듬해 다시 만났을 때는 완전히 의기투합하여 일을 같이 도모하기로 굳게 약속했다. 그 후 홍경래는 압록강 상류 지방을 두루 돌아다니다가 마적단 두목인 정시수와도 뜻을 같이하는 사이가 되는데, 이때부터 홍경래는 그의 뜻을 실현시킬 세력을 모으는 작업에 본격적으로 나서기 시작한다.

우선, 거사를 도모하기 위해서는 경제적 기반이 필요하다는 판단 아래, 경제적 능력을 갖춘 인물을 끌어들이기로 작정했다. 이때 대상으로 떠오른 인물이 가산의 거부(巨富) 이희저였다. 이희저는 당시 대부분 신흥 부자들이 그러했듯이 지방 관직을 돈으로 사서 무관으로 관아에 이름을 달아두고 있었다. 말하자면 돈은 있지만 행세하는 가문 출신이 아니었기 때문에 신분 상승 욕구가 강한 부류의 인물이었던 것이다. 이런 이희저를 포섭하기 위해 홍경래는 우군칙과 치밀한 계획을 세워 오랜 시간 동안 실행해 나갔다.

먼저 우군칙의 아내를 점쟁이로 변장시켜 이희저의 집에 출입시키면서, "성에 물 수(水) 자가 있는 사람을 만나면 대운이 터질 것이다." 하고 현혹하기 시작했다. 이것은 홍경래의 홍(洪) 자에 있는 물 수(水) 변을 겨냥한 것이다. 그 후 우군칙이 당대의 명지관으로 행세하며 이희저에게 접근하여 묘자리를 보아 주면서, "성에 물 수(水) 변이 있는 사람을 가까이 하면 복을 얻을 것이다." 하고 넌지시 꾀자, 이희저는 스스로 몸이 달아 그러한 인물을 백방으로 찾아다녔다. 이때 홍경래가 범상치 않은 언행을 하며 도사 행색을 하고 슬그머니 등장하자, 이희저는 자기가 찾던 귀인이 나타났다고 생각하여 홍경래와 뜻을 같이하게 된 것이다. 훗날 혁명군의 본거지가 되었던 다복동은 이희저의 소유였으며, 그의 경제적 뒷받침이 거사 추진의 원동력이 되었다.

다음으로 포섭한 인물이 곽산의 김창시였다. 김창시는 문장에 능한 인물로 평안도에서는 꽤 이름이 알려져 있던 선비였다. 초시에도 합격하여 '김 진사'로 통했는데, 홍경래는 그를 끌어들이기 위해 꽤 신비스러운 연출을 했다. 고개를 지나가는 김창시를 기다렸다가 푸른 옷을 입은 동자를 보내서 만나자고 청하고는, 미리 지어 놓은 초막으로 불러들여 온갖 예언과 담론으로 회유하여 포섭한 것이다.

그 다음으로 끌어들인 인물은 곽산의 홍총각이었다. 홍총각은 곽산 사람으로 머슴살이를 하고 있었는데 힘이 장사였다고 한다. 원래 이름은 '이팔'이었지만 늦도록 장가를 못 가서 '총각'으로 불렸다. 또 개천의 이제초와 태천의 김사용, 평양의 양소유를 차례로 끌어들였는데, 이들은 모두 힘과 용맹이 뛰어난 인물들이었다. 홍경래는 참모와 후원자로서 우군칙·이희저·김창시를, 행동대장으로서 홍총각·이제초·김사용을 구성하여 일찍부터 혁명군의 수뇌부를 형성해 놓았다.

이외에도 계속하여 평안도와 황해도 일대에서 힘깨나 쓰는 자들과 지역 유지들을 끌어들였는데, 주로 당시 싹트기 시작한 개인 상업으로 돈을 모은 상인과 향촌의 신흥 부농 및 지역 하층 관리와 몰락하여 불만이 많은 지식층이 그 대상이었다.

이들은 홍경래가 거사를 일으킬 때 혁명군 중간 지도부가 되는데, 사회에 불만이 많다는 것만 같을 뿐, 구체적으로 지향하는 바가 서로 다르고 동지 의식이 약해서 사태가 불리해지자 등을 돌리는 사람이 많았다. 혁명 의지는 그렇게 강하지 않으면서 자신의 처지에 불만만 많은 기회주의자들이 대거 유입되는 바람에, 겉으로 보기에 세력은 그럴 듯해 보였을지 모르지만 혁명군의 힘이 조기에 약해지고 결국 혁명이 실패로 끝나는 주요 원인이 되어 버린 것이다.

여하튼 홍경래는 훗날을 위해 사람들을 모으는 한편, 자금을 모으고 병력을 기르는 방편으로 광산을 개발하고 염전을 운영했다. 이곳으로 가난에 찌든 유랑민들이 대거 몰려들었다.

홍경래는 이러한 작업을 고향을 떠나 있는 10년 동안 꾸준히 추진했으며, 준비가 완전히 갖추어졌다는 판단이 서자, 순조 11년(1811) 9월에 고향으로 돌아왔다. 가족들을 자신이 만들어 놓은 혁명의 본거지로 데려오기 위해서였다. 산에 들어가 공부하겠다고 집을 떠난 지 실로 11년 만의 귀향이었지만, 홍경래의 숨은 뜻을 아는 사람은 아무도 없었다. 대충 가산을 정리한 홍경래는 가솔들을 이끌고 다복동으로 완전히 들어왔다.

앞서 언급한 대로 다복동은 이희저 소유의 땅이었으나, 홍경래에 의해 봉기의 근거지로 일찌감치 지목되어 모든 준비를 갖추고 있던 곳이었다. 다복동은 가산과 박천 사이에 있었는데, 깊은 산이 주위를 병풍처럼 둘러싸고 있는 천연의 요새였다. 그리고 조금만 나가면 한성과 의주로 통하는 큰 길이 있을 뿐 아니라, 그 앞으로 대령강이 흘러서 수륙양면으로 교통도 좋았다. 특히 이곳은 위치상으로도 남의 눈을 피해 군사 훈련, 무기 제조, 군량 저장 등 거사 준비를 추진하기에는 아주 적당한 곳이었다.

홍경래가 완전히 다복동에 들어앉은 후에 그동안 포섭한 동지들을 소집하고 본격적으로 병력을 규합하자, 그 무렵 다복동에 모인 인원은

2천여 명에 달하였다고 한다.

혁명의 깃발을 높이 들고

혁명의 기운이 점점 무르익어 가는 가운데, 거사 날짜를 결정하기 위한 비밀 모임이 열렸다. 이때 문사들은 이듬해인 임신년(1812) 정월에 군사를 일으킬 것을 주장하였고, 용맹한 무골 출신들은 그해 신미년(1811)에 즉시 군사를 일으킬 것을 주장하였으나, 이미 홍경래가 내정하고 있던 임신년 정월로 결론이 났다.

이 임신년 거사에 대한 결정은 『정감록』 등과 같은 예언서에 관심이 많던 혁명 수뇌부의 암묵적 합의를 공식화한 것인데, 홍경래 일파들은 거사가 이미 하늘에서 정해진 수순이라는 '운명적' 정당성을 확보하기 위해 세상에 갖가지 설들을 퍼뜨리기도 하였다. "일시횡관(⺊橫冠)하니 귀신탈의(鬼神脫衣)하고, 십필가일척(十疋加一尺)하니 소구유양족(所丘有兩足)이라." 하는 기괴한 말이 그 한 가지 예로서, 각 구절에 있는 한자들을 뜻에 따라 조합하면 '임신기병'(壬申起兵)을 뜻하는 말이 된다.

또 "30년 전 선천군에 있는 검산 일월봉 아래 군왕포에서 큰 인물이 났는데, 이 사람이 도탄에 빠진 나라를 구제할 것이다."라는 예언도 퍼뜨렸다. 백성들을 상대로 일종의 심리전을 구사한 셈이다. 암울한 현실에 고통받던 백성들은 이러한 풍설을 듣고 뭔가 커다란 변혁을 기대하게 되었고, 긴가민가하던 어설픈 참여자들도 적극성을 보이기 시작했다.

그러나 다복동에 대규모 인원이 모이고 많은 군수 장비들까지 유입되다 보니, 아무리 정보가 어두운 시절이고 은밀한 지역이라 하더라도 결국 외부에 노출될 수밖에 없었다. 관청에서 수상한 움직임을 눈치채고 이를 조사하려고 하자, 할 수 없이 거사 계획을 신미년(1811) 12월 20일로 앞당기기로 한다. 그러나 이마저도 혁명의 기폭제로 삼으려 했던 평양 거사가 실패하는 바람에 또다시 변경할 수밖에 없게 된다.

우선 평양에서 폭동을 유도하여 다복동에 쏠린 주목을 분산시키고 혁명군 출동의 기폭제로 삼을 계획 아래, 12월 15일을 평양 봉기 거사일로 정한 혁명군은 거사 당일 폭발시키려고 평양 감사의 관저 밑에 미리 폭약을 매설해 두었다. 그런데 거사일인 12월 15일에 갑자기 날이 따뜻해지고 비가 내려 계획대로 점화를 시켰으나 화약이 비에 젖었는지 폭발하지 않았다. 이제나 저제나 폭발을 기다리던 행동 대원들은 계획이 틀어진 줄로 알고 뿔뿔이 흩어지고 말았다. 결국 평양 봉기는 실패로 돌아가고 혁명 계획만 노출되고 만 것이다. 혁명은 그 시작부터 불길한 전조를 보이기 시작했다.

게다가 행동 대원 한 명이 관가에 붙잡히는 바람에 다복동의 모습이 완전히 노출되고 말았다. 선천에서 최봉관이 체포되고 철산, 곽산, 가산 등지에서도 관군이 관련 인사들을 추적하기 시작하자, 거사 날짜를 더 앞당기는 일 이외에는 선택의 여지가 없었다.

12월 18일, 홍경래는 스스로 '평서 대원수'(平西大元帥)라 칭하며, 다복동에서 출전의 격문을 선포했다. 그리고 혁명군을 2개 진영으로 나누어 남북으로 동시에 진격해 나갔다. 곧바로 전 병력을 몰아 한성으로 진격하지 않고 2개 부대로 나누어 북쪽에 대한 공격에도 나선 것은 배후를 안정시키기 위한 작전이었다. 그러나 혁명군의 세력이 나뉘어짐에 따라 결국 그만큼 힘이 약화될 수밖에 없어, 이 또한 거사 실패의 한 원인이 되고 만다.

홍경래의 군 중 북군은 부원수 김사용이 지휘를 맡아 제일 먼저 곽산을 공격하여 군수 이영식의 항복을 받아 내었고, 남군은 홍경래가 직접 인솔해서 홍총각의 선발대로 하여금 가산을 치게 하니 이곳도 쉽게 함락되었다. 다음으로 홍경래는 홍총각과 이제초로 하여금 북군의 정주성 공략을 돕도록 하고 자신은 박천을 공격하였다.

한편 북군은 미리 포섭해 놓은 사람들의 도움을 얻어 어렵지 않게 정주성을 함락시킨 후, 홍총각·이제초 부대와 12월 22일에 합류하였다. 또한 홍경래의 남군도 20일 새벽에 박천, 그 이틀 뒤 태천을 점령한 후 안주성 공략을 준비하며 북군의 합류를 기다리기로 하였다.

안주는 평안도의 제일 가는 군사 요충지로, 평안

홍경래 군 점령지와 관군의 토벌 경로

병사의 본진이 있는 곳이며 남북으로 통하는 큰 길목이었다. 그리고 북쪽에는 청천강이 흐르고 있어 천혜의 군사 요새라 할 수 있었다. 이곳은 쉽게 공략할 수 없기 때문에 북군이 빠른 시일 안으로 북쪽 지방을 평정한 후, 남군과 합세하여 공격하기로 계획하였다. 그러나 북군은 영변, 귀성, 의주 지역 의병군의 강한 저항에 부딪쳐 더 이상 북상하지 못하고 있었다. 결국 북군이 계획된 날짜에 합류할 수 없게 되자, 더 이상 시간을 지체할 수 없게 된 홍경래는 남군만으로 안주성을 공격하기로 결정하였다.

이렇게 혁명군이 합류를 위해 시간을 보내고 있는 동안, 안주에는 인근 지역의 관군 병력이 속속 집결하여 군세가 이미 2천 명을 넘어서고 있었다. 더구나 중앙에서도 진압군이 출발했다는 소식이 전해지자 관군의 기세는 더욱 높아졌다. 결국 혁명군은 초기의 기선 제압에 완전히 실패하고 만 것이다.

일반적으로 반란이 성공하려면 재빨리 권력의 중심부에 쳐들어가서 기존 질서를 신속히 무력화시키고 국가 중추기구를 장악해야만 한다. 그런데 홍경래 군은 군대를 일으킨 지 열흘이 지났는데 아직도 평안도 지역을 벗어나지 못한 채 우물쭈물하고 있었다. 실패의 전조가 이미 확실하게 나타나고 있었던 것이다.

　소규모의 군대로 거사를 승리로 이끌기 위해서는 거사 즉시 지역 군사 요충지인 안주·평양을 돌파하여 한성으로 진격했어야만 했다. 그런데 홍경래는 병력을 남북으로 분산시켜 힘을 약화시켰고, 지역을 차곡차곡 평정해 나가는 방법을 채택하여 혁명의 신속성을 무시하는 잘못을 저지르고 말았다. 결국 그만큼 상대는 대비할 수 있는 시간과 여유를 갖게 되어서 혁명군 스스로가 화를 자초한 셈이었다.

　더구나 혁명군은 서북인의 세상을 만들 것이라고 공언하여 경기 이남 지역에서는 강한 반감을 불러일으키고 말았다. 또 많은 계층의 호응을 얻을 수 있는 구체적인 실천 방안도 부족하여 차츰 반란군 이상의 취급을 받지 못했다. 결국 더 이상 시간을 지체할 수 없음을 깨닫고 남군만으로 안주성 공략에 나섰으나 그때는 이미 모든 것이 늦어 버린 다음이었다.

실패의 서곡

　12월 28일, 홍경래는 안주성이 바라다 보이는 송림에 진을 치고 안주성 공략에 나섰지만 오히려 관군의 선제 공격을 받게 되었다. 29일 아침, 혁명군이 채 진영을 정비하기도 전에 얼어붙은 청천강을 건너 1천여 명의 관군이 3개 부대로 나누어서 총공격을 감행하고 나온 것이다. 중앙에서는 평안 우후 이해승이, 우측은 순천 군수 오치수가, 좌측은 함종 부사 윤옥렬이 각기 지휘하였다. 이에 홍경래도 부대를 3개 진으로 편성하여 홍총각, 윤후험, 변대언이 각각 인솔하여 대응케 하였다. 드디어 혁명의 성패를 판가름지을 안주-송림 전투가 시작된 것이다.

　처음에는 혁명군이 우세하였으나, 김사용의 북군에게 항복했다가 도망쳤던 곽산 군수 이영식이 지원군을 동원하여 혁명군의 배후를 기습하자 순식간에 전세는 역전되고 말았다. 홍경래는 할 수 없이 후퇴를 결정하고 정주성으로 패퇴하고 말았다. 그때 정주성은 처음에 북군이 점령한 후 주력 부대는 의주로 진격하기 위해 북쪽으로 이동했고, 다복동에 있던 가솔들과 일부 수비 병력만 남아 성을 지키고 있었다.

안주성 전투의 패배로 혁명은 이미 실패를 향해 나아가고 있었지만, 홍경래는 아직 희망을 버리지 않았다. 그것은 거사 전에 혁명군이 궐기하면 각 지역에 미리 포섭해 두었던 동지들이 폭동을 일으켜 호응하고, 한성에서는 지배 세력을 암살하고 조정 권력을 붕괴시키기로 약속되어 있었기 때문이다. 따라서 당장의 전투에서는 패하였지만 정주성에서 농성을 계속하면 언젠가는 한성으로 진격할 날이 올 것으로 굳게 믿었다. 또 외부 동지들이 함경도 지역 포수들을 동원하여 지원하기로 되어 있었고, 만주족들까지도 원군을 보내 주기로 약속했었던 것이다.

그러나 이러한 계획은 결과적으로 모두 이루어지지 않았고, 홍경래의 바람으로만 끝나고 말았다. 홍경래는 북군의 합류를 재촉하기 위해 김사용이 주둔하고 있는 양책참으로 김창시를 급히 보냈으나 김사용의 북군은 즉시 합류할 수 없는 처지였다. 그것은 의주에서 허황과 김현신의 의병군이 강력히 저항하면서 오히려 혁명군 점령 지역까지 위협하고 있는 상황이라, 섣불리 남행하다가는 배후를 공격당할 위험이 있었기 때문이다. 할 수 없이 이제초 부대를 선천으로 내려보내 남군과의 연결 통로가 끊어지지 않도록 응급 조치를 취한 뒤에, 김창시는 그곳에 그대로 남아 김사용과 함께 의병군과 계속 대전할 수밖에 없었다.

한편 안주 전투에서 승리한 관군은 여세를 몰아 박천, 가산, 태천을 회복하고 혁명군의 본거지인 다복동까지 쳐들어왔다. 그러나 이미 다복동에 남아 있던 사람들은 모두 정주성에 들어가 버린 뒤라서 다행히 추가 인원 피해는 없었다. 이렇게 남군 점령 지역을 모두 회복한 관군은 북군 점령 지역으로도 치고 올라오기 시작했는데, 곽산 군수 이영식이 순천 군수 오치수의 도움을 받아 곽산을 제일 먼저 회복하였다.

곽산마저 관군의 손에 떨어지자 선천에 있던 이제초의 후원 부대는 곽산을 다시 장악하기 위하여 황급히 전 병력을 몰고 곽산으로 내달렸다. 결국 곽산 서쪽 사송벌에서 양군이 만나게 되었고 혁명군의 운명을 결정하게 되는 두 번째 큰 전투를 벌이게 된다.

이 전투 역시 안주 싸움 못지 않은 격전이었지만 적은 수의 혁명군은 숫자가 훨씬 많은 관군을 당해 낼 수가 없었다. 결국 이제초는 패전하여 생포되었으나 곧 참수되고 만다. 혁명군의 수뇌부 가운데 첫 희생자가 발생한 것이다.

이제초의 죽음을 알게 된 북군은 급격히 전의를 상실하였다. 부득이 병력 증강을 위해 창성 지역의 포수들을 동원하기로 하고 김창시가 급히 길을 떠났다. 그러나 가는 길에 이제초 부대의 패잔병 조문형을 만나 합류시킨 것이 화근이 되고 말았다. 이미 전세가 기울었다고 판단한 조문형이 밤중에 자고 있는 김창시의 목을 베어 선천 부사 김익순에게 1천 냥을 받고 팔아 버린 것이다. 혁명군 수뇌부의 두 번째 희생자인 김창시는 이렇게 내부의 배신으로 허무하게 죽었다.

이때 김익순은 돈 주고 산 김창시의 목을 가지고 마치 자기의 전공인 양 상부에 보고했다가, 처음 반군에게 항복한 것까지 문제가 되어 본인은 사형을 당하고 일가족은 폐족(廢族)이 되는 화를 당하였다. 폐족이란 그 집안 출신에 대해 공민권을 완전히 박탈하는 것으로 사회적 사형 선고나 마찬가지였다. 이것이 훗날 김익순의 손자 김병연이 그 유명한 김삿갓이 되어 평생을 방랑하며 살게 되는 원인이 된다.

김창시마저 희생당하자 김사용의 북군 역시 더 이상 버티지 못하고 남은 병력을 겨우 추슬러서 정주성으로 합류할 수밖에 없었다. 혁명군은 완전히 고립되었으며 이제는 기나긴 정주성 농성에 모든 운명을 걸어야 했다.

최후의 항전, 정주성 농성

정주성에 자리잡은 뒤에도 홍경래는 희망을 버리지 않고 장병들을 독려했다. 그로서는 마지막으로 믿는 구석이 있었던 것으로, 혁명의 깃발을 높이 들고 군사를 일으켰을 때부터 그의 머리를 떠나지 않던 생각이었다. 그것은 바로 자신이 10년 동안 세상을 떠돌면서 보고 느낀 '백성들의 현실'이었다. 즉, 전국 어디에고 썩어빠진 세상을 한탄하는 소리가 높았으므로 자신이 군대를 일으키기만 하면 각지에서 불꽃같이 호응해 올 것으로 믿었던 것이다.

또한 곳곳에 동지들을 포섭해 두었으므로 이들이 폭동의 선봉에 서 줄 것으로 생각하였다. 이것이 한성으로의 직격 작전을 버리고 인근 지역부터 차례로 점령해 나가는 방법을 택하게 된 이유였다. 그로서는 서둘러 한성으로 쳐들어갈 필요가 없다고 생각했던 것이다. 오히려 봉기 소식이 점차적으로 전파되어 각 지역에서 호응해 올 시간이 필요하다고 판단했을 수도 있다. 그러나 이것은 결국 봉기를 실패로 돌아가게 만든 결정적인 착오였다. 어쩌면 지니친 자기 확신에 의해 스스로 함정을 파고 만 것인지도 모른다.

분명히 10년 동안 홍경래가 목격한 세상은 백성들의 고통과 불만이 한계까지 차 올라 있는 상황임에는 분명했다. 그러나 '불만이 있다는 것'과 '행동하는 것'은 다른 의미였고, 행동하고 싶어도 규합하고 이끌어 줄 세력이 없으면 아무 소용이 없는 것이었다. 그동안 포섭했던 동지들도 불만만 많았지 모든 것을 내던지고 앞장설 수 있는 사람은 드물었다. 말하자면 민중의 역량은 혁명에 동조할 만큼 아직 성숙하지 못했고, 그것을 이끌어 낼 명분이나 세력도 약했던 것이다.

또 홍경래는 자기가 이끄는 병력의 실상에 대해서도 좀더 빨리 깨달았어야 했다. 제대로 훈련받지 못했다는 것은 논외로 치더라도 애초에 자발적 참여자는 극소수에 불과했다. 세다가 군사 자금을 모으기 위해 운영하던 광산이나 염전 노동자였던 사람이 대부분이었고, 그 밖에는 다 용병들이었다.

또한 관군의 동조 세력을 한 번도 얻지 못했다는 것도 큰 약점이었다. 어차피 점진적 형태의 혁명을 전개할 것이라면 점령지마다 자기 편으로 끌어들여, 군세가 폭발적으로 늘어나게 만들고 저지 세력의 기반은 무너뜨려야 했다. 그러나 실상은 그렇게 되지 못했던 것이다.

홍경래는 정주성에 자리잡고 난 뒤에야 농민 문제의 근본적인 해결책을 제시하는 실천 공약을 공포하여 지역 주민과 농민들의 자발적인 호응을 얻을 수 있었다. 따라서 이때부터는 혁명군의 인적 구성도 자연히 용병 위주에서 자발적 참여자로 탈바꿈하기 시작했고, 군사들의 자세도 처음보다 더욱 강고한 모습으로 바뀌어 있었다. 이들은 최후까지 한 명의 낙오자 없이 일치 단결하였는데, 이제야 비로소 반란이 자발적인 민란의 형태가 된 것이다. 이것은 관군이 진압을 위해 정주성 주변을 완전히 초토화하면서 농민들의 반감을 극도로 자극한 때문이기도 하였다.

그리하여 정주성을 처음 포위할 당시만 해도 관군은 단숨에라도 성을 함락할 기세였으나, 성 안의 이러한 사정 변화로 인해 여러 차례 공격했는데도 피해만 클 뿐 별 성과가 없었다. 성 안의 농성군은 변변한 무기조차 갖추지 못한 농민들이 태반이었고 그 수도 2천여 명에 불과했지만, 그보다 네 배나 많은 8천 명의 관군은 번번이 공격에 실패할 뿐이었다. 오히려 홍경래 군으로부터 기습을 당해 군량과 장비를 빼앗기는 사례마저 자주 발생하였다.

이에 조정에서는 진압군 지휘관을 박기풍에서 유효원으로 교체하여 정주성 함락을 서둘렀다. 그러나 성 안의 저항은 만만치 않았고 계속되는 공격이 모두 실패하면서 세월은 흘러 어느덧 봄이 오고 있었다. 결국 관군은 성 안의 식량이 떨어지기를 기다리며 장기적인 봉쇄 작전을 펼치기 시작했다. 또한 자발적으로 해산하면 죄를 묻지 않겠다며 항복을 권했으나, 성 안에서는 노약자나 부녀자만 두 차례 내보낼 뿐 전 병력이 풀뿌리와 나무 껍질로 연명하며 투항하지 않고 버티고 있었다.

농성군이 항복할 기미가 보이지 않자 더 이상 시간을 끌 수 없다고 판단한 관군은 총공격에 나섰다. 이번에는 아예 성곽의 일부를 폭파시키기로 하고, 농성군이 눈치채지 못하게 녹은 땅을 파 들어가 성 밑에 화약 1,800근(약 1,080킬로그램)을 묻고 폭파시켜 버렸다. 천지가 진동하는 폭발로 성은 무너지고 성 안으로 관군이 물밀듯이 밀어닥치기 시작했다. 선두에 나서서 군사들을 독려하던 홍경래는 총에 맞아 죽고 김사용, 우군칙, 이희저 등 나머지 수뇌부와 성 안의 모든 병력은 관군에 의해 몰살당하고 말았다.

1811년 12월 18일에 다복동에서 일어나 이듬해 4월 19일에 이렇게 정주성이 함락됨으로써, 약 다섯 달 동안 평안도 지역을 휩쓸며 조선을 발칵 뒤집어 놓았던 홍경래의 거사는 결국 실패로 끝나고 만다.

사실 홍경래의 난은 초기 보름 정도 평안도의 일부 지역을 혁명군이 장악하였던 것을 제외하고는 4개월 반 동안의 정주성 농성 기간이 전부였다. 하지만 불과 서른을 갓 넘긴 나이에 10년을 준비하여 세상을 깜짝 놀라게 한 사건을 일으킨 홍경래는 보통 사람으로서는 감히 상상도 하지 못할 일을 해낸 것만은 분명하다. 더구나 아무런 정치·경제적 기반이 없는 평민의 몸으로 자신이 품은 뜻을 펼치고자 한 것이니 비록 실패는 했어도 한은 없었을 것이다.

홍경래는 자신들을 혁명군이라고 불렀지만, 처음에는 일종의 반란군이라고 보아야 한다. 그러나 정주성 농성 이후로는 완전히 자발적인 민란 형태로 탈바꿈하였고, 그 후 발생한 수많은 민란에 영향을 주었으며, 조선 후기 사회 변화의 기폭제가 되었다. 결국 홍경래는 자신의 거사를 통해 채 불러모으지 못했던 일반 민중의 역량을 그가 죽은 다음에 결집시킨 셈이다. 그는 모순된 사회 구조로 인해 자신의 미래를 마음껏 펼칠 수 없게 되자, 좌절하거나 포기하기보다는 스스로의 힘으로 새로운 세계를 개척하려고 한 치열한 도전자였던 것이다.

실사구시를 지향한 금석학과 서예의 대가
김정희

김정희는 자신만의 독창적 필체인 추사체로 한 시대를 풍미한 서예가이다. 그는 **금석학(金石學)**에도 뛰어난 능력을 보여 국사학의 발전과 연구에 큰 기여를 했으며, 실학 사상을 형성하는 데에도 일정 부분 기여했다. 또 유교의 정통 학문으로 유교 경전을 연구하는 경학(經學)뿐 아니라, 당시에 접할 수 있는 모든 학문에서 상당한 수준의 경지에 이르렀던 박학다식한 인물이다. 일찍이 청나라로부터 '해동 제일의 **통유(通儒)**'라는 격찬을 받을 정도로 학문에 출중했으나, 서예 이외의 분야, 특히 경학에서는 그다지 뛰어난 업적을 남기지 못했다.

그러나 어느 분야든 최고의 경지에 이른다는 것은 쉽지 않은 일이기 때문에 그의 업적을 낮추어 볼 수는 없다. 한 가지 분야에서의 전문성이 요구되는 오늘날에는 더욱 그러하다. 다만 서예가 김정희로만 알고 지나쳐 버리기에는 그의 타고난 재능과 젊어서부터 새로운 학문을 접할 수 있었던 환경이 너무 아쉬운 생각이 드는 것은 어쩔 수 없다.

또한 역사적 관점에서 볼 때 그의 존재는 실학 사상과 개화 사상을 연결시켜 주는 확실한 다리가 될 수 있었는데도, 이 점에 있어서 그의 역할은 그리 인정할 게 못 된다. 그러나 그는 수많은 제자와 동료들을 통하여 그가 가진 새로운 사상과 생각들을 단편적으로나마 후대에 전하여 주었고, 그로 인해 새로운 시대로의 전환이 가능하도록 해 주었다.

젊은 시절의 선각적 자세가 나이가 들면서 현실에 안주하는 안일한 모습으로 바뀌기는 했지만, 그의 글씨가 시대를 초월하여 세상을 감동시킨 것처럼 새로운 가치를 추구하고 창조했다는 점에서 그의 존재를 인정해 주어야 할 것이다.

죽음의 그림자 속에서 성장하다

김정희는 조선 22대 왕인 정조 10년(1786)에 유당 김노경의 장남으로 태어났다. 그의 집안은 고조부 김흥경이 영의정까지 지냈고 증조부 김한신은 영조의 부마로 충남 예산군에 별사전(나라에서 주는 토지)을 받았는데, 그곳에 화엄사가 있어서 그의 집안과 불교는 이때부터 깊은 관계를 맺게 되었다. 또 할아버지인 김이주도 의정부 우참찬을 지냈고 친아버지 김노경은 판서를 역임했으며, 큰아버지이자 양아버지인 김노영은 대사헌까지 이르렀던 명문가의 후손이었다.

추사는 어려서부터 총명하여 여섯 살 때 **입춘첩**(立春帖)을 썼는데, 이것을 본 박제가가 그의 스승이 될 것을 자청하였다. 그가 일곱 살 때에 쓴 글씨를 보고는 좌의정 채제공이 장차 명필이 될 것이라며 극찬하기도 했다. 어려서부터 뛰어난 서예가가 될 자질이 보였던 것이다.

추사는 태어난 지 얼마 안 되어 관직에 있던 할아버지와 아버지를 따라 고향 예산을 떠나 한성의 장동에서 살았다. 어렸을 때 집안에 큰 화가 미치는 일들이 연이어 발생하여 마음에 큰 고통을 받았는데, 그가 아홉 살 때 집안의 큰 어른인 큰아버지 김노영이 개성 유수로 있다가 귀

금석학(金石學)
옛날의 비석이나 그릇 또는 쇠붙이 등에 새겨진 글자를 연구하는 학문.

통유(通儒)
모든 학문에 통달한 유학자.

입춘첩(立春帖)
한해의 무사태평과 농사의 풍년 등을 기원하는 글을 써서 대문이나 기둥에 붙이는 것.

양을 갔고, 그 다음 달에는 곡성 부사로 있던 둘째 큰아버지가 세상을 떠났다. 또 열한 살 때에는 그를 끔찍이도 아끼던 할머니가 세상을 떠났고, 이듬해에는 대사헌을 역임한 큰아버지와 할아버지까지 세상을 하직하는 등 집안에 줄초상이 났다. 이때 큰아버지가 후사 없이 죽자, 그는 집안의 뜻에 따라 큰집에 양자로 들어갔고, 열여섯 살 되던 해에 동갑인 한산 이씨와 혼인을 하였다.

추사가 혼인하기 전 해에 정조가 죽고 순조가 열한 살의 나이로 등극하자, 대왕대비 정순왕후 김씨가 수렴청정을 하게 되었다. 정순왕후는 경주 김씨로 추사의 증대고모(증조부의 누이)뻘이었다. 이런 이유로 그의 집안은 다시 빛을 보게 되었지만, 그때 그의 어머니가 서른네 살의 젊은 나이로 세상을 떠나, 비탄과 허무에 빠진 추사는 한동안 고향 예산에 내려가 불교에 심취하기도 하였다.

불행은 그것으로 끝난 게 아니었다. 그가 스무 살 되던 해에 부인 이씨가 죽고, 그 무렵 스승 박제가도 함경도에 귀양갔다가 풀려난 지 얼마 안 되어 죽었으며, 곧이어 큰어머니, 즉 추사의 양어머니까지 세상을 등졌다. 추사는 연이어 가까운 사람들이 죽어 나가는 죽음의 그림자 속에서 살았던 셈이다. 이로 인해 그가 불교에 더욱 의지하고 몰두하게 되었으리라는 것은 쉽게 추측할 수 있다.

양어머니의 3년상을 마친 후에 그는 한 살 아래의 예안 이씨와 재혼하고, 그 이듬해에 스물네 살의 나이로 생원시에 급제하였다. 그 해에 그의 친아버지인 김노경이 사절이 되어 청나라로 가게 되었는데, 그때 추사도 함께 따라 갈 수 있었다. 이 연행(燕行)은 그의 생애에 큰 전환점이 되었고, 이때 깨우친 의식과 견문이 그의 일생을 좌우하게 된다.

청나라 학자들과의 교류

순조 9년(1809) 말, 연경에 도착한 추사는 맨 처음 청나라의 젊은 학자 조강을 만났다. 그러나 그에게 가장 큰 영향을 준 인물은 옹방강과 완원이었다.

옹방강은 학계의 원로로 경학과 문장에 능하고 특히 금석학과 서화, 시에 조예가 깊었다. 당시 청나라의 학풍은 한나라 시대의 학문을 숭상하고 송·명대의 성리학을 배척하는 풍토가 주류였는데, 옹방강은 두 가지 입장을 절충한 학풍을 견지하고 있었다. 두 사람은 추사가 연경에 도착한 이듬해에 만났는데, 그때 옹방강은 78세의 노인이었고, 추사는 겨우 25세였다. 옹방강은 한·송 절충의 학풍과 금석학 및 서화로 추사에게 큰 영향을 미쳤다.

완원은 내각의 대학자를 거치고 태자(太子)의 교육을 맡았던 인물로 경학의 대가였다. 당시 49세의 장년이었던 완원은 청년 추사의 비범한 재주를 알아보고 극진히 환대하였다고 한다. 이렇게 하여 인연을 맺게 된 완원은 추사의 『실사구시설』을 비롯한 그의 한학에 많은 영향을 끼쳤다.

추사는 옹방강과 완원을 존경하는 마음으로 옹방강의 호인 담계(覃溪)와 보소재(寶蘇齋)를 본따서 자신의 호를 보담재(寶覃齋)라 짓기도 하고, 완원의 완(阮) 자를 따서 완당(阮堂)이라고도 했다.

추사는 청나라에 6개월 정도 머무르면서 이정원, 오숭량, 주학년 등 많은 학자들을 만나 교분을 쌓고 돌아왔다. 옹방강과 완원은 조선의 젊은 학자인 추사에게 매료되어 그 후에도 지속적으로 그에게 관심을 보였으며, 편지를 통하여 가르침을 주거나 많은 책을 보내 주기도 하였다. 완원은 자기가 편찬한 『황청경해』라는 경학 관련 책을 사절을 통하여 추사에게 보내 주었는데, 이 책은 183종, 1,400권, 500책의 방대한 분량이있으니 추사에 대한 완원의 배려가 얼마나 깊었는지 잘 알 수 있는 대목이라 하겠다.

또 추사와 동갑인 옹방강의 아들 옹수곤은 아버지를 닮아서 금석학에 관심이 많아 조선의 금석탑본 수집에 열중하고 있었는데, 추사는 많은 탑본을 그에게 보내 주기도 하였다. 추사는 이렇게 옹방강 부자와 친교를 맺었으며, 중년기 추사의 서체가 옹방강의 그것을 빼닮을 정도로 옹방강을 깊이 존경했다.

옹방강과 완원 외에도 추사가 크게 영향을 받은 청나라 학자로 대진과 능정감이 있다. 대진은 청나라의 정통파 학자이자 **고증학(考證學)**의 선구자로서, "경전에 나타난 사실에서 옳은 것을 찾는 '실사'(實事)를 학문의 중심으로 한다."고 말하며 학문을 함에 있어서 편향되지 않는 자세를 지켜 나갔다. 옹방강은 대진의 학설을 "문리에 어긋난다."며 반박하였지만, 추사는 대진의 생각을 높이 평가하여 자신의 문집에 대진의 주장을 싣기도 했다. 능정감은 완원과 함께 공부한 인물로 예악(禮樂)에 통달하여, 『예경석례』라는 책을 저술한 사람이었다.

이렇게 수많은 청나라 학자들과 교분을 쌓으면서 추사의 학문적 경지도 깊어져 갔는데, 특히 그가 가장 관심이 많았던 분야는 경전의 주석과 예(禮), 역(易)에 관한 것이었다.

그 후 순조 22년(1822)에 그의 친아버지 김노경이 다시 연행할 때, 그의 동생 명희도 이를 수행하여 그의 전 가족이 청나라 학자들과 교류하기도 하였다. 이때 동생을 통해 알게 된 청나라 학자 이장욱에게 보낸 편지가 추사의 문집에 실려 있는 「여이월정서」이며, 그와 탑본과 서적을 교환하며 친분을 쌓았던 유희해는 『해동금석원』을 편찬하기도 했다.

금석학으로 실사구시를 구현하다

연경에서 돌아온 추사는 10여 년 동안 과거에 응시하지 않으면서 금석학과 고증학에만 몰두했다. 함흥 황초령에 있던 진흥왕 순수비를 연구하여 그 비문의 내용을 해석해 낸 것도 그의 노력에 의해 이루어졌으며, 순조 16년(1816)에는 김경연, 조인영과 함께 북한산에 올라 무학이 세운 비석으로 잘못 알려진 진흥왕 정계비를 판독해 내기도 했다. 또 비석이 세워진 시기가 신라 진흥왕 29년(568)이라는 것과 '진흥'(眞興)이라는 이름이 왕이 죽은 뒤에 붙인 시호가 아니라 생전에 사용하던 칭호라는 것도 밝혀 냈다. 그리고 평양성에 새겨진 '소형'(小兄)이라는 글자가 고구려 관직의 명칭임을 밝혀 내어 국사학 연구에 커다란 공헌을 하기도 했다.

금석(金石)을 자료로 삼아 역사를 연구하는 추사의 자세는 오직 감별과 감상을 주로 하던 옹방강의 태도와는 분명히 다른 면이며, 이 점에 있어서 추사가 더 높은 평가를 받아야 할 것이다. 추사의 금석에 대한 연구는 『금석과안록』에 잘 나타나 있는데, 이는 '실사구시'(實事求是)를 지향하는 그의 학문적 경향이 적용된 것이라 할 수 있다.

'실사구시' 라는 말이 처음 사용된 것은 추사의 책인 『실사구시설』로서, 이 말은 '실학' 으로 대표되는 영·정조 시대의 학풍을 대변하는 말이 되다시피 하였지만, 추사가 그 말을 본래의 뜻에 걸맞게 사용했던 것은 아니었다.

사실 '실사구시' 는 "경전에 나타난 실제 사실에 근거하여 옳은 것을 찾는다." 는 뜻으로 고증학의 근본 정신이다. 고증학은 송나라 때의 관념적인 학풍에 반대하여 나온 것이므로 한나라와 송나라의 학풍을 동시에 따르는 추사의 자세는 제대로 된 '실사구시' 가 될 수 없었다. 그에게 있어서 진정한 의미의 '실사구시' 를 실천한 부분은 오로지 금석학 뿐이라고 할 수 있고, 만년에는 불교에 정진하여 실용주의적 자세에서 벗어났으므로 그를 엄격한 의미의 실사구시 학파라고 볼 수는 없기 때문이다.

또한 추사는 일찍이 청나라로부터 새로운 학문을 접했음에도 만년에는 오히려 서양 세력의 배척을 강조했다. 학문으로 배우는 것과 실제의 행동이 판이하게 달랐던 것이다. 그리고 현실 정치에 적용시켜서 자신의 경륜을 펼치려고도 하지 않았다. 결국 청년 시절의 추사를 통해서

고증학(考證學)
옛 문헌에 나타난 사실을 찾아 실증적으로 연구하는 학문.

는 시대의 선각자라는 바람직한 모습을 볼 수 있지만, 나이가 들었을 때의 그는 보수적인 시대 환경에서 벗어나지 못하고 현실에 안주하는 모습을 보여 준다.

관직과 유배 생활

추사는 젊은 시절의 연행을 통해 배운 신학문에 몰두하며 보내다가, 서른네 살에 문과에 급제하고 그 이듬해에 한림 소시에 합격하였다. 그 때부터 그는 자신의 재능과 가문의 후광에 힘입어 순조로운 관직 생활을 할 수 있었다. 그의 관직은 세자 시강원의 설서, 예문관 검열, 규장각 대제 등을 거쳐서 충청우도 암행어사, 의정부 검상, 성균관 대사성, 병조참판에까지 이르렀다.

그러나 이 과정에서 위기가 아주 없었던 것은 아니다. 안동 김씨와의 대립으로 수없이 파직과 복직을 거듭하다가 헌종 6년(1840)에 마침내 풍양 조씨를 밀어내고 조정을 손에 넣은 안동 김씨에 의해 제주도로 유배를 당하게 된다.

제주도에 귀양간 지 4년째 되던 해에 그의 두 번째 부인 예안 이씨가 사망하였으며, 추사 본인도 유배지에서 얻은 병으로 극심한 고통을 받기도 했다. 헌종 14년(1848)에야 유배에서 풀려났으나, 철종 2년(1851)에 또다시 정치적 사건에 연루되어 함경도 북청으로 유배되었다가 다음 해에 방면되었다.

추사는 두 번에 걸쳐 10년 이상 유배 생활을 하는 동안 그의 명성을 듣고 찾아온 많은 제자들을 가르쳤다. 한때 "추사의 문하에는 3천 명의 선비가 있다."라는 말이 생길 정도로 일대 학군을 이루기도 하였으며, 그의 문하로부터 조선 말기 개화 사상의 싹이 트기도 하였다.

그는 유배 생활 중에도 제자들을 통하여 책들을 전해 받아 학문과 서예에 정진하였으며, 그 시기에 그린 「세한도」는 그의 힘있는 기백과 품격이 잘 드러나서 신품(神品)이라는 격찬을 받았다.

추사는 70세 때 부친의 묘소가 있는 과천의 관악산 기슭에 초당을 짓고 살다가 광주 봉은사에 가서 불가에 완전히 귀의한 후에 71세의 나이로 생을 마쳤다.

추사는 일찍이 불교에 관심이 많아 연경에 다녀올 때에도 많은 불교 경전과 불상을 가져와서, 마곡사에 기증하기도 했다. 그는 평소에도 「금강경석주」를 즐겨 애송하였으며, 자신의 문집에도 「천축고」를 비롯하여 불교와 관련된 많은 시구와 당시의 고승이었던 백파와 초의에게 보낸 편지들을 담기도 하였다.

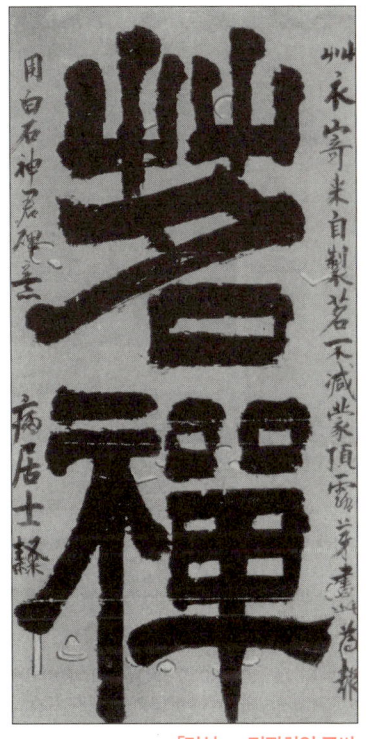

「명선」—김정희의 글씨

서예의 대가

추사는 서예 부문에 있어서 현재까지도 독보적인 존재로 인정받고 있으며, 그의 글씨는 금석학을 통한 공로와 함께 그의 양대 업적으로 꼽히고 있다.

어려서 추사의 서체는 명나라의 명필 동기창의 영향을 받았지만, 연행 후에 옹방강을 본받아서 밀도가 높고 힘이 넘치는 형태로 바뀌었다. 그 후 송의 소식과 미불의 영향도 받았다가 다시 당나라 이옹의 것을 본받았다. 추사의 서체는 이러한 편력과 발전을 거듭한 후에 당나라 구양순의 서체를 받아들여서 독보적인 경지를 이루게 된 것이다.

그의 서체는 여러 대가의 장점을 모아서 자신만의 또 다른 서법을 완성한 것으로, 독창적이면서도 정통적인 일면이 함께 내재되어 있다고 평가된다.

추사는 일찍이 글씨에도 '족보'가 있다고 말했다. 즉 전(篆), 예(隷), 해(楷), 행(行), 초(草)의 서체 변천 과정을 가리키는 것으로, 전서나 예서를 모르면서 해서나 초서를 쓰는 것은 뿌리가 없는 것과 같다는 의미이다.

이러한 생각을 가지고 있는 추사는 금석학을 연구하여 전서나 예서에 통달한 후에 그만의 독특한 서법을 창안해 내었다. 그는 또, 글씨란 청고(淸高)하고 고아(古雅)한 뜻이 없으면 쓸 수 없다고 하였는데, 글씨를 쓰는 사람의 **문자향(文字香)**이나 **서권기(書卷氣)**가 없으면 손끝에 청고·고아한 뜻이 절대 나타나지 않는다고 늘 강조했다. 그에게 있어 글씨란 단순한 '기술'이 아니라 인격이 드러나는 자기 수양의 결과물이었던 것이다. 그 밖에 추사는 그림에서도 뛰어난 작품을 남겼다.

문자향, 서권기(文字香, 書卷氣)
문장에서 풍기는 멋스러움과 책을 많이 읽은 사람에게서 나오는 정취.

6장 저물어 가는 조선

김병연
김대건
김옥균
전봉준
이하응

천재 방랑시인 김삿갓
김병연

김병연은 그 본명보다 '방랑시인 김삿갓'으로 더 잘 알려진 인물이다. 그는 집안의 치욕스러운 비밀과 조상을 욕되게 한 자신에 대한 회한으로, 평생을 몸부림쳐야만 했던 예민한 감성의 소유자였다. 그리고 세상 어디에도 속하지 못하고, 가족에게조차 타인이 되어 정처 없이 떠돌아야 했던 비운의 인물이었다.

왜 그래야만 했을까? 수치스러운 집안 내력이 그렇게도 참기 힘들었을까? 아니면 그를 에워싼 자책이 피를 나눈 가족과도 같이 살 수 없을 정도로 강했던 까닭이었을까? 아무 것도 할 수 없다는 무력감이 자학으로 바뀌어 그를 세상 밖으로 몰아낸 것은 아닐까? 아니면 자신을 구속하고 있는 사회에 대해 어떻게든 반항하고 싶었던 것일까? 복잡한 그의 심정에서 한 가지 이유만 꼬집어 말할 수는 없다. 아마 그 모든 것이 어우러져서 그를 견딜 수 없게 만들었을 것이다.

김병연은 세상과 자기 스스로에 대해 똑같이 분노를 느꼈던 나약한 지식인의 표본이며, 자학과 세상에 대한 조롱으로 그나마 카타르시스를 느낄 수 있었던 여린 감성의 소유자이기도 했다.

자기를 둘러싸고 있는 속박을 적극적으로 깨부수기보다는 더욱 자신만의 세계로 몰입해 버린 그를 일종의 현실 도피자라고 볼 수도 있으나, 그대로 자신을 소진시켜 버리지 않고 삶의 굴레에서 벗어나려고 나름대로 날개를 펴고 살아간 자유인이라고 볼 수도 있다.

　세상을 향해 혼자만의 방법으로 저항하고 울분을 터뜨렸지만 그는 거기에 주저앉지 않고 세상을 향해 뛰쳐나갔다. 얼마나 잘난 세상인가 보겠다는 심사도 있었겠지만, 스스로 자멸해 버리기보다는 세상을 향해 분노를 발산시킨 적극적인 행동으로 평가할 수 있다. 사실 아무런 준비도 없이 세상을 돌아다닌다는 것은 보통의 용기로는 불가능하다. 그래서 '김삿갓' 김병연은 뜻을 이루지 못한 소극적 지식인의 모습보다는 세상사를 해탈한 자유인의 모습으로 우리들에게 전해지고 있는 것이다.

치욕스러운 가문의 역사

　김삿갓의 원래 이름은 김병연으로, 조선 23대 왕인 순조 7년(1807)에 양주(지금의 의정부)에서 김안근의 차남으로 태어났다. 자는 성심이고 호는 난고라 하였지만, 평생 김삿갓으로 통했다. 원래 김병연이 태어날 무렵에는 집안이 유복하였지만, 그의 나이 여섯 살 때 그를 일생 동안 허무와 비통 속에서 살게 만든 사건이 일어나고 만다.

　순조 11년(1811)에 서북인 차별에 불만을 품고 있던 홍경래가 난을 일으켰는데, 그때 선천 부사로 재직 중이던 김병연의 할아버지 김익순이 반란군들에게 붙잡혔다가 겨우 살아 나왔다. 그런데 그 후 김익순은 반란군의 장수였던 김창시의 목을 돈 주고 산 다음, 자신이 세운 공인 것처럼 처리하려다가 발각되어 처형되고 말았다. 처음에는 일가 멸족의 형벌을 받았지만, 나중에 폐족 처분으로 사면되어 가까스로 멸문지화는 면할 수 있었다.

　폐족이란 오늘날의 기준으로 보면 공민권을 박탈하는 것으로 사회적 사형선고나 마찬가지다. 결국 김병연 일가는 더 이상 고향에서 살지 못하고 충복이었던 김성수의 도움을 받아 황해도 곡산 땅에 가서 숨어 살아야 했다. 이곳에서 아버지 김안근이 화병으로 죽자, 그의 어머니는 자식들을 이끌고 다시 강원도 영월 땅으로 옮겨 갔다.

김병연의 어머니는 혼자 몸으로 어렵게 어린 자식들을 키우며 통한의 세월을 살았다. 그로서는 자식들에게도 가문의 내력을 숨긴 채 죽은 듯이 살아갈 수밖에 없었다. 그러나 선비 집안의 피는 속일 수 없었던지 김병연은 어려서부터 학문에 재주가 많았다.

김병연은 스물다섯이 되던 해에 그동안 갈고 닦은 글재주를 시험해 보기 위해 영월 감영에서 개최한 백일장에 참가하였다. 여기에서 김병연은 장원을 하였는데, 그때 주어진 시제가 '논 정가산충절사 탄 김익순죄통우천'(論鄭嘉山忠節死 嘆金益淳罪通于天)으로, 홍경래의 난 당시 가산 군수 정시의 충절을 기리고, 선천 부사 김익순의 하늘까지 사무치는 죄를 통탄하라는 내용이었다.

가문의 내력에 대해 전혀 알지 못했던 김병연은 피끓는 젊은이의 기개로 김익순의 죄상을 낱낱이 밝히는 글을 써서 장원을 하였다. 그러나 이 사실을 알게 된 그의 어머니가 결국은 한 많은 집안 내력을 그에게 알려 주었다. 그때부터 김병연은 세상과 자신을 한탄하게 된 것이다.

자신의 부질없는 글재주로 조상을 욕되게 하였고, 폐족 가문 출신으로 세상에 자신의 뜻을 펴는 일이 아예 불가능하다는 것을 알게 되자, 그동안 익힌 학문은 도리어 고통의 불씨로 변해 버렸다. 상심과 냉소로 반년 가까이 두문불출하던 김병연은, 문득 자신을 얽매고 있는 가정이라는 틀에서 벗어나고 싶다는 충동을 느꼈다. 결국 백일장이 열렸던 이듬해, 김병연은 금강산 구경이나 다녀오겠다는 말을 남기고 집을 나섰다. 그때 그는 이미 혼인하여 돌 지난 아들까지 있는 처지였음에도 말이다.

김병연은 길을 나서자마자 '조상을 욕되게 한 자가 하늘 아래 얼굴을 들고 다니는 것은 옳지 못하다.'는 생각에 커다란 삿갓을 눌러쓰고 다녔다. 김병연이 김삿갓이 되어 버린 연유가 바로 여기에 있다.

시로 양반사회를 조롱하다

금강산을 향해 길을 나선 김병연은 평창을 거쳐 대관령을 넘어 강릉 땅에 도착했다. 이때부터 이미 그는 양반 사회를 조롱하는 시를 짓기 시작하였다. 강릉 근처의 어느 대갓집에 남겨 놓은 그의 시에는 교만한 양반에 대한 반감과 울분이 담겨 있다.

갈매기처럼 앞머리가 벗겨진 벼슬길 떠난 늙은이가
우스꽝스럽게도 황소하고 바꿀 만한 안경을 쓰고 있다
그 꼴이 장비의 고리눈처럼 둥글고
촉나라의 범이 웅크리고 있는 것 같으며
눈동자가 두 개라던 항우를 흉내내고
형주 땅 원숭이가 물에 빠진 형상이로다
울타리를 탁탁 뚫는 사슴으로 갑자기 의심되기도 하지만
물가에서 울어대는 비둘기처럼 글은 잘 읽겠구나
어려서 쓸데없는 일을 많이 했는지 안경까지 걸치고도
봄날 화창한 대낮에 화려한 말을 거꾸로 타고 있는지도 모른다
江湖白首老如鷗 鶴膝烏精價易牛
環若張飛蹲蜀虎 瞳成項羽沐荊猴
罷疑濯濯穿籬鹿 快讀關關在渚鳩
少年多事懸風眼 春陌堂堂倒紫騮

강릉에서 방랑 첫해의 겨울을 보낸 병연은, 봄이 오자 동해 바닷가를 따라 북상하며 방랑을 계속하였다. 낙산 관음굴에서 자살하려는 여인을 말리며 지었다는 시에는 김병연의 천재성이 잘 나타나 있다.

이런 대로 저런 대로 세상 되어 가는 대로 살고
바람 불면 부는 대로 물결 치면 치는 대로 삽시다

밥 있으면 밥을 먹고 죽 나오면 죽을 먹으면서 이대로 살아가고
옳은 것은 옳은 대로 틀린 것은 틀린 대로 저대로 놔둡시다
손님 대접도 집안 형편대로 하는 것이고
시장에서 하는 장사도 시세대로 하는 법입니다
모든 일이 내 마음대로 할 수 없으니
그렇고 그렇고 그런 세상 그런 대로 지냅시다
此竹彼竹化去竹 風打支竹浪打竹
飯飯粥粥生此竹 是是非非付彼竹
賓客接待家勢竹 市井賣買歲月竹
萬事不如吾心竹 然然然世過然竹

  구절 끝에 빠짐없이 대나무 '죽'(竹) 자를 나열한 것도 특이하지만, 우리말 뜻인 '대'로 읽어서 시를 지은 점이 재미있다.
  낙산을 떠나 간성까지 올라온 병연은 어느 날 관동팔경의 하나인 청간정을 찾았다. 청간정에는 마침 한 무리의 선비들이 시를 지으며 술을 마시고 있었다. 술이라도 한잔 얻어먹을 욕심에 그 자리에 동참하려 하자 상대방들은 먼저 통성명을 요구했다.
  얼마 전까지만 해도 우리 나라 사람들은 처음 만났을 때 이름과 함께 본관이나 출신지, 조상의 벼슬 등을 얘기하며 그 뿌리를 확인하는 것이 관례였다. 이것은 조선 후기 사회로 갈수록 양반 중심의 신분 사회가 고착화되었다는 것을 의미하기도 하지만, 반면에 돈 많은 서민들 중에서 양반 행세를 하는 사람들이 늘어나자 그 진위를 확인하기 위한 하나의 방편이었음을 의미하기도 한다. 즉, 신분 제도가 와해되어 가던 현상의 반증으로 볼 수 있다.
  하지만 김병연에게 있어서는 이런 때가 가장 고통스러웠다. 자신의 오욕스러운 내력을 다시 떠올리기 싫었던 그는, "시골 촌놈이 무슨 변변한 이름이 있겠습니까? 성은 김가고 이름은 입(笠)이라고 합니다."

하고 얼렁뚱땅 대답했다. 상대방들도 그에게 뭔가 말 못 할 사연이 있는 것으로 여기고 더 이상 캐묻지 않았다. 그의 행색과 이러한 문답을 통해 어느덧 김삿갓으로 불리게 된 것이다.

여기서도 청산유수와 같은 즉흥시를 지어 선비들을 놀라게 한 뒤 술 몇 잔을 얻어먹을 수가 있었다. 사실 한시(漢詩)는 형식이 까다로운데다가 각 구절의 끝마다 반드시 운자(韻字)를 붙이도록 되어 있어 시 짓기가 여간 어려운 게 아니다. 따라서 아무리 한문이나 학문에 대한 소양이 깊더라도 즉석에서 손쉽게 짓기는 쉽지 않았다. 바로 이 점에서 즉흥시를 많이 지어 낸 김삿갓의 천재성이 뚜렷하게 드러나는 것이다.

고성에서 온정리를 통해 금강산에 오른 김병연은, 곳곳에서 유람나온 사람들과 만나 술을 얻어 마시며 아름다운 경관을 노래한 시를 많이 남겨 놓았다. 특히 그는 금강산을 가 보지도 않은 사람이 풍류를 안다고 하는 것은 무식한 소리라고 꾸짖었다. 외금강 일대를 빠짐 없이 돌아본 김병연은 다시 온정리로 돌아와 며칠을 쉰 다음, 이번에는 옥류동과 동석동 계곡을 유람했다.

어느덧 날이 어두워지자 김병연은 근처에 있는 유정사에서 하룻밤 묵기로 하고 절을 찾았다. 유정사는 워낙 넓은 절이라 이곳 저곳 승방을 기웃거리며 유숙을 청할 사람을 찾아야 했다. 다행히 한 승방에서 노승 한 사람이 젊은 선비와 필담(筆談)을 나누고 있는 모습이 눈에 들어왔다. 김병연은 반가운 마음에 그곳으로 달려가서 하룻밤 잠자리를 부탁했다.

그러나 그들은 한창 재미있게 이야기를 나누고 있었는데, 그로 인해 흥이 깨졌다는 투로 시큰둥한 반응을 보였다. 불쑥 반감이 생긴 김병연은 자신도 시를 조금은 할 줄 아니 대화에 끼워 달라고 부탁했다. 두 사람은 행색도 남루한 자가 시를 논한다는 것이 조금 가소롭게 느껴졌지만, 어디 한 수 지어 보라는 식으로 지필묵을 내주었다.

김병연은 두 사람의 얼굴을 힐끗 보고 나서 툇마루에 걸터앉아 단숨에 글씨를 써 내려갔다. 그들은 어쭙잖게 선비인 양 무언가 끄적거리는 김병연이 아니꼽게 보였던지, 그러지 말고 언문풍월(諺文風月)이나 하자고 제의했다. 이미 두 사람을 잔뜩 비꼬는 내용으로 시를 지은 김병연은 모른 척 한쪽으로 지필묵을 밀쳐 놓고는 그러자고 대꾸했다. 노승은 김병연을 골려 주려는 심산으로 일부러 어려운 운자를 고르기 위해 한동안 생각에 잠겼다.

김병연이 어서 운자를 부르라고 채근하자, 노승은 금방 생각났다는 듯이 "타" 하고 운자를 부르고서 고소하다는 표정으로 병연을 쳐다보았다. 그러나 병연은 운자가 불리자마자 절의 경내를 돌아보면서 거침없이 한 구절을 뽑아 냈다.

"사방 기둥 붉어타."

노승은 '요행으로 첫 구절은 지었겠지.' 하는 표정으로 또다시 운자를 불렀다.

"타."

"석양 행객 시장타."

노승은 이번에는 조금 제법이라고 생각하며 또 운자를 불렀다.

"타."

김병연은 자리를 털고 일어서며 마지막 구절을 내뱉고는 휭 하니 돌아서 나와 버렸다.

"네 절 인심 고약타."

노승은 아무런 대꾸도 하지 못하고 다만 재수 없다는 듯이 혀만 끌끌 찰 뿐이었다. 방 안에 같이 있던 젊은 선비는 둘의 수작이 재미있다는 표정으로 승방을 나오다가 조금 전 김병연이 밀쳐 놓은 종이를 펼쳐 들었다. 그러자 그때까지는 미소를 머금고 있던 젊은 선비도 그 내용을 읽고는 분기탱천하여 길길이 뛰며 어찌할 줄을 몰랐다.

둥글둥글한 중 대가리는 땀난 말 불알 같고

뾰족뾰족한 선비 머리는 앉은 개 좆 같구나

목소리는 구리 방울이 구리 솥에 부딪친 것 같고

눈깔은 검은 후추가 흰죽에 빠진 것 같구나

僧首團團汗馬閬 儒頭尖尖坐狗腎

聲令銅鈴零銅鼎 目若黑椒落白粥

떨쳐 버릴 수 없는 자괴감

금강산 유람을 마친 김병연은 안변에서 며칠을 지내다가 함흥을 둘러보기 위해 다시 길을 나섰다. 때는 겨울이라 고원 땅에 들어서자 눈으로 길이 끊겨 봄이 될 때까지 그곳에 머물러야 했다. 봄이 오고 얼음이 녹자 김병연은 함흥으로 다시 발길을 옮겼다. 함흥은 그의 할아버지 김익순이 선천 부사로 부임하기 전에 근무했던 곳으로 내심 가보고 싶었던 곳이었다. 함흥을 향해 길을 나섰을 때는 집을 떠난 지도 벌써 3년이 지난 헌종 1년(1835)으로 그의 나이 스물여덟이었다. 함흥을 구경하고 난 뒤에는 단천에서 한동안 머물렀는데, 이곳에서 가련이라는 기녀에게 지어 주었다는 시 한 수가 전해지고 있다.

가엾은 몰골에다 초라한 몸이

가련의 집 앞에서 가련을 찾는구나

애절한 나의 뜻을 가련에게 전해 주면

가련은 이 불쌍한 내 마음을 알아주기나 할까?

可憐行色可憐身 可憐門前訪可憐

可憐此意傳可憐 可憐能知可憐心

그의 작품으로는 드물게 구애시(求愛詩) 한 편을 남겨 놓았던 셈이다. 기생 가련의 집에서 한동안 머물던 김병연은 단천을 떠나 계속 북행 길에 나서, 함경도 북쪽 지방을 모두 유랑하고는 부령 땅에서 또 한

해의 겨울을 보냈다. 다시 봄이 오자 두만강 지역까지 돌아보고 나서 문득 가족 생각이 났는지 영월 땅으로 돌아왔다.

김병연이 집으로 돌아오고 나서 얼마 뒤에 어머니가 세상을 떠났다. 다행히 어머니의 임종을 지켜볼 수 있었던 김병연은 맏형 병하가 이미 죽고 없었기 때문에 상주 노릇을 하느라 3년여를 집에서 머무르게 되었다.

이때 젊은 아내는 둘째 아이를 낳았다. 맏아들 학균이도 잘 커서 귀엽기만 하였다. 김병연은 마음을 잡고 가족들과 함께 살아 보려고 했다. 그러나 그러면 그럴수록 고통과 회한의 상념이 물밀듯이 밀려올 뿐이었다. 4년여의 방랑을 끝내고 집에 돌아왔건만, 뼛속까지 스며드는 허망함은 도저히 떨쳐 버릴 수가 없었다. 결국 김병연은 또다시 방랑 길에 나섰다. 아내도 그런 남편의 태도에 체념하고 말았다. 가족과 같이 있는 시간이 곧 고통이었던 김병연은 내몰리는 심정으로 다시 길을 나서게 되었다.

이번에는 원주 쪽으로 방향을 잡았다. 원주 근방을 구경하고 한성 방향으로 길을 떠났는데, 도성이 가까워질수록 인심이 사나워져서 지평 근방에서는 유숙을 청하여도 문전박대를 당하기 일쑤였다. 어쩔 수 없이 한뎃잠을 자면서 고단한 나그네의 삶을 비유한 시 한 수를 남겼다.

스무 나무 아래 섧은(서른) 나그네가
망할(마흔) 놈의 집에서 쉰 밥밖에 얻어먹지 못했으니
인간으로서 어찌 이런(일흔) 일이 있단 말인가?
차라리 집에 돌아가 설은(서른) 밥을 먹는 것만도 못하구나
二十樹下三十客 四十家中五十食
人間豈有七十事 不如歸家三十食

숫자를 '서른'이나 '마흔' 등으로 읽고, 음이 비슷한 다른 단어를 연

상시켜 만든 점이 재미있다. 지평에서 겨우겨우 하루를 지새운 그는 마침내 망우리 고개를 넘어서 한성에 다다랐다.

김병연은 이즈음에 우연히 우전 정현덕을 만났다. 정현덕은 김병연이 유일하게 평생 동안 친분을 나눈 사람으로, 어려서 과거에 합격한 수재로서 훗날 형조참판까지 지냈지만, 대원군과 민씨 일파의 권력 투쟁에 희생되어 사약을 받은 인물이다. 김병연이 정현덕보다 세 살 위였지만 그들은 곧 서로를 인정하는 사이가 되었다.

김병연은 한성에 있는 동안 정현덕의 도움으로 편안하게 구경하며 지낼 수 있었다. 그러나 아무리 편하다고 해도 한 곳에 오래 머무를 수 없는 것이 나그네의 숙명인지, 어느 날 정현덕의 친구들과 함께 목멱산(남산의 다른 이름) 계곡에서 한창 풍류를 즐기던 김병연은, 잠시 할 일이 있다고 자리를 뜨더니 영영 돌아오지 않았다.

김병연은 그 길로 다시 방랑 길에 올라 북쪽으로 방향을 잡고 파주로 향했다. 그 후 파주를 떠나 개성에 이르러서 또다시 문전박대를 당했던지 개성 인심을 한탄하는 시가 남아 전해진다.

> 고을 이름이 개성(開城)이면서 어찌하여 문들은 모두 닫아걸었으며
> 산 이름은 송악(松嶽)인데 왜 땔나무가 없다고 하는가?
> 어두워서 손님을 쫓아내는 것은 사람의 도리가 아닌데
> 동방예의지국에서 너희들만 홀로 야만족 진나라 사람이냐?
> 邑號開城何閉門 山名松嶽豈無薪
> 黃昏逐客非人事 禮儀東方子獨秦

개성을 떠나 평양에 도착한 김병연은 소문을 듣고 그를 흠모하던 소야월이라는 기생을 만나 한동안 함께 지내기도 했지만, 또다시 홀연히 길을 나서 안주 땅에 도착했다. 그곳은 그의 집안의 비극이 시작되었던 지역이었기 때문에 그는 밀려드는 회한으로 몸서리를 쳐야 했다. 김익

순이 처형되었던 정주성을 고통 속에서 지나야 했던 김병연은 오로지 걷고 또 걸어서 하루 만에 철산에 이르렀다.

이곳에서는 날이 어두워지자 아예 서당을 찾아 유숙을 청해 보기로 하였다. 김병연의 입장에서는 문자 나부랭이라도 아는 서당 훈장이 상대하기가 더 쉬웠기 때문이지만, 예상과는 달리 그곳 서당 훈장은 김병연의 말을 듣자마자 바로 퇴짜를 놓았다. 그러다가 스스로도 심하다 싶었던지 자기가 부르는 운자에 맞추어 시를 지어, 선비라는 것을 증명하면 재워 주겠다고 했다. 인심 사납지 않게 불청객을 쫓아 보내는 방법으로 나름대로 생각한 것이 시 짓기였던 모양이었다. 훈장은 까다롭고 어려운 글자를 고르느라 한참을 궁리하다가 마침내 운자를 불렀다.

"멱!"

김병연이 물었다.

"무슨 멱 자입니까?"

훈장은 그것 보라는 듯이 대꾸했다.

"찾을 '멱'(覓) 자도 모르시오?"

김병연은 잠시 뜸을 들이다가 첫 구절을 지었다.

"허다운자하호멱(許多韻字何呼覓, 수많은 운자 중에 하필이면 멱 자를 부르는가)?"

훈장은 또다시 운자를 불렀다.

"멱!"

이번에는 스스럼없이 곧바로 대답했다.

"피멱유난황차멱(皮覓有難況此覓, 아까 멱 자도 어려웠는데 이번에도 또 멱 자인가)?"

훈장은 은근히 약이 올랐는지 공연히 운자를 떼는 소리가 커졌다.

"멱!"

"일야숙침현어멱(一夜宿寢懸於覓, 하룻밤 묵는 것이 멱 자에 달렸나 보구나)."

6장 저물어 가는 조선 315

훈장은 기가 찼는지 목소리에 힘이 없었다.
"멱!"
"산촌훈장단지멱(山村訓長但知覓, 산골 훈장이 아는 글자라고는 멱 자밖에 없는 모양이다)."
그러자 훈장은 더 이상 못 당하겠다는 표정으로 김병연을 쳐다보았다. 그리고 말투마저 공손해졌다.
"나도 글줄이나 한다고 자신하지만 노형처럼 '사멱난운'(四覓難韻)을 거뜬히 해결하는 사람은 처음 봅니다."
그리하여 김병연은 시 짓기를 조건으로 유숙을 허락한 훈장 덕택에 하룻밤을 편안하게 잘 수 있었다. 사실 김병연은 곳곳을 유람하면서 자연히 서당 신세를 많이 질 수밖에 없었는데, 훈장들에 대한 인식이 별로 좋지 않았는지 훈장을 조롱하는 시들이 꽤 많다. 그 중에서 다음의 시 한 수가 단연 눈에 띈다.

서당에 일찍이 찾아갔지만
선생은 내다보지도 않는다
방 안에는 모두 귀한 물건으로 가득하지만
배우는 학생은 채 열 명도 되지 않는구나
書堂乃早至 先生來不謁
房中皆尊物 生徒諸未十

내용은 평범하지만 이 시는 지독한 욕설의 나열이다. 각 구절의 끝에 있는 세 글자들을 음독하면 차마 입에 옮겨 담을 수 없는 쌍욕이 되기 때문이다.
김병연은 철산에서 의주까지 올라갔다가 압록강을 따라 계속 북상하여 초산에 이르렀다. 그곳에서 뜻하지 않은 인연을 만나 한동안 가정을 꾸미고 훈장 생활로 2년여를 보낸다. 첫 번째 방랑에서도 고원 근방에서 잠시 간질병 있는 처녀의 서방 노릇을 한 적이 있었는데, 이번에 또다시 팔자에 없는 객지 혼인을 경험한 것이다. 방랑 생활 동안 간혹 여자 경험이야 있었지만 본격적인 살림을 차린 것은 이번 경우까지 해서 두 번 있었다.

하지만 어느 가을 밤, 김병연은 야반도주하듯이 초산 땅을 벗어나 또다시 유랑 생활을 시작했다. 마음 같아서는 백두산 등정까지 하고 싶었지만, 길이 험하고 겨울이 닥쳐오고 있어서 부득이 남쪽으로 발길을 돌려야 했다. 백두산 대신 겨울 묘향산을 둘러본 김병연은 2년 반 만에 다시 평양을 찾았다.

평양에 들어서자마자 예전에 한동안 정을 나눴던 기생 소야월의 집을 찾았지만, 소야월은 이미 병들어 죽고 없었다. 인생이 한낮 뜬구름 같이 부질없다 하지만 아직 젊디젊은 그가 죽었다는 것이 도저히 믿어지지 않았다. 한동안 삶의 무상함에 넋을 잃고 지내던 김병연은 황해도 은율의 구월산으로 가서 심신의 허탈함을 털어 버린 후, 한성으로 다시 돌아왔다.

한성에서 친한 벗인 정현덕과 그의 친구들에게 신세를 지며 한동안 지내고 있었는데, 고관으로 있던 **족제(族弟)**인 김병익으로부터 한성을 떠나 달라는 부탁을 받고, 가족이 있는 영월 땅으로 두 번째 귀향을 하게 된다. 당시 세상을 주무르고 있는 안동 김씨 일파였던 김병익의 입장에서도 김병연의 존재는 공연히 껄끄러웠던 모양이었다.

남도유람, 그리고 외로운 죽음

영월에 돌아왔을 때 김병연의 나이는 벌써 42세였다. 20대에 처음 집을 나와 30대가 되어서 한 번 돌아왔었다가, 또다시 길을 떠나 40대가

족제(族弟)
같은 성씨 중에서 아우뻘이 되는 남자.

되어서야 다시 집이라고 찾아든 것이다. 이제 아내는 완전히 남처럼 무심한 처지가 되어 버렸고, 자식들도 그리 살갑게 느껴지지 않았다. 그것은 가족들도 마찬가지였다. 결국 병연은 다시 방랑 길에 나설 수밖에 없었다. 그가 머리를 두고 숨쉴 수 있는 세상은 자기와 무관한 사람들이 살고 있는 객지뿐이라는 것을 새삼 깨닫게 된 것이다.

이번에는 남도 지방을 여행하기로 했다. 집을 나선 지 며칠 지나지 않아서 충주를 거쳐 문경새재까지 갔으나, 이미 그의 몸은 한창때와 달라서 쉬지 않고 고갯길을 넘기란 힘에 부치는 일이었다. 이때 김병연은 문경에서 한동안 머물러 지냈다. 그런데 이곳에서는 뜻하지 않은 묘지 분쟁에 휩쓸려 옥살이까지 했는데, 헌종이 죽고 철종이 등극한 후에야 특사로 겨우 풀려날 수 있었다.

지금도 마찬가지지만 당시에는 풍수지리가 일반 사람들에게 널리 퍼져 있어서 명당 자리를 잡기 위한 분쟁이 꽤 많았다. 이것을 '산송' (山訟)이라고 하는데 심한 경우, 명당이라고 알려지면 남의 땅에 시신을 몰래 묻기까지 하였다. 김병연은 어쩌다가 이러한 싸움에 휘말려서 공연한 옥살이로 방랑에 찌든 그의 몸만 더 상하게 되었다.

문경에서 겨우 풀려난 김병연은 낙동강을 건너 대구로 들어갔다. 대구에서 며칠을 보낸 후에 운문산을 유람하고 경주, 의성을 거쳐 안동까지 올라갔다. 안동은 그의 시조인 **삼태사**(三太師) 김선평의 분묘와 이퇴계의 사당이 있는 곳으로, 김병연은 한동안 이곳에서 훈장 생활을 하며 지내기도 했다.

자신의 뿌리에 대한 그리움과 성인으로 추앙받는 이황의 향기를 그리기 위해서였는지, 김병연은 그곳에서 상당히 오랫동안 머물렀다. 또한 문경에서의 옥살이 때문에 건강이 좋지 못해 쉽게 먼길을 떠날 수 없었기 때문이기도 했다.

김병연은 어느 정도 몸이 회복되자 또다시 아무 미련 없이 북쪽으로 길을 떠나서 예천, 영주를 지나 죽령을 넘기로 하였다. 그러나 한번 약해진 몸은 쉽게 회복할 수 없었는지, 풍기쯤에 이르러 그만 길에서 정신을 잃고 쓰러지고 말았는데, 마침 지나가던 사람이 그를 발견하고 자기 집에 데려가 간호해 주어 객사할 위기를 간신히 넘기기도 하였다.

이 집에서 꼬박 한 달 이상 누워 지낸 김병연은 너무 오래 신세를 지는 게 미안스러워 억지로 길을 나섰지만, 아직 험한 길을 갈 수 있는 상태가 아니었다. 결국 아픈 몸을 이끌고 영월 땅 가족들에게로 잠시 돌아간다. 염치없는 일이기는 하지만 그래도 병든 몸을 의탁할 수 있는 곳은 가족밖에 없었던 것이다. 김병연이 병든 몸을 이끌고 세 번째로 집에 돌아왔을 때, 그의 나이 벌써 50대에 들어서고 있었다.

20대 청춘에 집을 떠나 10년쯤마다 한 번씩 죽지 않고 얼굴이라도 보여 주는 것이 반갑기는 했지만, 그의 가족에게 그는 타인과 같은 존재였다. 아내도 이미 늙었고 맏아들 학균은 장가를 들어 김병연에게는 손자까지 생겨 있었다. 첫 번째 귀향 때 얻었던 둘째 아들 익균도 어느덧 의젓한 장부가 된 것은 물론이다. 김병연은 그들에게 아무 것도 해 주지 못한 자신이 죄스럽게 느껴졌다. 게다가 늙고 병든 몸으로 돌아온 자신이 가증스럽게 느껴지기까지 했다. 자식들 보기도 면목이 없고 낯선 며느리에게는 부끄러운 심정마저 들었다.

결국 건강을 어느 정도 되찾자 가족들의 만류를 뒤로한 채 김병연은 또다시 집을 나섰다. 그 길로 그는 정현덕을 만나기 위해 곧장 한성으로 향했다. 그러나 그때 정현덕은 동래 부사로 가 있어 만나지 못하자, 그를 직접 찾아 나서기로 하고 이번에는 충청도 쪽으로 길을 잡아 떠났다.

다시 방랑 길에 나선 김병연은 차령 고개를 넘어 공주, 부여를 둘러보고, 석성에서 전라도 방향으로 길을 잡아 전주까지 들어갔다. 어느 날 전주 명물인 완산에 올라 만경대 부근에서 경치를 살펴보다가, 한

삼태사(三太師)
고려 개국 공신인 김선평, 권행, 장길을 말함.

무리의 풍류패들을 만나서 동참하게 되었다.

여기서도 술 얻어먹은 값으로 시 한 수를 남겼는데, 그 내용인 즉 거들먹거리는 양반들을 통렬히 비판하는 것이었다. 풍류객 중 한 사람이 운자를 불렀는데, 술에 취한데다 김병연의 초라한 행색을 보고 무시하는 심사로 한글 자음을 닥치는 대로 불렀다. 일종의 희롱이었다.

"기역!"
"요하패(腰下佩) 기역(허리춤에 'ㄱ'을 꿰어 차고)."
"이응!"
"우비천(牛鼻穿) 이응(소의 코는 'ㅇ'을 뚫었구나)."
"리을!"
"귀가수(歸家修) 리을(집에 돌아가서 'ㄹ'을 닦아야지)."
"디귿!"
"불연점(不然點) 디귿(그렇지 않으면 'ㄷ'에 점을 찍게 되겠구나)."

허리에는 낫을 차고 있다는 것이고 둥그런 코뚜레한 소를 그렸으니, 목동의 모습을 노래한 것이다. 그리고 세 번째 구절의 'ㄹ'은 한자의 자기 '기'(己) 자를 대신한 것이다. 마지막 구절의 'ㄷ'은 점을 찍으면 망할 '망'(亡) 자가 되는 것이다. 별다른 할 일도 없이 대낮부터 술이나 마시며 놀고 있는 풍류객들을 철모르는 어린 목동에 비유하여, 더 배우고 수양하여 자중하지 않으면 패가망신한다는 경고를 시로 표현한 것이다.

김병연은 그 길로 전주를 떠나 지리산을 넘어 경상도 땅으로 들어가서 드디어 정현덕이 있는 동래에 도착했다. 동래에서 옛 친구를 만나 한동안 머물다가 해변을 따라 다시 전라도로 들어가서 무장 땅에서 잠시 훈장 생활로 겨울을 보내고, 그 다음 해에는 전라도 전 지역을 돌아다녔다. 이 시절 그는 몸이 많이 약해져 힘들어 하면서도 술만 만나면 정신 없이 마시는 등 자신을 학대하는 모습을 보이기도 했다. 늙고 병든 자신의 처지를 한탄한 시도 이 시절에 지은 것인데, 그의 해학적 기지가 번뜩이고 있다.

> 하늘 길어서 잠을 수 없고
> 꽃은 늙어 나비도 오지 않는다
> 국화꽃이 찬 모래에서 피고
> 가지 그림자는 땅 위에 반쯤 쫓아왔다
> 강변 정자 옆을 가난한 선비가 지나가다가
> 크게 취하여 소나무 아래 엎어졌다
> 달이 옮겨가자 산 그림자마저 바뀌니
> 부지런한 장사꾼은 벌써 시장을 통하여 이익을 얻으러 오더라
> 天長去無執 花老蝶不來 菊樹寒沙發 技影半從地
> 江亭貧士過 大醉伏松下 月移山影改 通市求利來

이 시의 내용은 자신의 처절한 모습을 그린 것이지만 우리말 발음대로 읽어 보면, '국수 한 사발', '지영(간장)반 종지', '강정'에 '빈 사과'에다가 '대취(대추)'에 '복송하(복숭아)' 등의 음식을 늘어놓기도 하고 '월이산 영개(계)'에다 '통시 구리래(구린내)'까지 해학의 절정을 보여준다.

전라도에서 또 한 해의 겨울을 맞이한 김병연은 마침내 체력의 한계를 느끼고 길가에 쓰러진다. 다행히 인근 주민에게 구조되었지만 다시 일어나지 못하고, 철종 14년(1863)에 56세의 나이로 운명하고 만다.

죽기 얼마 전에 둘째 아들 익균이 그를 찾아와 몇 번이나 귀향을 권하였으나 끝내 도망치듯 사라져 버린다. 김병연은 마치 자신의 운명을 예견하기라도 한 듯 시 한 수를 지었다.

> 돌아가자니 그것도 어렵고 머물러 있자니 그 또한 어렵다
> 몇 날이고 방황하다가 길가에서 쓰러지게 된다

가슴 시린 체념이 가득 담겨져 있는 이 시처럼, '김삿갓' 김병연은 일생을 방랑한 나그네답게 먼 타향 땅 길가에서 죽음을 맞았다.

최초의 조선인 신부
김대건

　김대건은 오로지 신앙을 향한 일념으로 살다가 순교로서 짧은 생애를 마감한 조선 최초의 신부이다. 그는 천주교 집안에서 태어나 열다섯 살의 어린 나이에 신부가 되기로 작정하고, 이역 만리로 신학 공부를 떠난 굳센 신앙인이었다.

　김대건의 집안은 일찍부터 천주교를 받아들여서 순조 원년(1801)의 천주교도 탄압 때부터 박해를 받아 왔고, 이를 피해 고향을 떠나 타지로 이주할 정도로 독실한 천주교 가정이었다. 그는 할머니에 의해 일찌감치 신부감으로 키워졌으며, 그 자신도 어린 나이에 이미 강한 신앙의 힘을 지니고 있었기 때문에 시련의 길을 가기로 기꺼이 결심했다.

　당시 조선의 실정으로는 일반 신도도 견디기 어려운 형편이었는데, 신부가 된다는 것은 고난의 단계를 넘어서 죽음을 각오해야 하는 고난의 가시밭길이었다. 따라서 보통의 결심으로는 어려운 일이었다. 더구나 그 어떤 새로운 문물도 수용하지 않을 정도로 극히 경직된 보수주의 사회였던 조선에서, 최고의 이단으로 손꼽는 천주교의 지도자가 되겠다는 생각은 아무리 신앙의 힘이라고 하더라도 쉽게 가질 수 없는 것이다.

　그런 의미에서 그는 진정한 신앙인이기 이전에, 미지의 세계에 적극적으로 도전하는 능동적인 인간상의 표본이라 할 수 있다. 아무도 가지 않은 세계를 향하여 자신만의 의지와 천주에 대한 신앙으로 칠흑같이 어두운 장벽을 뚫고 나아간 것이므로, 그 도전 정신만으로도 타인의 귀감이 되기에 충분하다.

　인간의 역사는 항상 새로운 세계를 향해 도전한 사람들에 의하여 발전되어 왔다. 보통 사람들은 그 시대의 일반적인 삶의 모습 그대로 살아가지만, 세상을 이끌어 가는 사람들은 위험을 무릅쓰고라도 남이 가지 않은 길을 가는 법이다. 김대건 또한 현실에 편안히 안주하기보다 가시밭길일지언정 미지의 세계로 나아갔다. 따라서 그는 참된 신앙인이면서 동시에 적극적인 인간 정신을 발현한 인물인 것이다.

천주교 집안에서 태어나다

　김대건은 조선 23대 왕인 순조 22년(1822)에 김제준의 아들로 태어났다. 태어난 곳은 경기도 용인의 '골배마실'이라는 산중 마을이었으며, 본관은 김해다. 그의 집안은 증조부 대까지 충남 내포에서 살았는데, 둘째 며느리로 들어온 이씨에 의하여 온 집안이 천주교 신자가 되었다. 이씨는 일찍부터 교회를 만들고 충청도 일대를 전도하며 천주교의 교세를 넓혀 나간 이존창의 조카딸이었다.

　증조부 김진후는 순조 원년에 발생한 천주교도 박해 사건인 신유사옥 때 잡혀가 옥고를 치른 후 계속 감시를 받다가, 순조 5년(1805)에 또다시 붙잡혀 결국 해미에서 처형당하고 말았다. 이에 그의 할아버지 김택현은 고향에서 살지 못하고 가족들을 데리고 용인 땅으로 숨어들었다.

　김택현에게는 아들이 셋 있었는데 김대건의 아버지인 김제준은 둘째 아들이었다. 김제준은 '이냐시오'라는 세례명으로 영세를 받은 독실한 신자로, 김대건을 천주교의 교리에 따라 키웠으며, 일찍이 그의 집안에 천주교를 전했던 할머니 이씨는 어린 김대건을 신부로 키우기로 작정했다. 김대건은 어렸을 때 영세를 받지 않았는데, 연이은 수난으로 집안이 불안하기도 했지만, 신부에게 정식으로 영세를 받기 위해 미루고 있었기 때문이기도 하다.

당시 조선 교회는 정식 신부의 인도 없이 신도들 스스로 교리 연구회를 만들어 운영하고 있었다. 따라서 체계적이지도 못하고 교리에 대해 제대로 이해하기도 힘들었다. 말하자면 조선 천주교인들의 신앙적 힘만으로 교회를 이끌어온 자생적 형태였던 것이다. 그러나 교인들의 수가 점점 늘어나자 이들을 올바르게 지도해 줄 신부가 절실하게 필요했고, 이에 따라 중국에 있던 천주교단에 조선에도 신부를 파견해 달라며 간청하였다.

이러한 조선 교인들의 요청으로 청국인 신부 주문모와 유 빠치피꼬가 입국했고, 곧이어 프랑스 신부들도 맞아들이게 되었다. 그러나 조선의 실정과 말에 어두운 외국인 신부들로는 포교가 쉽지 않았다. 그 결과 조선인 신부가 필요하다는 의견이 나오기 시작하였다.

조선에 최초로 입국한 프랑스 신부 모방도 이 점을 절실히 깨닫고 신학생을 물색하게 되었는데, 이때 선발된 사람이 과천 지방 신도 대표의 아들인 최양업과 홍주에 사는 최한지의 아들 최방제였다. 이렇게 선발된 두 사람이 모방에게 기초 교리를 배우기 시작한 때가 헌종 원년(1835)이었다. 그러나 두 사람만으로는 부족하다고 생각하여 그 이듬해에 추가로 선발한 사람이 바로 김대건이었던 것이다.

모방은 김대건에게 직접 영세를 주고 먼저 선발되어 공부하던 두 사람과 합류시켰다. 김대건은 선배 두 사람과 교리 공부를 하며 중국으로 유학을 가기 위하여 역관(譯官) 유진길로부터 중국말을 배웠다. 이렇게 6개월 동안 기초를 닦은 후에 헌종 2년(1836) 12월에 본격적으로 신학 공부를 하기 위해 압록강을 건너 중국으로 들어갔다. 이때 그들의 나이 겨우 열다섯 살 안팎의 어린 소년들이었다.

험난한 신학 공부

사실 신부의 길로 나설 작정을 한다는 것은, 요즘 같은 시대에도 평범한 사람으로서는 하기 힘든 일이다. 유교적 전통이 강하게 남아 있던 당시에는 더 말할 나위도 없었다. 우선 독실한 신자이어야 함은 물론이고 성직자가 되기 위한 확고부동한 신념도 있어야 했다. 또 빗발처럼 쏟아지는 비난을 이겨 낼 수 있는 의지와 언제 죽을지 모르는 위험 속에서 버텨 낼 용기와 지혜가 필요했다.

이처럼 어려운 환경을 극복하고 신부의 길을 선택했던 어린 소년들의 마음속은 어떠했을까? 오로지 진리에 대한 목마름과 믿음을 바탕으로 한 신념이 없었다면 조국을 떠나 낯선 타국 땅까지의 긴 여행을 이겨 내지 못했을 것이다.

더구나 당시 조선은 외국인의 입국을 막았던 것은 물론 내국인들이 외국으로 나가는 것도 철저하게 금지하였다. 나라 밖으로 나간다는 것 자체가 발각되면 곧바로 죽음을 의미하는 중죄였던 것이다. 이러한 안팎의 어려움을 딛고 천신만고 끝에 그들이 도착한 곳은 마카오였다. 당시 마카오에는 중국인을 위한 신학교가 있었고, 조선 선교의 책임을 맡은 **파리 외방전교회**의 지부도 있었기 때문이다.

이때 외방전교회 경리 책임자였던 르그레스와 신부는 그토록 먼길을 걸어온 조선의 어린 세 소년을 보고 감동하여, 청국인 신학교나 동남아의 다른 지역 신학교로 보내지 않고 마카오에서 전교회 지부 책임 아래 직접 교육시키기로 결정하였다.

이렇게 하여 조선의 세 소년은 이역 만리 마카오 땅에서 서로를 의지하며 신학 공부에 전념하게 되었다. 그러나 당시 중국의 정세가 극도로 혼란하여 민란이 자주 일어났기 때문에, 마카오에 도착한 지 두 달도 안 되어 김대건 일행은 난을 피해 필리핀 마닐라에 가 있어야 했다.

이렇듯 불안정한 상황 속에서도 계획된 교육 일정에 따라 빠짐없이 공부하던 중에 최방제가 병을 얻어 죽고 만다. 마카오에 도착한 지 1년만의 일이었다. 김대건과 최양업은 의지하던 벗을 잃고 그를 이역 땅에 묻으면서도 슬픔을 삼키고 공부에 전념할 수밖에 없었다. 조국에는 그들이 신부가 되어 돌아오기만을 애타게 기다리는 수많은 교인들이 있었기 때문이다.

한편 그때 국내 정세는 천주교도들에게 더욱 큰 고통과 박해를 가하고 있었다. 헌종 4년(1838)에 조선 선교의 책임을 전담한 프랑스 신부 앙베르가 입국하여 적극적인 선교 활동을 하였으나 외국인으로서의 한계에 부닥치자, 포교 활동의 효율성을 위해 김대건 등이 공부를 마치기 전에 조선 내에서도 신부를 양성하기로 했다. 그리하여 정하상 등 4명을 뽑아서 교육을 시켰지만 그 이듬해에 발생한 기해박해(己亥迫害)로 이 모든 것이 무산되고 만다.

이 기해박해로 프랑스 신부 앙베르, 모방, 샤스탕도 잡혀서 처형되었다. 그리고 천주교를 믿지 말라는 내용이 적힌 이른바 『척사윤음』(斥邪綸音)이 전국에 반포되고, **5가작통**으로써 철통같이 감시하였다. 이때 김대건의 아버지 김제준도 사위 곽가의 고발로 잡혀서 죽고, 어머니는 겨우 변을 피해 도망쳤다. 최양업의 부모도 모두 죽임을 당했다. 그러나 마카오에 있는 김대건과 최양업은 이런 사실을 모른 채 학업에만 열중하고 있었다.

귀국을 위한 진통

동양으로의 진출이 영국보다 늦은 프랑스는 1842년에 세실 제독이 지휘하는 군함을 마카오에 파견했다. 늦으나마 중국에 진출할 통로를 개척하고 아시아의 다른 나라들도 개척하기 위해서였다. 마카오에서 정세를 살피던 세실은 중국과 이어져 있는 조선에 진출하기로 결정하

파리 외방전교회
1653년, 아시아 포교를 위하여 프랑스에 설립된 천주교의 해외 전도 단체.

5가작통
다섯 집을 1통으로 하고 통주(統主)를 두어 관리하던 조직. 조선 후기에 이르러 호패와 함께 호적의 보조 수단이 되어 역을 피해 도망가는 유민과 도적의 은닉을 방지하는 데 이용했다. 헌종 때에는 통의 연대 책임을 강화하여 천주교도를 적발하는 데 이용했다.

고, 조선의 지리를 잘 알고 통역을 할 수 있는 사람을 구하였다. 이때 신부 수업을 모두 마친 김대건과 최양업은 귀국할 채비를 하고 있다가, 프랑스 배에 함께 타기로 하고 그들의 통역을 맡았다.

김대건은 지휘선 에리곤 호에 승선하여 세실의 통역이 되고, 양업은 보조함 파보리트 호에 승선하여 함장 바즈의 통역을 맡았다. 드디어 프랑스 함대는 1842년 2월에 마카오를 출발하여 마닐라에 들렀다가 타이완(臺灣)을 거쳐 상하이(上海)에 도착하였다. 그러나 그해에 **아편 전쟁**이 끝나고 **난징 조약**이 체결되는 것을 본 세실은, 중국에서의 이권 다툼에서 영국에 선수를 모두 빼앗기자 작은 나라 조선으로의 진출을 포기해 버렸다.

결국 프랑스 인들을 따라 입국하려던 김대건의 계획은 좌절되었고 다른 길을 모색할 수밖에 없었다. 프랑스 배에서 내린 김대건은 최양업과 함께 프랑스 신부 한 명을 데리고 육로를 통해 조선으로 향했다. 그리하여 그들이 랴오둥(遼東) 반도 서남단에 도착한 것은 그해 10월 말이었는데, 그곳에서 입국 기회를 엿보던 중에 중국 상인을 통해서 비로소 기해년 박해 소식을 듣게 되었다. 피맺힌 소식을 접한 그들은 마음이 조급해져서 하루라도 빨리 귀국하기 위해 의주로 통하는 변문 땅에 당도하였다.

변문에서 의주까지의 길을 달리듯이 걸어서 국경을 경비하는 군졸들의 눈까지 속이고 압록강을 건넜으나, 곧 발각되어 다시 중국으로 도망쳐 나와야만 했다. 김대건 일행은 그 길로 몽고의 바쯔자까지 들어갔다. 그곳에는 제3대 조선 선교 책임자로 임명된 페레올 주교가 거처하고 있었기 때문이다. 바쯔자에서 한동안 머물던 김대건은 헌종 10년(1844) 초에 페레올 주교의 지시에 따라 두만 강변의 경원을 통해 입국을 시도하고자 다시 길을 떠났다.

김대건 일행이 바쯔자에서 경원까지 800킬로미터나 되는 만주 벌판을 쉬지 않고 걸어서 도착한 것은 그해 구정 무렵이었다. 경원에서 2년

마다 장이 서는 것을 기회로 삼아 조선으로 몰래 들어가기로 하였으나, 조선에서 온 안내자가 경원으로 입국하는 것은 의주를 통해 가는 것보다 더 위험하다고 만류했다. 그들은 어쩔 수 없이 포기하고 다시 바쯔자로 돌아가야 했다.

결국 페레올 주교는 김대건 혼자만이라도 입국할 것을 명령했다. 그리하여 헌종 11년(1845) 정월에 드디어 김대건은 의주를 거쳐 조선에 들어오게 되었다. 실로 귀국을 시도한 지 3년 만의 일로 김대건 자신도 감개가 남달랐고 그를 맞은 신도들도 기쁨이 컸다. 그러나 그는 신변의 안전을 위해 자신의 거처와 소식을 몇몇 교회 간부 외에는 일체 알리지 않고 비밀에 붙였다.

귀국한 후 김대건은 신학생을 뽑아 교육을 시키면서 전국 각지의 순교자 수를 파악하는 등 순교자에 대한 자료 수집에 나섰다. 이것은 1785년에 조선에서 처음 순교자가 나온 이래 아무도 손대지 못한 사업이었다.

그러한 와중에 갑작스러운 병을 얻어 한동안 극심한 병고에 시달리다가 겨우 일어난 김대건은 페레올 주교를 조선으로 데려오기 위해 배를 구하러 다녀야 했다. 외국인 신부를 육지로 입국시키기는 당시 조선 사정으로 볼 때 거의 불가능했기 때문이었다.

조선 최초의 신부가 되다

드디어 귀국한 지 4개월이 지난 1845년 4월 말, 김대건은 길이 8미터, 넓이 3미터짜리 소형 배를 구해서 중국으로 향했다. 서해의 험한 파도를 헤치고 천신만고 끝에 상하이에 도착한 김대건은 그곳에서 비로

> **아편 전쟁과 난징 조약**
> 1840년부터 1842년에 청나라가 아편 수입을 금지한 데서 비롯된 영국과 청나라 사이의 전쟁. 청나라가 져서 난징 조약을 맺고, 홍콩을 영국에 떼어 주었다.

소 신부의 서품(敍品)을 받았다. 그동안 김대건은 신학 공부를 마치고도 아직 나이가 어리고 경력이 부족하다는 이유로 정식 신부가 되지 못하고 있었던 것이다. 그러나 조선 선교의 막중한 임무 때문에 재입국하기 전에 신부로 임명받게 되었다. 이로써 우리 나라 최초의 신부가 된 김대건은 만당 성당에서 처음으로 미사를 맡아 진행했다.

김대건은 신부로 서품되자마자 그해 8월에 페레올 주교와 다블뤼 신부와 함께, 중국으로 왔을 때의 뱃길을 따라 다시 조선으로 돌아왔다. 이때 목적지를 연평도로 정하고 출발했지만 도착한 것은 충남 강경 근처의 황산포였다. 해풍이 그들을 목적지보다 먼 곳에 데려다 놓은 것이었다.

우선 김대건은 강경의 신자들 집에 두 사람의 프랑스 신부를 은신시켜서 말을 배우게 하고, 신부들이 거처할 집을 구하기 위해 상경하였다. 상경하여 집을 구한 후에는 신자들의 실태를 파악하고 조직적인 연락망을 작성하여 체계적인 포교를 위한 기초 작업에 들어갔는데, 그동안 말이 잘 통하지 않던 외국인 신부들만 모셨던 신도들은 조선인 신부가 이끌어 준 후로 어려운 문제들이 순조롭게 풀려 나가기 시작하자 모두 좋아하였다.

먼저 상경하여 프랑스 신부들이 활동할 수 있는 터를 닦아 놓은 김대건은, 그해 말에 페레올 주교를 한성으로 데리고 와서 본격적인 포교 활동에 나섰다. 이때쯤에는 프랑스 신부들도 어느 정도 말을 익혀서 간단한 의사 소통은 할 수 있게 되었다. 페레올 주교는 자신이 한성 교회를 맡기로 하고, 김대건에게는 지방 선교를 명하였다.

이에 따라 김대건은 어렸을 때 그가 살던 골배마실에서 가까운 '은이 마을'로 내려가 정처 없이 떠돌아다닌다는 어머니를 수소문하기 시작했다. 귀국한 지 2년이 지난 후에야 어머니를 찾아볼 형편이 되었던 것이다. 결국 김대건은 5개월 뒤에 간신히 어머니를 찾아 내어 모자 상봉의 기쁨을 맛볼 수 있었다.

그러나 김대건은 만난 지 얼마되지 않은 어머니와 또다시 이별할 수밖에 없었다. 페레올 신부의 명으로 또 다른 신부들과 최양업의 입국을 안내하기 위해 다시 출국해야 했기 때문이었다. 그러나 이것이 김대건의 마지막 모습이 될 줄은 그때까지는 아무도 몰랐다.

순교자의 길

헌종 12년(1846) 4월, 중국으로 떠날 기회를 엿보던 김대건은 연평도로 떠나는 고기잡이배에 유람객으로 가장하고 승선했다. 이번에는 직접 배를 구하지 않고 조기잡이 철에 조선 근해까지 출항하는 중국 배를 이용하기로 했기 때문에, 김대건은 연평도 부근에서부터 육지까지의 항로를 확인하고 지도를 작성할 작정이었다. 그해 5월 중순에 김대건이 탄 배는 마포를 떠나 연평도를 거쳐 5월 말에 등산진에 닿았다. 여기서 그는 중국 배를 찾아가 사례를 한 뒤, 페레올 주교의 편지와 자기가 그린 지도를 상하이에서 기다리고 있는 신부들에게 전해 줄 것을 부탁했다.

목적을 달성한 김대건은 배가 돌아갈 때만을 기다리고 있던 차에 그의 수상한 차림새를 의심한 관리들의 불심검문을 받게 되었다. 당시 수중에 있던 소지품을 통해 천주교 신자임이 발각된 김대건은 선원들의 밀고로 중국 배에 건네 줬던 편지와 지도도 압수당했다. 그 후 해주 감영으로 옮겨져 심한 문초를 받았는데, 사태가 파국에 이르렀음을 안 그는 죽음을 각오했지만, 해주 감사는 그를 중국인으로 오해하고 자신이 함부로 처리할 수 없다고 판단하여 한성으로 압송하였다.

김대건은 한성으로 압송되어 문초를 받으면서 자신은 조선 사람이며 '안드레아'라는 이름으로 영세를 받은 신부임을 똑똑히 밝혔다. 취조받는 과정에서 세계 지도를 그려 내고 각국의 말에 능통한 것은 물론 해박하게 세계의 정세를 논하면서 조선의 낙후성을 역설하자, 문초를 하던 관리들도 깜짝 놀라 그를 쉽게 보지 못하였다. 김대건은 또 천주교는 세계 어디에서든 자유롭게 믿을 수 있는데 유독 조선에서만 신자들을 박해하고 죽인다면서, 이것은 야만적인 행위라고 당당하게 바판하기도 했다.

그런데 김대건에 대한 문초가 한창 진행 중일 때, 프랑스의 세실 제독이 군함 3척을 이끌고 나타나, 조선의 천주교 탄압에 대해 항의하면서 프랑스 신부를 죽인 이유를 확인하겠다고 시위하는 사태가 발생했다. 느닷없는 긴급 사태에 직면한 조선 조정은, 외국과의 전쟁을 피하기 위하여 김대건을 앞세워 프랑스 신부를 처형한 이유를 해명하고 화의(和議)를 제의하기로 했다. 김대건으로서는 사태가 급반전되어 살아날 길이 열린 것이다.

그러나 세실 제독의 프랑스 함대는 항의 문서만 전달한 채 김대건이 교섭 대표로 나서기도 전에 떠나 버렸다. 만사가 물거품이 되는 순간이었다. 프랑스 함대가 떠난 것은 8월이었는데, 조선 조정은 9월에 접어들자마자 그를 처형하기로 결정하였다.

김대건은 이제 정말 마지막임을 직감했다. 그리고 자기를 가르쳐 준 신부들에게 하직 편지를 쓰고 「전국 신자에게 보내는 글」을 남겼다. 또 페레올 주교와 최양업에게 자신의 어머니를 부탁하는 편지를 쓰기도 하였다. 신앙을 위해 자신의 피로 혈제(血祭)를 드리게 된 그였지만, 육친에 대한 걱정만은 어쩔 수 없었던 모양이다.

결국 김대건은 사형선고를 받은 다음 날인 9월 16일에 처형되고 만다. 천주교에서 "세상은 잠시 쉬었다 가는 여관 같은 곳이고 인생은 나그네 길"이라고 한 것처럼, 그는 스물다섯 살의 젊은 나이로 짧은 생을 마치고 만 것이다.

로마 가톨릭에서는 목숨을 바쳐 신앙을 지켰거나 생전에 베푼 뛰어난 덕행으로 영원한 생명을 얻었다고 믿어져 신자들의 공경을 받게 된 사람을 가경자(可敬者)로 추대하고, 시복식(諡福式)을 거행하여 복자(福者)라는 존칭을 내린다. 김대건은 1857년에 교황청에 의하여 가경자로 선포되었고, 1925년에는 그에 대한 시복식이 거행되었으며, 조선의 전 성직단 대주보(大主保)로 정해졌다. 그 후 그는 교황 바오로 2세에 의하여 복자가 되어 조선 천주교의 영원한 성인(聖人)이 되었다.

개화 사상의 선구자, 비운의 혁명가
김옥균

    김옥균은 꺼져 가던 조선의 명운을 걱정하며, 시대의 새로운 흐름에 맞게 개화(開化)해야 나라의 부흥과 발전을 꾀할 수 있다고 주장했다. 그는 민씨 일파의 굴욕적인 외교 정책에 반대하는 폐쇄적인 **위정척사(衛正斥邪)** 주장에 결코 찬성하지 않았지만, 외세의 강요에 의하여 어쩔 수 없이 무분별하게 개방하는 것도 배척했다. 그러나 나라를 여는 것은 세계적인 흐름이기 때문에 조선이 스스로의 힘을 길러 외세의 침략을 물리칠 수 있을 만큼의 능력을 갖추기 위해서는 적극적으로 외국의 장점을 배워야 한다고 역설한 '자주적 개국론자'였다.

    처음에 김옥균은 평화적 수단에 의한 개혁 운동을 추진했으나, 청나라와 결탁한 민씨 일파의 벽에 부딪히자 부득이 쿠데타적인 방법을 동원할 수 밖에 없었다. 위로부터의 점진적인 개량주의가 한계에 부딪쳐 앞으로 나아가지 못하는 현실이 그로 하여금 폭력적인 수단에 의탁하게 만든 것이다. 그렇기 때문에 그에 의해 주도된 '갑신정변'을 단순히 정권 탈취 음모로만 매도할 수는 없다. 내적으로는 제도를 혁신하여 힘을 기르고, 외적으로는 나라의 독립을 지키기 위한 그의 사상이 현실적인 장애로 인해 결국 정변의 형태로 나타났을 뿐이기 때문이다.

    그러나 김옥균의 개혁은 결과적으로 실패하고 말았다. 젊은 혈기와 더 이상 물러설 곳이 없다는 조급함이 그 원인으로 지적되고 있지만,

더 근본적인 이유로는 개혁이 소수의 개화파 인사들에 의해 추진되어 일반 민중과 동떨어졌다는 것과 지나치게 외세에 의존했다는 점을 들 수 있다. 말하자면 정변의 주체 세력이 너무나 허약했던 것이 주된 이유이며, 또한 그때까지 조선에서는 수구파의 후견자인 청의 세력이 일본보다 강했다는 점을 지나치게 도외시한 것도 실패의 원인으로 꼽을 수 있다. 결국 내외의 조건이 모두 불리한 상태에서 무리한 정변을 감행했기 때문에 이미 실패가 예견되었던 셈이다.

그러나 조국을 부강한 나라로 만들려 했던 그의 의지와 애국심은 결코 무시할 수 없다. 그는 "일본이 아시아의 영국이라면 조선은 아시아의 프랑스가 되어야 한다."고 입버릇처럼 말하면서, 이를 위해서는 먼저 사회 체제의 대변혁과 자주적 개국이 이루어져야 한다고 역설했다. 그런 의미에서 그는 진정한 애국자이자 개혁 운동의 선구자라고 할 수 있다.

개화 사상에 눈을 뜨다

김옥균은 조선 25대 왕인 철종 2년(1851)에 충남 공주에서 호군 김병태의 맏아들로 태어났다. '옥균'(玉均)이라는 이름은 그의 얼굴이 백옥같이 곱고 희다고 해서 지은 것이라고 한다.

김옥균은 여섯 살 때 5촌 당숙인 좌찬성 김병기의 양자로 들어갔다. 원래 맏아들은 양자로 보내지 않는데, 당시 김병기가 집안에서 가장 권세가 있었기 때문에 총명한 그의 장래를 위해 아버지가 어려운 결정을 내린 것이다.

열한 살 되던 해에 양아버지 김병기가 강릉 부사로 부임하게 되어 그곳의 송담서원에서 학문의 기초를 닦은 김옥균은, 열여섯 살 때 중앙

위정척사(衛正斥邪)
정학인 주자학을 지키고 사학인 천주교를 물리치자는 뜻.

정계로 전임하는 양아버지를 따라 한성으로 올라오면서 더욱 학문에 정진하여, 고종 9년(1872)에 스물두 살의 나이로 알성시(謁聖試) 문과에 장원급제하였다. 김옥균은 과거에 응시하기 한두 해 전쯤부터 이미 서울 북쪽에 있는 양반 거주 지역인 북촌(北村)에 드나들던 한의원 유대치를 통해 개화 사상을 접하고 있었다.

김옥균은 급제하던 해에 성균관 전적이라는 관직에 진출해서 이듬해에 대원군이 민씨 세력과 유림들의 연합 공격에 의해 권좌에서 물러나는 과정을 목격하기도 했다.

대원군은 고종이 등극하던 1863년부터 10년 동안 강력한 통치권자로 군림하였다. 외척의 폐단을 극도로 경계하여 몰락한 가문에서 며느리를 들였으나, 결국 그에 의하여 권력의 정상에서 밀려나고 말았다. 대원군이 실각하게 된 결정적인 계기는 동부승지 최익현의 탄핵 상소에서부터 비롯되었지만, 그 배경에는 10년 동안의 강권 통치로 인하여 반대 세력이 많아진 것과 야심 많은 고종의 왕후 민씨의 권력욕이 큰 몫을 차지했다.

대원군이 물러나자 정권은 민씨 일파의 독무대가 되었고, 사회적 악폐가 되살아나기 시작했다. 특히 민씨 일파는 자신들의 세력 확장과 부귀 영화를 위해 몰지각한 행동까지 불사하여 역사의 시계를 거꾸로 돌려 놓고 말았다. 이미 대원군의 극심한 쇄국 정책에 의하여 새 시대로 나갈 기회를 놓친 조선은 민씨 일파에 의해 완전히 퇴행의 길로 빠져들게 되었던 것이다.

이제 막 정치계에 발을 들여 놓은 김옥균이 보고 느꼈던 조선의 현실은 이렇듯 수렁에 빠져서 허우적대고 있는 형상이었다. 그는 이를 극복하기 위해서는 새로운 사상에 의한 일대 혁신이 필요하다고 생각했다. 그가 관직에 나오기 전부터 접하여 알고 있던 선진 외국의 모습과 개혁 사상은 이즈음 더욱 확고한 신념으로 자리잡게 되어 나라의 개화에 뜻을 같이하는 인물들과 깊은 교류를 하게 되었다.

김옥균의 사상에 영향을 준 사람들

김옥균의 사상과 신념을 이해하기 위해서는 그에게 큰 영향을 주었던 네 사람의 인물에 대해 먼저 알아야 한다.

우선 김옥균에게 실용적 사고의 틀을 갖추게 해 준 인물로는 실학 사상의 계승자인 박규수를 꼽을 수 있다. 박규수는 연암 박지원의 손자이며 청나라에 다녀오기도 했는데, 그 시대의 사대부들 중에서는 상당히 개화된 인물이었으며, 고종 3년(1866)에 평안도 관찰사로 있는 동안 미국의 상선(商船) 셔먼 호가 대동강변에서 행패를 부리자 이를 공격하여 불살라 버리게 한 당사자이기도 하다.

그러나 그가 좌의정으로 있는 동안 민씨 세력이 득세하자, 관직에서 물러나 젊은 청년들에게 신문물과 개화 사상을 가르치면서 말년을 보냈다. 그래서 재동에 있던 그의 집 사랑방은 언제나 의기충천한 청년들이 모여서 민족과 국가의 장래에 대하여 토론하던 모임 장소로 사용되었다. 이러한 모임은 박규수가 중앙으로 부임한 고종 6년(1869) 무렵부터 시작되어 그가 사망하던 고종 13년(1876)까지 약 7년 동안 지속되었다.

다음으로는 앞서 언급한 한의원 유대치가 있다. 유대치는 중인 신분이었지만 일찍이 역관 오경석, 개화승 이동인 등과 같은 개화파 인사들과 교류하고, 선진 문물들을 소개한 책들을 탐독하여 오래 전부터 개화의 중요성에 눈을 뜨고 있었다. 유대치는 자신의 이념과 지식을 혈기왕성한 청년들에게 전하여 '백의 정승'이라고 불렸으며, 그들과는 봉건적 신분 구조를 벗어나 스승과 제자로서 지내 왔다.

김옥균은 갑신년 거사 전에도 유대치의 집을 방문하여 병으로 누워 있던 그를 위문하고 거사 계획에 대하여 의논하기도 했다. 그 후 유대치는 갑신정변이 실패했다는 소식을 듣자 병든 몸을 이끌고 깊은 산 속으로 들어가 행방을 감추었고, 그의 아내는 자결하였다.

세 번째로 중요한 인물은 역관 오경석이다. 역관은 오늘날로 말하면 통역관인데, 그는 중국을 여러 차례 방문하면서 급변하는 국제 정세에 대해 알게 되었고, 나라의 장래를 걱정하여 중국에서 돌아올 때마다 새 지식들이 담긴 책들을 구해 와서 친구들에게 권했다. 이때 그와 같은 뜻을 가진 사람이 유대치였고, 오경석이 가져 온 책들은 유대치를 통해 김옥균과 같은 청년들에게 전해졌다.

오경석은 병자년(1876)에 있었던 일본과의 수호 조약(修好條約) 당시 척화파(斥和派)들의 반대를 극복하고 협상을 추진하도록 노력한 사람이기도 하다. 그는 일개 역관이었지만 빈번한 중국 출입으로 국제적 외교 절차를 아는 유일한 조선 관리로서, 교섭 진행 과정에서 크나큰 영향력을 발휘하였다.

마지막으로 살펴보아야 할 인물은 개화승 이동인인데, 그는 서울 근교에 있던 봉원사 소속의 승려였으며, '일본통'으로 알려진 인물이었다. 처음에는 유대치와 교류하다가 그의 소개로 김옥균 등과 만나게 된 이동인은 일본 혼간지(本願寺)의 부산 별원을 왕래하면서 입수한 『만국사기』와 세계 각국의 풍물 사진을 청년 관리들에게 전해 주었으며, 고종 16년(1879)에는 김옥균 등의 주선으로 일본을 여행하여 신문물을 직접 눈으로 확인하기도 했다.

이동인은 일본에 머무르고 있던 1880년 6월에 **수신사(修信使)**로 일본을 방문한 김홍집과 만났는데, 이동인의 식견에 감동한 김홍집의 추천으로 조선 정계에도 연이 닿게 되었다. 귀국한 다음 해에는 **신사유람단(紳士遊覽團)**에 동행하기로 하였으나 출발 직전에 왕궁에 들렀다가 행방불명이 되고 말았다. 당시에는 이동인의 실종에 대하여 척화파들에 의해 암살되었다는 소문이 퍼졌었다.

일본 시찰과 임오군란의 발생

일본과의 병자 수호 조약 이후, 김옥균 등의 신진 개화파 청년들은 나라의 자주 독립을 위해 개혁을 뒷받침할 세력이 필요하다고 생각하여, 사회 각 계층의 동지들을 모아 '충의계'(忠義契)라는 비밀 조직을 만들었다. 이는 당시에 여전히 존재하고 있던 신분의 틀을 뛰어넘어 뜻을 같이하는 사람들을 하나로 모은 단체로서, 외부의 오해를 받지 않기 위해 계의 형태로 조직을 구성했던 것이다. 물론 지도부는 김옥균을 비롯한 청년 귀족 출신들인 홍영식, 서광범, 박영교, 박영효, 서재필 등으로, 그 중에서 김옥균이 가장 나이가 많았다.

또한 김옥균은 사고가 깨어 있던 선배 관료들인 김홍집, 어윤중, 김윤식 등과 동지적 유대 관계를 형성하고, 그들을 통해 국왕과 측근들을 설득하여 개화의 필요성을 호소했다. 그는 조선을 부강한 나라로 만들려면 낡은 인습을 타파하고 새로운 지식과 문물을 도입하여 근대화하는 길밖에 없다고 강조하였으며, 이 길만이 격동하는 국제 정세 속에서 나라의 독립을 지키는 방법이라고 역설했다.

고종 18년(1881)에 신사유람단에 동행하여 선진 문물 도입에 중요한 역할을 담당하기로 한 이동인이 실종되자, 그해 12월에 자신이 직접 나서서 일본을 시찰하기로 했다. 이때 김옥균은 2만 엔의 자금을 마련해서 갔는데, 이것은 일본의 산업 시설을 자세히 살펴보기 위한 돈이었다. 먼저 나가사키(長崎)에 도착하여 조선소, 제련소, 탄광 등을 시찰한 김옥균은 오사카(大阪)로 가서 군수공장과 조폐국을 둘러보고 교토(京都)와 고베(神戶)를 거쳐 다음 해 3월에야 도쿄(東京)에 도착했다. 도쿄에서는 조선 개화파의 후원자 역할을 해 준 후쿠자와 유키치의 집에서 4개월 정도 머물면서 일본의 발전상을 관찰하고, 정계와 재계의 여러 인물들을 만나 조선에 대한 일본의 진의를 파악하려고 노력했다.

그런데 김옥균이 일본에 머무르고 있는 동안 조선에서는 큰 변란이 일어났다. 고종 19년(1882) 6월에 구군영 소속 군인들에 의하여 임오군

수신사(修信使)
고종 때, 일본에 보내는 사신을 이르던 말. 통신사를 고친 이름이다.

신사유람단(紳士遊覽團)
고종 18년(1881), 일본의 문물제도를 시찰하기 위해 파견된 사절단.

란(壬午軍亂)이 일어난 것이다. 임오군란은 당시 군인 급료 지급 책임자였던 선혜청 당상 민겸호의 부정이 발단이 되어 무위영·장위영 소속의 구식 군인들이 일으킨 폭동이었다. 구식 군대 2개영은 훈련도감·용호·금위·어영·총융의 5군영을 통폐합한 것으로, 일본의 후원으로 만들어진 신식 군대인 별기군(別技軍)과 차별 대우를 받고 있는 것에 대해 심한 불만을 갖고 있었다. 그러던 차에 민겸호의 농간으로 급료가 제대로 지불되지 않자 폭동을 일으키게 된 것이다.

대원군과 계속 연락을 취하고 있던 구군영 소속 군인들은, 민씨 일족들을 살해한 뒤에 별기군 병영을 습격하여 일본인 교관 호리모토를 죽이고 일본 공사관(公使館)까지 난입하였다. 폭동 이튿날에는 도시 빈민까지 합세하여 대궐로 진입하였고 고종은 사태의 수습을 위해 대원군을 급히 불러들여 전권을 위임하였다. 이에 따라 정권에서 물러난 지 10년 만에 대원군이 권력의 전면에 다시 등장하게 된 것이다.

한편 대궐을 겨우 탈출하여 장호원으로 도피했던 왕후 민씨는 톈진(天津)에 주재하고 있던 영선사 김윤식을 통해 청에 군사 원조를 요청하였다. 이에 따라 청은 조선으로 군대를 출동시켰고, 사태 수습을 위해 찾아온 대원군을 납치하여 톈진으로 호송시켜 버렸다.

하나부사 공사의 보고를 통해 임오군란의 전말을 알게 된 일본은 곧바로 군함 4척과 보병 1개 대대를 조선에 파견하였지만, 청의 신속한 군사 행동으로 사태는 이미 끝나 버린 다음이었다. 그러나 일본은 피해의 책임을 물어 제물포 조약을 체결하고 피해 배상, 공사관 경비를 위한 일본군 주둔 허용, 군란 주모자 처벌, 수신사를 파견하여 공식 사과할 것 등을 요구하였다. 결국 민씨 일파의 사리사욕과 무분별한 권력욕이 외국 군대가 조선에 주둔하게 된 반국가적 결과를 불러오고 만 것이다.

군란 직후에 잠시 권력을 잡았던 대원군은 김옥균이 귀국하는 즉시 체포하라는 명령을 내렸지만, 그 전에 납치되어 톈진으로 끌려가는 바람에 다행히 김옥균은 무사할 수 있었다.

수신사 파견과 개화파의 좌절

제물포 조약에 의해 일본에 파견된 수신사에는 철종의 부마인 박영효, 김만식, 홍영식, 서광범 등 여러 명이 임명되었다. 김옥균은 일본에서 귀국한 지 얼마 되지 않았지만 민영익과 함께 수신사의 고문(顧問)이 되어 다시 일본으로 가게 되었다.

일본은 수신사 일행을 국빈으로 대접하고 극진한 환영을 하여, 개화파 일색의 젊은 조선 사신들을 친일 세력으로 만들기 위해 많은 노력을 기울였다. 외무대신 이노우에는 17만 엔의 차관(借款)을 주선하면서 고종의 신임장을 가져온다면 더 많은 차관을 구해 주겠다는 약속까지 했다. 당시 수신사 일행이 빌린 17만 엔의 차관 중 5만 엔은 일본에 대한 배상금 1회분으로 지급하고, 나머지는 수신사 체류 경비 등으로 모두 일본에서 사용되었다.

그해 11월에 수신사 일행은 새로 부임하는 일본 공사 다케조에와 함께 귀국하였으나, 김옥균은 홀로 남아서 일본 정세를 더 살펴보고 협조와 지원에 대한 가능성을 집중적으로 알아보기로 했다. 그가 다른 수신사 일행보다 6개월 정도 더 일본에 머무르면서 얻게 된 중요한 정보는, 일본이 술과 담배에 세금을 부과해서 국가 재정을 늘리고, 그것으로 육·해군의 확장에 노력을 기울이고 있다는 점이었다.

일본은 자신들의 군세 확장이 일본의 국방에만 목적이 있는 것이 아니라, 조선의 독립을 도와주기 위해서라는 감언이설을 흘리고는 차관을 주선할 용의가 있다는 말을 거듭 강조하며 선심 공세를 했다. 이때 김옥균은 아직 젊은 탓인지 일본이 개화파의 조선 개혁 운동을 지원하는 체하면서 사실은 조선을 침략하려는 야욕을 가지고 있다는 것을 전혀 깨닫지 못했다.

한편 귀국한 수신사 일행 앞에는 암초가 놓여 있었다. 그 사이에 청을 뒤에 업은 수구 세력이 권력을 독점하여 귀국한 개화파를 박대했던 것이다. 박영효는 한성 판윤을 거쳐 광주 유수로 좌천되었고, 김옥균은 포경사(捕鯨使) 겸 동남제도개척사(東南諸島開拓使)라는 이상한 직책에 임명되어 중앙에서 내몰렸다.

또 조영하가 청의 소개로 불러들인 독일인 묄렌도르프가 정부의 재정 고문이 되었는데, 자기를 초빙해 준 수구파의 입맛 맞추기에만 급급해 함으로써 정책적 퇴행은 더욱 심화되었다.

특히 파탄 상태에 이른 국가 재정을 해결하기 위한 방안이 논의될 때, 묄렌도르프는 수구파의 이익을 위해 당오전(當五錢)의 주조를 주장하였는데, 당오전은 이미 경복궁 중건 때 물가를 올리고, 상거래 질서를 무너뜨리는 등 그 폐해가 드러났었다. 그렇기 때문에 김옥균은 당오전은 실질적인 재정 확보에는 도움이 되지 못하면서 백성들의 고통만 가중시킨다며 반대했다. 민영익의 집에서 벌어진 거의 한나절에 걸친 토론을 통해 김옥균은 묄렌도르프를 논리적으로 몰아붙였는데, 그 후 두 사람은 서로 반목하고 증오하는 사이가 되었다.

결국 권력을 장악하고 있던 수구파의 의도대로 당오전이 발행되었고, 그 결과 물가는 폭등하고 국가 재정은 탐관오리들의 농간으로 더욱 어려워졌다. 당오전은 당시 통용되던 상평통보의 다섯 배에 달하는 가치로 정해졌지만 실제로는 상평통보와 동일한 가치로 통용되고 있었다. 따라서 관리들은 조세를 상평통보로 거둬들이고서 국고에 상납할 때는 당오전의 액면가로 납부하고 그 차액을 챙겼던 것이다.

당오전 발행 이전에는 엔화에 대한 조선 화폐의 비교 가치는 1 대 2.5 정도였는데, 당오전이 통용된 이후에는 1 대 8로 급락하여 무역 수지에도 엄청난 손실을 가져왔다. 그야말로 잘못된 통화 팽창 정책으로 국가 경제가 완전히 파국에 이르고 만 것이다.

그런데도 민씨 일파와 묄렌도르프는 자신들의 정책 과오를 오히려 김옥균과 개화파에 대한 공격으로 얼버무리려고 했고, 별다른 대책을 세우지 않았다.

일본의 배신과 차관 도입 실패

그즈음 일본 외무성의 주요 인사로부터 국왕의 위임장이 있으면 외채(外債)를 모집할 수 있을 것이라는 소식이 들려 왔다. 그동안 수구파의 방해와 재정 부족으로 개혁 추진에 장애를 느끼고 있던 김옥균은, 이 소식을 듣고 즉시 대궐로 들어가 고종에게 피폐한 국가 재정 확보를 위해서는 외채 도입이 필요함을 역설하여 위임장을 받아내는 데 성공한다.

고종의 위임장을 받아든 김옥균은 새 희망을 갖고 고종 20년(1883) 6월에 서재필, 서재창 등 50명에 이르는 유학생들을 인솔하여 세 번째 일본행에 나서게 되었다. 그때까지 김옥균은 배후에서 비열한 음모가 진행되고 있을 줄은 꿈에도 모르고 있었다.

김옥균이 고종으로부터 위임장을 받았다는 사실을 알게 된 묄렌도르프와 수구파는 백방으로 방해 공작을 펼쳤다. 먼저 고종의 생각을 바꾸려고 시도했으나 실패하자, 일본 공사 다케조에에게 김옥균이 일본에 가져가는 위임장은 위조된 것이라고 거짓으로 알렸다. 다케조에는 이것을 곧이곧대로 믿고 본국에 보고하여 일본에서는 김옥균의 방문을 탐탁하지 않게 생각하게 되었다.

이러한 사실을 알지 못하고 일본에 도착한 김옥균은 외무대신 이노우에를 통해 차관 교섭을 벌였으나 그의 바람과는 달리 냉담한 반응만 돌아올 뿐이었다. 뭔가 잘못되었다고 판단한 김옥균은 일본 정부를 상대로 한 차관 도입은 단념하고, 일본에 주재하고 있는 외국 상사와 민간 은행을 통한 방법을 강구하기 시작했다. 그러나 그들 모두 하나같이 일본 정부의 보증을 요구하여 결국 차관 도입을 위한 일본 방문은 완전히 실패로 끝나고 말았다.

이 차관 도입 실패는 수구파의 방해 활동도 한몫을 했지만, 당시 일본의 조선에 대한 정책 변화에 주요 원인이 있었다. 그동안 일본이 개화파를 지원했던 것은 자신들이 쉽게 조선에 진출하기 위해서는 개방적인 인사들이 조선 정부의 실력자가 되어야 한다는 생각에서 비롯된 것이었다. 그런데 그즈음의 민씨 정권은 말만 수구파였지 실제로는 자신들의 이익을 위하여 일본의 조선 진출을 묵인해 주고 있어서, 오히려 그 어떤 개방적 정권보다 다루기 쉬웠다. 그래서 자주성이 강한 개화파 정부가 조선에 들어서면 도리어 진출에 장애가 된다고 판단한 일본은, 개화파의 입지가 강화되도록 조선에 차관을 빌려 주느니 그 돈으로 군비 확장에 더 주력해 경쟁 상대인 청을 무력으로 제압하는 것이 더 나은 길이라고 판단하고 김옥균의 차관 교섭단을 박대하게 된 것이다.

이러한 속사정을 알지 못한 김옥균은 일본이 차관 제공에 당연히 협조해 줄 것으로 믿었다가 의외의 배신을 당하자, 낭패와 분노를 삭이면서 이듬해(1884) 2월에 어쩔 수 없이 빈손으로 귀국한다. 김옥균이 아무런 성과 없이 귀국하자 그동안 차관 도입을 기대하고 개화파가 벌여 놓았던 사업은 모두 중지되고 말았다.

박영효가 추진하던 양병(養兵) 사업은 자금 부족으로 포기되어, 양성해 오던 병력들이 한규직·윤태준의 지휘 아래로 편입되고 말아 수구파의 군사적 기반만 강화시켜 주었고, 박영효는 광주 유수 자리에서도 물러나게 되었다. 또 최초의 인쇄 및 출판 기관인 박문국(博文局)에서 간행한 『한성순보』도 청나라 군사들의 행패를 보도한 것이 말썽이 되어 일본인 기술자들이 추방된데다가 자금 부족으로 어려움을 겪게 되었다. 더구나 외채 도입 실패를 추궁하는 수구파의 압력이 거세지자, 신변의 위협을 느낀 김옥균은 정계에서 물러나 한성 동쪽 교외에 있던 집에 칩거하고 말았다. 이렇게 해서 근 2년 동안 공들여 추진해 왔던 모든 노력이 수포로 돌아가게 된 것이다.

폭풍 전야

이제 수구파들은 공공연하게 "김옥균을 죽여라." 하고 주장하면서 노골적으로 신변에 위협을 가하기 시작했다. 그나마 개화적인 사상을 가지고 있다고 믿었던 민영익마저 수구 세력에 가세하자 김옥균 등은 마지막 방법을 강구하게 된다.

민영익은 김옥균보다 아홉 살 어린 스물다섯 살이었는데, 그해 4월에 유럽과 미국 시찰을 마치고 귀국하여 누구보다도 외국의 선진 문물에 대해 잘 알고 있었다. 그런데도 가문의 이익을 위해 수구파에 앞장을 섰던 것이다. 이제 더 이상 순리적 방법을 통한 개혁은 불가능하다고 생각한 김옥균과 급진 개화파는 정변에 의하여 일거에 국정 개혁을 수행하려는 계획을 세웠다.

이때 나라 안팎의 정세는 개화파들의 결심을 더욱 재촉하였다. 나라 안에서는 전국 각지에서 농민들의 저항이 빈발하여 수구파 정권을 흔들고 있었고, 나라 밖에서는 청이 베트남을 장악하기 위해 프랑스와 전쟁을 벌이다가 계속 패하자 그해 6월에 가능한 병력을 모두 차출하여 전선에 투입하는 바람에 조선 주둔군 병력이 반으로 줄어 있었던 것이다.

개화파 내부에는 그즈음 동원 가능한 군사력이 꽤 많이 확보되어 있었는데, 우선 충의계에도 40여 명의 비밀 조직원이 있었고, 미국과 일본에 유학 갔다 돌아온 사관 생도들도 서재필을 비롯하여 십여 명이 뜻을 같이하고 있었다. 거기에다 개화파 동료 윤응렬이 함경도 남병사로 재임하면서 500여 명의 군대를 이끌고 있었고, 비록 수구파 군영으로 편입되기는 했지만 박영효가 양성하던 병력도 어느 정도 동원할 수 있었다.

이렇게 해서 거사를 위한 병력은 자체 조달이 가능해졌지만 수구파의 배후에 있는 청군을 견제하기 위해서는 어쩔 수 없이 일본군의 협조가 필요했다. 청군이 병력을 줄였다 하더라도, 아직 1,500명이 남아 있어서 개화파의 군사력으로 대항하기에는 역부족이었기 때문이다.

김옥균은 일본측의 의향을 타진하기 위해 일본 공사 다케조에를 만나 차관 교섭에 비협조적이었던 일에 대해 항의하고 조선의 국정 개혁 필요성을 역설하였다. 이때 다케조에는 차관 교섭 건은 자신의 잘못된 판단이었음을 시인하면서 앞으로는 김옥균의 활동에 적극 협조하겠다는 다짐을 하였다.

김옥균은 달라진 다케조에의 태도에 안심하기는 했지만, 전날의 행태를 생각해 보면 좀처럼 신뢰할 수가 없었다. 며칠 후에 박영효를 보내 다시 다케조에의 마음을 떠 보았는데, 이에 다케조에는 다음과 같은 말로 부추기기까지 하면서 협조를 약속했다.

"청나라는 장차 망할 것이니 귀국의 개혁 지사들께서는 이 기회를 절대 놓치지 마시오."

예전의 의심 많고 소극적이던 태도와는 완전히 다른 다케조에의 모습이었다. 김옥균은 의구심이 아직 가시지는 않았지만, 달라진 다케조에의 행동에서 일본측의 정책 변화를 읽고 거사를 계획대로 추진하기로 결심했다.

당시 일본은 청불 전쟁으로 인해 청이 어려움을 겪고 있는 상황을 이용해 조선의 개화파를 부추기고 청과 연결된 수구파 정권을 약화시킨 다음, 그 틈에 자신들의 입지를 강화하려는 속셈을 가지고 있었다. 이러한 일본의 계획을 알아챈 김옥균은 그 점을 거사에 역이용하기로 한 것이다.

그 뒤 20여 일 동안을 거사를 준비하면서 보낸 김옥균은 거사 10일 전쯤 다케조에를 다시 만나서 이른바 '삼책'(三策)을 알려 주고 협조에 대한 확답을 받아 냈다. 삼책이라 함은 첫째, 충의계를 중심으로 한 개화파의 단결을 통하여 정변을 계획대로 추진시키고, 둘째, 고종을 설득하여 정변을 승인받아서 거사 명분을 확립한 다음, 셋째, 청군의 간섭이나 방해 책동은 일본군이 막아 준다는 내용이었다.

이에 따라 김옥균은 거사 5일 전인 10월 12일에 대궐 안으로 들어가 고종과 단독으로 대면하여 세계의 정세와 청과 결탁한 수구파의 매국적 작태를 설명하고, 개혁을 추진할 수 있는 새 정부의 필요성을 주장했다. 김옥균의 역설에 감동한 고종은 마침내, "국가의 명운이 위급할 때, 모든 조처를 경의 지모에 맡기겠다."는 지시를 은밀히 내렸다.

고종의 동의를 얻는 데 성공한 김옥균은 미국 공사에게도 곧 정변이 있을 것임을 알리고 협조를 부탁하여 대내외적으로 거사를 위한 준비 작업을 마쳤다. 아직 완전히 미덥지 않은 일본측에게는 거사 일자를 정확히 알리지 않았지만, **우정국(郵政局)** 낙성식 날을 거사일로 정하고 동지들과 준비를 마무리했다. 다케조에로부터 일본의 정확한 지시를 받은 후에 거사를 일으키자는 요청을 받았지만 김옥균은 더 이상 지체할 수 없다고 판단했다.

무리한 정변의 강행

드디어 운명의 날이 밝았다. 고종 21년(1884) 10월 17일 오후 6시, 정동에 신축한 우정국 낙성식에는 총판 홍영식의 초청으로 많은 내외 귀빈이 참석하여 축하연이 벌어졌다. 연회가 한창 무르익을 무렵 김옥균은 옆자리에 앉아 있던 일본 공사관의 시마무라 서기관에게 이날 거사를 일으킬 것임을 은밀히 알려서 일본군 동원을 준비시켰다.

연회가 거의 끝날 무렵 우정국 북쪽에서 불길이 치솟으며 화재가 발생했다. 가장 먼저 건물 밖으로 뛰쳐나갔던 민영익이 매복하고 있던 개화파측에게 칼을 맞고 한쪽 귀가 떨어진 채 피투성이가 되어 허겁지겁 다시 들어오자 연회장 안은 완전히 아수라장이 되었다. 이때를 틈타 김옥균, 박영효, 서광범 등은 급히 우정국을 빠져나와, 매복하고 있던 서재필 휘하 사관 생도들을 경우궁으로 이동시키고 교동에 있는 일본 공사관으로 가서 일본군의 출동을 확인한 후에 대궐로 향했다.

창덕궁 금호문 앞에 당도한 그들은 김봉균, 신복모 등이 이끌고 온 40여 명의 병력들을 문 밖에서 지키게 하고는 미리 내통하고 있던 수문

우정국(郵政局)
조선 후기 우체업무를 관장하던 관청.

군의 도움을 받아 대궐 안으로 들어섰다. 윤경완이 인솔하는 무장 병력 50여 명에게는 전문 앞을 지키게 하고 김옥균, 박영효, 서광범 세 사람은 고종이 있는 침전으로 올라갔다. 그리고 고종에게 우정국에서 변란이 일어난 것과 그 원인이 수구 세력에게 있음을 알리고 형세가 위급하므로 경우궁으로 피할 것을 요청했다. 처음에는 사태의 자초지종을 따지던 고종 내외도 침전 동북쪽 통명전 부근에서 엄청난 폭발음이 들려오자 놀라서 그들을 따라나섰다.

　고종 일행이 경우궁에 도착하자 박영효가 다케조에와 함께 일본군 200명을 거느리고 와서 외곽을 지켰다. 그리고 서재필이 지휘하는 사관 생도 13명이 왕의 거처 바로 앞을 지키면서 출입자를 통제하도록 조치한 후에, 왕명으로 중신들을 불러들여서 일단의 수구 세력들을 척살해 버렸다. 그 날 밤 안에 살해된 수구파 인사들은 윤태준, 이조연, 한규직, 민영목, 조영하, 민태호 등과 내시 유재현이었다.

　수구파의 우두머리들을 제거한 개화파는 날이 밝자 대내외에 신정부의 발족을 알렸다. 새 정부 주요 직책의 면면을 살펴보면, 고종의 사촌형 이재원을 영의정에 내정하고 홍영식은 좌의정에, 박영효는 전후영사, 서광범은 좌우영사, 서재필이 병조참판, 윤웅렬이 형조판서, 이조참판에 신기선, 도승지에 박영교가 포진하여 국가 중추기관을 개화파가 완전히 장악하게 되었다.

　김옥균은 내무와 재무의 실권을 쥐게 되는 호조참판을 맡아 개혁을 뒷받침하는 재정의 조달을 담당하기로 했다. 내각 구성을 마친 새 정부는 다음과 같은 혁신적인 새 정책을 발표했다.

　　1. 청에 잡혀 간 대원군을 환국시키고, 청에 대한 조공을 폐지한다.
　　2. 문벌을 폐지하고 능력에 따라 인재를 등용한다.
　　3. 조세 제도를 개혁하여 관리의 부정을 막고 가난한 백성을 보호하여 국가 재정을 늘린다.

4. 내시부를 없애고 그 중에서 우수한 자는 관직에 등용한다.
5. 탐관오리 중에서 그 죄가 극심한 자는 처벌한다.
6. 백성들에게 빌려 주었던 정부 소유의 환자미는 모두 탕감하고 받지 않는다.
7. 규장각을 폐지한다.
8. 빠른 시일 내에 순검(巡檢)을 두어 치안에 주력한다.
9. **혜상공국(惠商公局)**을 폐지한다.
10. 유배되거나 구속되어 있는 자는 형을 감해 준다.
11. 4개영을 1개영으로 통폐합하되, 그 중에서 장정을 뽑아 근위대를 설치한다.
12. 일반 재정은 호조에서 통할하고 기타 모든 재정 담당 관청은 폐지한다.
13. 대신과 참찬은 매일 합문 안에 있는 의정소에 모여 정령(政令)을 의결하고 반포한다.
14. 육조 이외의 모든 불필요한 기관은 없애되, 대신과 참찬이 이를 결정하게 한다.

그 외에도 개화파 혁명 정부는 다음과 같은 구체적인 개혁안을 발표했다.

1. 전 국민은 단발(斷髮)한다.
2. 외국 유학생을 선발하여 파견한다.
3. 궁내성을 별도로 설치하여 왕실 업무와 일반 국무를 구분한다.

혜상공국(惠商公局)
고종 20년(1883)에 개항한 이후, 상업 자유화에 밀려 생업에 위협을 받게 된 보부상을 보호하기 위해 설치한 기관.

4. 국왕을 '폐하'(陛下)로 칭해서 타국의 황제와 동등하게 예우하며, 대조선국의 군주로서 존엄을 유지한다.
5. 지금까지의 관제를 폐지하고 내각에 여섯 개의 부서를 둔다.
6. 과거제도를 폐지한다.
7. 내외의 공채(公債)를 모집하여 국가 재정을 충실히 한다.

이와 같이 청년 개화파 관료들은 갑신년 혁명으로 부패와 무능에 젖어서 자신들의 안일만 추구하던 수구 세력을 몰아내고, 조선의 내정을 개혁하려는 희망에 가득 차 있었다. 이때 김옥균은 34세, 홍영식이 30세, 서광범은 26세, 박영효는 24세, 서재필은 불과 19세였다. 그러나 민중의 기반을 확보하지 못하고 외세에 의지하여 조급하게 서둘러 준비한 탓에, 불과 3일 만에 단 한 번의 반격으로 밀려나고 만다.

삼일천하

문제의 발단은 왕후 민씨에게서 나왔다. 민씨는 경우궁으로 옮긴 다음 날 아침부터 이상한 낌새를 느꼈는지 거처가 너무 협소하다면서 창덕궁으로 환궁하자고 졸라댔다. 경우궁으로 옮기게 한 것은 좁아서 경비하기가 쉽기 때문이었는데 왕후 민씨가 이를 트집잡고 나온 것이었다. 할 수 없이 조금 더 넓고 비교적 안심이 되는 계동궁으로 옮기도록 하였으나 왕후는 계속해서 환궁을 요구했다. 이것은 수구파의 일원인 전 경기 감사 심상훈을 통해 사건의 실상을 알게 된 민씨측이 청군과 내통하고 일부러 벌인 행동이었다. 이러한 사실을 전혀 눈치채지 못한 김옥균 등이 외부 문제로 분주한 틈을 타서 민씨는 경비를 책임지고 있던 다케조에를 졸라 기어코 환궁 의지를 관철시키고 말았다.

뒤늦게 이 사실을 알게 된 김옥균이 다케조에를 책망했지만, 다케조에는 "창덕궁으로 환궁해도 경비에는 문제가 없다."며 큰소리 쳤다. 이미 환궁이 결정되어 고종도 채비를 마친 터라 어쩔 수 없이 박영효 등이 일본군 무라카미 중대 병력과 함께 호위하여 국왕을 창덕궁으로 모셔 갔다. 그러나 해질 무렵 대궐 문을 닫으려고 하자, 선인문 밖에서 진을 치고 있던 청군이 방해하여 양측 사이에 일촉즉발의 긴박한 상태가 조성되었다. 박영효는 강경하게 대응하자고 했지만 김옥균과 다케조에는 타협책을 쓰기로 하여 궐문을 닫지 않고 궐 밖은 청군이 경비를 서고 궐 안은 일본군이 지키는 것으로 청군측과 합의했다.

그런데 정변 3일째 되는 날 아침이 되자 다케조에는 돌연히 태도를 바꿨다. 일본군은 형편상 오랫동안 조선의 궐 안에 머무를 수가 없다고 하면서, 그 날 안으로 철수하겠다고 통보해 온 것이다. 김옥균은 다케조에와 담판을 벌여서, 개화 정부가 스스로를 보호할 수 있을 때까지 3일 동안 철병을 미루고, 개혁 사업의 추진을 위한 자금 조달에 협조한다는 약속을 받아 냈다. 그러나 이 모든 것들은 허망하게도 그 날 안에 모두 수포로 돌아가고 만다.

그 날 오전에 청군 제독 오조유로부터 시내가 평안하다는 편지가 고종에게 전해졌다. 그 얼마 후 원세개가 600여 명의 병력을 대동하여 국왕과의 접견을 요청했는데, 김옥균 등은 원세개의 접견은 허락할 수 있으나 군사들이 대궐로 들어오는 것은 안 된다고 주장하여 이 요구는 물리칠 수 있었다. 그러나 오후가 되자 원세개는 전 우의정 심순택으로 하여금 청군 출동을 요청하게 하여 자신들의 군사 행동에 대한 정당성을 억지로 확보한 다음, 마침내 500명으로 구성된 한 부대는 오조유 지휘 아래 선인문 쪽으로, 800명으로 구성된 다른 부대는 자기가 직접 지휘하여 돈화문 쪽에서 창덕궁으로 공격해 들어왔다.

이에 따라 궁궐 외곽을 지키고 있던 일본군과 청군 사이에 교전이 일어나고 말았다. 당시 창덕궁을 에워싸고 공격했던 인원은, 조선에 주둔하고 있던 청군 전 병력과 수구파가 장악했던 좌우영 소속 조선 군졸에다가, 개화파가 일본과 결탁하여 국왕을 연금하고 있는 것으로 오해한 일반 백성들까지 가세하여 엄청난 수의 대부대를 이루었다. 이에 반하여 궁궐을 수비하던 병력은 일본군 200명과, 개화파 자체 동원 병력 800명 정도로 그 수에서 이미 결판이 나 있었으며, 더구나 개화파 병력은 변변한 무기조차 가지고 있지 않았다.

양쪽이 충돌하자 왕후 민씨는 청군 진지를 통해 이미 북묘로 옮겨갔고, 고종도 뒤따라가려고 했기 때문에 신정부 주요 인사들은 할 수 없이 일본군과 함께 이를 호위하여 나가다가 도중에 각자의 판단에 따라 방향을 달리하게 되었다. 홍영식·박영교 및 사관 생도 7명은 고종과 함께 북묘로 향하고, 김옥균·박영효·서광범·서재필·변수·이규완 등과 나머지 사관 생도는 다케조에를 따라 일본 공사관으로 향했다. 홍영식 등은 개화파 중에서 비교적 온건한데다가 원세개와 친분도 있고 수구파 쪽에도 가까운 사람들이 많아서 왕을 따라가면 신변은 안전할 것으로 믿었던 것이다. 그러나 북묘에 도착한 직후 그들 모두는 참혹하게 죽임을 당하고 말았다.

한편 일본 공사관에서 하룻밤을 지새운 김옥균 등은 10월 20일 오후에 다케조에와 함께 일본군 호위 아래 인천으로 탈출하여, 이튿날 아침에는 인천항에 정박 중이던 지도세마루 호에 승선할 수 있었다.

고통스러운 망명

김옥균 등은 안전하다고 믿은 그곳에서도 또 한 번 생사의 갈림길에 서게 된다. 수구파의 집요한 추적과 다케조에의 배신으로 자칫 배에서 내몰리는 상황에 빠지고 만 것이다. 수구파는 그 사이에 벌써 심순택을 영의정으로 하는 새로운 내각 구성을 마치고 김옥균 등을 '5적(賊)'으로 규정하여 인천까지 쫓아와서 다케조에에게 김옥균 등의 신병을 인도해 달라고 요구했다.

이런 상태에서 거짓말을 밥먹듯이 해 온 다케조에가 김옥균들에게 배에서 내릴 것을 요구했다. 김옥균 등은 이제 자결하는 방법 이외에 달리 도리가 없게 되었는데, 이때 지도세마루 호의 스지 선장이 다케조에를 막고 나섰다.

　스지 선장은, "내가 이 배에 조선 개화당 인사들을 승선시킨 것은 공사의 체면을 존중했기 때문이다. 이분들은 공사를 믿고 모종의 일을 도모하다가 잘못되어 쫓기는 모양인데, 죽을 줄 뻔히 알면서도 배에서 내리라는 것은 도대체 무슨 도리인가? 이 배에 탄 이상 모든 것은 선장인 내 책임이니 인간의 도리로는 이들을 도저히 배에서 내리게 할 수 없다." 하고 말하고는 김옥균 등을 배 밑의 밀실에 숨겨 주었다. 그러고 나서 수구파 인사들에게, "그런 사람들이 탄 사실이 없다." 하고 잡아뗐었다. 상황이 이렇게 되자 추적자들도 외국 선박을 수색할 수가 없는 노릇이라 별 수 없이 돌아서고 말았다.

　이렇게 김옥균 일행은 죽음의 문턱에서 겨우 목숨을 연명하여 10월 24일에 지도세마루 호가 인천항을 떠날 때까지 4일 동안 꼼짝없이 배 밑바닥 밀실에 갇혀 있어야 했다.

　인천항을 출발한 지 3일 후에 배가 나가사키에 도착하자 젊은 망명객들은 그제서야 안도와 좌절감이 함께 밀려와서 서로 붙잡고 통곡하며 회한을 삭였다. 그들은 도쿄로 옮겨가 예전의 연고에 의지하여 한동안 후쿠자와의 집에서 지냈다. 그러다가 셋집을 얻어 합숙하며 피곤한 망명 생활을 시작했다.

　그러나 조선 정부는 끊임없이 망명지에 있는 그들을 죽이려고 했는데, 갑신정변 때 발생한 일본의 피해를 보상하기 위해 한성 조약을 체결하면서 김옥균 등의 신병 인도를 요구했으나, 일본이 정치범은 국제법상 인도하지 않는다고 거부하여 뜻을 이루지 못했다. 그러나 비열한 일본은 자객을 보내서 드러나지 않게 처리한다면 이를 묵인하겠다는 태도를 취했다.

　한편 조선에서는 개화파의 정변이 실패로 끝나자 민씨 일파가 정권을 장악하여 전보다 더 심한 악폐를 자행하기 시작했다. 특히 백성들이 부정부패가 심한 민영준·민영환·민영소·민영달을 '4민(閔)'이라고 부를 정도로 그 원성이 가히 하늘을 찌르고 있었다. 그리고 개화당의 가족들은 모조리 붙잡혀 처형되었다.

이러한 때에 김옥균은 일본에 도착한 직후부터 외무대신 이노우에를 만나려고 하였으나, 이미 이용가치가 없어진 그를 일본측은 따돌리기만 했고 노골적으로 귀찮아하기까지 했다.

일본의 배신에 분노한 김옥균은 갑신정변의 경위와 일본측의 관여를 만천하에 알리겠다고 나섰지만, 이 또한 망명지에서는 쉽지 않은 일이었다. 일본은 1885년 4월에 청과 톈진 조약을 맺고 조선에서 양국이 공동으로 군대를 철수하기로 한 후, 거리낌없이 조선에 대한 경제 침략을 추진할 수 있게 되었다. 따라서 이제는 개화파의 협조가 필요 없었기 때문에 김옥균 등을 더욱 박대했다. 김옥균은 마음속에서 끓어오르는 울화를 겨우 다스리고 거처에 틀어박혀, 자신의 개혁 운동을 회고하는 『갑신일록』을 쓰면서 지낼 수밖에 없었다.

연이은 자객과 암살

김옥균을 제거하려는 조선 자객은 그의 목숨을 노리고 끊임없이 일본으로 건너왔다. 제일 먼저 온 사람은 장은규인데, "김옥균이 자유당 계열 무사들과 결탁하여 조선을 침공하려 한다."라는 소문을 퍼뜨려서 이른바 '오사카 사건'을 일으켰을 뿐, 김옥균의 신변에 위해를 가하지는 못했다. 이 사건이 국제적으로 문제가 되자 일본 정부는 김옥균에게 일본을 떠나 달라고 요청했지만, 빈곤한 조선 망명객 처지에 일본 이외의 다른 나라로 가기는 쉽지 않았다.

두 번째 자객으로는 지운영이라는 사람이 왔다. 그러나 지운영은 오히려 김옥균의 반대 공작에 휘말려 일본 경찰에 체포되었다. 김옥균은 이 사실을 거론하며 외무대신 이노우에에게 신변 보호를 요청하는 편지를 보냈다. 그러나 이 사건이 일본 신문에 보도되자 일본 정부는 지운영을 조선에 송환하고, 김옥균에게는 일본과 조선의 우호에 방해가 된다면서 일본을 떠나 달라고 공식적으로 요구했다. 김옥균은 이에 항의하며 이노우에를 상대로 한 문서를 공개하고 일본 신문에 고종에게 보내는 장문의 상소와 청의 북양대신 이홍장 앞으로 사건의 책임을 따지는 공개 서한을 게재하였다.

　이렇게 김옥균으로 인해 국내외적으로 큰 문제가 계속해서 발생하자, 일본 정부는 1886년 7월에 그를 오카사와라 섬에 강제로 연금해 버렸다. 이때 동행한 동지는 이윤과 한 사람뿐으로, 이곳에서 김옥균은 2년 동안 실의의 나날들을 보냈다. 습한 기후와 악조건을 견디지 못하여 연금 해제를 호소했으나, 1888년에 홋카이도(北海道)로 이송되었다가 1890년에야 겨우 풀려나올 수 있었다. 오카사와라 섬에서는 소일 삼아 아이들을 모아 가르치기도 했는데, 이때 만난 와다라는 청년이 그를 추종하여 상하이에서 죽는 순간까지 동행하게 되었다.

　연금에서 해방되어 도쿄로 돌아온 김옥균은 한동안 방탕한 생활을 하다가 마지막으로 승부를 걸기 위해 청으로 들어가 실권자 이홍장과 담판을 짓기로 했다. 이것은 마침 주일 공사로 새로 부임한 이홍장의 아들 이경방이 자신의 아버지가 그를 만나고 싶어한다는 편지를 건네준 것이 계기가 되었다. 김옥균으로서는 일본에서의 거듭된 재기의 노력이 모두 수포로 돌아가자 아직도 조선에 큰 영향력을 갖고 있는 청의 실권자를 만나서 협조를 얻어 보려는 의도였지만, 그것은 외세의 도움을 받지 않고는 스스로 일어설 수 없었던 날개 꺾인 조선 지식인의 한계를 보여 준 것이었다.

　청국행을 결심한 김옥균은 백방으로 여비를 조달하기 위해 노력하던 차에 오사카의 한 후원자에게서 경비를 지원해 주겠다는 연락을 받게 되었다. 동료들은 그의 신변을 걱정해서 비밀리에 행동하고 여러 명의 수행원과 함께 가도록 권했으나, 그는 와다와 심부름꾼 한 사람만 데리고 떠났다.

　그런데 오사카 역에 도착하자 의외의 마중객이 나와 있었다. 조선에서 온 자객인 이일직과 홍종우가 그들이었다. 이일직은 자신을 청국과 일본을 왕래하면서 약재상을 하는 사람이고, 홍종우는 프랑스 유학생이며 자신의 친척이라고 거짓으로 소개했다. 그러면서 평소부터 김옥균을 존경해 왔기 때문에 자기가 청국행 경비를 제공하겠노라고 말했다.

김옥균은 한눈에 그들이 자신을 죽이려고 하는 자객임을 알아보았지만 이들을 역이용하려는 생각으로 도움을 받아들이기로 한다. 그러자 이일직은 홍종우가 동행하며 김옥균을 도와줄 것이라고 말해 그의 의심을 줄이려고 했다. 하지만 사실은 김옥균이 상하이로 떠난 것을 확인한 후에 박영효까지 암살하려는 계획이 세워져 있었던 것이다. 결국 박영효를 암살하러 간 이일직은 박영효의 재치 있는 대응으로 체포되어 훗날 그들의 배후가 밝혀지기도 했다.

한편 1894년 2월 말쯤 상하이에 도착한 김옥균 일행은 외국인 거주지 안에 있는 한 여관에 짐을 풀었다. 투숙한 다음 날 오후, 김옥균 일행은 거리를 구경하기로 하고 오전에는 각자 용무를 보았다. 밖으로 나갔다가 돌아온 김옥균은 피곤하다고 침대에 누우면서, 와다에게 일본에서 타고 온 배의 사무장인 마쓰모토에게 전할 말이 있으니 그를 불러달라고 했다. 그런데 이때가 김옥균에게는 운명의 시간이 되고 말았다. 와다가 나가자 김옥균의 주위에 아무도 없음을 눈치챈 자객 홍종우가 때를 놓치지 않고 김옥균을 향해 권총을 발사하여 그를 절명시켜 버렸기 때문이다.

사건이 발생하자 상하이 경찰은 홍종우를 체포하고 김옥균의 사체는 와다의 요청에 따라 일본으로 옮기기로 했다. 그러다가 갑자기 태도를 바꾸어 홍종우와 김옥균의 사체를 청국에게 넘겼고, 청국 정부는 홍종우의 범행을 조선인 상호간의 문제라고 하여 다시 조선에 인계하였다. 조선에 도착한 김옥균의 사체는 양화진에서 능지처참되고 말았다. 잘려진 그의 목에는 '모반 대역부도 죄인 옥균 당일 양화진두 능지처참'이라고 쓰여진 커다란 천이 나부끼고 있었다.

이렇게 김옥균은 파란만장한 삶을 마쳤다. 그때 그의 나이 불과 44세의 한창 때였다. 독립·자주·자립이라는 민족 의식을 바탕으로 문벌을 폐지하고 모든 사람이 평등한 국민 국가를 건설하려 했던 그는, 이역 땅에서 동족의 손에 의해 암살되는 비운을 맞고 만 것이다. 비극적인 삶을 마감한 이 개화주의자는 살해된 이듬해에 반역죄가 사면되고 1910년에 규장각 대제학에 추증되었다.

　김옥균이 주도한 갑신정변은 민중이 중심이 되어 일으킨 것이 아니라 소수 지성인들의 거사였다는 점에서 임오군란과 비교되고, 외세에 대한 투쟁이 아니라 조선 내부의 기층 질서에 대한 도전이었다는 점에서 동학 농민 운동과 구분된다. 또 조선 왕조의 체제 자체를 변화시키려 했다는 점에서 **갑오경장**과도 구별된다.

갑오경장
고종 31년(1894), 개화당이 집권한 이후 종래의 문물 제도를 근대적 국가 형태로 고친 일.

농민 운동의 지도자 녹두장군
전봉준

전봉준은 나라 전체가 극도로 부패했던 시기에 태어나 고통받는 농민의 대변자가 되기를 주저하지 않았으며, 외세의 침탈에도 강력히 맞서 싸우면서 나라를 구하는 일에 앞장섰던 인물이다. 어떻게 보면 조선 말기에 발생한 많은 사건들 중 하나를 주도한 인물 정도로만 인식될 수도 있지만, 전봉준은 우리 역사에 있어서 몇 손가락 안에 꼽아야 할 중요한 인물 중 한 사람임에 분명하다. 그는 단순히 개인적인 야망이나 뜻을 실현하기 위하여 행동한 것이 아니라, 그가 생전에 했던 말 그대로 "아무런 죄가 없는 민중을 위하여" 일어선, 그때까지의 유일한 인물이기 때문이다.

또한 전봉준은 우리 역사상 최초로 일반 민중들을 역사의 주역으로 이끌어 낸 선각자였다. 다시 말해 그는 역사를 소수 권력층이 주도하는 시대에서 다수 일반 민중이 만들어 가는 시대로 전환하는 역할을 한 것이다.

그리고 "고부 군수 조병갑의 부정부패가 조선 팔도의 그것과 다를 바 없다."고 문제의 핵심을 지적하였으며, "일본의 조선 침투는 다른 나라의 그것과 달라 뭔가 숨은 꿍꿍이가 있다."고 인식하여 반봉건과 항일 투쟁에 일찍이 앞장섰다. 이러한 넓은 시야와 뛰어난 식견은 충분히 주목할 만한 점이다.

사실 전봉준이 역사의 전면에 등장한 기간은 2년 남짓에 불과하지만, 그가 남긴 파장은 시대의 흐름 자체를 변화시켜 놓았다. 그에 의해 제기된 민중 운동은 오늘날에까지 이어져 주권자로서의 국민의 위치를 자각시켜 주고 있다.

당시의 그 어떤 지도층보다도 백성을 사랑하고 국가의 안위를 걱정했으며 남보다 조금 더 배웠기 때문에 사회와 민중에 기여해야 한다고 생각했던 전봉준은, 비록 형장의 이슬로 생을 마감했지만 '녹두장군'이라는 애칭으로 남아 우리 민족의 마음속에 영원히 전해지고 있다.

> 새야 새야 파랑새야 녹두 밭에 앉지 마라
> 녹두 꽃이 떨어지면 청포 장수 울고 간다

농민의 대변자

전봉준은 조선 25대 왕인 철종 5년(1854)에 전라도 태인군 산외면 동곡에서 태어났다. 어렸을 때 그의 이름은 '명숙'이었지만, 키가 작고 단단하게 생겨서 '녹두'라는 별명으로 불렸다.

아버지 전장혁은 향교장의를 지낸 향리 출신이었는데, 당시 고부 군수로 있던 조병갑이 모친상을 당하여 과도한 부조금을 거두어들이자 이를 거부하다가 심하게 매를 맞아 장독으로 죽었다. 전봉준과 조병갑의 악연은 이때부터 시작된 셈이다.

전봉준은 세 마지기 정도 되는 토지를 경작하여 근근이 살았으며, 주로 농민의 아이들을 가르치는 것을 업으로 생활했다. 가난하고 궁핍한 생활을 하면서도 선비임을 자처하여 학문에 열중했고, 점치는 일에도 꽤 소질이 있었다고 한다. 한때는 지관의 일도 했었고 의원 노릇을 겸했다는 기록도 있다.

당시는 어지러운 세상으로 인해 각종 예언들이 유포되고 있었고, 백성들은 이러한 것들에 의지하며 살아가고 있었다. 원래 시대가 불안하면 사람들은 미신이나 예언 따위에 휩쓸리기 십상인데, 당시의 시대 상황 역시 각종 민란이 끊이지 않고 외세에 의하여 조선 땅이 세력 다툼의 현장이 되어 가던 불안한 시기였다. 전봉준의 나이 열 살 때, 철종이 죽고 고종이 등극하여 대원군이 정권을 잡게 되면서 60년 동안이나 이어졌던 안동 김씨의 세도정치가 무너지긴 했지만, 이미 조선은 내부적인 부패가 너무 깊어 회복하기 어려운 상태였다.

전봉준은 위엄 있고 당차 보이는 외모에 마음이 넓고 기개가 높았다. 그는 글을 배운 자로서의 도리를 다하려고 하였고, 힘없는 농민들의 대변자로서 몸을 아끼지 않았다. 갑오년 봉기 전 해에도 두 차례에 걸쳐 수세(水稅) 절감을 요청하는 연명진정(이름을 나열하여 진정서를 쓰는 것)에 앞장섰다가 구금되기도 했다. 이처럼 평소에도 그는 개인의 이해를 초월하여 일반 농민들의 요구를 대변하려고 끊임없이 노력하였다.

전봉준이 **동학(東學)**에 입교할 때의 나이는 정확히 알 수 없으나 서른 살은 넘었을 것으로 추측된다. 일찍부터 지역의 지도자 역할을 하던 전봉준은 동학에 입교하고 나서 얼마 지나지 않아 고부 지역의 포교를 담당하는 접주(接主)로 임명되었다. 그는 농민 봉기를 주도하면서 동학 접주로서의 위치를 적극 활용하여 동학교도인 농민과 그렇지 않은 농민을 결합시키고, 농민군에 동학의 조직 체계를 도입하여 규율과 단결성을 유지해 내기도 하였다.

민란 형태의 1차 봉기

조병갑은 1892년에 고부 군수로 부임하자마자 동진강 상류에 있던 멀쩡한 저수지를 보수한다면서 과중한 세금을 거두어서 자신의 주머니를 챙겼다. 또 세금을 면제해 주겠다며 황폐한 묵은 밭을 경작시키고는 약속을 어기기도 했다. 게다가 태인 군수를 지냈던 자기 아버지의 송덕비를 만든다는 핑계로 강제 모금까지 하는 철면피한 태도를 보이기까지 했다. 그것도 모자라서 경제적 능력이 조금이라도 있는 사람에게 갖은 죄명을 뒤집어씌워 잡아들이고는 풀어 주는 조건으로 가진 것을 모두 빼앗았다. 대동미도 규정을 훨씬 초과하여 거두고는 착복하기 일쑤였다.

이렇게 되자 고부 농민들은 더 이상 견디지 못하고 군청으로 몰려가서 고통을 호소하였다. 일종의 단체 민원을 낸 셈인데, 조병갑은 이들의 요청을 들으려고도 하지 않고 오히려 사람들을 가두어 버렸다. 이 연명 진정에 앞장선 사람이 전봉준이었다. 그러나 이러한 합법적인 요청이 받아들여지지 않고 탐관오리의 악행만 더욱 극심해지자, 고부군 농민들은 더 이상 견디지 못하고 갑오년(1894) 2월 15일 새벽에 기어코 봉기를 결행했다.

이날 전봉준은 정익서, 김도삼, 최경선 등과 함께 1천여 명의 농민을 이끌고서 고부 군청을 습격했다. 먼저 창고의 곡식을 풀어 농민들에게 나누어 주고 무기고에서는 무기를 빼앗아 말목장터에 모인 뒤, 탐관오리들의 부정부패 개선을 요구하는 농성에 들어갔다. 이때 조병갑은 가까스로 탈출하여 엿새 후에 전라 감영으로 들어가 폭동이 일어났다고 고하고는 진압을 요청했다. 그러나 전라 감사 김문현은 이를 받아들이지 않고 우선 조정에 민란이 발생했다고 보고했다. 이에 조정에서는 조병갑을 소환한 후 용안 현감 박원명을 후임으로 발령하고, 장흥 부사 이용태를 **안핵사(按覈使)**로 임명하여 농민들을 달래도록 조치하였다. 신임 군수 박원명이 농민들의 민원을 해결해 주는 방향으로 노력하자 농민군은 자진 해산하였고, 이에 따라 사태는 진정되는 것처럼 보였다.

그러나 안핵사 이용태의 횡포로 상황은 다시 악화되고 말았다. 이용

동학(東學)
천도교. 조선 말기, 최제우가 창도한 민족 종교. 유교·불교·도교를 절충한 것을 근본으로 삼았다.

안핵사(按覈使)
조선 말기, 지방에서 일어난 일을 조사하기 위하여 보내던 임시직.

태는 민란의 책임을 농민과 동학교도에게 모두 전가시키며 주모자를 체포하겠다고 하여 다시 한번 고부군을 발칵 뒤집어 놓았던 것이다. 사태가 이렇게 되자 전봉준은 악폐의 근본을 뿌리뽑지 않고서는 문제가 해결될 수 없다고 판단하고, 마침내 본격적인 무력 항쟁에 나서게 되었다.

전봉준은 우선 근처의 동학 접주들에게 보국안민(輔國安民)을 위해 일제히 궐기하자는 **통문(通文)**을 띄웠고, 이에 각지에서 수천 명의 농민과 동학교도가 호응하여 전봉준이 진을 치고 있는 고부군 백산면으로 모여들었다. 당시 백산에는 관아의 곡식을 저장하는 창고가 있어 식량을 쉽게 조달할 수 있었고, 지형적으로도 주변은 모두 평원인데 비해 유독 백산만 높은 지역에 위치하고 있는데다가 3면이 강으로 둘러싸여 있어 군사 행동을 하기에 유리했다.

전봉준은 모여든 농민들을 군사 조직으로 편성하여 전투 태세를 갖추었다. 당시 백산에 모인 인원은 약 1만 3천여 명이었는데, 그들은 일반 농민과 동학교도가 대다수였지만 수령의 횡포에 불만이 많았던 각 읍의 아전들과 전국 각지의 범법자들도 끼어 있었다. 이때가 고종 32년(1894) 5월 4일이었다.

혁명군 성격의 2차 봉기

전봉준은 우선 다음과 같은 격문을 지어서 궐기의 당위성을 알렸다.

> 우리가 의를 들어 이에 이르니 그 본의가 단연코 다른 데 있지 아니하고 백성들을 도탄 중에서 건지고 국가를 반석 위에 두기 위함인데, 안으로는 탐학한 관리의 머리를 베고 밖으로는 횡포한 강적의 무리를 몰아내고자 한다. 양반과 부호의 앞에서 고통받는 민중들과, 방백 수령 밑에 굴욕받는 아전들은 우리와 같이 원한이 깊은 자다. 조금도 주저하지 말고 이 시각으로 일어서라. 만일 기회를 잃으

면 후회를 하여도 미치지 못하리라.

또 다음과 같은 행동 강령을 제시했다.

1. 사람을 죽이거나 재물을 손상하지 말 것.
2. 충효를 다하여 세상을 구하고 백성을 편안히 할 것.
3. 일본 오랑캐를 내쫓아 성도(聖道)를 깨끗이 할 것.
4. 한성까지 진격하여 권귀(權貴)를 진멸할 것.

이러한 기치를 높이 들고 백산을 나온 농민군이 고부는 물론 금구, 부안까지 진격해 들어가자, 호남 일대는 완전히 격랑의 도가니 속으로 빠져들기 시작했다. 농민군은 전주까지 쳐들어갈 계획이었으나 전주에서 관군이 진압을 위해 출동했다는 소식이 전해지자, 고부로 다시 돌아가 도교산에 진을 쳤다. 여기에서 전봉준은 법성포를 비롯한 인근 각지의 향리들에게 통문을 보내 누적된 민폐를 개선하라고 요구했다. 실제 군산포와 법성포에서는 일부 농민군의 공격으로 조운(漕運) 업무가 마비되기도 했다.

이렇듯 호남 일대가 농민 봉기군에 의해 점령당하자, 조정에서는 민원의 대상이 된 안핵사 이용태, 균전관 김창석, 전운사 조필영을 파면시키고 전라 병사 홍계훈을 **초토사(招討使)**로 임명하여 진압에 나섰다. 이때 전라 감사 김문현은 자체 진압을 위해 5월 11일, 전라 감영 소속 관군과 농민 봉기로 장사에 지장을 받아 불만이 많았던 보부상 연합군

통문(通文)
여러 사람의 이름을 적어 차례로 돌려 보는 통지문으로서, 주모자를 알지 못하도록 이름을 둥근 사발 모양으로 빙 둘러 적은 것을 사발통문이라 한다.

초토사(招討使)
변란이 일어난 지방에 파견한 임시 무관직.

1,600여 명을 동원하여 농민군 토벌 작전에 나섰다.

그러나 농민군은 이들을 고부에서 동쪽으로 10리쯤 떨어진 황토현이라는 고개로 유인하여 격파시켜 버렸다. 이 전투에서 전라 감영 토벌군은 780여 명이 죽고 나머지는 뿔뿔이 흩어져 도망치는 참패를 당했다. 그동안 가급적 무력 충돌을 피했던 농민군은 첫 전투에서의 승리로 기세가 올라, 그 날로 정읍을 장악하고 이튿날 흥덕, 고창을 석권한 후 5월 13일에는 무장까지 쳐들어갔다.

무장은 동학의 교구 중 하나인 손화중 포(包)의 근거지로 동학교도에 대한 탄압이 특히 심한 곳이었다. 전봉준은 이곳에 구금되어 있던 40여 명의 동학교도를 구출한 후 병력을 고산봉에 주둔시키고는, 다시 한번 봉기의 취지를 선포하였다. 그 후 17일에 영광, 20일에 함평과 무안, 22일에는 나주까지 진입해 들어감으로써, 동학군은 봉기한 지 한 달 만에 전 호남 일대를 장악하게 되었다.

한편 초토사 홍계훈이 인솔하는 장위영군 800여 명은 인천에서 배를 타고 군산까지 이동한 후 닷새 만인 5월 11일에야 전주성으로 들어갈 수 있었다. 그러나 군산에서 전주까지 이동하는 사이에 탈주자가 속출하여 전주성에 도착했을 때는 병력이 470여 명으로 줄어 있었다. 이에 따라 홍계훈은 진압 작전에 섣불리 나서지 못하고, 부랴부랴 증원군 파병을 요청하여 병력을 추가로 지원받기로 했다.

전주성에서 한동안 사태를 지켜보던 홍계훈은 증원군이 출발했다는 소식을 듣고서야 비로소 농민군을 추격하기 시작했다. 5월 25일에 함풍 현감 권풍식으로부터 남하하던 농민군이 다시 북상하여 장성으로 진출했다는 보고를 받자, 이를 저지하기 위해 어쩔 수 없이 장성으로 출전하게 된 것이다. 결국 농민군과 진압군은 장성군 황룡촌 계곡에서 격돌하게 되었는데, 이곳에서도 진압군은 많은 사상자를 내고 패퇴하고 말았다.

이때 홍계훈은 정부군 중심 세력을 이끌고 영광에 머무르고 있었는데, 5월 27일에 증원군이 법성포를 통하여 합류했으나 장성에서 선봉대가 대패했다는 소식을 듣고 더 이상 추격할 엄두를 내지 못했다.

이렇게 연이은 전투에서 승리한 농민군은 전주를 향해 질풍노도와 같이 진격하여, 5월 31일에 별 저항 없이 전주성에 입성하였다. 농민군이 계속되는 전투에서 승리할 수 있었던 것은, 정부군보다 지역의 지형을 잘 알고 있어 이를 잘 활용하였고 각 지역 민중에게서 절대적인 지원을 받았기 때문이다.

농민군이 전주성에 입성한 다음 날, 황룡촌 전투에서 패배한 정부군은 농민군의 뒤를 쫓아 전주에 도착하여 성 주변의 고지인 완산에 진을 치고 전주성 안으로 포격을 퍼부었다. 이로 인해 성내에 큰 화재가 발생하게 되었고 마지못해 농민군은 성문을 열고 돌격 작전을 감행했다. 그러나 두 차례의 공격은 정부군의 집중 사격에 밀려 많은 사상자를 내고 실패하고 말았다. 이때 봉기 직후부터 여러 전투마다 앞장섰던 김순명과 '동장자'(童壯子)라 불리던 소년 영웅 이복용(당시 열네 살)이 죽었다.

전봉준이 전주에 입성하면서 전략상 유리한 고지인 완산을 점령하지 않은 것은 나름대로 이유가 있었다. 전주는 조선 왕가의 본관지로서 성을 둘러싸고 있는 완산을 신성시하여 벌채를 금지하고 있었기 때문이었다. 말하자면 백성으로서 나라의 신성 지역을 침범하지 않으려고 한 것이지만, 군사 전술상으로는 커다란 오류를 저지르고 만 것이다. 오히려 조정의 명을 받아 농민군이 기피한 완산을 거리낌없이 점령한 정부군은 전략상 유리한 위치를 장악할 수 있었다.

그러나 정부군은 성을 직접 공격할 여력이 없어, 결국 정부군과 농민군은 한동안 대치 상태에 들어갔다. 하지만 양측 모두 이러한 상태로 시간을 오래 끌 수는 없었다.

민씨 일파가 득세하고 있던 조정에서는 외국 군대의 힘을 빌리자는 홍계훈의 의견대로 청군에게 출병을 요청하였다. 그러자 이에 자극받은 일본도 동시에 군대를 조선에 진출시켜 버리고 말았다. 전봉준은 자신들의 봉기가 외적의 침략 야욕에 이용되는 현실을 보고 통탄할 수밖에 없었다. 민씨 일파가 자신들의 잘못을 고치려고는 하지 않고 외국 군대를 끌어들여서라도 자신들의 위치를 계속 유지하려고 하는 반민족적 자세에 이를 갈았지만, 외국 군대를 국내에서 내보내야 한다는 당면한 과제 때문에 정부군과 타협을 모색하지 않을 수 없었다. 정부군의 입장에서도 사태를 오래 끌어서 좋을 것이 없었으므로 농민군의 폐정 개혁안을 받아들이는 조건으로 자진 해산을 유도하였다.

폐정 개혁 추진

당시 농민군이 제시한 화약(和約)은 다음과 같았다.

1. 전운사와 균전사를 없앨 것.
2. 탐관오리를 처벌하고 축출할 것.
3. 역전(役錢)은 봄과 가을에 호(戶)당 1냥씩 배정할 것.
4. 미곡 밀수는 엄금할 것.
5. 수령이 관할 지역의 토지를 매입하는 것을 금지할 것.
6. 보부상의 폐단을 없앨 것.
7. 나라의 정치를 독점하고 매관매직하는 간신들을 축출할 것.
8. 어염세 · 보세 · 궁방전세를 폐지할 것.
9. 연호세와 환곡을 거듭 징수하지 말 것.
10. 규정에 맞는 전세(田稅)를 징수할 것.

이에 따라 6월 10일, **순변사(巡邊使)** 이원회와 초토사 홍계훈이 입회한 가운데 전봉준과 전라 감사 김학진 사이에 전주 화약이 성립되고 농민군은 순창, 남원 방면으로 철수하였다. 전주 화약의 결과 전라도 53개 주에는 농민 자치기구인 집강소(執綱所)가 설치되었고, 전봉준은 금구·원평을 근거지로 하여 전라 우도를 관할하고, 김개남은 남원에서 전라 좌도를 지도하기로 하였다.

이렇게 2차 봉기 이후 집강소를 통하여 농민 대표가 지방 행정 자치에 참여한 것은, 비록 전라도에 한정된 일이기는 하였지만 조선 역사상 획기적인 사건이 아닐 수 없다. 또한 집강소에 서기, 성찰, 집사, 동몽 등의 직책을 두고 관청의 형태를 갖추어서 지방 행정을 관할하게 되자, 기존의 관리들은 별 도리 없이 명맥만 유지할 뿐이었다.

전봉준은 전라 감사의 요청으로 전주 감영 안에 대도소(大都所)를 설치하여 각 지역의 집강소를 통괄하고 원활한 행정의 실행을 위하여 다음과 같은 12개 조의 폐정 개혁안을 마련했다.

1. 동학교도와 관리들은 원한 관계를 버리고 서로 협력할 것.
2. 탐관오리는 죄목을 조사하여 엄징할 것.
3. 횡포를 부린 부호(富豪)는 징계할 것.
4. 불량한 유림(儒林)과 양반들은 징벌할 것.
5. 노비 문서는 불태워 버릴 것.
6. 천인들에 대한 대우를 개선하고, 백정이 머리에 쓰는 평양립(平壤笠)을 벗게 해 줄 것.
7. 청상 과부의 개가를 허용할 것.
8. 무명잡세(無名雜稅)는 모두 없앨 것.
9. 관리 채용에 있어 지위와 문벌을 타파하고 인재를 등용할 것.
10. 외적과 간통하는 자는 엄징할 것.
11. 공사채 모두 기왕의 것은 무효로 할 것.
12. 토지는 균등하게 나누어 경작하게 할 것.

순변사(巡邊使)
변방의 군사와 정무를 돌아보고 조사하기 위해 파견된 특사.

이렇게 농민군과 관청이 협조하여 유래 없는 민·관 합동 행정을 시행해 나가자 봉기는 성공하고 사태는 점점 진정되는 것 같았다. 그러나 이때의 정세는 조선 내부의 변화로만 해결될 수 있는 문제가 아니었다.

일본은 1876년 개항 이후 근 20년 동안 조선에 대하여 경제적 침투를 자행하여 이즈음에 와서는 완전히 독점 이익을 차지하고 있었다. 특히 조선에서 곡물을 싸게 사서 일본으로 반출해 큰 이득을 얻자 일본 상인들에 의한 미곡 유출이 심해졌다. 이에 따라 조선에서의 곡물 가격은 자연히 폭등하였고, 다른 생필품의 가격도 오르게 되었다. 더구나 당시 일본 상인들이 곡물을 사들이는 방법은 시장에서 자유 거래로 구입하는 것이 아니라, 산지에서 아직 자라고 있는 상태의 벼를 미리 사들이는 방식이었다. 이러한 방법은 조선 농민의 피해를 가중시켰으며, 특히 곡창 지역인 전라도 일대의 피해가 극심했다.

이러한 때에 고부군은 일본 상인들이 각지에서 미곡을 수집하여 반출시키는 중간 요충지 역할을 하고 있었다. 따라서 고부군에는 선박 운영을 위한 부당한 세금 부담까지 가중되었고, 일반 농민으로서는 이러한 각종 잡세도 감당하기 힘든 처지였는데, 조병갑의 부정부패까지 가세하였으니 견디지 못한 것은 당연한 일이었다.

그런데 고부군에서의 민란이 전라도 전역으로 확대된 것은 전운사(轉運使) 조영필과 균전사(均田使) 김창식의 부정과 수탈에도 원인이 있었다. 전운 사업은 세금으로 거둔 곡식을 중앙으로 운반하는 일로서 전운사는 이 업무를 총괄하는 기구의 책임자였다. 조영필은 이 직위를 악용하여 규정된 세금보다도 많은 양을 추가 징수하여 백성들의 원성을 사고 있었다.

또 균전사 김창식은 왕실이 출자하여 개간한 농지를 관리하여 세금을 거두어들이는 책임자로서, 황무지를 새로 개간하면 3년 동안 세금을 면제해 주게 되어 있는 규정을 무시하고 세금을 부과하여 포탈하였다. 심지어 경작하고 있지 않은 토지에까지 징세하는 횡포를 자행하기도 했다.

결국 최대 곡창 지역인 전라도 일대는 조선 내부의 봉건적 모순이 극심하게 드러나고 있는데다 일본 상인의 곡물 매점 과정에 의한 피해까지 겹쳐, 그 인내가 한계에 도달하고 있었던 것이다.

그동안 조선에서 독점 이익을 얻고 있던 일본의 입장에서는 동학 농민 봉기로 인하여 청군이 조선에 주둔하면 자신들의 이익이 잠식당할 것을 우려하였다. 일본은 호시탐탐 조선에 대한 군사적 침투를 노리고 있던 차에 자기들에게 배타적이던 민씨 정권이 봉기를 진압하기 위하여 청군을 끌어들이자, 양국이 함께 군사 행동을 하기로 한 톈진 조약을 핑계로 자신들도 조선에 군함과 병력을 파견하기 시작했다.

급기야 일본은 청과 협조하여 조선의 내정을 개혁하자고 하면서 군대의 주둔을 기정사실화하려고 했으나, 청군은 "내란이 끝났으니 공동 철병하자."고 주장하여 양국 간에 긴장이 높아졌다. 일본은 동학 농민 봉기를 빌미로 군사 침략 야욕을 노골적으로 드러내고 있었고, 심지어는 농민군을 선동하여 소요를 일으키려는 음모도 몇 차례 꾸몄다. 일본은 조선의 내란을 부채질하여 청나라 세력을 완전히 몰아내고, 자신들의 세력을 더욱 확고히 하려고 한 것이다.

이에 일본 공사 오토리는 1894년 7월 23일에 군대를 이끌고 궁궐에 침입한 후, 고종을 위협하여 내정 개혁을 추진한다는 명분으로 친일 내각을 구성했다. 그러고는 대원군을 꼭두각시로 섭정의 자리에 앉혔다. 그리고 이틀 뒤인 7월 25일에 아산만에 정박 중이던 청나라 군함에 불시에 포격을 가하여 마침내 청일 전쟁을 일으켰다. 또 '군국기무처'(軍國機務處)라는 기관을 설치하여 조선 내정을 직접 간섭할 수 있는 기반을 조성한 후, 일본 공사의 주도 아래 조선의 모든 제도를 자기들에게 유리한 쪽으로 고쳐 나가기 시작했다. 결국 9월 15일의 평양 전투를 고비로 청일 전쟁은 일본의 승리로 끝나고, 청군이 물러난 조선은 완전히 일본의 독무대가 되고 말았다.

외세를 몰아냄으로 인한 보국안민(輔國安民)을 궐기의 주요 목적으로 삼았던 전봉준은 이러한 상황을 묵과할 수 없었다. 이제는 나라의 상태가 폐정 개혁이라는 내부 문제에만 집착할 단계를 넘어서 그 존망이 걱정되는 위급한 지경이라고 판단한 것이다. 부당한 외세의 속박을 몰아내지 않고서는 나라를 구할 수 없다고 생각한 전봉준은 항일 구국의 차원에서 다시 궐기하기로 결정을 내렸다.

이에 따라 10월 10일에 농민군 재궐기에 대한 회의가 삼례에서 열렸다. 여기에서 **남접(南接)** 지도자들은 일제 봉기를 주장하였고 동학의 상층 간부들인 **북접(北接)** 지도자들은 신중론을 제기하였으나, 결국 재봉기를 하기로 결정하고, 이번에는 전주에서 공주를 거쳐 한성까지 공격하는 구체적인 진격 항로까지 계획했다. 이 결과에 대해 최시형을 비롯한 북접 지도부는 불만을 갖고 남접을 비판했으나, 북접 근거지인 충청도에서도 관군이 무고한 농민과 동학교도를 살육하고 탄압하자 어쩔 수 없이 봉기에 동참하게 되었다.

외세의 침탈에 대하여 국가 권력 상층부는 수수방관하였지만 힘없고 수탈당하던 민중은 힘을 모아 쓰러져 가는 나라를 건져 내려고 일어섰으니, 이것이 바로 고종 31년(1894) 갑오년 말의 농민군 3차 봉기였다.

항일 구국 투쟁의 3차 봉기

전봉준은 먼저 전주에 있던 동학 조직인 대도소를 교통 요충지인 삼례로 옮기고 각지에 격문을 보내 구국을 위한 재봉기를 촉구하였다. 이러한 전봉준의 호소에 따라 당시 충청도와 전라도에서 봉기한 농민군의 수는, 전봉준이 인솔한 호남 농민군 주력부대 1만여 명에다 각지에서 몰려든 지원부대까지 합쳐 2만여 명을 웃돌았다.

이에 대하여 공주에 포진하고 있던 정부군 병력은 미나미 소좌가 인솔하는 일본군 제19대대 1천여 명과 충청 감사 휘하 관군 3,500여 명의 연합부대가 주력이었다. 여기에다 각 지방 병영의 지원군이 많이 합류하여 1만 명 정도의 군세를 유지하고 있었다.

전의나 인원수 면에서는 농민군이 유리한 입장에 있었으나, 훈련 정도와 군사 장비에 있어서는 정부군에 비해 열세한 입장이었다. 더구나 농민군은 남북접 연합을 위해 한 달이나 허비하는 큰 실책을 저지르고 말았다. 이 기간 동안 농민군이 공격하려 한 공주성에 정부군과 일본군 연합부대는 견고한 방어망을 구축할 수 있었다.

11월 중순에 이르러 전봉준이 이끄는 호남 농민군은 공주 남쪽 경천점으로 육박해 들어갔고, 목천 세성산으로는 북접 김복용 부대가 집결하였다. 그리고 효포 쪽으로는 북접의 옥천포 부대가 공격하기로 하였는데, 바로 공주를 향해 삼면에서 공격하는 태세를 갖춘 것이다. 그런데 공주는 주변이 산으로 둘러싸이고 강으로 가로막혀 있어서, 지형상 한 곳에 들어앉아 전투하기에 유리한 곳이었다. 즉, 공격하기보다는 수비하기 쉬운 지역이었던 것이다.

전봉준은 공주로 진격하기 전에 충청 감사 박제순에게 격문을 보내 구국을 위한 궐기에 동참하여 줄 것을 요청했다. 농민군의 이번 궐기는 항일 구국 항쟁의 차원이지 정부와 대항하려는 것이 아니라는 것을 천명하여 불필요한 관군과의 충돌을 피하고 동조를 얻기 위함이었다.

그러나 농민군 재봉기 소식이 전해지자, 정부에서는 호위부장 신정희를 **순무사(巡撫使)**로 임명하여 동학군을 토벌하도록 지시하였다. 이때 일본 공사 이노우에는 더 이상 이용가치가 없으며 오히려 자신들의 계획에 장해가 되고 있는 동학교도들을 이 기회에 완전히 소탕하려는 계획을 세우고 본국에 추가 병력 파견을 요청하였다.

남접, 북접(南接, 北接)
전라도 지역의 동학 조직을 남접이라 하고 충청도 지역의 조직을 북접이라고 불렀다.

순무사(巡撫使)
전시나 지방에 반란이 일어났을 때, 군무를 맡아 보던 임시 벼슬.

이에 따라 조선에 도착한 일본군 제19대대는 즉시 세 개 부대로 나누어 북상하는 동학군을 공격하기로 했다. 제1부대는 한성에서 강원도로 우회하여 충청도로 들어갔고, 제2부대는 한성에서 직선으로 남하하였으며, 제3부대는 인천에서 해로를 통해 전라도 서남 해안으로 상륙하였다. 그리하여 충청 감사 박제순은 남하하는 일본군과 합세하여 이인, 효포, 봉황산, 우금치 등에 진을 치고 북상하는 동학군을 기다리고 있었다.

결국 11월 18일, 공주에서의 첫 전투가 목천 세성산에서 벌어졌다. 전투의 결과는 죽산 부사 이두횡의 관군과 일본군 연합부대가 농민군을 기습하여 북접 김복용 부대가 참패하고 말았다. 그러나 전봉준이 인솔하는 호남 농민군 주력부대는 19일에 1차 공격을 개시하여, 전초 기지였던 이인에서 서산 군수 성하영의 관군과 일본군 합동부대를 격퇴하고 웅치까지 진격했다.

그 반면 또 하나의 북접 농민군인 옥천포 부대는 안성 군수 홍운섭의 관군이 방어하고 있던 효포를 11월 22일에 공격하였으나, 효포 동쪽 대교에서 후방 기습 공격을 받아 패퇴하고 말았다.

이렇게 첫 전투에서 농민군은 전봉준 지휘의 호남 주력부대 이외에는 모두 참패하고 말았다. 전봉준의 주력부대도 22일에 웅치에서 성하영의 관군과 일본군 및 경리청 대관 구상조 부대의 협공을 받아 격전을 벌였으나, 승패를 내지 못하고 다시 경천점까지 후퇴해야 했다. 이리하여 농민군의 1차 공주 공격은 일본군의 근대화된 화력과 정부군의 지형을 이용한 포위·기습 공격에 밀려 실패로 끝나고 말았다.

1차 공격에 실패한 후 농민군은 반격에 나서려는 진압군과 전투를 계속하면서 진영을 정비하고 부대를 재편성했다. 이에 따라 일본군의 서해안을 통한 후방 기습을 저지하기 위해 남아 있던 김개남 부대까지 투입하여 전열을 재정비한 농민군은 12월 4일에 2차 공주 공격에 나섰다.

2차 공격은 이인·판치의 전투로부터 시작되었는데, 농민군의 총공

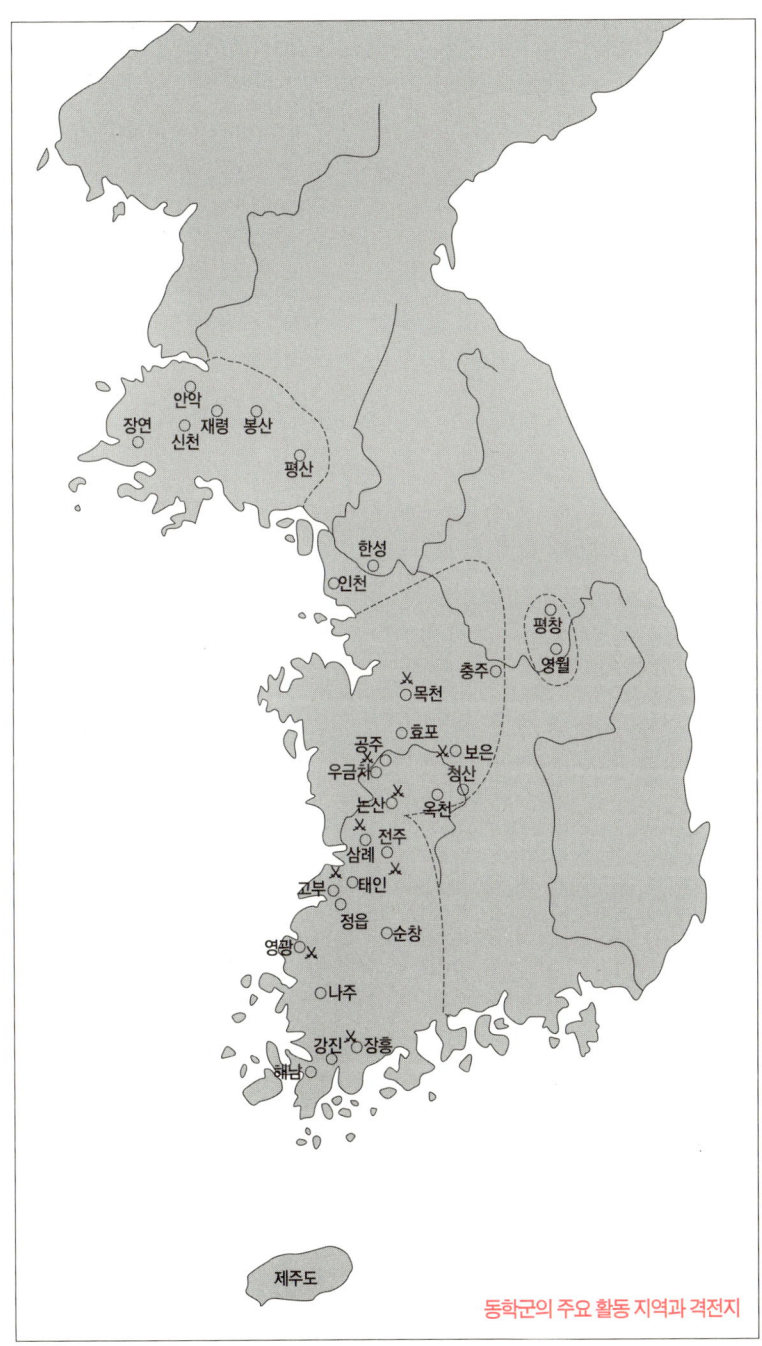

동학군의 주요 활동 지역과 격전지

세에 밀린 정부군은 최후 방어선인 우금치까지 후퇴하여 이곳에서 진을 치고 있던 일본군과 합류하였다. 이 고지를 중심으로 약 1주일에 걸쳐 치열한 공방전을 계속하였지만, 일본군의 우세한 화력 앞에 농민군은 결국 패퇴하여 고성·논산 방면으로 후퇴하고 말았다. 전봉준은 정부군과 일본군의 급추격을 받아 은진 황화대에서도 또 한 번의 격전을 벌였지만 또다시 패전하여 금구의 원평과 태인의 석현점까지 밀려나고 말았다.

이제 전쟁의 양상은 농민군의 공격전에서 정부군의 추격전으로 바뀌고 있었다. 전봉준의 농민군은 12월 21일에 태인의 삼산에서 최후의 결사전을 전개했으나, 이곳에서도 패퇴하고 말아 농민군의 조직적 투쟁은 사실상 끝나고 말았다. 이후로는 진압군의 일방적인 살육만이 진행되었는데, 이런 양상은 다음 해 1월 말까지 계속되었다.

전봉준은 태인의 마지막 전투에서 패배한 뒤 입암산성에 잠시 피신했다가 손화중, 김덕명, 최경선 등과 함께 순창의 피로리라는 산골까지 숨어들었다. 그러나 현상금에 눈이 어두워진 한신현 등에게 붙잡혀서 일본군에게 넘겨졌다. 그리고 곳곳에서 체포된 농민군 지도자와 함께 전봉준도 한성으로 압송되었다. 형식상의 재판 끝에 동지들인 손화중, 최경선, 김덕명, 성두한 등과 함께 사형이 집행되었고, 전봉준은 42세의 나이에 오로지 구국안민을 위해 바쳤던 삶을 마감하고 말았다. 마지막 순간에 그는, "나라를 걱정하는 단심(丹心)을 누가 알 것인가!" 하면서 자기의 피를 종로 거리에 뿌려 줄 것을 유언으로 남겼다.

외세를 몰아내고 조국을 구하려던 동학 농민군은 오히려 그들이 몰아내려던 일본군에 의해 섬멸되는 비극을 맞이한 것이다. 말끝마다 '조선의 자주 독립'을 내세우던 일본이, 진정한 자주 독립을 요구하는 조선 민중을 학살하는 만행을 저지르며 자신들의 야욕을 백일하에 드러낸 것이 바로 갑오 농민 전쟁의 결말이었다.

갑오년 농민 봉기가 좌절된 이후 노골적으로 일제의 침략이 자행되었고, 조선은 결국 치욕적인 일본의 식민지로 전락하고 말았다. 이것은 동학 농민 투쟁이 조선 말기의 역사 전개에 있어서 얼마나 중요한 전환점이었는지를 알게 해 주는 대목이다.

전봉준은 사형이 집행되기까지 줄곧 의연한 자세를 지켜서 교도관들로부터 존경을 받았고, 재판에 참여한 일본 영사를 통렬하게 비판하기도 했다. 그가 이끈 갑오 농민 항쟁은 일제에 의해 무참하게 짓밟혔지만, 이후 반일 의병 운동의 정신적 지주가 되었다. 이처럼 갑오 농민 항쟁은 19세기 아시아 민족 투쟁사를 대표하는 사건이자, 제국주의의 침략에 대항하여 투쟁한 최초의 대중적 농민 항쟁으로서 세계사적으로도 중요한 가치를 지닌다.

한성으로 압송되고 있는 전봉준

동학 사상과 농민 봉기와의 관련성

동학(東學)이라는 명칭은 당시 천주교를 의미하던 서학(西學)에 대립하는 의미로 붙여진 것이다. 동학은 경상도 지방의 몰락 양반 출신인 최제우에 의해 1860년 4월에 창시되었다. 동학의 기본 이념은 인간 평등 사상에 기초한 '인내천'(人乃天)으로 사람이 곧 하늘이라는 뜻이다. 또 인간의 본성은 자연의 섭리와 통한다는 '천인일여'(天人一如)의 정신을 내세워, 세상을 바르게 하기 위해서는 인간성의 본연으로 돌아가야 한다고 믿었다. 따라서 이러한 자연 질서를 회복하는 것이 동학의 목적이며, 그것이 실현된 세상이 지상천국이라는 것이다. 그런 차원에서 동학은 다른 종교와는 다르게 지극히 현세주의적이라고 할 수 있다.

이러한 동학의 사상은 일반 백성들에게는 고무적인 내용이었지만, 특권 지배층에게는 위협적인 것이었다. 더구나 외세의 침략을 막고 내부적 악폐의 근절을 통한 보국안민을 동학 창시의 동기라고 주장하면서, 당시 조선의 통치이념이었던 유학적 정치 원리로는 이를 극복할 수 없다고까지 주장하였으므로 더욱 사회 문제가 되었다. 양명학마저도 유교 사상에 어긋나는 것으로 이단시하던 당시의 풍토로 볼 때 동학은 도저히 묵인할 수 없는 사학(邪學)이었으며, 결국 1대 교주 최제우는 세상을 어지럽혔다는 죄로 처형되었고, 그 후 동학교도들에 대한 탄압이 시작되었다.

그런데 외적을 구축하고 현실의 고통스러운 질곡에서 벗어나는 방법으로 동학이 제시한 것은 극히 비과학적인 음양 사상과 무속들이었다. 즉, 동학은 양이고 서학은 음이므로 13자의 주문을 항상 암송하면 양으로 음을 제압할 수 있고, 당시의 상황이 **이재궁궁**(利在弓弓)한 시기이기 때문에 '궁'(弓) 자를 종이에 써서 태우면 고통에서 벗어날 수 있다고 했다. 그러나 이러한 비합리적인 방책이 질곡에서의 해방을 가져다 줄 수 없는 것은 자명한 일이었다. 따라서 동학이 당시 민중의 이해와 요구를 반영한 종교적 형태로 등장한 것은 사실이지만, 농민 봉기와 무력 투쟁을 자극하고 촉진하는 직접적 요인은 아니었다.

다시 말하면 전봉준이 갑오년에 주도한 봉기가 동학의 이념을 실천하기 위하여 발생한 것은 아니라는 것이다. 당시 투쟁을 주도한 전봉준 등의 인물이 동학의 지도자였기 때문에 동학이 관련되었던 것이지 동학의 직접적 작용으로 일어난 것이라고 볼 수는 없다. 오히려 동학의 상층 지도부는 무력 투쟁에 반대하다가 정부의 무차별적인 탄압과 하부 조직의 강력한 반발 때문에 어쩔 수 없이 봉기에 참여했었다.

그러므로 전봉준의 갑오년 농민 항쟁을 동학의 시각에 고착시켜 동학란이나 동학 혁명으로 보는 것은 타당하지 않다. 또 봉기 초기에는 대다수가 동학교도가 아닌 일반 농민이었다는 점도 간과해서는 안 된다. 다만 시간이 지남에 따라 농민 봉기가 지역적 한계를 넘어서 전국적인 농민 전쟁으로 발전될 수 있었던 것은 동학의 조직을 통해서 가능했다는 사실은 부인할 수 없다.

이재궁궁(利在弓弓)
『정감록』과 『격암유록』에 나오는 구절로서, 인간의 시조인 궁궁인(弓弓人)이 나타나 세상을 구원한다는 내용이다.

쇄국만이 살길이다
대원군 이하응

홍선대원군 이하응은 사도세자의 증손자이며, 고종의 아버지다. 그는 왕의 아버지로서 역사가 격변하고 있을 당시 세 차례에 걸쳐 왕권을 대행하며 실질적으로 조선 왕조를 통치하였다. 이때 시행된 여러 가지 정책들은 조선시대를 통틀어 찾아볼 수 없을 만큼 혁신적인 것들이 많았다. 그래서 많은 사람들은 그가 실시한 정책의 타당성 여부를 넘어서서 나아가서 대원군이란 인물에 대하여 역사적 의미를 되새겨 보곤 한다.

대원군이 집권하던 때는 전에 없던 격변의 시기였다. 수세기 동안 통치의 규범으로 삼아 왔던 중국 중심의 중화(中華) 질서와 성리학적 사상이 무너지기 시작했고, 수천 년을 이어져 내려온 전제군주제와 신분제가 밑에서부터 흔들리기 시작했으며, 외세의 침략에 대처하기 위해 새로운 질서에 대한 모색이 이루어지고 있던 때였다. 조선 전체가 격변의 소용돌이에 휩쓸리고 있어 무엇이 옳고 무엇이 그른지조차 판단하기 어려운 시기였던 것이다.

그러나 대원군은 나름대로의 소신을 가지고, 단호하게 여러 정책들을 추진하면서 조선 역사의 마지막을 장식하였다. 전정(田政) · 군정(軍政) · 환곡(還穀) 제도의 개선과 서원의 철폐, 정치 제도의 재정비와 경복궁의 재건, 천주교의 탄압과 쇄국 정책 등, 그는 역대 어떤 제왕에게서도 발견하기 어려운 단호함과 카리스마를 지닌 인물이었다.

대원군이 조선의 역사에서 강한 인상으로 남는 또 다른 이유는 세도정치가 성행하던 당시의 정치 현실에서 찾을 수 있다. 대원군이 집권하던 때는 안동 김씨 가문이 정권을 잡고 온갖 세도를 휘두르고 있을 때였는데, 대원군에 의해 사실상 세도정치는 막을 내리게 된다. 이로써 대원군은 화려하게 역사의 전면에 등장하게 된 것이다. 그러나 그가 물러나자마자 왕비의 사촌 형제들과 조카들을 비롯한 여흥 민씨들이 권력을 독점해 버린 사실은 많은 아쉬움을 남긴다.

흥선대원군

대원군의 또 다른 모습을 그의 집권 과정 속에서도 발견할 수 있다. 그는 왕족으로 태어났다. 그뿐 아니라 그는 왕위 계승권에 가장 가까운 인물이었다. 이러한 이유 때문에 그는 항상 안동 김씨 세력에게 경계의 대상이었고, 언제 닥칠지 모르는 생명의 위험을 피부로 느끼면서 살아야만 했다. 왕위 세습이 김씨 일가의 손아귀에서 놀아나고 왕권의 훼손이 최고조에 이르렀을 때에도 그는 왕족으로서의 자존심을 죽여야만 했다. 그는 자신을 더 없이 천한 몸으로 감추었고, 안동 김씨들로부터 궁도령이니, 상갓집 개니, 하는 조롱을 당하면서 난봉꾼처럼 살았다. 그러나 대원군은 결코 포기하지 않았다. 그는 절치부심하면서 내일을 위한 비상을 꿈꾸고 있었던 것이다.

또 대원군은 많은 이야깃거리를 남기고 있다. 임오군란을 일으킨 군인들이 그를 추대한 것은 물론이고, 갑신정변을 일으킨 사람들조차 그를 추대하려 했으며, 1894년 갑오 농민 전쟁의 지도자들도 그의 재집권을 바란다는 의사 표시를 남기기도 했다.

대원군, 그에 대한 역사적 논란

사실 대원군의 집권 기간은 그리 길지 않았다. 그러나 그 기간 동안 이루어진 변화는 다른 어느 지도자가 집권했을 때보다도 훨씬 폭이 넓고, 속도도 빨랐다. 대원군이 집권 후 가장 먼저 서두른 것은 '인사 개혁'이었는데, 그는 60년 동안의 세도정치로 노론 계열의 안동 김씨가 모든 권력을 독차지하고 있던 정치적 분위기를 새롭게 바꾸고자 했다. 그러기 위해 그는 안동 김씨의 집권을 실질적으로 뒷받침하던 비변사를 폐지하고, 그 대신 의정부와 육조의 기능을 부활시켰다. 그리고 삼군부를 설치하여 통치 체제를 국왕 중심으로 재정비하였다. 왕실 종친의 지위를 높이고 경복궁을 재건함으로써 왕실의 권위를 높이려 한 것도 이러한 정책의 연장선에서 나온 것이다.

하지만 오늘날 대원군과 관련하여 가장 논란이 되고 있는 것은 바로 '쇄국 정책'이다. 그는 청의 권고를 무시하고 서구 열강과 일본에 대해 극단적인 쇄국 정책으로 일관했는데, 그 결과 그가 집권하고 있는 동안 조선은 미국, 프랑스 등의 서구 열강과 무력 충돌을 피할 수 없었다. 또 메이지 유신 이후의 일본에 대해서는 비타협적인 고자세로 일관했다. 그는 외국의 침략자와 내응한다는 이유로 국내 천주교도들을 철저히 탄압했고, 한편으로는 서해상에 외국배가 들어오는 것을 금하고 국경에 대한 감시를 강화함으로써 외국인의 출입은 물론 서양 물품의 수입도 철저히 봉쇄하였다.

대원군의 이러한 쇄국 정책에 대해서는, 그를 긍정적이고 우호적으로 평가하는 사람들조차도 부정적으로 평가하는 경우가 많았다. 전세계가 자국의 부국강병을 위해 우수한 문물을 서로 교류하고 있는데, 계속 문을 닫고 있다가는 시대의 흐름에 크게 뒤질 수 있다는 것이 그들의 주장이었다.

하지만 대원군은 곳곳에 척화비(斥和碑)를 세우고 외세에 대해 철저한 대결 자세를 유지했다. 대원군의 이러한 정책은 당시에도 많은 비판을 받은 것이 사실이다. 더욱이 오늘날과 같이 다른 나라와의 교역이 일상화되어 있고 수시로 외국을 오가며 문화의 교류가 다반사로 이루어지는 때에는, 이에 대한 부정적인 평가는 어쩌면 당연한 것이라 할 수 있다.

거꾸로 돌아간 역사의 시계

대원군은 안동 김씨 세도 정권을 무너뜨리며 집권했기 때문에, 그가 집권하면서부터는 왕권이 강대해질 것을 기대했다. 그러나 그의 뜻과는 다르게 왕비의 친척들인 민씨 세력들이 왕의 주변에서 권력을 휘두르는 새로운 사태가 벌어졌다. 그의 의도가 완전히 빗나간 것이다. 그리하여 대원군은 집권한 지 10년 만에 권력에서 밀려나게 된다. 그 후 헐어 버렸던 서원들 중에 만동묘(萬東廟)가 다시 복원되었고, 화폐 정책이 수정되는 등 그가 추진했던 정책들 가운데 많은 것이 원상복귀되었다.

그러나 실권에서 물러난 후에도 대원군은 여전히 재야의 실력자로 군림했으며, 수많은 사람들이 계속해서 그를 지지했다. 그리하여 나라가 격변의 소용돌이에 휘말릴 때면 항상 그의 통치력이 불사조처럼 되살아나곤 하였다.

권력에서 밀려난 대원군이 다시 정치 전면에 등장하기 시작한 것은 1881년에 전국을 강타한 '신사 척사 운동'의 와중에서였다. 1876년 강화도 조약 이후 일본 세력의 침투에 대해 많은 우려를 하고 있던 유생들은 제2차 수신사로 일본에 다녀온 김홍집이 국왕에게 올린 『조선책략』이 널리 보급되자 대규모 항의 운동을 전개하였다. 1880년 겨울부터 미국과 손을 잡고 일본과 굳게 결속하여 러시아를 막아야 한다는 내용의 『조선책략』에 반대하는 '만인소'(萬人疏)를 준비하기 시작했고, 2월부터는 서울로 몰려들어 상소 운동을 전개했다.

이러한 움직임은 3월이 되면서 전국적으로 확산되었고, 유생들의 일본 정벌 계획으로 이어지면서 급기야는 대원군 세력과 연결을 시도하게 된 것이다.

척사 운동을 추진하던 일부 유림들과 대원군 추종 세력들은 각 군영의 하급 군인들과 도시의 하층민들을 동원하여, 현재의 국왕을 폐위시키고 대원군의 서자인 이재선을 왕위에 앉히려고 했다. 그 다음에 대원군으로 하여금 다시 권력을 잡게 하려 한 것이었다. 이것이 바로 '이재선 사건'이다. 결국 이러한 시도는 실패로 끝났지만, 그로부터 1년 후 대원군은 다시 권좌에 오르게 되었다. 다름 아닌 임오군란이 일어난 것이다.

다시 역사의 중심으로

재집권한 대원군은 처음 집권할 당시에도 그랬던 것처럼 과단성 있는 정책을 신속하게 밀고 나갔다. 군제를 개혁하여 종래의 삼군부를 다시 설치하였으며, 특권 상업 체제를 혁파하고 화폐의 남발을 막아 경제를 안정시키는 정책을 실시하였다. 그리고 대대적인 인사 개혁을 단행하여 민씨 세도 정권을 무너뜨리는 일단의 조치를 취해 나갔다. 강력하게 배일(排日) 정책을 주창했음은 말할 나위가 없다.

하지만 대원군이 그토록 주장한 쇄국 정책은 결국 왕권을 중심으로 한 전통적 통치 질서를 유지하려는 노력의 일환일 뿐이었다. 그는 전통적인 왕조 체제를 위협하는 세력들을 배척했을 뿐이고, 이를 위협하는 국내외적인 요인들을 제거하려 했던 것이다. 그는 조선 사회를 한 번도 객관적으로 바라보지 않았으며, 진정 이 사회가 어디로 가야 할지 고민하지 않았다. 대원군이 추진했던 세도정치의 척결이나 조세 제도의 개혁도 결국은 경복궁 재건 사업과 왕실 인사의 등용이라는 한계 위에 기초를 두고 있었던 것이다.

대원군이 등장하기 전의 조선 사회는 어떤 모습이었는가? 그와 함께 살고 있던 사람들은 그와 어떤 면에서 비슷했고 어떤 면에서 달랐는가? 또 그가 실시한 여러 정책들은 결국 어떤 결과를 남겼는가? 등에 대한 종합적인 판단을 내리면서, 이제 우리는 대원군, 그리고 1860년대 조선 사회의 모습을 객관적으로 조명해야 한다. 그리고 역사에서 무엇을 배울 것인가를 곰곰이 따져 보아야 한다.

인물로 보는 조선사

2011년　4월　15일 초판 1쇄 발행
2014년 11월 20일 초판 3쇄 발행

지은이　김정우
펴낸이　박경준
펴낸곳　글로북스

등록번호 제15-522호
등록일자 2001년 7월 2일

주소　서울시 마포구 서교동 444-15
전화　02-332-4327(代)
팩스　02-3141-4347

※ 잘못된 책은 구입하신 서점에서 바꾸어 드립니다.